中国历史文化名人传

天　道

荀子传

刘志轩　著

作家出版社

中国历史文化名人传

组委会名单

主任：李　冰
委员：何建明　葛笑政

编委会名单

主任：何建明
委员：何西来　李炳银　张　陵　张水舟　黄宾堂

文史组专家成员（按姓氏笔划为序）

王春瑜　王家新　王曾瑜　孙　郁　刘彦君　李　浩　何西来
郑欣淼　陶文鹏　党圣元　袁行霈　郭启宏　黄留珠　董乃斌

文学组专家成员（按姓氏笔划为序）

王必胜　白　烨　田珍颖　刘　茵　张　陵　张水舟　李炳银
贺绍俊　黄宾堂　程步涛

出版说明

中华民族五千年文明史中，涌现了一大批杰出的文化巨匠，他们如璀璨的群星，闪耀着思想和智慧的光芒。系统和本正地记录他们的人生轨迹与文化成就，无疑是一件十分有必要的事。为此，中国作家协会于 2012 年初作出决定，用五年左右时间，集中文学界和文化界的精兵强将，创作出版《中国历史文化名人传》大型丛书。这是一项重大的国家文化出版工程，它对形象化地诠释和反映中华民族文化的基本精神，继承发扬传统文化的精髓，对公民的历史文化普及和建设社会主义文化强国都具有重要而深远的意义。

这项原创的纪实体文学工程，预计出版 120 部左右。编委会与各方专家反复会商，遴选出在中国文化发展史上产生过重大影响的 120 余位历史文化名人。在作者选择上，我们采取专家推荐、主动约请及社会选拔的方式，选择有文史功底、有创作实绩并有较大社会影响，能胜任繁重的实地采访、文献查阅及长篇创作任务，擅长传记文学创作的作家。创作的总体要求是，必须在尊重史实基础上进行文学艺术创作，力求生动传神，追求本质的真实，塑造出饱满的人物形象，具有引人入胜的故事性和可读性；反对戏说、颠覆和凭空捏造，严禁抄袭；作家对传主要有客观的价值判断和对人物精神概括与提升的独到心得，要有新颖的艺术表现形式；新传水平应当高于已有同一人物的传记作品。

为了保证丛书的高品质，我们聘请了学有专长、卓有成就的史学和文学专家，对书稿的文史真伪、价值取向、人物刻画和文学表现等方面总体把关，并建立了严格的论证机制，从传主的选择、作者的认定、写作大纲论证、书稿专项审定直至编辑、出版等，层层论证把关，力图使丛书经得起时间的检验，从而达到传承中华文明和弘扬杰出文化人物精神之目的。丛书的封面设计，以中国历史长河为概念，取层层历史文化积淀与源远流长的宏大意象，采用各个历史时期最具代表性的文化符号与雅致温润的色条进行表达，意蕴深厚，庄重大气。内文的版式设计也尽可能做到精致、别具美感。

中华民族文化博大精深，这百位文化名人就是杰出代表。他们的灿烂人生就是中华文明历史的缩影；他们的思想智慧、精神气脉深深融入我们民族的血液中，成为代代相袭的中华魂魄。在实现"中国梦"的历史进程中，必定成为我们再出发的精神动力。

感谢关心、支持我们工作的中央有关部门和各级领导及专家们，更要感谢作者们呕心沥血的创作。由于该丛书工程浩大，人数众多，时间绵延较长，疏漏在所难免，期待各界有识之士提出宝贵的建设性意见，我们会努力做得更好。

《中国历史文化名人传》丛书编委会

2013 年 11 月

荀　子

目录

楔子

独有异香中国兰

中国兰，
生于幽谷，置于厅堂，
因妖娆多姿而出众，
因独有异香而可心，
因质朴、淡雅、高洁而喻人。
无妩媚素态之气，
有超凡脱俗之尊。
生于幽谷，不以无人而不芳；
置于厅堂，不以受宠而骄矜。
兰为王者香，
香魂蕴纯真。

楚考烈王二十五年（前238），楚王熊元驾崩，楚王宫内发生了一场惊心动魄的有预谋的血腥屠杀。做了二十多年令尹（丞相）的春申君黄歇，出乎意外地被割下头颅，扔到王宫棘门以外，随后全家被斩。还在怀抱中的楚幽王芈悍的舅舅李园，自命令尹，大开杀戒，铲除黄歇死党，波及整个楚国。①

李园一声令下，传到楚国北部边陲的兰陵县，一位白发苍苍的县公因黄歇死党的罪名被罢黜，抄走一切财物，赶出县衙，好歹留下了一条性命。

老县公七十余岁，无可奈何，只得在偏僻的温岭山下寻找一避风之处，搭建个半阴半阳的草棚权且住下。

那草棚简陋得八面透风，夜深之际，初春料峭的寒风从隙缝里钻进来，穿透衾被，撕裂肌肤，卷走草棚内仅有的一点暖意。

草棚内除了竹简和书籍再无它物，唯有一盆春兰在唯一的一张几案上俏然而立。

这盆春兰枝繁叶茂，姿态妖娆，初吐花蕾，散发着奇异的馨香，洒脱地展示着勃勃生机。

灾难过后，瘦骨嶙峋的老县公，席地而坐，静下心来，泰然地欣赏着他珍爱的兰花。那兰花高雅的姿态给他兴致，那兰花淡淡的幽香给他温馨，那兰花素朴的品质让他倍加清醒和淡定。

"芷兰生于深林，不以无人而不芳；君子修道立德，不谓穷困而改节。"② 这是孔子的话语。老县公自忖，如今被罢官了，日后该当如何？他一生奔波，往来列国，何处是其家？想来想去，日后哪里也不再去了。过去十数年在兰陵做县公，以政裕民，以后依旧居住兰陵，收徒授业，传承儒家经典，将自己多年的所思所想写下来，留给后人。他痛恨乱世浑浊之政，眼看着亡国暴君一个接着一个，不行正道，反而推崇巫祝，祈祷鬼神，信奉吉凶。那些鄙陋的儒者，又拘于小节，不思天下之大事；庄周那些人又滑稽乱俗。他从来不与这些人为伍。他倡导儒学，吸收墨家、道家等诸子百家的优长，评说列国兴亡盛衰的历史，研讨一统天下的方略，尽管没有被当权者采用，但至今不悔。诸侯分裂的局面

---

① 见《史记·春申君列传》。
② 《孔子家语·在厄》。

快结束了，华夏一统就要到来了。他要总结自己一生对天下正道的认知，为未来的一统天下指出一条长治久安的光明大道。

决心已定，此后他就定居在兰陵的偏僻乡间，调整心态，虚一而静，收徒授业，整理旧文，又写下许多新的篇章，传流于后世，[①] 殊不知一下子影响了中国历史两千多年。

此人是谁？他就是我们的传主，战国末期的思想家、教育家——荀子。

荀子出于儒学，但主张与儒学相悖的性恶论，因而从宋代开始被斥为异端，八百年间，人不能进孔庙，文不能入课堂，所以虽然在秦汉时代也被奉为圣人，可自宋明以后人们讲儒家便只知道孔孟，知荀子者甚少。一个要唤醒世界的人，被这个世界湮没上千年；一株迎风绽放的香花，被当作毒草无情地踩在脚下。

近代以来人们发现，这个被摒弃的异端竟是奇珍异宝。民主革命家、思想家章太炎说："自仲尼而后，孰为后圣？曰：……惟荀卿足以称是。"[②] 给荀子加上了一顶"后圣"的头衔。还说"荀卿学过孔子"[③]。现代哲学史家冯友兰把荀子放在世界范围内来评价，说："荀子在中国历史之地位如亚里士多德在西洋历史，其气象之笃实似之。"[④] 英国"人类学大师拉德克利夫·布朗说，世界社会学的老祖应当是中国的荀子。"[⑤]

又是"后圣"，又是中国的亚里士多德，又是世界社会学的老祖，荀子这个中国文化史上的异类，成了香饽饽。更有现代学者认为，荀子的思想是中国建设民主政治的民族文化之源，将荀子的学说称之为独立于正统儒家之外的"荀学"。

---

① 见《史记·孟子荀卿列传》。
② 章太炎《后圣》。
③ 《订孔》自注。
④ 冯友兰《中国哲学史》。
⑤ 费孝通《对文化的历史性和社会性的思考》。

荀子的思想独特，境遇独有，人格独具，如一株独有异香的中国兰。

荀子的人生究竟如何，本人尊重历史，写下荀子的传略，试图将荀子犹如中国兰一样的异样馨香，传送给今人。但文笔不逮，请读者耐着性子慢慢地往下看来。

上卷　天之道

第一章

性恶

人之性恶，其善者伪也。

——荀子《性恶》篇

一、成皋之路

齐王建三年（前262）的春天，一辆高高的木轮马车装饰豪华，鸾鸟立衡，羽盖华蚤，八个銮铃随着马蹄声有节奏地叮咚作响，缓缓地行走在驰道上。

豪华的马车上坐着一位长者，他大约五十上下年纪，头戴软巾，身穿典雅深衣，温文尔雅，清癯的面颊上有一双灼灼有神的眼睛。此人并不是什么豪门贵族，也不是大权在握的显赫卿相，而是学者荀子。

两年前荀子应秦国相邦范雎之邀，从齐国稷下学宫出发，由这条成皋之路西行，到秦国去游学，遍访了渭水秦川。如今又应齐王建的邀请，从这条成皋之路东行，重返齐国稷下学宫。

荀子一行，离咸阳东出函谷关，经洛阳，到成皋，一路平安顺畅。

以后的路要由荥阳向东北，沿济水奔往临淄去。

车马刚出成皋不久，忽听后边人声呐喊，两匹快马紧急追来。

荀子看见了一老一少，知道并非强盗，他们定然有什么事情，便下车走了过来。

那青年看见荀子，急忙双膝跪地说道："韩……非，拜……拜见荀老夫子。"

荀子用手搀韩非起身，请他站起来讲话。

老仆见少主人说话艰难，上前代他答话。他告诉荀子，说我家公子是韩国王室的后代。他敬佩您的学问，一心想拜您为师。听说您要从秦国回来，他多日在府中盼等。闻听您已经到了成皋要奔荥阳，荥阳那是秦军占领之地，如何去得？所以就急忙追来。

荀子说："韩非，求学，乃是一件苦事。"荀子问他，"你身为韩国贵公子，可以承继先祖基业，为何要出门求师呢？"

韩非诚挚地陈述："韩国弱小，屡遭秦、赵、魏诸邻国侵凌，我要寻求救国之道。恳请老师收下我这个弟子吧！"说完再次恭敬地向荀子磕了一个头。

韩非对于齐国的稷下学宫是陌生的。但他对稷下学宫倾慕已久，知那里是一个贤才济济的地方。如今稷下学宫就在眼前了。

荀子十五岁就千里迢迢从家乡邯郸到了稷下学宫，对稷下学宫的情感远比韩非深厚。阔别二年，犹如旧友重逢，按捺不住心中激动。面对滔滔济水，似自语地说："稷下学宫名士如云，从善如流，各抒己见，不治而议论，政见不合也不加罪，乃是个探讨学问的好去处呀！"

二、重归稷下

荀子一行渡过济水，晨起暮宿，不一日便远远望见巍峨壮观的临淄城。

临淄是齐国的国都。《战国策》记载："临淄之中七万户，……临淄甚富而实，其民无不吹竽、鼓瑟、击筑、弹琴、斗鸡、走犬、六博、蹴鞠者；临淄之途，车毂击，人肩摩，连衽成帷，举袂成幕，挥汗成雨，家敦而富，志高而扬。"① 可见临淄是何等的繁华与昌盛。城市建筑的布局与战国时代其他都会相同，"左祖右社，前朝后市"②，分为百姓生活的大城和国君居住的小城两个部分。国君居住在西南角的小城，如同后来北京的紫禁城。宫殿建筑在高大的夯土台基上。小城的后面为市，一般官吏和平民百姓还有手工业者和商人都在这个大城居住与活动。临淄的大城东西八里，南北八里还多，小城绕上一周也有十里。两城相连，周长二十一公里，面积十五平方公里，城内干道纵横交错，排成"井"字形。这样一个巨大的都会，周围有十三座城门供人出入。只是小城南面的稷门是不许平民百姓随便走动的，因为那里有大道可以进入齐工内宫。

为什么叫稷门？原来在临淄城外有一座美丽的稷山。山上苍松葱郁，俊鸟云飞，令人神往，所以面向稷山的这座城门就叫作稷门。

自田氏齐国桓公（前374—前357）而始，在稷门附近距离王宫不远的这块宝地上，修建起一所规模宏大的学宫。③ 学宫中有宽广的大道，大道两旁修建了错落有致的亭台楼阁，栽下了奇花异草；讲坛、书房、卧室，舒适宽敞。凡是来到学宫的学士，不分国度，不分门派，不论年纪老少，都给予优厚的待遇。膳食美味，衣着帛锦，出入车马迎送，还授予"客卿""上大夫""列大夫"或"稷下先生""稷下学士"等不同称号和荣誉。齐王鼓励他们著书立说，不赋予具体的行政职责，让他们对国事、对君王自由地发表意见，所谓"不任职而论国事"④。由于他们无官守，无言责，便可海阔天空，各抒己见，不作违心之论，不献阿谀奉承之辞，合则留，不合则去，国君和权臣也不干预他们的言论和行动自由。

在诸侯并争、厚招游学的列国角逐之中，齐国用这种优厚的手段，

① 《战国策·齐策一》。
② 《周礼·考工记》。
③ 见《史记·田敬仲完世家》。
④ 《盐铁论·论儒》。

花费了巨大的人力、物力、财力，招徕了众多的学子名流，多达近千人。精通政治、军事、天文、地理、历数、医学、文艺的博学者应有尽有。战国时代著名的学者淳于髡、孟子、邹衍、宋钘、慎到、田骈、接子、屈原、鲁仲连等，都曾经是稷下学宫的学士。

平日甚为清静的稷门今日失却了宁静。稷下学士纷纷走出书房，来到稷门。宫中的武士也甲胄齐整，一大早就列队于稷门大道的两侧。宫中的乐工歌伎也踏着欢乐的曲子舞出稷门。大家共聚于稷门之外，一同欢迎荀子的到来。

隆重的王宫仪仗护卫着齐王建来了。齐王建，二十一二岁年纪，仪表堂堂，身穿礼服，容光焕发，在宫人的簇拥下，乘着御用八鸾豪华轻车出了禁宫，来到稷门之外下车。

齐王建是在荀子离开齐国的那年（前264）继承王位的。那年他才十九岁。因为年轻，由母亲君王后辅政。他们母子在巍峨而神秘的宫殿里，身居高位，锦衣玉食，一言九鼎，内心却常常惶惶不安。既害怕朝中的重臣轻视他们孤儿寡母，又担心稷下学宫的先生、学子继荀子离去而离去。

荀子是多年的稷下学宫祭酒，先王——齐襄王敬重荀子，信赖荀子，尊荀子"最为老师"①。那时无论是稷下学宫还是齐国的朝廷都恬然太平，安宁无事。如今先王离世去了，荀子也走了，朝堂上和学宫里都缺少了主心骨，怎能不让他们母子忧心忡忡。君王后甚至夜半做梦，梦见丞相田单或别的什么权臣，手持着雪亮的宝剑闯进宫来，要杀他们母子。君王后每日里战战兢兢，如履薄冰，昼夜思想，若要齐国安宁，稷下学宫安宁，先王是一去再难以回转了，荀子却是可以去而复归。

所以，自从荀子走后，君王后几乎天天算计着荀子到秦国的时间，打听着荀子在秦国做什么，秦王对荀子是个什么态度。得知荀子遍游秦川，四处考察，她希望荀子路途平安；得知荀子与秦国丞相范雎谈话，她希望他们谈不拢；得知荀子没有被秦王使用，高兴得她夜不能寐，立

① 《史记·孟子荀卿列传》。

即让儿子齐王建派人带上最好的车马，到秦国去请荀子回到齐国来。

今天，荀子终于回到齐国来了，君王后敕命用迎接国宾的最高礼仪迎接，还要儿子齐王建亲自到稷门之外去欢迎。

齐王建很理解母后的意图。他知道，之所以用最隆重的礼仪迎接荀子回归，一则是遵从先王遗训。父亲在世的时候尊荀子"最为老师"，他们自然也要尊荀子"最为老师"。二则荀子当年向齐闵王谏言不听，招致五国伐齐、身死国破的悲剧，这件事在齐国朝堂中被认为是巨大而深刻的教训，对荀子佩服得五体投地。齐襄王之所以尊荀子"最为老师"，不仅仅是荀子在稷下学宫中学问最高，最为年长，也是表示对荀子的无比敬佩。三则荀子在齐襄王丧事过后不久离开齐国到秦国去，母后认为荀子定然是看不起他们母子，另攀高枝去了，将会一去不而复返。没有想到，荀子离开秦国，既不到他的故乡赵国去，也不到楚国、魏国去，而是接到邀请信函，立即返回齐国，这是把齐国看得比其他国家都重要。观其行，知其心，既然在列国享有盛名的大儒这样看得起齐国，齐国怎么能不表现出十倍的热情呢？

其实，这种十倍盛情欢迎的更为现实的目的是，君王后和齐王建都希望荀子能像当年对待齐襄王一样，多为齐国献计献策，使他们孤儿寡母有所依靠，使庞大的齐国朝廷稳固太平。

三、自觉担当

接风宴席散去，荀子回到居所，回想齐国君王与太后给予的隆重礼遇，和在秦国遭受的冷言冷语天差地别，不可比拟。一种温馨的回家似的亲切感袭上心头。这些礼遇和欢迎，表明齐国需要他，稷下学宫需要他，齐国年轻的君王和太后需要他。然而在温馨与舒心的同时，也感到身上肩负之沉重，最为沉重的莫过于儒学的命运。

从接风宴上荀子看得出来，他重回稷下学宫并不是所有的人都欢迎。一些逆向刺耳的声音也传进耳中。有人说："好马不吃回头草。"有人说:"荀况从齐国跑到秦国,秦国不要他,还有脸面再回来,这是恬不知耻。"有人说:"儒士西不入秦,他坏了规矩,活该!"那位稷下学宫原祭酒敬酒的背后就隐藏着这种声音。

"好马不吃回头草",人是不是也应当和马一样,姑且不论。他在秦国的确是碰了钉子,遭遇了难堪,让他寒心。

春秋时代,孔子周游列国"西不入秦"。到了战国时代,秦国屡屡侵犯关东六国,六国辱骂秦国是虎狼之邦。以"仁"为本的儒家弟子更是对秦国予以鞭挞。因此,"西不入秦"就成了儒家一条不成文的戒律。

荀子思忖,华夏历经五百年战乱,百姓急切期盼天下一统,社会安定,生活安宁。仇恨不能解决问题,需要知道秦国为什么强大。假如秦国能够接受儒家主张,华夏一统岂不来得要快一点吗?

秦昭王四十一年(前266)任用范雎为丞相,封应侯。秦王对范雎信任有加。范雎不只向秦昭王献出"远交近攻"的军事策略,他还想改变穰侯魏冉专权时对东方各国宾客和辩士一概拒之门外的执政方略。[①]范雎原是魏国饱受迫害的辩士,友人带他来到秦国,推荐给秦昭王。因魏冉把持朝政,不欢迎外来宾客,范雎在客馆里冷冰冰住了一年多,无人理睬。如今他做了秦国丞相,他要改弦易张,广纳贤才。齐国的稷下学宫人才荟萃,荀子最为有名。所以,范雎职任丞相的第二年,就派人专程将邀请荀子到秦国去的信函送到齐国。

范雎的邀请与荀子的思考不谋而合,所以荀子接到邀请,便准备启程。不想,齐襄王突然去世,举国哀伤,齐襄王待荀子甚厚,无论从国情还是私情来讲,荀子都不能离开齐国。只能待丧事过后,到第二年(前264)的秋冬,荀子才从临淄千里西行,越太行,渡河水,去到那个被关东六国辱骂的"虎狼之邦"考察一番,亲自看一看那"虎狼之邦"究竟是个什么样子。

荀子到秦国的所见所闻都写在他的文章《强国》和《儒效》里。据此我们可以复原荀子在秦国的真实情景。

① 《史记·范雎蔡泽列传》。

且说荀子从齐国到了秦国，在都城咸阳与丞相范雎礼节性地会了一面，没有深谈，便走出咸阳，遍观八百里秦川的山山水水，社会民生，市井官府，直到第二年的春夏之交才又回到咸阳，再次与范雎会面。

范雎兴致勃勃地问荀子来到秦国看到些什么？

荀子说："我看到秦国的关塞险峻，地理形势便利，山林川谷美好，天然资源丰富，这是地形上的优越。进入国境，观察秦国习俗，其百姓质朴，其音乐不淫邪，其服装不妖冶，其畏惧官府而顺从，真像是古代之民啊！到了大小城镇的官府，其百吏严肃认真，无不谦恭节俭、敦厚谨慎、忠诚守信而不苟且，真像是古之官吏啊！进入国都，观察士大夫，他们出其家门便入于公门，出于公门归于其家，无有私事；不互相勾结，不拉拢私党，莫不明智通达而廉洁奉公，真像是古之士大夫啊！观察秦国的朝廷，退朝之前，听决百事不留，恬然如无治者，真像是古之朝廷啊！看来秦国历经四代君主，一代比一代强盛，并非侥幸，乃是在所必然。这就是我所见到的秦国。"说到这里，荀子不无感慨，"安闲而有治，简约而周详，不烦劳而有成效，治之至也。秦国很类似啊！"

荀子的话是真诚的，决不是客套捧场，范雎听得高兴。当今大儒荀子赞美秦国"治之至也"，这对秦国是很高的褒奖。

只听荀子接着说道："虽然如此，秦国却仍然有其忧惧啊！"

荀子将话锋扭转，范雎明白下面的话将更紧要，他静心倾听。

荀子说："尽管上面讲的秦国尽而有之，然而，用王者之功名衡量，还相差得很远呀！"

范雎急切地问："这是为什么呢？"

"怕是没有儒士吧！"荀子进一步讲道，"所以说，完全实行儒道可以称王天下；驳杂地实行儒道可以称霸诸侯；一点也没有就要灭亡。此乃秦之所短也！"

范雎认为荀子不愧为大儒，一眼便看穿了秦国的短板。他把荀子的意见转告秦昭王。秦昭王听了心中却大为不悦，多时不语。范雎希望秦昭王会见荀子，听一听当今大儒的高论。碍于范雎的面子，秦昭王勉强答应。

与秦王会见，这是荀子到秦国来的最大期望。他期盼秦昭王能够接受儒家的治国理念，一统天下，让天下太平早一点到来。不一日，秦昭王召见荀子。荀子满怀希冀地进入秦王宫。但是，让他没有想到，与秦昭王相见，那秦昭王一句寒暄也没有，劈头就问："听说你批评我大秦国没有儒士是吗？"不等荀子回答，秦昭王又毫不客气地说，"我看儒士对于国家没有什么用处吧！"

秦昭王不礼貌的冰冷话语，给了荀子当头一棒，让荀子吃了一惊。但荀子很快回过神来，以辩士的机敏，把秦昭王非礼的言语变作陈述己见的机会，冷静而直率地说："所谓儒士者，乃效法先王，崇尚礼义，能使臣子谨慎守职而极其敬重君主的人。君主任用，他就在朝廷尽心办事；君主不任用，则退归百姓，诚实恭顺地做人，必为顺民。虽穷困冻喂，必不以邪道贪图财利；无置锥之地，而明于维护社稷之大义。他的呼唤虽无人响应，然而他却通晓管理万物、调养百姓之纲纪。其地位在人上，他就有王宫的才干；在人下，也是社稷之臣，国之瑰宝。虽隐于穷巷漏屋，人们没有不尊重他的，因为治国之大道的确在他那里。"

听了荀子的论述，秦昭王冰冷的脸色并无改变，又不屑地问："然则儒士在人上，又能怎么样呢？"

荀子侃侃而谈："儒士在人上，其作用广大呀！他有坚定的意志，能够使朝政完美，用礼义整肃朝廷，用法规端正官府，使忠、信、爱、利的美德在百姓身上呈现出来。行一不义，杀一无罪而得天下，不为也。由此，君主的大义取信于民，通于四海，天下人异口同声地响应。这是为什么呢？因为尊贵的名声远扬，天下人为之敬慕。所以，近者欢乐歌之颂之，远者不辞劳苦前来投奔，四海之内若一家。凡是人迹所到的地方没有不归附的，这才是百姓拥戴的人君！《诗》曰，'自西自东，自南自北，无思不服。'说的就是这个意思。"

话讲到这里，荀子有些激动，他反问秦昭王："儒者，其为人下也，如彼；其为人上也，如此；怎么能说儒士对于国家没有用处呢？"

听了荀子真诚热忱、有理有据、带有几分义愤的话语，秦昭王无话可答，但内心并没有被说服。他站起身来，冷冰冰地说了一个"好"字，而后哈哈大笑，扬长而去。

这笑声，不是赞扬，是对那"好"字的否定，是对荀子真诚话语的讥讽，是对荀子所讲的儒士对国家异常重要的轻蔑。一个"好"字，如同锐利的冷箭深深地刺进荀子心中。

秦昭王的如此态度是有来由的。秦国历代君王实行的是商鞅重农抑商、奖励耕战的治国办法。无论何人，只要在战场上杀敌立功，就可以封官晋爵。在战场上得到敌人一颗头颅，可以晋爵一级，得田一百亩；若是想做官，可以当薪俸五十担的官。如果得到敌人两颗头颅，晋爵两级，可以当薪俸一百担的官。秦国用这个办法激励臣民比着去打仗立功，收到了非常好的效果。所以，秦国的历代君王厌恶儒学，秦昭王同样厌恶儒学。他嘲笑荀子那些不切实际的无用空谈，无论范睢再怎么谏言，他也不再见荀子。

"儒学无用"，这样的话，在稷下学宫和其他学派争辩之中，荀子曾经不止一次地听到过。法家批评"儒学无用"，墨家倍加批评"儒学无用"。但是，从来没有像秦昭王讲"儒学无用"让他感到如此刺耳，如此心疼，如此沉重。因为秦昭王不是一个学者对儒学的攻击，而是一个强劲的大国君王对儒学的否定。

秦昭王刺耳的话语让荀子反思：儒学果真无用吗？冷静想一想，话虽刺耳，却也道出了实情。

孔子周游列国无人理睬，孟子周游列国同样无人见用。当年商鞅来到秦国三次游说秦王，两次用儒家的帝道和王道游说，均被秦王拒绝。第三次，他用法家的主张游说秦王，秦王立刻采用，而且一代一代延续至今。[①] 当今列国争斗，法家受器重，兵家更受追捧，墨家常常为受攻击的弱国息兵。这些学派如今都比儒学活跃兴旺，唯独儒学像一个背时的老太婆无人见爱，到处碰壁。较比法家、兵家、墨家，甚至杨朱学派，儒家的确是"无用"。

孔子春秋末期创建儒学，那时弟子三千，可以说风行一时。儒学追

① 见《史记·商君列传》。

求"大道之行也，天下为公，选贤与能，讲信修睦。故人不独亲其亲，不独子其子，使老有所终，壮有所用，幼有所长，矜寡孤独废疾者皆有所养"①，盗贼不兴，夜不闭户，安居乐业的大同盛世。这些不仅是儒学的最高理想，也是天下人的共同向往。可是二百多年过去，崇尚儒学的人却越来越少。墨子初学儒学，竟然成为儒学最为激烈的反对派。墨子创立的"兼爱""非攻"要比儒学更受欢迎。孟子惊呼，"杨朱、墨翟之言盈天下。天下之言，不归于杨，即归墨。"②

孔子的儒学是一个美丽的梦幻。像一轮悬挂在天上的明月，美丽无瑕，只可仰视观看。秦昭王的冷漠与嘲讽把荀子从梦幻中惊醒。让荀子痛切地认知，必须正视儒学的弊端，思考儒学的前途，尽快找到让儒学从天上走进现实的途径，否则，儒学就会灭亡。

荀子的秦国之行，虽然没有如愿以偿地得到秦王对儒学的重视和吸纳，却让他彻切领悟到儒学的危机，领悟到拯救儒学，这是一个关乎儒学生死存亡的刻不容缓的历史使命。

孔子去世近二百年，孟子也去世几十年，这个关乎儒学生死存亡的使命，谁来承当？

责无旁贷。荀子感到此时此刻自己理所当然应担负起这副重担。他下定决心，天下不用儒道，而儒道一定要用于天下，在天下立根，在天下开花，在天下结果！

稷下学宫百家云集，那里是探讨学问、改造儒学的最佳所在。所以，一接到齐王建的邀请，他便毫不犹豫地立即起身，离开秦国，重回稷下学宫。什么"好马不吃回头草"，什么"恬不知耻"，那些刺耳的言语他全不在意，他着意思考的是如何完成拯救儒学的历史使命。

---

① 《礼记·礼运第九》。
② 《孟子·滕文公》。后来唐代学者杨倞在《荀子序》中也描绘战国时代诸子百家的状况，说人们都以法家慎到、墨家墨翟、纵横家苏秦、张仪为宗师，"则孔氏之道几乎息矣！"

四、访田单

在稷门外的欢迎仪式和齐王宫的接风宴上，荀子见到许多久违的先生学士和朝廷官员，唯独没有见到丞相田单[①]，心中疑惑，向人打听，回说田单病了。问是何病？回说心病。荀子纳闷，是什么原因让这位令人尊敬的齐国功勋老臣心病如此沉重呢？

第二天，荀子一早起来，让韩非备车，他要去看望田相国。韩非提醒老师，明日要在学宫讲学，一路劳苦，应该休息休息。但荀子坚持要去，韩非只得从命。

荀子乘车疾行，多处寻找，大近午时，也没有见到人影。听说田单常在淄水钓鱼，荀子便乘车奔淄水而去。

来到淄水岸边，荀子下车瞭望，只见淄水随着山势曲折流向远方，田野空旷，并无一人。失望之中，忽见河水转弯的山凹处似乎躺着一个人，用蓑衣盖着脸面。荀子走到山凹处，细看那躺着的人，身边放着钓鱼的长竿，此人正是丞相田单。

二人的感慨相同，对未来的展望却不相同。田单劝告荀子，如果想寻找一个安静之所探究学问，那就不要在齐国，这里只能增添烦恼。

荀子看着田单，沉默半晌，没有说话。只见淄水在眼前汹涌澎湃，滚滚东去。他回过头来严肃地正告田单："我不似你这样悠闲，我要寻找的是大鹏，是雄鹰，是吼声震天的雄狮！"

荀子的话语是那样坚定。他激情地追忆以往，当年燕、赵、秦、楚、魏五国联合讨伐齐国，齐军惨败，君王被杀，齐国处于灭亡之境。而田单，当时只不过是一个管理市场的小吏。可他不甘心做亡国之奴，带了一家老小逃至即墨小城。用他的智慧和勇敢取得大家信任，被公推为将军，与城中军民共同坚守城池。散尽饮食给士卒，把自己的妻子儿

---

① 《中国历史大事年表》前 264 年"齐王建元年，田单为相"。

女也都编入军伍之中，摆下火牛阵，出奇制胜，以七千包括老弱残兵在内的兵马，杀退了数十万燕国大军，一鼓作气收复了齐国失去的大片国土。那个时候，许多人都说田单可以在齐国自立为王，田单也的确能够面南称王，但是田单没有。而是修建栈道木阁，亲自到城阳迎出了躲藏在山中的太子，辅佐他重建了齐国，这就是去世不久的齐襄王。[①] 这样一个勇敢智慧的人，一个坦坦荡荡的人，一个无私无畏的人，还不是大鹏吗？还不是雄鹰吗？还不是雄狮吗？

荀子想用过去的辉煌激起田单心中重新燃起的火花，可是田单摇头叹息，说那些都过去了……

田单告诉荀子，假如要齐国一统天下，如果说先王在世的时候还有一点希望，自从先王下世之后，齐国则绝无可能。而今君王无志，臣子贪心，那些野心狂妄之徒，他们飞扬跋扈，要把整个齐国分割，吞进自己的腹中。莫说田单不是雄鹰，即便是雄鹰，也被他们折断了翅膀，再也飞不起来了！

田单从山凹里取出一卷竹简要荀子看，说：“你看看，你看看，这都是一些什么人！先王下世三年来他们都做了些什么事！”

荀子接过竹简，打开来仔细观看。一边看，一边说：“嗯，好，好！这就是你告病家中，修养身心之所得吗？”

听荀子问到这里，田单无限感伤，将多日藏在心中的苦水一并向这位知心者倾诉。他告诉荀子，当年的田单为齐国出生入死，功勋卓著。可是而今的田单却畏惧心寒。当年他率领即墨小城的兵马，打败了要灭亡齐国的五国联军，辅佐君王重新立国，堂堂正正，无私无畏。而结果如何呢？九位在先王身边非常得宠的臣子，他们觉得田单只不过是一个微不足道的小吏，竟然做了齐国丞相，竟然官居他们之上。他们心怀不满，便纠合在一起，无中生有，诬陷田单阴谋反叛，想要害死田单。这些往事荀子都知道，还曾经为田单在先王面前进言。

---

① 见《史记·田单列传》《战国策·齐策六》。

当年先王英明，以反坐之罪斩杀了那些诬陷害人之徒。① 然而，从此也就种下了祸根。那些被抄斩的奸人的兄弟、亲朋，将仇恨记在田单的身上。先王下世之后，他们扬言要为自己的亲人鸣冤报仇。有人要杀田单，有人要取代田单的相国，还有一些野心勃勃的高官贵族，伺机而动，与这些心怀仇恨的人纠合一起，肆无忌惮，蔑视王权，拒不交国家赋税，私养兵马，私扩封地，妄想夺取最高的权力。这就是如今的齐国。

田单无比激动地对荀子说："你看看，你看看，如今的齐国还像一个国家吗？我田单看得明明白白，心里边清清楚楚。可是大王年幼，太后专断又性情多变，我身为相国，是前进不能，后退无路呀！"

听到田单的话，荀子明白了今日田单的处境，他说："田相国，我问你，你记下他们的这些罪状，想要做什么？是想和他们清算吗？不知道你是否想过，他们是你的敌人，也是齐国的敌人。而今列国争斗，荣衰在转瞬之间。难道你要抛弃你用生命换来的齐国，眼睁睁看着齐国葬送在这些小人、恶人、奸人的手中吗？难道你愿意看到你的同胞在列国残酷的争斗之中被残杀，被奴役，被羞辱，被灭亡吗？难道你不想让齐国强盛起来，成为一统天下的大国吗？"

荀子见田单激动欲语，也为之动情难抑，继续说下去："如今你是齐国的相国，你是百官之长，你是执掌齐国政务的人。齐国的百姓天天看着你，齐国的君王和百官天天期待着你。你对先王有功，先王信赖你。你对齐国有功，齐国的百姓敬仰你。你应该协助当今的大王使齐国更兴旺，更强盛。而今，先王的尸骨未寒，奸邪之势猖獗，齐国被奸人搅得混乱一团。你不挥戈上阵，反而不战自退，要当可耻的逃兵。当年那个足智多谋的田单哪里去了？那个勇敢无敌的田单哪里去了？那个无私无畏的田单哪里去了？"

田单猛然将鱼竿折断："老夫子！田单不是无血性的庸碌之辈。田单报效齐国，绝不退避！"

---

① 见《战国策·齐策六》。

田单气宇轩昂地与荀子并肩坐在轩车上，穿过繁华的临淄街头闹市，走向王宫。

五、人之性恶（一）

当！当！当！稷下学宫钟楼上的钟声敲响。那美妙的金属的厚重之声，如同悦耳的男中音，飘飘渺渺，徐徐地穿破云雾，散布在稷下学宫的上空，似一声声温馨的呼唤，灌入每一位稷下先生学士的耳中。

稷下学宫的学士先生纷纷走出书房，拥向宽敞明亮而崇高的学宫讲堂。

讲堂设在稷下学宫的中心位置，宏伟而庄严。在这座讲堂里，列国许多有名的学者发表过演讲。像以"滑稽多辩"著称的淳于髡①，以"好辩"著称的孟子②，号称"谈天衍"的邹衍③等等，都在这里发表过振聋发聩的高论。稷下学宫的学者间曾经进行过许多著名的辩论，比如淳于髡和孟子争论过"礼"；④宋国人能说善辩，曾以"白马非马"论说服稷下之辩者⑤。田巴则"毁五帝、罪三王，訾五伯；离坚白，合同异。一日而服千人"。⑥一个个独到创见留下了令人难忘的思辨命题，一次次掀起了学术争鸣的风潮。

如今，荀子从秦国回归稷下，第三次做了学宫的祭酒，学宫的先生与学士怀着极大的兴趣走到讲堂，来聆听荀子回归之后的首次讲学。

---

① 《史记·滑稽列传》。

② 《孟子·滕文公下》。

③ 《汉书·艺文志》。

④ 《孟子·离娄上》："淳于髡曰：'男女授受不亲，礼与？'孟子曰：'礼也。'曰：'嫂溺则援之以手乎？'曰：'嫂溺不援，是豺狼也。男女授受不亲，礼也。嫂溺援之以手者，权也。'曰：'今天下溺矣，夫子之不援，何也？'曰：'天下溺，援之以道；嫂溺，援之以手。子欲手援天下乎？'"

⑤ 《韩非子·外储说左上》。

⑥ 刘蔚华、苗润田著《稷下学史》。

荀子用亲切的语调缓缓开口："荀况离开稷下学宫两年，今日重登学宫讲坛，心中十分高兴。大家一定想知道，今天我要向诸位先生学士讲些什么。我要讲什么呢？我不讲到秦国的所见所闻，也不讲过去已经在这里讲过的老话，我想将荀况近年来的一点新的思考讲给大家，请大家予以评论、指正。首先，我想问一问众位，你们说，人之本性是个什么样子的呢？你们哪一位能够回答？"

等待许久，不见有人回应。荀子用简短而明晰的话语说出了他的答案："人之性恶，其善者伪（人为）也。"

待众人安静之后，荀子进一步阐述他的观点，他讲道："今人之性，生来就有贪财图利之心，顺此发展，于是就产生争夺而丧失谦让；人生来就有嫉妒和仇恨之心，顺此发展，于是就产生暴虐残杀而丧失忠诚和信用；人生来就有耳目之欲，喜好动听的声音和美丽的颜色，顺此发展，于是就产生淫乱而丧失礼义和法度。如果放纵人的性情，顺着人的情欲，就必然发生争夺。试看我今日华夏，诸侯纷争，以大兼小，以强凌弱，为一片土地而拼死争斗，杀生遍野；为一座城池而发生战争，杀人满城。兵马所到之处，毁田苗、斩树木、焚城郭、掠财物、掳老弱、淫妇女。血的事实告诉我们，人的本性是恶的。"

荀子继续说道："弯曲的木料一定要经过矫正，然后才能变直；钝了的刀斧必须要用磨石磨后才会锋利。人必须有师长和法度的教化、礼义的引导，然后才会生出谦让，行为才会符合礼义，从而使天下归于大治。所以，人的本性是恶的，而善良则是人为的。"

最难以接受荀子观点的是孟子的弟子们。稷下学宫的原祭酒和他的学生都是孟子的嫡传弟子，他们信奉先师，敬爱先师，容不得任何人对先师有不同的声音，更容不得质疑和反叛。他们想站起身来反驳，不想，一个年轻学士已经站起身来。

这位年轻学士不是别人，是非常尊敬荀子的淳于越。他礼貌地向荀子拱手施礼，说道："荀老夫子，学生有不明之处，可以请教吗？"

荀子示意请讲，淳于越问道："学生不明白，孟老夫子讲，人的本性是善良的，您怎么讲人的本性是恶的呢？"

"孟轲曰，人之性善。这话不对。"荀子很明确地予以回答。

荀子说得坦然，淳于越听得悚然。荀子竟敢公然指名道姓地批评先师孟老夫子！讲坛下的先生学士也都感觉荀子出言不逊。

荀子从容地解释说："什么是善？什么是恶？从古至今，天下所谓的善，是指合乎礼义，遵守法度；所谓的恶，是指邪恶叛乱。这就是善与恶的区别和界限。如果把人的本性看成本来就合乎礼义和法度，那么还要圣王、礼义做什么呢？正因为人的本性是恶的，所以才树立起君王的权威进行管理，明示礼仪进行教化，制定法度进行约束，使用刑法予以禁止，使得天下安定有序，使得人的行为合乎善良。"

荀子的意思是，上古的圣王认为人的本性是恶的，所以才用礼义、法度、刑罚来规范人的行为，使国家达到大治。孟子讲人的本性是善良的，那就是主张不需要有圣王和礼义，这是严重错误的。

淳于越并不同意荀子的解释，他说："孟老夫子曾经讲过，恻隐之心，人皆有之。人的恻隐之心，就是仁；人的羞恶之心就是义；人的恭敬之心就是礼；人的是非之心就是智。仁义礼智，都是人所固有的，是天性，不是其他什么人给的。所以孟子说，人之所以能够学习，就是因为人的本性是善良的。"

"孟轲这话也不对。"荀子进一步回答，"这是他不了解什么是本性，也不明白本性和人为的区别。所谓本性，那是天生就有的，不是学来的，也不是可以造出来的。学了能够做到，经过人为的努力造成的，那叫作'伪'。孟轲说仁义礼智这些都是人的天生品性，这话不对。仁义礼智是人后天学习的结果。我来打个比方。陶工用陶土制造成了陶器。人的本性好比是陶土，仁义礼智好比用陶土做成的杯子和盘子。陶土是天生的，杯子和盘子是人加工制作而成的。人的本性原本并没有仁义礼智，如同陶土；人的仁义礼智是后天加工制作才有的，就像是杯子和盘子。所以，没有仁义礼智的陶土是本性。而具有仁义礼智的杯子和盘子并不是本性，而是经过加工制作之后才有的。这就是'性'和'伪'的区别。"

淳于越还是不解，他辩驳说："孟子说，人的本性善良，人因为丧失了本性所以才变恶了。"

荀子耐心地回答："这话也不对。人的本性是饿了想吃饭，冷了想穿暖，累了想休息，这些就是人的本性。有的人饿了，但是见到长者不敢先吃，那是为了谦让。有的人累了，但是不敢要求休息，那是为了代替年长者劳动。子让父，弟让兄，儿子扶持父亲，兄弟代替哥哥，这些行为，都是违背人的本性和情欲的，然而却符合礼义道德的规定。所以，顺着人的本性，就不会有谦让；谦让就违背了人的本性。由此看来，人的本性是恶的就十分清楚了。而那些善良的行为则是人为的。孟轲没有辨析清楚'性'和'伪'的区别，所以他才说仁义礼智是人的天性，人失掉了本性才产生恶。"

淳于越思考了一下，又问："按照先生所讲，人的本性是恶的，那天下岂不是要永远争夺，相互残杀，不可救药了吗？"

荀子回答说："不然。人的本性，经过礼义的引导，法规的约束，就可以检点言行，改恶从善。正如弯曲的木头，经过矫正可以变直；迟钝的刀斧，经过磨砺能够变得锋利；人会在礼义制度和道德规范的引导之下，除恶扬善，达到人性完美，天下太平。"

淳于越似乎更为不解："荀老夫子，既然人的本性是恶的，那么礼义和法规又是从哪里来呢？"

"礼义和法规是由圣人制定的，它不是原来就有的。"荀子肯定地予以回答。

学宫的原祭酒在座位上早已气愤难忍，他认为荀子回归稷下学宫首次讲学就提出"人性恶"的主张，是哗众取宠，是以批评先师孟子来显示自己高于先师，树立自己的权威，这是对先师的大不敬。作为孟子的亲授弟子，他不能容忍有人在大庭广众之下攻击先师。他要回敬这种狂妄自傲的人。因此，他忽地一下站起身来，没有温文尔雅地施礼，也没有打招呼，就突然开口："我更不明白了，依你说礼义和法规是圣人制定的，那么圣人的本性是善的还是恶的呢？"

听到这个问题，讲坛下的齐王建和众多先生学士为之一惊。"圣人的本性是善的还是恶的"，这个问题太尖锐了，荀子能回答得了吗？

孟子的弟子们附和喊叫："问得好！"

荀子竟然不介意提问者的态度不恭，而且提高声音称赞提问的人。他好像很乐意回答这位原祭酒先生提出来的尖锐而又很值得一讲的问题。

荀子坦然说："是呀，圣人的本性是善的还是恶的呢？"

讲坛下的先生学士对荀子的豁达大度感到佩服，人人洗耳恭听荀子如何回答。

荀子说："凡是人，其本性都是一样的。无论是尧舜与桀纣，君子与小人，豪杰与强盗，商人与农夫，君王与平民，其本性都是恶的。"

好家伙！尧舜与桀纣，君子与小人，豪杰与强盗，商人与农夫，君王与平民，其本性都是恶的，此话闻所未有闻，想也不敢想，众人再一次面面相觑。

那位原祭酒先生并不惊讶，很得意荀子掉进了他设下的圈套，提高声音追问："那我请问，既然圣人的本性也是恶的，那么圣人又是如何能够制定礼义与法规呢？"

荀子有意把面目沉下来，郑重地重复他的问话："是呀！圣人的本性也是恶的，又如何能够制定礼义和法规呢？"

荀子看了看讲坛下众目睽睽的先生学士，讲坛下的先生学士也都注视着荀子，期待着荀子的回答。

六、人之性恶（二）

荀子并没有急于回答，反而又提出一个问题："人之所以为人，不同于禽兽，是何缘故呢？"

讲坛下的官员、先生、学士不知所云。荀子铿锵有力地说："那是因为人生而有智，具有认知事物的能力。禽兽有父子而无父子之亲，有雌雄而无男女之别，而人则是不能没有分别的。能够认知事物，这是人的天性。可以被认知，是事物的自然道理。圣人与常人相同的，是恶的本性；圣人与常人不同的，是能够比常人先一步认知人恶的本性，利用智慧，创建礼义，制定法规，来规范人的行为。并且自觉地遵守礼义和法规，首先改变自己的本性之恶，而后使天下的人心美、风俗美、朝政美！"

荀子继续说："天下的普通人，都可以成为像大禹那样的圣人。只要按照礼义和法规去规范自己的言行，专心致志，积善成德，人人都可以达到圣人的境界，成为圣人。但是，为什么许多人没有成为圣人呢？且看今日齐国，先王下世，恶风四起。交纳赋税本是每一个齐国人的责任，但是许多高官显贵却拒绝缴纳；封地乃是先王的恩赐，竟然有人随意扩大；官伎馆原本为了充实国库，如今却是败坏民风之所在；兵马乃为强国之用，有人竟然暗中私养，欲图不轨。这都是些什么呢？是人之性善吗？不！是人之性恶。是他们贪财图利、私欲膨胀，邪恶横生，不愿意改恶从善，不愿意成为圣人，坚持要做小人、奸人、恶人。"

听到这里，田单严肃地点头赞许。而君王后的侄子后胜却透出内心的不满。

荀子又说："小人可以成为君子，却不肯成为君子；君子可以成为小人，却不肯成为小人。齐国要强国，就必须倡导礼义，严肃法规，改变人恶的本性，让齐国涌现出许许多多堂堂正正的君子，许许多多光明磊落的圣人。我希望，从我们今天在座的齐国官员和先生学士之中，能够走出几位圣人来！"

未待大家完全静下来，学宫原祭酒突然再次站起，厉声指责道："荀况！你不要哗众取宠。孟老夫子讲人性善，那是一种大智慧。你重归稷下学宫，首次讲学，便标新立异，侮辱稷下先师孟老夫子，今日你要说清楚，你究竟是何居心？"

学宫原祭酒的恶意质问，把话题转到人身攻击，荀子立即正色反诘："百家争鸣，各抒己见，本是稷下学宫的学风。荀况不过与孟轲见解不同，怎么能谈到侮辱二字呢？"

原祭酒厉声质问："百家争鸣，哼！请问，你是哪一家？"

荀子坦然回答："出于儒家，而融会百家。"

原祭酒恶意质问："你是性善，还是性恶？"原祭酒的弟子们立即站起身来附和，齐声叫喊："你是性善，还是性恶？""讲！讲！"

荀子的学生在讲坛下气愤难忍。韩非早已怒不可遏，突然站起来，欲为荀子鸣不平，但因口吃，急切中不能言语。荀子的其他弟子也站起身来要说话。荀子看见，摆手要他们坐下。

学宫原祭酒的一个弟子用煽动的言语向身边的先生、学士和官员发问："在座的齐国官员和先生学士们！荀况今天公然侮辱齐国人，侮辱众位先生学士。你们说，你们哪一位本性是恶的？你们哪一位承认自己是小人、奸人、恶人？"

有人随之应声："不许侮辱齐国人！"

学宫原祭酒趁势又文质彬彬地站起身来说道："有人说荀况是当今天下最有学问的大儒。儒学讲仁，仁者爱人。可今天，他荀况说圣人、君子以及天下所有的人，本性都是恶的。此言大谬！他这是反对儒学，侮辱众人。然而他又说，天下人虽然性恶，又都可以成为圣人，岂不是自己打自己的嘴巴，前言不搭后语吗？我要问，一个反对儒学的人，一个说话前言不搭后语的人，能称得起大儒吗？他不只称不起大儒，我看连先生也称不起，他是个狂妄之徒！"

淳于越说："老夫子，您今天讲人性恶，批评孟老夫子讲的人性善，是不是想标新立异呢？"

这又是一个尖锐的问题。荀子不急不躁，沉稳地回答说："你提的疑问，我想用三句话回复。一、大凡论述一个正确的道理，贵在以现实为依据，经得起现实之验证；二、正确的道理不能只是坐而言之，要能够站起身来就可以找到途径，推广实行；三、孟轲讲人性善，既没有验证，又没有根据，只能坐而言之，且找不到途径推广实行，这难道不是大错吗？讲人的本性是善的，就会舍弃圣王，废弃礼义；而讲人的本性是恶的，就会拥护圣王，重视礼义。孔子闻过则喜，他说：'丘也幸，苟有过，人必知之。'[1] 认为自己非常幸运，有了过错，别人一定知道，给自己指出来。孔子又说，'过则无惮改'[2]，'过而不改是谓过亦'[3]。你

---

① 《论语·述而》。

② 《论语·学而》。

③ 《论语·卫灵公》。

说荀况今天讲人的本性是恶的，对孟轲的错误道理做了批评和纠正，是故作标新立异吗？"

荀子情绪有些激动，他坚定地说道："如果这就是所谓的标新立异，那么荀况甘愿标此之新，立此之异！"

"谢谢荀老夫子，学生明白了。"淳于越满意地在自己的座位上坐下。

荀子继续向讲坛下听讲的先生、学士、官员激情地说道："诸位先生学士都是有志于天下的志士仁人，假如果真想为天下一统、百姓安宁做一些事情，那就要敢于正视现实，面对百姓，考问经典。敢于讲经典所未有之理，说先师所未讲之话。如果说这就是狂妄，荀况我甘愿发此狂妄；如果说这就是背叛，荀况我不惜做这个背叛；如果说为此要赴汤蹈火，荀况我甘愿像有些墨家弟子所讲的那样，为天下，为正义，为探求真知，赴汤蹈火，死不旋踵！"

学宫原祭酒认为，荀子的这番话是对他和他的老师孟子的公然挑战，他义愤填膺、毫不示弱地站起身来，大声叫道："荀况！你胆子不小，你这是决心诬蔑先师，死不改悔！"他的几个弟子也大声怒吼："不许诬蔑先师！""不许诬蔑先师！"

齐王建起身招呼众人安静，又转身对荀子说："荀老夫子被先王尊奉最为老师，寡人遵从先王遗训，拜荀老夫子为师。方才聆听老师所讲，感触颇深。老师列举了人之性恶的许多事例，切中齐国朝廷的时弊，让寡人想到了许多许多。老师刚才讲到，正确的道理应该能够实行和推广。寡人年幼，初继先王基业，想请问老师，日后齐国应当如何改变人恶的本性，如何改变恶人乱政乱国，如何让齐国繁荣昌盛，和谐太平呢？"

荀子略加思索，回答说："天上群星相随转动，太阳月亮交替照耀，春夏秋冬四季依次替代更迭。纵观千年，重要的是今天。自古以来做王的道理是，不可事事效法先王。"

齐王建连连点头。

荀子继续说："效法当今的君王，崇尚礼义，废除陈旧制度，制定新法规，任用贤能，论功罪行赏罚，即便是百里方圆的小国，也能够一统天下，何况我齐国乃一泱泱大国呢？"

齐王建又问："荀老师！国事繁多，以您来看，今日治国应当从何而始呢？"

荀子回答："官风正，则民风正。"

正官风针对的是官员，在场的所有官员，尤其是君王后的侄子后胜，都关切地听荀子又会讲出什么惊人之语来。

荀子回答说："正官风，可以首先从改变官伎制度而始。"

接着他又解释说："齐国由桓公而始，在临淄都城和各地开设官伎馆。①为的是收取野合之资，以增加国税，充实国库，这原本是一条暂时之策。而后延续下来，成为一种制度。如今齐国富足，而官伎制度却违背礼义，助长淫邪，有碍官风，败坏民风，应当废除。"

荀子的话一结束，立即引起在场官员和稷下先生的不满，他们低头窃窃私语。

只听齐王建说道："老师今日所讲，高屋建瓴，有理有据，学生一定铭记在心。学生与老师约定，以后寡人要十天登门向老师请教一次。"

齐王建将玉璧一双、黄金百镒奉献荀子，作为对荀子回归齐国首次讲学的馈赠。

众先生、学士纷纷站起身来观看。原学宫祭酒和他的弟子们则不屑一顾。

君王后的侄子后胜一直关注着学宫辩论，一言不发，此时紧皱双眉，另有一番心思。

荀子回归齐国稷下学宫的首次讲学结束了。然而，荀子公然批评孟子的人性善所掀起的轩然大波并没有结束，这场前所未有的大辩论，才仅仅是一个开始。

---

① 《战国策·东周策》记载："齐桓公宫中七市，女闾七百，国人非之。"鲍彪注："闾，里中门也。为门为市于宫中，使女子居之。"这就是中国国家经营妓院的开始。

七、人之性恶（三）

韩非跟随荀子回到书斋，孟子的弟子在讲堂的态度让他很是气愤，他结结巴巴地说，老师在学宫讲的有理有据，可那些孟轲的弟子，他们太不像话。稷下学宫是个研讨学问的地方，怎么能这样？

荀子告诉他，研讨学问，不会是平静如水，有风有浪方可淘得出泥沙。

韩非依然愤慨，说那也不能信口雌黄，随便侮……侮辱人呀！

荀子告诉韩非，他回到齐国，对首次在稷下学宫讲学讲什么，曾做过许多设想，最后选择讲人之性恶，这是他有意抛出的一块石头，目的就是要掀起一点风浪。

韩非不解荀子的话什么意思。

荀子为韩非解释，说他还年轻，有些事理还不懂得。人伦并处，追求相同，欲望相同，而智慧不同，这是本性。多年来，儒学弟子习惯了孟轲讲的人性善，愿意接受这种欺骗，也喜欢用它去骗人。目前，齐国就有许多人许多事被这种欺骗掩盖着。我要把它揭开，让大家看到齐国的现状是在虚假善良的背后隐藏着罪恶。这样，既可以让人从被欺骗中醒悟，也可以在齐国倡导礼义与法规，从根本上做一个改变。

韩非问荀子，儒学不是单讲礼，不讲法吗？你今天怎么既讲礼，又讲法呢？

荀子回答说："儒学过去陷入空谈，所以才不被人看重，几乎要被社会抛弃。儒学必须有一个切近实际的彻底改变，才会有前途。这个改变，要首先从抛弃孟轲的性善论开始，而后再吸取百家之长。"

韩非似有所悟。

荀子继续说道："我的讲述，在学宫中引起怀疑、反对、攻击，这很正常。理不辩不清，事不争不明。我要用这场争辩，促人思考，既改变儒学的空谈，又让齐国的官员与百姓认识丑恶，走向大治。"

　　荀子的话让韩非兴奋，他感到老师思想深邃，有的放矢。有些人，表面上文质彬彬，心底里暗藏着奸邪之心，做着丑恶之事，这正是人之性恶。揭露出这种丑恶，让人警醒，而后用法规和制度惩治那些丑恶，走向真正的善良。这正是老师比孟轲高明之处。

　　荀子深怀感情地对韩非说："如今的儒家，泥沙俱下，鱼龙混杂。自孔子以下，有所谓子张之儒、子夏之儒、子游之儒，乃至子思、孟子之儒，都偏离了正道，他们是有违孔子的贱儒、俗儒，只有揭露他们，越过他们，儒学才会有新生，才能重新回到孔子儒学的本意上来。"

　　孟子在稷下学宫有很高的威望。他曾经两次到过齐国稷下学宫。齐威王赠给他上等的金子一百镒，他没有接受。齐宣王给他"加齐之卿相"头衔，享受优于其他稷下学士的待遇。[①]出行时"后车数十乘，从者数百人"比其他稷下学士威风得多。还在临淄城中为他修建一所大宅院，用六万石粟米的俸禄供养他的弟子，但是因为政见不合，孟子还是走了。孟子的门生因为有这样的老师而骄傲，也因此受到齐王的优厚待遇。

　　荀子到齐国稷下学宫比孟子要晚数十年，尽管荀子已经三次做了学宫的祭酒，也像孟子一样有了许多学生，但是稷下学宫有孟子的许多弟子在，有孟子的威望在，荀子尖锐地批评孟子这样有影响的先师，遭到激烈的反对是预料之中的事。

　　荀子批评孟子的性善论，不是哗众取宠，更不是标新立异。他思考的是挽救儒学的危机，让儒学贴近实际，指导一统天下的未来。

　　荀子讲人性恶，也并非突发奇想，而是既有现实依据，又有孔子思想做根基。

　　孔子开创儒学，在人性问题上，他没有明确地讲人性究竟是善的还是恶的。孔子说过："性相近也，习相远也。"[②]这只是说人的本性是相似的、接近的，因后天的环境习染不同，人与人之间才有了很大差别。

---

① 《孟子·公孙丑上》。
② 《论语·阳货》。

孔子还说过一句话："君子有三戒：少之时，血气未定，戒之在色；及其壮也，血气方刚，戒之在斗；及其老也，血气既衰，戒之在得。"① 好色、好斗、好得，这些都是人性恶的表现。在这里，孔子虽然没有直接讲人的本性是恶的，但至少他对人的本性中的恶有深刻的认识，所以才警示人要"三戒"。

孟子讲的人性善，与孔子的警示相去甚远。他虽然以孔子的继承者自居，可是在人性的问题上，他背弃了孔子的警示。

孟子不讲人要力戒"好色、好斗、好得"的本性。他讲"人皆有不忍人之心"。② 讲人的"仁、义、礼、智，非由外铄我也，我固有之也"。③ 孟子把"恻隐之心""羞恶之心""辞让之心""是非之心"叫作"四端"或"四德"。④ 孟子认为，人与禽兽的差别，就在于人有这些"心"。人应该很好地保持这些天赋的"心"。人如果丢失了这些"心"，就会有不善的思想和行为，就应该反省自己，闭门思过，努力把这些丢失的"心"再找回来，以恢复人的本性。

孟子以人性善为基点，谈人生，谈治国，谈理想。教导人要尽心、知性、知天，保守人生来就有的善良。在个人行为上有善心；在执政行为上行"仁政"，"以不忍人之心，行不忍人之政"⑤ 治天下；在思考社会问题的时候"曰仁义而已矣，何必曰利"。⑥ 孟子沿着守善、行善、扬善的路径，描绘出一幅美丽的图画，将儒学引入了一条脱离社会实际的空谈愿景，追求内心自省、外在虚荣的保守主义道路。

而荀子则以人性恶为基础，谈人生，谈治国，谈理想。揭示人因欲望而自私，导致社会混乱。教导人要"化性起伪"，用人为的办法改变恶的本性，用礼义约束恶的本性，用法度惩治恶的本性，引导人性走向善良和崇高。荀子把利益和权力联系在一起，沿着化恶、限恶、惩恶的

---

① 《论语·季氏》。
② 《孟子·公孙丑上》。
③ 《孟子·告子上》。
④ 《孟子·公孙丑上》。
⑤ 《孟子·公孙丑上》。
⑥ 《孟子·梁惠王上》。

路径，将儒学引入一条切合社会实际的积极进取的道路。

孟子像一位温和善良的高级画师，画出人心灵的自然美，呼唤人保护自然之美。而荀子像一位冷面的外科医生，用手术刀剖开人的心脏，让人看到与生俱来的顽疾，提醒人时刻关注这个顽疾，努力地铲除顽疾，走向健康完美的人生。

荀子认为，孟子的性善论对儒学的危害太大了。它听起来很美，却背离了孔子，把儒学引入歧途。儒学之所以走到几乎被社会抛弃、无人理睐的衰败绝境，最重要的原因就是孟子的性善论。然而，孟子在儒家中的影响最大，威望最高，因而成为改造儒学的最大障碍。要想让儒学重新兴旺起来，就必须摒弃孟子的性善论，让儒学从孟子引领的错误道路上调转头来。所以，荀子经过深入的思考，在稷下学宫尖锐地毫不客气地向孟子公开宣战。

荀子的文章《性恶》记录了这场大辩论的内容，是他对这场辩论的总结，由此开始，荀子跳出孔孟空想的脱离实际的儒学传统，走向贴近实际、指导实践、独树一帜的荀学道路。

由荀子挑起的这场关于人性善恶的大辩论，是中国文化史上的重大事件。不仅在当时惊世骇俗，掀起巨大波澜，直到今天，这个辩论也并没有停止。

从世界思想文化史的角度看，荀子破天荒地第一次提出了人性恶的理论，这是一个伟大的理论创新。他揭示出人类文明的起源是"化性起伪"。人类经过"化性起伪"，也就是用人为的方法不断改变恶的本性，才一步一步地走向社会文明。所以，人类文明的历史也就是一部"化性起伪"的历史。

八、学宫潮

因学宫原祭酒及其弟子闹着要走，君王后下令关闭学宫大门，一队兵士跑步进入稷下学宫，紧急把学宫的大门关上。

孟子的弟子们不停地喊叫："不许关门，我们要走！我们要走！"数十位先生学士也跟着嚷嚷"我们要走！"更有人跳到高台子上喊叫，说我们到稷下学宫是来研讨学问，不是来听信口雌黄，讲歪理邪说的。如今的祭酒，为了树立自己的权威，公开攻击、贬低已经去世的大儒孟老夫子，简直不知道天下还有廉耻二字。我们都是严肃正派的学子，不能容忍学宫之中有这样的祭酒。我们与他水火不能相容！他们呐喊着："有他在，我们都走！"拥护者附和："我们都走！"

君王后派出去后胜并不放心，她知道关闭学宫大门不过是表明君王态度的权宜之计，并不是消解事端的根本办法。她看学宫原祭酒安然稳坐在一旁，似乎什么事情也没有，更明白此间内情。便着意说道："先生，你能去学宫走一走，让那些人散么吗？"

学宫原祭酒漠然回答："太后！鄙人如今已经不是学宫祭酒了……"

"荀况不是比任何人都高明吗？危机时刻应该把高明的人请出来，展示才能！"他的话中有话。

君王后明其用心，知道他是想看荀子的笑话，让荀老夫子当众出丑。可她忽一转念，说道："那好，本宫听你的。"回头敕命近身的侏儒，"去，立即把荀老夫子请进宫来！"

侏儒一路慌忙，穿过学宫大门，走过湖边小桥，进入一个清静的院落，来到荀子的书斋，传禀太后敕命。荀子见君王后身边的侏儒前来，必有大事相商，没有多问，便毫不迟疑，起身就走。

学宫大门前的先生学士望见荀子来了，喊叫得更凶。有人甚至用双手猛拍大门，叫喊开门，快开门！

荀子走到士兵面前严肃地问："为什么把大门关上？"

士兵回答："这是太后敕命。"

荀子回身观看闹嚷嚷的众多先生学士，并不躲闪，反而走到正在窃窃私语的几个学士面前，问："诸位，你们想要做什么？"

一位孟子的弟子毫不客气地回答："我们要走！"

数十名学士一下子围拢过来，把荀子包围在中间，七嘴八舌叫喊："我们要走！""我们要走！"

荀子被夹在中间，前走不能，后退不能，身子也动弹不得，眼前晃动着许多摇摇晃晃的拳头。

荀子踏上路边的一块石头，高声向众人说道："诸位先生学士！我们都是从四面八方，千里迢迢，背井离乡，不辞辛苦，来到稷下学宫。我们来到稷下学宫做什么呢？是来游山玩水的吗？不是。是来经商发财的吗？不是。我们是来探求学问的。怎么样才能探求到真学问呢？学者，问也。问者，求不知以为知也。听到不同的见解，立即就反对，那不是探求学问的态度。善于学习的人，要穷尽其理。不知则问，不能则学，虽能必谦，然后而为德。能够从不同的见解中刺取真知，开阔自己的视野，获取新的知识，这才是一个善于学习的人。"

荀子又说："诸位，我们来到稷下学宫探求学问，又是为的什么呢？不是为来吃齐国的饭，也不是为来穿齐国的衣，也不是要获取齐国的奖赏，而是为的得道，成为一个有大用的人，一个和普通人不相同的人，一个努力学习成为圣人的人。道是什么呢？道者，非天之道，非地之道，乃人之道也。离开道，而自己随意选择，就不知福祸之所托。"

荀子认真、诚恳、倾情地继续向众人说："稷下学宫，它给天下有志于学的学子提供了一个宝贵的学道之所。在这里，不分门派，不分国度，不分地位高低，可以各抒己见，自由议论。多年来，荀况走遍诸侯列国，哪里也没有像齐国稷下学宫这样一个探求学问的好地方。学士先生们！在当今处处燃烧战火的年代，有这样一个探求学问的雅静之所，难得，很难得呀！你们要离开稷下学宫，假如是另有高就，那就请便。假如是为我荀况重回稷下，再次做了学宫祭酒，我可以辞职，让大王另请高明。决不能因荀况一人，让你们大家离开这个难得的求学宝地！"

荀子面向高喊拥戴的先生学士们说："荀况不才，受之有愧。不过，既然大家拥戴，荀况就要尽祭酒的职责。兵士们！请你们把大门打开。"

一位军官上前一步，解释说："荀老夫子，我们遵从的是太后敕命！"

荀子果断地回道："这里是学宫，我是学宫祭酒，学宫的事儿有荀况做主，我将即刻进宫向太后禀报。"

这位军官听到荀子如此说话，立即指挥士兵把大门缓缓地打开了。

荀子向先生学士高声说道:"诸位学士、先生们！稷下学宫是研讨学问之所在,不是勾心斗角、尔虞我诈、争权夺势的官场。在这里,来者自愿,去者自由。如今大门敞开了,哪位要走,可以请便！"

众人相互观望,没有一个要走。

侏儒回宫向君王后禀报了学宫的情况,都很敬佩荀子的胆识。此时学宫原祭酒再也坐不住了,他尴尬地站起身来告辞。君王后回他一句,以后莫再说要走的话。

看着学宫原祭酒走出宫去的背影,君王后对齐王建说:"建儿,你看见了吗？我们请荀老夫子回来,他不高兴了。他的弟子也跟着起哄。他的学问怎么能与荀老夫子相比呢？荀老夫子若是一座高山,他不过是一座土丘;荀老夫子若是一棵大树,他也不过是一棵小草。说什么要去鲁国,鲁国要他吗？"

侏儒像欢迎得胜的将军一样,高声宣呼:"荀老夫子到——"

九、非十二子

七月流火。齐王建三年(前262)稷下学宫关于人性善恶的这场大辩论,从温和的春天到炎热的夏季,依然如火如荼。此时,学宫来了两位青年,一个叫李斯,一个叫陈嚣。他们从遥远的家乡专程跑到临淄,拜荀子为师。

李斯十七八岁年纪,身材高挑,容貌端庄,一副正人君子的样子,眉宇间透出过人的聪慧。他原来在楚国的上蔡家乡做一文职小吏。有一天去厕所,看见几只老鼠正在争抢着吃粪便。他一进去,把老鼠吓得四处逃窜。那些老鼠,不要说人来了,就是有条狗来了,也会吓得赶忙躲藏。又一天他到郡上的粮仓去,看见许多老鼠在高大气派的仓库里,放心大胆地吃着官仓的粮食,好不自在。不要说人,连条狗也不会去惊扰它们。由此他悟出一个道理来,人生在世,也和这些老鼠一样。有才能或是没有才能,享福或是受穷,就看你处在什么环境了。所以,他

036

下决心丢下上蔡那个卑小的职位，不惜劳苦，数千里奔赴稷下学宫，打算向荀子学习帝王之术，将来好寻找机会游走到帝王身边，成就一番大事业。①

陈嚣比李斯年纪小一些，中等身材，面目敦厚，没有李斯那样的远大抱负，只想向荀子这位名师求取学问。

韩非将李斯和陈嚣带到荀子的书斋门前，他先进去禀报，得到荀子的应允，这才把二人领进书斋。

李斯与陈嚣望见倾慕已久的老师一同伏地跪拜。

荀子让他们起来，问李斯："你叫什么名字，是哪里人？"

李斯回答："学生李斯，是楚国上蔡人。"

荀子感兴趣地说，"上蔡，那是当年孔夫子绝粮受困的地方。在那里有过一段发人深省的故事，你知道吗？"

李斯恭敬地说："学生愿听老师教诲。"

荀子说："孔夫子带领弟子游历诸侯列国，四处碰壁，在上蔡有好几天没饭吃。难以忍受的饥饿使得弟子们信念动摇。子路认为，孔夫子的主张不被当权者采纳，是因为孔子在仁和智两个方面还没有修养到家。子贡认为，孔夫子的主张不被采纳，是因为把标准定得太高，别人接受不了，应该降低标准。颜渊则认为，孔夫子的主张正确，当权的人不采纳，那是当权者的耻辱。正确的主张不被人采纳，自己仍然坚持下去，这才显出君子的修养。孔夫子对颜渊的话很满意。他和颜渊开玩笑，说颜渊呀，你是好样的，将来你小子发了财，我替你当管家！"②

讲完故事，荀子又问陈嚣："你叫什么名字？"

陈嚣说："学生陈嚣，是魏国大梁人。"

"啊，好！"荀子走到二人面前，说，"天下求学的人有两种。一种是只为自身谋取功名富贵而求学的人，可以称作凡夫之学；一种是为忧世忧民，利国利天下而学的人，可以称作圣人之学。你们二人长途跋

① 见《史记·李斯列传》。
② 见张秉楠著《孔子》。

涉，不远千里来找我求学，为的是什么呢？"

陈嚣目视李斯，不知如何作答。

李斯机敏地答道："当今诸侯相争，连年战乱，生灵涂炭，血流遍野，使父子不相亲，兄弟不相安，夫妻不相守。李斯不远千里，投奔老师，愿学得帝王之术，以辅佐君王治理天下。"

荀子立即正色道："你要学帝王之术吗？"

接着严肃地说："当今之世，诸侯争霸，各国都在比刀剑，比力气，玩诡诈，所谓的帝王之术非常流行。但是，有志于一统天下的君王，最关紧的应该不是玩弄权术和诡诈，而是修正自身，取信于民。"

李斯明白荀子是在批评他，低头回道："是……"

荀子转向陈嚣问："你呢？"

陈嚣规规矩矩地回答："陈嚣生来愚钝，没有李斯的鸿鹄大志，只愿跟随老师学习礼义和君子之道，成为一个好人。"

荀子满意地点头，继而劝勉陈嚣："学习为的什么？不是学习成一个愚钝的人，学习的目的，就是要学习成为圣人。人并非生来什么都知道。圣人与常人一样，并非天生，乃靠勤奋。积土成山，积水成渊，积善成德，这样就具备了圣人之心。你们只要用心专一，一定会学而有成。"

李斯、陈嚣再拜荀子："弟子谨记老师教诲！"

荀子让韩非为他二人安置住下。从此，他们便和荀子的弟子们一起，在稷下学宫里参加由荀子批评孟子的性善论而引起的这场非同一般的大辩论。他们感觉老师敢于批评比他出名早、名声大的先哲孟子，而且言语深刻，句句成理，非常了不起，在老师的身上有学不尽的大学问，对荀子更加钦敬。

荀子为了挽救儒学危机，引导儒学切近现实，指导天下一统，他在激烈地抨击孟子的性善论之后，眼观六路，耳听八方，对当时所流行的、他认为是混乱是非的错误思潮，也毫不客气地一一进行严苛地批评。

荀子的书斋里收藏着天下文章。有《诗》《书》《礼》《易》《春秋》，有老子的《道德经》、孔子的《论语》、孟子的《孟子》，还有后来失传的各派学者的许多典籍。书斋是荀子静心读书写文章的地方，也是他教导弟子的讲坛。

一天，荀子对围坐在身边的弟子们说，如今的世道，诸侯分裂，各自为政，百家各论其道。有人用论说粉饰邪恶，有人用言论美化奸诈，还有人用强横乱天下，用诡诈、夸大、怪异、委琐的言论欺骗众人，使天下人混混沌沌，莫名其妙，不知道是非和治乱的根源。你们一定要清醒头脑，分辨是非，不要上当受骗，更不要随波逐流。

听到老师说当今世间有那么多骗人的歪理邪说，韩非、李斯、陈嚣等弟子觉得好奇又新鲜，个个精神贯注，专心致志，希望把老师讲的一字一句都能够听进耳里，记在心里。

荀子见弟子们兴趣很高，讲得兴趣也更加高涨。他就深入浅出地对社会上的歪理邪说一一评说起来。

荀子说："如今世间有这样一种人，他们一味地放纵个人性情，习惯于恣意妄为，行为与禽兽没有什么两样，无视社会公德，无视礼义和法度，自己想怎么做就怎么做，然而他们却说得有根有据，讲起来又头头是道，足以欺骗、迷惑无知的人。这样的人是谁呢？它嚣、魏牟是也。"

陈嚣低声问李斯："魏牟是谁？"

李斯低声回答："是你们魏国的贵公子。他认为人生在世，追求个人的情欲是不可避免的，也是克制不了的。既然不能克制，那就应该随意放纵。所以，他就随心所欲，想做什么就做什么，生活得放荡无忌。"①

"这种人在稷下学宫里面就有，我们见过。"陈嚣又问，"它嚣是谁？"②

李斯摇头："不知道。"

---

① 魏牟：即魏国的公子牟。《战国策·赵策三》《平原君谓平阳君》《建信君贵于赵》均有记载，《汉书·艺文志》将其归入道家，著录有《公子牟》四篇。
② 此人生平无考。

只听荀子又讲道："如今世间还有这样一种人，他们抑制人的正常性情，不走已经有的正道，以脱离大众、超凡脱俗为高尚，行为不符合世俗人情，违背等级名分；而说起来却有根有据，头头是道，足以欺骗、迷惑无知的人们。这样的人是谁呢？陈仲、史鳝是也。"

陈嚣又低声问李斯："你知道这两个人吗？"

李斯正要回答，二人的窃窃私语被荀子听见，荀子说："李斯，大声点，让大家都听一听。"

李斯只好站起身来，咳嗽一声，清了清嗓子，说："我知道陈仲也叫陈仲子，是齐国贵族田氏的后裔，他是个很著名的贤士。因为居住在於陵，后人称他为於陵子。他哥哥在齐国做大官，年收入达万钟之多。他认为哥哥的俸禄是不义之财，便离开哥哥，到沂山附近去隐居。楚王听说他不愿意在齐国做官，又学识渊博，就派人携带重金去聘请他到楚国做丞相。陈仲认为天下所有手握权柄的人都是一样的不仁不义。所以他辞绝了聘请，退还了礼金。为了避开人世间的干扰，他又带着妻子到遥远的长白山去住，幻想身居一个'上不臣于王，下不治其家，中不索交诸侯'的清静之地。后来有人说，他因为不食乱世之食，生生饿死了。留下《於陵子》一书，在当时影响很大，孟子说：'于齐国之士，吾必以仲子为巨擘焉。''陈仲子，岂不诚廉士哉！'"[1]

韩非口吃，结结巴巴回答："他……他是……欺……欺世盗……盗名。"

荀子说："对！评价一个人行为的是非高下，不能只看他的言行和声望，要看他是不是符合生活实际，是不是符合礼义。陈仲抑制人的性情，离开母亲，躲避兄长，无亲朋上下，此乃是无有人伦。我讲人之性恶，用人为的方法改变人恶的本性，并不是要抑制人的性情，而是要人在礼义和法律的规范下，保持自己独特的个性和性格。那种压抑性情，不走大道，只想在偏僻的小路上追求与众不同，以显示自己比别人高

[1] 《孟子·滕文公下》。《淮南子·泛论训》："季襄、陈仲子立节抗行，不入洿君之朝，不食乱世之食，遂饿而死。"

明，其危害是很大的。孔子就不赞成那些所谓的'隐士'。"

陈嚣问："老师，他们不愿意和那些欺压百姓、贪污腐败的权贵鬼混在一起，愿意离开污浊的尘世，自己过清闲的日子，这不是很好吗？为什么说他们不好呢？"

荀子解释说："水火有气而无生，草木有生而无知，禽兽有知而无义；人有气有生有知亦且有义，故最为天下贵也。力不若牛，走不若马，而牛马为用，何也？"荀子把话停住，等待弟子回答。

弟子无人回答。

"此乃人能群，彼不能群也。"荀子自答之后，停了一会儿，又问，"人何以能群呢？"

这个问题更难了，弟子们无一应答。

荀子回答："因为人能分。分什么？分人伦，分职责，分出等级名分。然而，分何以能够实行呢？"

荀子把话再次停住，但没有等待弟子回答，他便提高了声音说："因为有礼义。用礼义划分出人伦、职责、等级名分，人们就能够和谐相处，和谐相处就能够团结一致，团结一致力量就强大，力量大了就强盛，强盛了就能够战胜万物，人才有可能在房屋中安稳地居住，人才能顺应四季，管理好万事万物，使天下的人都得到利益。"

荀子略微停顿之后总结说："所以，人要想生存，就不能没有社会群体。社会群体不划分出等级名分，就会发生争夺。争则乱，乱则离心离德，离心离德就会使力量削弱，力量削弱了就不能战胜万物，也就不能安稳在房屋中居住了。这也就是说，人一刻也不能离开社会群体。"①

在这里，荀子揭示出"名分使群"是人能够在自然世界安宁生存的最基本的原因，这也是人类能够组成社会的最基本的奥秘。

韩非、李斯等弟子饶有兴趣地一个个瞪大眼睛听得入迷。他们明白了为什么陈仲离开社会群体独自到偏僻的地方去，享受脱离人世的生活，是不对的。

---

① 《荀子·王制》。

陈嚣说:"老师,我明白了!人不是野兽,行为应该符合群体的利益。魏牟只顾放纵自己的性情,个人想怎么做就怎么做;陈仲只顾自己到深山里去躲清闲,离开尘世,他们都不懂得'名分使群'的道理。他们的行为都不符合礼义。人世间有穷有富,陈仲对富贵的人一概傲视,对贫贱的人一概屈就,这也不对。"

荀子肯定了陈嚣的理解,说魏牟、陈仲都是奸诈的人。他们的所作所为是在社会黑暗的时候用来欺世盗名的手段,他们的思想和行为对社会危害太大了。

荀子说,春秋时卫国的大夫史鰌,是另外一种欺世盗名的人。他曾经劝说卫灵公罢免作风不正派的弥子瑕,卫灵公没有听。临死的时候,他叫儿子不要将他入殓,用尸谏来表示尽忠,这也是欺世盗名。荀子对欺世盗名的人非常愤慨,他说,欺世盗名的人简直连窃人财物的小偷也不如。①

陈嚣说:"老师!我听说孔子称赞史鰌,这个人很好的。"

李斯截过话来:"老师刚才说过了,不要只看他的名声。孔子称赞他就好吗?要看他的行为是不是符合生活实际,是不是符合礼义。"

陈嚣点头说:"对!"不由得感叹一声,"咳!假如不是老师指教,我还把他们都当成人世间的高人呢!"

荀子又提出两个人来,他说:"如今世间还有这样的一种人,他们不懂得统一天下、建立国家的分量,单纯地注重实用,过分地强调节俭,抹杀等级差别,甚至不容许人与人之间、君与臣之间有悬殊。然而说起来还很有根据,头头是道,足以欺骗、迷惑无知的人们。这样的人是谁呢?墨翟、宋鈃是也。"

陈嚣说:"老师!我知道墨翟。他特别反对儒学,他和他的弟子们都一样地穿草鞋,吃粗粮,非常节俭。他们主张'兼相爱''交相利',人人平等。"

荀子问韩非:"你知道宋鈃吗?"

---

① 《荀子·不苟》篇中说:"盗名不如盗货"。

韩非一向爱好读书学习，所以他的学识比同龄的青年要多。听老师鼓励他讲，就结结巴巴地向同学们介绍。韩非说，宋钘是宋国人，宋国距离韩国很近。宋钘比孟子还年长一些，和孟子、田骈、邹衍等稷下先生一样，也招收弟子，传授学术，著书立说，希望用他的学说干预天下。宋钘为了实现他的社会理想，曾经带领弟子周行列国，上说下教，虽然没有一个诸侯接受，他也不舍弃。宋钘和墨翟有共同的地方，他们都崇尚功利，注重节俭。墨子提倡"非攻"，宋钘主张"禁攻寝兵"。宋钘认为，如果人能够"见侮不辱"，受到侮辱也不生气，就不会争斗了。墨子为了实现"非攻"，曾经步行十天十夜到楚国郢都，劝说楚王不要攻打宋国。宋钘也曾经不顾古稀高龄，到楚国去劝说楚秦两国罢兵。他认为人的本性是欲寡而不是欲多，人有"五升之饭足矣"。所以，他主张人的情欲"寡浅"，人的情欲寡浅了，对名利财货不抱奢望了，就能够铲除"民之斗""世之战"。他还擅长"名辩之术"，很会宣传自己的主张。[①]

待韩非讲完之后，荀子说他已经讲过，人之所以能够胜过各种动物，就是因为人能够组成社会群体，这个社会群体的名字就叫国家。国家是一个沉重的担子，不持之以恒地掌握它，它就不能存在。可是墨翟、宋钘他们不懂得国家的重要，礼义的重要，不懂得区分男女老少、富贵贫贱、社会职业、等级名分的重要，主张人人都吃一样的饭，穿一样的衣，甚至于君王也要置国家的大事于不顾，而去种田，自己求取衣食。这种思想和行为的危害是非常大的。

至此，荀子已经指名道姓地批评了六位著名的学者。荀子把他们分为三种学派。一种是，一味地放纵个性，无视社会公德，无视礼义和法律的它嚣和魏牟。一种是，抑制人的正常性情，以脱离大众、超凡脱俗为高尚，不符合世俗人情的陈仲和史鳅。再一种是，不懂得统一天下、建立国家的分量，过分强调节俭，抹杀等级差别，欲使君臣上下同劳苦

① 《庄子·天下》《荀子·非十二子》作宋钘（xíng），《孟子·告子》作宋牼（jiān），《韩非子·显学》篇作宋荣。《庄子·天下》篇将宋荣子、尹文二人并提，称赞他们"不累于俗，不饰于物，不苟于人，不忮于众"。

的墨翟和宋钘。这三种学派，用现代的话说，一种是只知张扬个性，无视社会公德和法纪的极端个人主义者；一种是不满贫富悬殊而寻找世外桃源者；一种是绝对平均主义者。他们的共同特点是摆不正个人和社会的关系，不懂得礼义的社会价值。因为这些人都是社会上的名流，他们的言行对社会的影响很大，危害也很大，在他们的影响下已经形成了社会思潮，所以荀子才指名道姓地给予严苛批评。

荀子给弟子讲得深入浅出，有声有色。弟子们听得津津有味，兴趣盎然。书斋里师生言语交流，有来有往，气氛热烈。不知不觉天色已晚，这场评说天下学问的教与学，不得不暂时停息，待明日继续再说。

十、真正的君子

第二天一大早，弟子们就来到荀子的书斋，听取老师继续评说天下学问。陈嚣默默地打扫地面，韩非默默地擦拭书架和几案，李斯则殷勤地为荀子斟上一杯茶水，放在几案上，还尊敬地呼唤："请老师用茶！"

荀子很高兴看到自己的学生这样热心求取学问，他没有说什么闲话，很快就进入正题。

荀子继续昨天的话题，今天又批评了六位知名学者。他将这六位学者分为三类，一类是慎到与田骈，说他们崇尚法度而没有法度，整天谈论制定典章文理，及至详细考察他们的理论，却是迂阔而不切实际，不能用来治理国家，维护礼义名分。

另一类是惠施和邓析，他们不效法先王，不赞成礼义，而喜欢制造奇谈怪论，玩弄奇异的言辞，分析入微却不合情理，雄辩动听却不切实际，做了很多事情却功效很少，不可以作为治国的纲领。

第三类荀子批评的是子思和孟轲，言语最为尖锐，说他们的学问简直是罪过。他们粗略地效法先王而不得要领，然而却自以为才高志大，见闻广博。依靠古老的观点来炮制学说，称之为"五行"，非常怪僻荒诞而不成体统，幽暗神秘而没有说明，闭结晦涩而不可理解，还冠冕堂皇一本正经地说，这是先师孔子的真传啊！子思倡导在前，孟轲附和于后，世间愚昧无知的儒生们也跟着吵吵嚷嚷，而不知道他们的错误，于是就接受下来并且传播下去，还以为孔子、子弓就是立下这样的学说恩惠于后代。

荀子纵论天下学问，先后批评了六种学派。他批评前五种学派的时候，说他们是"欺骗""迷惑"。而批评子思和孟轲，则说他们是"罪过"。可见，荀子对儒家内部的思孟学派歪曲孔子思想，在社会上造成不良影响是多么深恶痛绝。

荀子说，今天的世道混乱，思想繁杂。但是有人能够总括治国的方略，整齐人们的言行，统一礼义法度，汇集天下的英雄豪杰，告诉人们真正的王者之道，教导人们正确的治国原则。虽然居住在陋室之内，竹席之上，可是圣王的文章典籍都在这里，升平盛世的风俗从这里勃然兴起。有了他们，六种邪说就再不能混淆视听，十二子之流也再不能哗众取宠。他们虽然没有立锥之地，但是王公不能与他们争名，一个国家不能把他们容纳。他们是谁呢？他们就是没有得到权势的圣人——仲尼和子弓。

荀子极度推崇的仲尼就是孔子。子弓是谁？今天的史学界说法不同。一说是孔子称赞的弟子冉雍，鲁人，姓冉，名雍，字仲弓。一说是馯臂子弓，楚人，姓馯，名臂，字子厷，又作子弓，衍作子弘。子弓究竟是谁，不是本书的任务，这里不做考证。

荀子又说，人世间还有一类圣人，他们能够统一天下，支配万物，养育人民，使天下人都得到好处；凡是人迹到达的地方，无不服从。在他们面前，六种邪说会立刻销声匿迹，十二子也会改邪归正。他们是谁呢？他们是得到了权势的圣人——尧和舜。

荀子向弟子们发问："当今的仁人志士，应该做些什么呢？"

荀子见弟子无人回答，说，当今的仁人志士应该做的是，上效法舜、禹的治世原则，下效法孔子、子弓的道义，务必消除十二子的歪理邪说。只有这样，天下的祸害才能根除，仁人的事业才能完成，圣王的业绩才能昭然彰显。

荀子鼓励弟子们积极参与和十二子的斗争。他说："信信，信也；疑疑，亦信也。贵贤，仁也；贱不肖，亦仁也。"① 也就是说，相信可以相信的是信；怀疑可以怀疑的也是信。尊重贤能的人是仁；卑视不贤能的人也是仁。他要弟子们敢于大胆怀疑，敢于藐视权威，不要被眼前的显赫身份和社会的一时风潮所蒙蔽，不要被十二子崇高的名声吓倒，要毫无顾忌地与歪理邪说决裂，对他们的错误言行进行针锋相对的抨击。

荀子告诉弟子们，目前社会上存在着非常有害的"三奸"。第一个叫作"奸事"，他们耗费民力，却不合乎民众的需求；第二个叫作"奸心"，他们费尽心思，却不以圣王的法度为准则；第三个叫作"奸说"，他们雄辩动听，口齿伶俐，却不合乎礼义。这"三奸"，是圣王所禁止的，是治国的大祸害。这些人聪明而不守法度，勇敢而肆无忌惮，文过饰非而似乎完美，他们就像善于奔走而误入迷途，抱着石头投入大海，越沉越深。这些都是天下所务必摒弃的。

他告诉弟子们，你们如今是士人（读书人），将来的前途有两种。一种，你们可能去做官，成为"仕士"，也就是成为一个有职权的读书人。古代有职权的读书人，是朴实厚道的人，合群合众的人，安于富裕和尊贵的人，乐善好施的人，远离罪过的人，追求事理的人，耻于独自富裕的人。然而，当今有职权的读书人，却是卑鄙污秽的人，苟且悖乱的人，恣意妄为的人，贪财图利的人，触犯法律的人，没有礼义而热衷于权势的人。

荀子说，你们将来也可能不做官，做一个"处士"，成为没有职权的读书人。古代没有职权的读书人，是品行高尚的人，恬淡安分的人，修身正行的人，顺时安命的人，思想坚定的人。而当今没有职权的读书人，所谓的"处士"，却是无能而标榜有能的人，无知而标榜有知的人，贪婪无度而假装没有贪欲的人，行为阴险肮脏而大言不惭地吹嘘自己谨慎老实的人，以不同于世俗作为习俗、放纵而高傲的人。

荀子说，你们日后无论是有职权还是没有职权，当官还是不当官，

① 《荀子·非十二子》。

都要认真地学习孔子、尧舜那样的圣人。君子能够做到可以被人尊重，但不能使人一定尊重自己；能够做到可以被人信任，但不能使人一定信任自己；能够做到被人任用，但不能使人一定任用自己。所以，君子耻于不修身洁己，不耻于被人污蔑；耻于自己不诚信，不耻于不被信任；耻于没有才能，不耻于不被任用。他希望弟子们成为不诱于誉，不恐于诽，率道而行，端然正己，不为物倾侧的真正的君子。

荀子讲起学问来严肃认真，言辞犀利，是非分明，同时还很风趣，很幽默。讲到真正的君子，荀子兴趣陡增，满怀感情地给弟子们唱起了《诗经·大雅·抑》里面的诗句：

（原文）	（译文）
温温恭人，	谦恭的人，
维德之基。	德为根基。

荀子高唱此两句《诗经》别有深意。这是他借用经典给前面所讲的一个总结，也是对真正君子形象的点睛之语。

两句《诗经》唱毕，他又绘声绘色地描绘出君子的仪容。他说君子的仪容应该是，帽子戴得高高的，衣服穿得宽宽大大，面目温和，庄重，安泰，洒脱，宽宏，开朗，坦荡，这是做父兄的仪容。帽子戴得高高的，衣服宽宽大大，面目朴实，谦逊，温顺，亲昵，端正，恭敬，规规矩矩，眼睛下垂，这是做弟子的仪容。

说罢君子的仪容，荀子又描绘那些所谓学者的怪异丑态。说他们的帽子戴得很低，帽带和腰带系得很松，面容傲慢，洋洋自得，或上蹿下跳，或沉默寡言，或神魂不定，或左顾右盼，或消沉沮丧，或横眉瞪眼。在吃喝玩乐的时候，沉醉迷乱，忘乎所以；在郑重的礼节之中，则慌慌张张，放荡不羁；做起事情来懒懒散散，躲躲闪闪，苟且偷安又不怕指责，没有廉耻又能忍受辱骂。

荀子痛恨这些人，直接了当地点出几个儒家名人来。他说："歪戴着帽子，空话连篇，模仿着大禹跛脚走路，像舜那样在父母面前低头小步快走，这是子张一派的卑贱儒生。衣冠楚楚，道貌岸然，好像很谦虚似的整天不说话，这是子夏一派的卑贱儒生。偷懒怕事，没有廉耻而又贪图吃喝，还总说：'君子本来就不用出力气'，这是子游一派的卑贱儒生。"

荀子为什么要面对弟子严苛批评十二子的学问呢？他是在提高弟子们分辨是非的能力，要弟子们在乱世中看清楚正确的方向，更为重要的是，他要在批评中以性恶论为基础，建立新的儒学理论，组织一支新的儒学队伍。数十年后，汉代著名的儒学泰斗几乎都是荀子的学生，就是证明。

十一、儒学的飞跃

白天有太阳，夜晚有月亮，大地万木生，四季变模样。天下道路万千条，唯没有一条现成的路径通向理想的目标。要想到达理想的彼岸，只能在黑暗中摸索，寻觅，开创。

荀子从秦国重归齐国稷下学宫，他的目标是改造儒学，让儒学从天上回到地下，走进社会，挽救儒学几被抛弃的厄运。

但是摆在荀子面前的是一座座诸子百家的峰巅，他必须披荆斩棘，开辟出自己的前行之路。

回顾荀子回归稷下学宫的历程，他首先在儒家内部炮轰著名的儒家先师孟子，继而又炮轰世间著名的十二子。他认为"无冥冥之志者，无昭昭之明。无惛惛之事者，无赫赫之功"。[1] 只有坚忍不拔和锲而不舍，才能突破旧巢穴，将儒学变换一个全新的面容。

荀子非常明白，他所批评的六种学派和十二子并非全无是处，智慧使得他们各自有各自令人敬佩的理论成就，否则就不会有那么多的追随者，形成一股社会思潮。但是站在一统天下的高度去审视，诸子之说均

---

[1] 《荀子·劝学》。

不能成为一统天下的理论。

荀子认为，诸子的学说都体现了"道"的一个侧面："墨子蔽于用而不知文，宋子蔽于欲而不知得，慎子蔽于法而不知贤，申子蔽于势而不知知，惠子蔽于辞而不知实，庄子蔽于天而不知人。"[①] "老子有见于诎，无见于信。"[②] 也就是说墨子只重视功利而不知道礼义；宋子（宋鈃）只看到人有寡欲的一面而没有看到人还有贪得的一面；慎子（慎到）只看到法治不知道用贤；申子（申不害）只重视权势的作用而不知道才智的作用；惠子（惠施）只玩弄辞藻而不讲实际；庄子（庄周）只听命于自然而不知道人的力量。而老子（李耳）则是对于"诎"的一面有所认识，对于"信"的一面却缺乏见地。所以，他们主张的只是"道"的一个方面，而任何一个片面都不能成为指导一统天下的"道"。假如把实用叫作"道"，那么人们就都会去追求功利了；假如把欲望叫作"道"，那么人们就都会去满足欲望了；假如把法律叫作"道"，那么人们就只陷于法律条文了；假如把权势叫作"道"，那么人们就只知道贪图便利了；假如把玩弄辞藻叫作"道"，那么人们就都会陷于不切实际的空谈了；假如把自然世界叫作"道"，那么人们就只知道听天由命了。[③]

而今，天下学问哪一家最全面？荀子的回答是——孔子。他说："孔子仁知且不蔽，故学乱术足以为先王者也。"[④] 天下只有孔子仁德明智，并且不受偏见的蒙蔽，所以他掌握了治乱之术，足以和古代的圣王比美。

可是，为什么孔子的学问不被当权者重用呢？因为"凡人之患，蔽于一曲而暗于大理"。[⑤] 人常犯的毛病，就是被事物的某一个侧面所蒙蔽，而不明白全面的道理。那些列国的当权者每日相互间争斗得你死我活，他们只选取最为功利的办法，所以"白黑在前而目不见，雷鼓在侧耳不闻"，不能够认识孔子的伟大。

---

① 《荀子·解蔽》。
② 《荀子·天论》。
③ 见《荀子·解蔽》。
④ 《荀子·解蔽》。
⑤ 《荀子·解蔽》。

当然，孔子的儒学自身也确有缺陷。孔子想通过倡导恢复西周的礼仪，恢复西周时代的等级名分，挽救"礼坏乐崩"的社会政治秩序。在周天子的一统天下已经分裂为各自为政的诸侯列国之后，想让那些野心勃勃、时刻图谋取代周天子的诸侯，再去接受周天子礼乐制度的约束，那是绝对不可能的。荀子所处的时代较孔子的时代前进了近二百年，已经进入七雄争霸的最后较量，若想用孔子的儒学理论恢复西周时代的礼乐秩序，就更加不可能。所以，儒学就像是一个过时的老太婆，找不到婆家，没有人喜欢。

既然儒学到了如此遭人厌弃的地步，荀子为什么还说天下唯有孔子一家掌握了全面的治国之"道"呢？

荀子的高视角和大智慧正在这里。

荀子不盲目地追赶时髦潮流，他冷眼看世界，细心做学问。他不但看到儒学的现实悲哀，更看到孔子儒学理想的精彩和耀眼光辉。孔子的儒学不仅仅属于孔子一个人，是总结了华夏民族智慧的伟大创造，是华夏民族珍贵的精神财富，是华夏民族共同的向往。因此，便不应该因其暂时有缺陷就否定，就抛弃，而应该改造它脱离现实的缺陷，提升它指导实践的能力，为儒学加上坚实有力的走进社会的腿脚。

说起来容易，做起来难。让儒学走进现实的腿脚可往何处寻找呢？

荀子坚信，"物类之起，必有所始"。[①] 为了解决这个时代的难题，荀子从研究人在自然世界里最初的生活状态，去寻觅，去分析，去思考，最终他找到了理想的答案。

荀子说："饥而欲食，寒而欲暖，劳而欲息，好利而恶害，是人之所生而有也，是无待而然者也，是禹桀之所同也。"[②] 饥了想吃东西，冷了想暖和，累了想休息，喜欢得利而厌恶受害，这是人生来就俱有的"本性"，是不需要学习就已经具备了的，是圣王大禹和暴君桀都相同的。人的这一本性决定了不满足于停留在温饱上，吃饭想有牛羊犬猪之

① 《荀子·劝学》。
② 《荀子·荣辱》。

类的肉食，穿衣还想有丝绸之类的华丽料子，出行想要有车马，还想积累更多的财富，并且穷年累月也不知足。直到贵为天子，富有天下，也仍然不满足。

所以，荀子说"人之生固小人，无师无法则唯利之见耳"。人的本性生来就充满小人的欲求，没有老师的教诲，没有法度的约束，就只会唯利是图。再遇上混乱的世道，得到的是混乱的习俗，那就是小上加小，从混乱得到混乱。也就是说，在乱世当中，人恶的本性更加扩张。① 所以，荀子尖锐地批评孟子的性善论，揭穿它的虚伪性，让人知道自身生来就有的本性之恶，告诉世人不要被人性善这个虚假的谎言蒙蔽了眼睛。

人类共同生活在一起，"欲恶同物，欲多而物寡，寡则必争矣。"② 如何正确对待人的欲望，解决"欲多而物寡"的矛盾，这是所有关注人类命运的思想家悉心探索的一大课题。

战国时代，华夏的许多哲人提出了各自的主张。

墨子主张"节用"。他认为，节俭则昌，淫佚则亡。③ 只要倡导节俭，那些纵欲放荡的行为就消失了。所以墨子和他的弟子们身体力行，住在茅草屋里，吃粗米淡饭，夏天穿葛布做的衣服，冬天穿鹿皮做的衣服，脚上穿草鞋。

老子和庄子则主张"无欲""寡欲"，他们倡导要减少或是干脆去掉人的欲望。④

杨朱学派的主张与墨子老子庄子相反，他们主张"贵己""为我""重生"，认为人生的唯一价值就是满足欲望，为美食、为美色，尽情享乐。孟子说他们是"拔一毛而利天下，不为也"。⑤ 也有人说他们的主张就是"纵欲"。

---

① 《荀子·荣辱》。
② 《荀子·富国》。
③ 《墨子·辞过》。
④ 《老子·道德经》《庄子·天地》。
⑤ 《孟子·尽心上》。

　　孔子和孟子都憧憬上古时代的井田制，主张"均平"。孔子说，"不患寡而患不均"，"均无贫"①。他们认为，平均了就没有了贫穷。

　　这些哲人都把自己的主张看成是人类解决"欲多而物寡"矛盾的最好办法。

　　荀子对这些主张全部持反对的态度。

　　荀子反对"纵欲"。他说，"顺人之情，必出争夺，合于犯分乱理而归于暴。"②他认为，放纵人的性情，按照自己的欲望想怎么做就怎么做，就会发生争夺，破坏社会秩序，以至于发生暴乱。

　　荀子也反对限制人欲望的"寡欲"和"去欲"主张。荀子把人的欲望看作是人生来就有的本能需求。人的本能需求是不能取消的。他嘲笑主张去掉人的欲望，或者主张减少人的欲望的人，说他们是被人的无休止的欲望难住了，没有应对的办法了。

　　荀子也反对墨子单纯的"节用"主张，他认为单靠节省不能让天下的人富裕起来。他说墨子担忧天下财物不够用，其实，这并不是天下的忧患，不过是墨子个人的过分忧虑。土地生长万物，精耕细作，一年可以收获两次。再加上饲养六畜，猎取禽兽，水中捕鱼，培育瓜果，供人吃的东西太多了。葛麻、蚕丝、羽毛、皮革，也足够人穿戴使用。问题不是出在人世间出产的物品少，而在于用歪理邪说混淆视听。荀子认为，天下如果按照墨子的办法治理，人们必然是整天愁眉苦脸地穿粗布衣服，吃恶劣的食品，没有音乐听，菲薄的奉养满足不了人们的需求，奖赏也不能实行，有能力的人与没有能力的人都得不到正确使用，万物得不到恰当的利用，上失天时，下失地利，中失人和，天下就像火烧火燎一样。尽管墨子和他的弟子身穿短衣，腰扎麻绳，吃粗粮，喝白水，又怎么能让天下人的日子一天比一天富足起来呢？③

　　荀子也反对孔子和孟子的"均平"主张。他说，"分均则不偏，势

---

① 《论语·季氏》《荀子·性恶》。

② 《荀子·性恶》。

③ 以上见《荀子·富国》。

齐则不壹，众齐则不使。有天有地而上下有差。"① 人在社会上，假如身分都一样，就不能够有侧重；势力都相等，就不能够集中统一；众人都一样，就谁也不能指使谁。只要有天有地，就会有上和下的差别。人和人之间有差别，这是天经地义的真理。

荀子对诸子百家学说的批评让他的弟子们迷惑了，既然杨朱学派的"纵欲"办法不行，墨子的"节用"办法不行，老子庄子的"寡欲"办法不行，孔子孟子的"均平"办法也不行。人类的希望在哪里？社会安定和谐的希望在哪里呢？

荀子告诉弟子们，解决"欲多而物寡"矛盾的办法是——"导欲"。

荀子断言："凡语治而待去欲者，无以道欲而困于有欲者也。"② 这话的意思是说，凡是谈论治国之道而主张去掉人的欲望的人，那是没有办法引导欲望，而被欲望难住了。

荀子认为，追求自己可以求得的欲望，这是人情所不可避免的。即便是一个看大门的人，他的欲望也不能去掉。虽然是一个天子，他的欲望也没有止境。所以，对待人的欲望，正确的态度应该是用适当的方法去引导。

弟子们问荀子，应该如何引导呢？

荀子说，欲望虽然不能完全满足，却可以接近满足；欲望虽然去不掉，却可以节制。对待欲望的正道是，在条件允许的情况下，尽量满足人的欲望和要求。在条件不允许的情况下，那就要节制人的欲望和要求。③

简单地说，对于人天生的欲望，既不要无端限制，也不要随意放纵，更不能人为拉平。应该用正确的方法，引导人的欲望向合理的方向发展。

弟子们又不明白了。他们说，人之性恶，由于"欲多而物寡"，人与人会相互争夺，会像禽兽一样，自相残杀。对于这样激烈残酷的现实

① 《荀子·王制》。
② 《荀子·正名》。
③ 以上见《荀子·正名》。

问题可用什么办法去引导呢？

荀子将他日夜苦心思考研究的结论告诉弟子们，可行的办法就是——"礼"。

陈嚣问荀子："孔子不是也讲'礼'吗？老师讲的'礼'和孔子讲的'礼'有什么不同呢？"

荀子说，孔子讲的"礼"，是周代的礼仪。而他讲的"礼"是一个全新的概念。他主张的"礼"内涵丰富，作用宏大，可以简单概括为三个方面。

他告诉弟子们，"礼"的第一项内涵是"养"。

"养"什么？"养人之欲，给人之求"。"礼"的目的，首先是尽力满足人的口、耳、鼻、目、体的欲望需求。第二是教化和改造人恶的本性，养育人的道德品性。第三是养护自然环境，"上察于天，下错于地，塞备天地之间，加施万物之上。"① 上察天时的变化，下利用好土地，将礼的作用广泛施加到万物之上。

一养人欲，二养人性，三养人境，这就是"礼"所要养的全部内容。

"礼"的第二项内涵是"分"。

分什么，怎么分？分就是"贵贱有等，长幼有差，贫富轻重皆有称者也"。② 人有男女、老少、强弱、聪明和愚笨、健康和残疾等不同的差异；人还有贫富贵贱，士农工商，君子小人。要对长幼的差别、贵贱的等级、贫富、权势和地位做出相应的规定，用礼义给予恰当的区分，不能所有的人都一样地"养"。有了区分便有了贤能和愚蠢、能干和不能干的差别。使人各得其所，使俸禄的多少有一定的衡量，使欲望有了"度量分界"，无需再去争夺。

陈嚣插话问："把人分成等级，岂不是不平等吗？"

荀子回答说："斩而齐，枉而顺，不同而一。夫是之谓人伦。"③ 参差却是整齐，弯曲却是顺畅，不同之中有至同，不齐之中有至齐，不同才

---

① 《荀子·王制》。

② 《荀子·富国》。

③ 《荀子·荣辱》。

能统一，有差别的社会才能有秩序，这就是人伦。

"礼"的第三项内涵是"和"。

荀子说："分则和，和则一，一则多力，多力则强，强则胜物。"① 因为有了"分"，人就能够和谐相处；有了和谐相处，就能够团结一致；团结一致就能够力量强大；力量强大，就能够战胜自然界的万物。此乃"群居和一之道也"。②

分的结果是，使人们的欲望绝不会由于物资的原因而得不到满足，物资也绝不会因为人们的欲望而枯竭，使物资和欲望两者在互相制约中共同增长。

所以，"礼"的实行可以达到三个方面的和谐，一是人与人的和谐，二是人与物的和谐，三是人与自然环境的和谐。

韩非、李斯和陈嚣等弟子听了老师设计的"礼"，既感到新鲜，又感到兴奋。他们明白荀子所说的"礼"，和孔子说的"礼"完全不同。它不仅仅是礼节和礼仪形式，而是包括政治制度、规章、品德在内的一整套社会规范体系。用"礼"的实行将人按照出身、年龄、才能、贫富等等差异，区分出不同的社会地位和社会责任；用"礼"的实行将人组织成结构有序的和谐整体；用"礼"的实行将人的品德做出是非、优劣、高下的评判标准；用"礼"的实行，取得有差异的和谐，以维护人类社会的生存、发展和秩序。

李斯的思想活跃，他提出了一个疑问，他说："老师！'仁'是孔子儒学的核心，是儒家最高的理想境界。老师讲的礼，是不是放弃了孔子'仁'的最高理想呢？"

"你问得好。"荀子很高兴回答李斯的问题，他告诉弟子们，孔子"仁"的理想是崇高的。多少年来，用什么办法达到"仁"的理想境界，一直是儒家弟子苦思冥想的课题。孟子为推崇"仁"一生奋斗，他倡导的办法是"修心"。用"修心"立"仁德"；用"仁德"行"仁政"；因"仁

---

① 《荀子·王制》。
② 《荀子·荣辱》。

政"而行"王道",使人民富足,国家安定,走向天下大同。但是,他的这种内向化、心性化的道路,只能是一种道德说教,不能形成条律和制度,所以便不能用来治国。而他倡导的"礼",是将孔子"仁"的崇高理想化为可以操作的路径,用政治制度、规章,和服饰、仪式、音乐等手段构成一整套的内涵和形式,来展现"仁"的精神。让居于理想境界的儒学长出一双走进社会的腿脚;使孔子理想的"仁"迈开大步,踏入社会现实,将分裂数百年的华夏引入用"礼"建设起来的新的大一统的国家里。

听到这里,陈嚣茅塞顿开,但他又提出一个问题:"老师!老子说,'天之道,损有余而补不足。人之道,则不然,损不足以奉有余。'①老子称赞天道的崇高,批评人道的缺陷。老师倡导的'礼',遵循的是'大道'呢,还是'人道'呢?"

荀子对陈嚣的思考深入很感兴趣。他告诉弟子们,他所设计的"礼",是"断长续短,损有馀,益不足,达爱敬之文,而滋成行义之美者也"。②是人间正道。

听了荀子精湛的回答陈嚣和其他弟子明白了,老师创建的"礼"的目标是"损有馀,益不足",是要改变人的邪恶本性,增进人的善良品德,使得人世间达到仁爱和敬慕的文明,养成奉行道义的美好品性。所以,老师倡导的"礼",和老子的思想是一致的,行的是"天道",是人间正道。

荀子讲,"礼有三本:天地者,生之本也;先祖者,类之本也;君师者,治之本也。无天地,恶生?无先祖,恶出?无君师,恶治?三者偏亡,焉无安人。故礼,上事天,下事地,尊先祖,而隆君师。是礼之三本也。"③天地是生存的根本,祖先是种族的根本,君长是治国的根本。没有天地,人怎么生存?没有祖先,种族从哪里来?没有君长,国家怎么治理?三者缺少任何一个,也不会有人民的安宁。所以,礼,上事奉

①《老子·道德经七十七章》。
②《荀子·礼论》。
③《荀子·礼论》。

天，下事奉地，尊重祖先，推崇君长，这就是礼的三个根本。

荀子不仅对他倡导的礼的内涵进行了理论上的定位，还对礼的外在表现，比如礼节、仪式、社会等级差别等做了细节的阐释，对祭天仪式、丧礼供品、服装、车马，对上至宰相，下到乡官，各个具体行政部门长官的职责与权限，以及他们所穿的衣服，居住的房子，用人的数量等等都做了具体的规定。让人不仅理解礼的价值和意义，还在具体的社会行为中具有实践的可操作性。①

荀子对他设计的"礼"充满了信心和希望。他告诉弟子们："儒术诚行，则天下大而富，使有功，撞钟击鼓而和。"②

他说《诗经》中有这样的诗句：

（原文）	（译文）
钟鼓喤喤，	钟鼓咚咚，
管磬玱玱，	管磬锵锵，
降福穰穰。	欢喜洋洋。
降福简简，	降福绵长，
威仪反反，	威仪堂堂，
既醉既饱，	酒足饭饱，
福禄来反。	福禄永享。③

他激动地将这首描绘天下太平的诗句唱出来。弟子们也被老师的激情感染，跟着荀子高声歌唱。师生一同畅想着因"礼"的实行将到来的美好明天。

荀子告诉弟子们，假如墨术得到实行，那可是个灾难。天下虽然崇尚节俭，却会越来越穷。反对争夺，而争夺却会愈演愈烈。虽然勤劳困顿，却不会有什么成效。每天哭丧着脸反对音乐，百姓一天比一天更加

① 荀子在《礼论》《富国》《王制》等文章中对礼的具体规制有详细的阐释。
② 《荀子·富国》。
③ 《荀子·富国》。

离心离德。那将是一个穷困而毫无乐趣可言的天下。①

他说，礼的实施所达到的境况与墨术的实施有天壤之别。将是"天地以合，日月以明；四时以序，星辰以行；江河以流，万物以昌；好恶以节，喜怒以当；以为下则顺，以为上则明；万变不乱，贰之则丧也"。②

荀子动情地站起身来，慨然感叹："礼的道理是何等之深啊！那些'坚白''同异'之类的道理，一进入礼的道理之中就被淹没了。

"礼的道理是何等之大啊！那些擅自编造典章制度、发表奇谈怪论的浅陋学说，一进入礼的道理之中就消亡了。

"礼的道理是何等之高啊！那些粗浅放纵、恣肆放荡、以轻视习俗为高尚的人，一进入礼的道理之中就垮台了。"

荀子不无骄傲地对他的弟子们说："木工的墨线真正拉出来了，就不可能再用混淆曲直来搞欺骗了；秤真正挂起来了，就不可能再用混淆轻重来搞欺骗了；圆规角尺真正设置了，就不可能再用混淆方圆来欺骗了；君子用礼来判断一切，就不可能再用诡诈来欺骗了。"

荀子断言："礼者，人道之极也。"③不遵循礼，不认真地实行礼，就叫作不走正道的人；遵循礼，认真地实行礼，就叫作走正道的人；善于谋虑，矢志不移，能够达到完善的，就是圣人。所以，天，是高的极点；地，是低的极点；无穷无尽，是广阔的极点；圣人，是道德的极点。学习，就要学习做圣人，而不是学做不走正道的人。

荀子和孔子、孟子，三位先秦时代的儒家圣人，他们都具有"天下为公"、实现"大同"的社会理想。所不同的是，荀子不但是一位理想主义者，还是一位现实主义者。荀子较比孔子、孟子的那种纯粹理想式的思考，展示出了儒家社会理想的务实精神。

荀子将他对于"礼"的思考，怀着真挚的情感写进《礼论》《王制》《富国》等文章里，成为传世的经典。

---

① 《荀子·富国》。

② 《荀子·礼论》。

③ 《荀子·礼论》。

在人类历史上，荀子第一次以人性恶为基点，用"礼"的概念，探寻出人类差异和谐的可行性。用"导欲"的办法处理人无止境的欲望要求，这是一种超凡脱俗的大智慧。实践证明，荀子的理论是对中国历史文化的伟大贡献，也是对人类文明的伟大贡献。

荀子倡导的"礼"以人性为出发点和归宿，与后来中国两千年封建社会实行的"礼"，与扼杀人性的"三纲五常"，有本质的区别。有人因荀子倡导"礼"，而否定荀子，是毫无道理的。这个问题不是写传记的任务，留给理论家去说吧。

第二章

王制

天地者，生之始也；礼义者，治之始也；君子者，礼义之始也。

——荀子《王制》

一、巨浪的前奏

齐王建遵照母后的旨意，在朝堂上与朝臣商量是不是依照荀子提出的意见，废除官伎制度，关闭官伎馆。

丞相田单首先提出异议。他认为齐国设立官伎，是自桓公时建立的制度，已经三百余年，成为臣民的习俗，假如关闭，牵连甚多，不便轻率行事。

有臣子认为，荀老夫子讲要不法先王，一切听从当今大王的。官伎制度助长淫邪，有碍官风，败坏民风，有百害而无一利，应该立即封闭。

田单则强调，桓公始建官伎馆，其目的是为收取野合之资，以增加国税，至今官伎馆依然为我齐国增收不少。齐国先祖立有规矩，家有七十岁老人者，官府每年送给三个月的肉食。家有八十岁老人者，官府每月都送给肉食。家有九十岁老人者，官府每天供给肉食。^①仅此一项，国库每年的开支巨大。假如封闭官伎馆，便会减少国库收入，影响齐国的国力。

赞同封闭官伎馆的人与反对封闭官伎馆的人双方争论不下，齐王建要田单与荀子再细细商讨，以后再议。

一直关注着这场辩论的后胜，很明白齐王建的心意，他认为这是齐王建有意拖延实施荀子封闭官伎馆的建议，所以下朝时向他的这位表弟会心地微微一笑。

田单是位忠于职守的官员，既然领了王命，便毫不懈怠。他将荀子请到丞相府邸，奉上精美的果脯，首先关心地问候荀子近日的身体，而后将朝中对封闭官伎馆的不同意见告知荀子。

荀子解释说："礼者，治之挽也。封闭官伎馆就是遵行礼义。由封闭官伎馆而始，废止旧有制度，而后步步深入，在齐国卷起一场革新朝政的巨浪，建立起符合礼义的新秩序。我回到齐国，之所以在稷下学宫首次讲学便讲人之性恶，掀起一场人性善和人性恶的争辩，就是要为齐国的变革开一个头。"荀子胸有成竹地说，"接下去以封闭官伎馆为契机，倡导礼义，废除旧制度，制定新法规，任用贤能，罢黜庸人，铲除奸人。让那些有才有德之人，不分贵贱能够施展才华，为国效力。让那些庸人恶人不能凭借祖宗阴德永享富贵。"

田单明白了，他感激荀子的深谋远虑："荀老夫子，您想得如此深远，令人敬佩！您这是要为齐国开辟一条向邪恶势力开刀、让齐国从此走向强盛的光明大道。"

---

① 《管子·入国》记载："所谓老老者，凡国、都皆有掌老，年七十已上，一子无征，三月有馈肉；八十已上，二子无征，月有馈肉；九十已上，尽家无征，日有酒肉。死，上共棺椁。劝子弟：精膳食，问所欲，求所嗜。此之谓老老。"

二、太庙前的较量

王太后的父亲太史敫等五位元老要在太庙门前上吊，这件事情影响非常之大。太庙四周围拢了许多观看的百姓，指指点点，议论纷纷。

消息传到荀子的书斋，荀子初感吃惊，又感觉背后一定另有文章。

消息传到后胜与学宫原祭酒耳中，他们则悠然下棋，等待着更好的消息。有元老们如此一闹，太后与大王对荀况的变革图谋一定得思量思量，说不定还会要他的好看。

齐王建未到问计的时日突然来到书斋，荀了知道为的什么。礼仪过后，齐王建问："老师！五位元老一起到太庙闹事，学生束手无策，特来请教老师，此事应当如何处置？"

荀子不忙于回答问话，反问齐王建："君上！你休问我。应该首先问一问自己。你是要做一个有为的君王呢，还是做一个无为的君王呢？"

齐王建答道："当然要做有为的君王。"

"好！"荀子点头赞许，"有为的君王，有许多榜样。不是有人说我要按照秦国的样子改变齐国吗？其实，榜样无需到秦国寻找，也无需到其他别的国家寻找。齐国的先祖就是最好的榜样。当年齐威王年少即位，贪图玩乐，不问政事。稷下学宫里有一位著名的先生淳于髡，用言语激励他。齐威王不鸣则已，一鸣惊人。他奖赏了勤政爱民的即墨大夫，烹杀了文过饰非的官员。任人唯贤，改革朝政，使得齐国很快强盛起来。他的儿子，你的曾祖父宣王，也同样是任人唯贤，启用了田忌、田婴、孙膑许多贤才，把天下的学士都召到稷下学宫里来，使得齐国称雄于列国之中。他们都应当是效法的榜样。"

齐王建默默点头称是。

荀子问："效法先祖，你打算从何做起呢？"

见齐王建洗耳恭听，荀子说："推崇礼义其国治，轻贱礼义其国乱。朝政是要人来治理的，所以，首先要任人唯贤。如何任人唯贤呢？对贤能的人不遵循次序推举，对不贤的人不等待时日就罢黜。虽然是王公士大夫的子孙，行为不符合礼义的就降为庶民百姓。虽然是庶民百姓的子孙，有学问、有德行，就可以提升做卿相士大夫。对于违反政令的人，用奖赏鼓励其改邪归正，用刑法惩治其罪过。对患有各种残疾的人，要收留并养活他们，根据才能使用他们，供给他们吃穿，全部加以照顾而不遗漏。对敢于反抗政令的人，无论权多高，位多重，杀勿赦。这就是最高的道德，就是王者之政。"

齐王建坐在荀子面前，仔细地一字一句地悉心听从荀子的教导。

荀子感叹："为政犹如为人呀！要坚守信念，诚实不欺。君王做事，一定要听取臣子的政见。不过，听取政见要有个界线。对那些以善意而来的人，要待之以礼；对那些以不善而来的人，就要待之以刑。二者区别相待，贤良与不贤良就不混杂，是与非就不紊乱。贤良与不贤良不混杂，英杰就来归附；是与非不紊乱，国家就会大治。"

荀子最后问："君上，如何应对那些元老，还用我再讲吗？"

"谢老师教诲，弟子明白了。"齐王建站起身来，说，"他们虽然身为元老，但是，用在太庙上吊的非礼行为要挟君王，绝非善意。寡人要做一个有为的君王，对于他们的无理威胁，绝不能软弱退让！"

"好！"荀子对齐王建的回答非常满意。

齐王建信心十足、踌躇满志地回到王宫，立即传下旨意。田单奉旨又一次带领武士整齐威武地来到太庙，严肃地向太史敫等人宣旨："大王有令，太史公等人听旨！"

田单宣读大王诏旨："太庙乃先王灵位之所在，国之圣地，不容玷污。敢有玷污太庙者，无论何人，杀勿赦！"

田单又接着宣读："太史公等老臣功勋昭著，国人敬仰。如有治国谏言，可进宫面奏。而今之行为，有失礼义，当立即终止。否则，免除爵位，斩杀满门，灭其九族，决不宽恕！"

太史敫把火气撒向田单："你不敢，我看你也不敢。你不是当年的田单了。先王在的时候，念你在即墨小城摆下火牛阵，杀退了五国联军，为齐国立下旷世大功，封你为安平君，还千方百计保护你。九个先王的亲近宠臣举报你有谋反之心，都被先王杀了。如今，先王不在了，没有人保护你了。无论你有多大功劳，若有半点造次，就会立即杀掉你！"

田单谦恭地回应："田单非为王族嫡亲，从来不敢造次。不过，太史公，你方才评说田单之语，岂不正好用来评说自己吗？"

田单又平静地说："太史公！你我的功劳俱已成为过往云烟。你乃太后生父，大王至亲，应当遵从王命，做百官表率，切莫毁坏大王名声，让国人耻笑。"

"哈哈！你又来了。"太史敫毫不示弱，"让我遵从王命，可以。但你必须与我讲清楚，这个王命究竟是真的还是假的？"

"你拿去看过。"田单把写有王命的帛锦交给太史敫。

太史敫接过写有王命的帛锦，与几位元老仔细观看，翻来倒去看不出破绽来。

太史敫狡辩："虽是大王之令，却绝非大王之意。"

"无礼！简直是无稽之谈。"想不到太史敫会讲出这样的话来，田单愤怒斥责，"太史公！你偌大年纪，为何这样不讲道理？你是朝廷太史，应当知道违反王命的后果！"

"今天的事情，如要写在史册上，绝非是我无礼，乃是事出有因。"太史敫继续狡辩，"老夫偌大年纪，心明眼亮。大王此令，必有幕后指使之人！"

太史敫一字一句地说："幕后指使之人定是荀况，我要见荀老夫子。相见之后，假如他被老夫骂得无言以对，你就撤回王命；假如老夫被他讲得心服口服，我就遵从王命。"

"好！"田单回身高呼，"有请荀老夫子！"

太史敫等元老看见荀子从不远处健步走来，大为惊讶："荀老夫子……"

荀子谦虚地拱手施礼："诸位功勋元老，荀况有礼了！"

太史敫急忙走上前去，其他几位元老也跟了过去，一起向荀子拱手还礼，跪地叩头："荀老夫子！"

"太史公！你们行如此大礼，荀况不敢接受呀！"荀子立即俯下身去，要他们请起。

太史敫回敬说："先王尊您是最有学问的老师，我等理应尊崇先生！"

"荀况愧不敢当。"荀子将太史敫等元老一一搀起来。

太史敫询问："荀老夫子！田单介绍后，我觉得您是大王敕命的幕后指使之人，果然如此吗？"

荀子泰然回复："幕后指使，荀况不敢。仅为谏言而已。"

太史敫明白了，立即反诘道："那您就应该规劝大王收回成命！"

荀子回答说："稷下学士，无有官职，议论可以，大王是否收回成命，非是荀况所能。诸位既然尊重荀况，你们可愿意听荀况一言吗？"

太史敫立即正色道："荀老夫子，我们尊敬您，但是，假如您是为他们来做说客，就免开尊口！"

"那好，荀况只想与众位元老谈一谈你我年迈之人的心愿。请听荀况讲来。"荀子耐心地讲说，"众位比荀况年长，皆已年过七旬。你们夜以继日，辛劳一生，受尽磨难，屡立功勋，所为何来？难道全是为了自己吗？不！如果仅仅为了自己，无需操劳数十年之久。是为其他什么人吗？也不是。如果仅仅为其他什么人，也不必耗尽日月。你们究竟为的什么呢？回答只有一个，为的国家，为的社稷！"

荀子继续道："而今，天下混乱，弱肉强食，稍有懈怠与迟慢，就有亡国之危。你们期盼齐国强盛，所以，即便如今已是满头白发，只要为了齐国，你们还会以年迈之躯重上沙场，甘洒热血，不畏一死。你们说，可有此心吗？"

"国家要强盛，必须兴礼义，讲道德，正民风。"荀子问道，"封闭官伎馆，移风易俗，端正官风民风，我想众位元老应该不会反对吧？"

荀子继续说："你们懂得，国之不存，毛将焉附。没有了国家，哪里还有祖上的阴德可继？官伎馆虽为齐国三百年之制度，但是，为国家之强盛，为国家之未来，所有不利于强国的旧制度，将其革除，自然是顺理成章。"

"齐国过去因有威王，有宣王，革新朝政，使得齐国称雄诸侯。尚

贤使能，赏有功，罚有罪，乃是治国的必由之路。"荀子提高声音说，
"古今一理呀！所以，荀况才谏言大王，以先王为榜样，革新朝政，移
风易俗，行先王行政之法，走先王强国之道。想来诸位元老一定会与荀
况同有此心吧？"

太史敫在荀子有理有据、有情有义的激励下，激情升起，急忙说
道："荀老夫子！您这话就小瞧我等了！"

荀子把话急忙接过来："是呀，是呀！众位元老为国家甘愿粉身碎
骨，怎么能不明白这些浅显的道理呢？"

荀子回身告诉田单："众位元老深明大义，哪里是不遵王命？你应
当尽快派遣最好的车马，最优秀的乐工，欢送元老们回府！"

太庙乐丁奏起响亮的乐曲，士兵一齐拥上去，把五位元老抬架到兵
车上。元老们还没有明白究竟，已经被兵车拉走。

田单望着远去的兵车，哈哈大笑。

三、君子之约

战国时代有一种制度，每到年终，各地方官员都要上交计簿，将
全年的人口、钱、粮以及经济收入等情况报告给上级，这种制度叫"上
计"。[①]

齐王建三年（前262）的腊月，数九寒天，正是丞相田单最为忙碌
的季节。他要代替君王审核各都府官衙送上来的计簿，并且提出审核
意见。

田单日夜忙碌，细心地一卷一卷观看各都府官衙送来的计簿，眉头
不断紧锁，气愤得竟然扔下木卷怒吼："混账！恶棍！用这些东西来欺
骗我！休想！"

---

① 《韩非子·外储说左下》33·31，记载了西门豹治邺年终向魏文侯上计的情况。《韩
　非子·外储说右下》37·11，记载了李克治理中山，苦陉县令向李克上计的情况。

他愤怒地在厅中踱步，反复思索，而后主意拿定，令侍者去请荀老夫子。侍者应声要走，又被田单叫住，吩咐请荀子到淄水岸边相会。

荀子乘车来到淄水，田单早已在岸边等候，望见荀子走下车来，急忙迎上前去："荀老夫子！"

"啊，田相国！"荀子望着淄水岸边冬日的远山近水，白雪皑皑，饶有兴致地感叹淄水雪景的美丽。他善意地取笑田单，"这里是你曾经修养身心的地方。"

田单没有被荀子的取笑话语感动，似乎有些不满，说："老夫子！是你把我从这个宁静的地方拉走了。"荀子立即纠正："哎！不对。是你自己要乘我的车走的。"

田单倍加感慨："咳，你呀！你呀！……是你赶走了我清静的好日子呀！"

荀子正色问道："田相国！难道约我到此，就是为了重温你在这淄水边那些清静的日子吗？"

田单看着眼前被冬雪覆盖的神秘山峦，在河边坐下，似乎又回到他那独自垂钓的往日："说真心话，田单十分怀念那些悠闲的日子。"

荀子并不干扰田单的思绪，随田单在河边坐下，望着那滚滚淌过的清澈水流。

田单忽然注目荀子，问道："老夫子！你说，齐国能治理得好吗？"

"我讲过，只有乱君，没有乱国。君王不能一个人治理国家，国家的强大与衰败，荣耀和耻辱，关键在于选取相国。你任职齐国相国多年，齐国能不能治理得好，你应当最清楚。"

田单愧悔地说："咳，老夫子呀，老夫子！你把我坑了！"田单站起身，到车上取出几捆简册，抱给荀子，"我请你看一些东西。"

荀子问这是什么，田单告诉他，这些都是各都府官衙年终送来的计簿。他愤慨地告诉荀子，全是些假话。

荀子自嘲："啊！我说嘛，你应当比我明白。"

"可我不明白，他们是臣子，享受着君王的俸禄，为什么还向君王说假话？"田单恶狠狠地质疑。

荀子说："这是为官的品德。"

"一年说假话，两年说假话，三年还说假话，一而再，再而三，要把假话说到几时？良心何在？"

荀子拿着计簿问："你说，假话在哪里？"

田单接过计簿，指给荀子看。高唐都大夫在报来的年终计簿里写，高唐河水泛滥，灾民十万，毁坏良田一百八十万亩。明白人一看就清楚，这是假话。高唐的人口总共不过十万，土地也不过一百八九十万亩。河水泛滥，能把山上的居民和土地也毁了吗？你再看，后胜的封地在琅琊，那琅琊靠近海岸，海水中有盐，山中有铁，可他报来的年终计簿却看不见盐铁一个钱的收益。这不是说谎吗？还有，仓库存粮、开垦荒地、牛马饲料、工商盈利、老少人口等等许多的事情都在说谎话。还有人私扩封地，私养兵马。

荀子兴奋地夸奖："哎呀！荀况没有看错，田单你呀，是一位非常称职的相国！"

田单反而不悦："你是夸奖我，还是贬责我？"

田单向荀子摆出齐国的真实现状和为难所在。

六百多年前的齐国原为姜姓吕氏。到齐康公的时候淫于酒色，用田和为丞相，将国事全部交田和处理。周安王十一年（前386），齐康公被丞相田和放逐在海岛上，田和自立为国君，他成为田齐太公。从此，自姜太公立国，凡二十世，三十二位国君，享国六百六十五年的姜姓齐国，便失去国家。以后就是如今的妫姓田氏齐国。田氏齐国至今历经八代君王，一百二十余年。与君王嫡亲的田姓家族一个个权势非常，要么官高禄厚，要么手握重兵。而今谎报年终上计严重者也正是这些人。这些人又对田单久藏仇恨，时刻想置田单于死地而后快。田单虽为田氏，但并非田氏嫡系。他身为丞相，不能像当年的田和一样取代君王，也不能处置那些为非作歹的奸人。

"这是治理齐国的良机。"荀子告诉他，可以以审查年终计簿为契机，厉行赏罚，奖赏诚实有功之臣，罢黜奸邪庸碌之辈，补交国家赋税，清理私扩的封地，收编私养的兵丁，选贤任能，铲除积弊，革新朝政，让齐国从此之后，无德不贵，无能不官，无功不赏，无罪不罚。

田单连连摇头："老夫子，你说得好轻松呀！但是做起来不易，不易呀！"

荀子严正地说："礼者，政之挽也。为政不以礼，政不行。为臣者孤傲自恃，不遵王法，便失去了大节。齐国要强国，绝不能容许那些超越礼法之徒纵欲猖獗。这正是你作为相国协助君王应该做的事情。"

荀子进一步说出他希望齐国一统天下，效法后王，统一制度，推崇礼义的大目标。然而如今齐国这样混乱，莫说是将来一统天下，就是自身也很难保全。若想把齐国治理好，就必须推崇礼义，实行王者之治，把那些藐视君王，超越礼法，纵欲猖獗的奸邪之徒铲除干净。

听了荀子的话，田单兴奋不已："如此你我同心了？"

荀子当面做出保证："荀况我甘愿陪同你一起披上铠甲，挥戈上阵！"

"好！好！"田单感激地抓住荀子的手，"有你荀老夫子，田单我便无所畏惧！"

有了荀子的支持，田单将各都府上报的计簿如实向齐王建和君王后禀报。君王后问他有何打算？田单的意见明确，必须坚定地制止年终上计谎报之风。

君王后询问制止的办法，田单提出，第一，派遣秉公执法之人到各都府明察暗访，查粮食、饲料、垦田、灾情是否属实；查是否私扩封地；查是否暗自私养兵马。第二，敕命都府与官衙长官亲到临淄向君王面陈。第三，以三年前先王在世时的各项数目为基准，审定优劣。优者提升官职爵位，劣者罢官、降职、降爵，收回封地。

君王后很欣赏这些意见，但她怀疑这些意见似乎并不是出自田单之手，因而问道："这是你的主意吗？"

田单并不隐瞒："这是荀老夫子的高见。"

听到是荀子的主意，君王后对田单讲说的办法更加赞赏。她问一侧坐着的后胜："胜儿，你是主管钱粮的内史大夫，你说，这样做行吗？"

后胜内心反对，表面上不动声色，他稳重地回禀："后胜以为，这些办法甚好，只怕要招来百官非议，甚至引起朝廷混乱。"

君王后问："他们会非议些什么呢？"

后胜说："他们会说，这是君王对臣下的不信任。"

君王后问在座的大臣："你们怎样看？"

一位老臣说："太后！此事的确干系重大，应当谨慎行事！"

君王后又问齐王建："建儿，你说呢？"

齐王建直言："孩儿以为，这个办法很好。"

"好呀！你长进了。不亏是荀老夫子的学生。"君王后向在座的臣子说，"好了，你们都说过了，本宫也来说一说。我以为，以核实年终上计为契机，奖赏有功之臣，罢黜奸邪庸碌之辈，任用贤能之人，廓清吏治，铲除积弊，这个主意很好。我早想有这么一天，和那些奸邪贪心的人较量一番，可是没有机会做，也没有人为本宫去做呀！如今好了，荀老夫子回来了。他虽然一无职权，二无兵马，三无钱粮，可他有威望，有正义，有智谋。他如同天神降临，让本宫精神振奋。齐国在先王下世之后的混乱朝政，到了廓清的时候了！田相国！我命你就照这个办法做，一定要做好！"

田单站起身来，严正地拱手施礼："臣遵旨！"

君王后又鼓励说："田相国！你曾经为齐国复国建立过不朽功勋，先王奖赏你，让你做相国，还封你为安平君。今天，如果你能辅佐大王重振朝纲，本宫要再次奖赏你！"

田单跪地叩头："田单谢太后信赖！"

四、生死搏斗

田单遵照君王和太后的敕命，很快组织起一支队伍到各都府巡查。告诉他们，如今的齐国不太平，欺骗君王者有之，以权谋私者有之，抗税不交者有之，私养兵马者有之，图谋不轨、企图反叛朝廷者有之。你们是在百官之中经过慎重挑选，年轻有为、勇敢无私、忠于职守的人，是我齐国的坚强卫士，是我齐国的正气！所以，今天才委以重任。要他们到达目的地之后，一定要睁大眼睛，明察暗访，让那些奸邪之徒，露出原形，暴露在阳光之下，为齐国整肃朝政，扫清走向华夏强国的障碍，建立功勋。

众人义愤填膺，齐声呼应，谨遵王命，为国立功。

田单还嘱咐他们，这次出行，绝非平坦大道，会有许多明枪暗箭，很可能会有性命的危险，你们一定要小心谨慎。我田单不要你们甘洒热血，要你们拿着奸人的把柄回来。

各路巡查官员分别骑快马出了临淄城，向各自的目标飞奔。

齐国在行政体制上与其他关东五国不同，没有实行郡县制，实行的是五都制。从管仲做相国起，推行改革，实行军政合一、兵民合一的制度。把齐国分为五个大区，每个大区设一都城，由一名都大夫掌握军政大权。这五都分别是临淄（今山东淄博）、即墨（今山东平度东南）、莒（今山东莒县）、高唐（今山东高唐）、平陆（今山东东平）。五都驻有常备军队，归都大夫指挥，因此每个都也可以说就是一个独立的小王国。[①] 每个都大夫都是田氏君王的近亲，或十分信任的远亲，若想撼动他们，难度可想而知。年终上计的众多谎言私弊大都出自他们身上，所以田单才有许多的忧虑。

事情果不出田单所料，派遣出去的巡查官员，有的在大道上突遇截击被杀。有的在艰难攀登山路之时遭受暗算，巨石突从山顶滚下，连人带马，一起滚落山下。有的进了都城，被当作盗贼关进木笼，押赴刑场斩杀。

荀子在稷下学宫的书斋里给韩非、李斯、陈嚣等弟子授课，告诉弟子们，他研究学问，其目的并不是为了某一学派的利益，更不是自我欣赏，而是心忧天下，为华夏百姓探讨天下太平之道，为即将到来的大一统国家设计切实可行的治国方略。而今的君王与学子大多都热衷于墨家之学、法家之学、道家之学，把儒学看作是背时的学问。而他则认为，唯有儒学才能够拯救天下，让华夏长治久安。不过，儒学并非完美无

① 见张晋藩主编《中国官制通史》。

缺。孔子有不足，孟子更有不足。他们述而不作，只讲授《诗经》《尚书》《周易》《春秋》等古来的学问。而他则认为，若想让儒学代代相传，儒学就必须开辟新方向，走出新路子，提出新主张。他的思想遭到许多儒学者的反对。在稷下学宫里，孟轲的弟子就反对。可是他却坚持不悔。他要追求的目标是什么呢？是让儒学贴近现实，不仅仅可以坐在书斋里论说，而且切实可行。

李斯问道："老师要开辟的儒学新方向，是否就是您在齐国做的事情？"

"对。"荀子肯定李斯的问话，"欲观千年则数今日，欲知亿万则审一二。以近知远，以一知万，以微知明，这就是认知学问的道理。礼仪三百，威仪三千，其所系者，道义而已。但是，从夏商周三代传下来的真精神，并不完全存留在残缺不全的书简里，更多是存留在传继这种精神的现实中。目前，齐国正在进行着一场变革，用礼义来整治国家，用礼义去改变邪恶。你们是我的学生，我告诉你们，不要每天关在屋子里读那些残缺的古代书简，也不要每天去研究我的文章，一定要密切关注齐国眼前的变化，从这里学到真学问。"

侍者禀报田相国来了。荀子想，田单来到书斋，必有大事相商。他让学生散去，准备出门迎接。田单已经走进门来："荀老夫子！你正在精心培育你的学生呀！"

田单告诉荀子，他派到各都府巡查的官员，有的在途中被人截杀；有的到达巡查的都城之后被诬为强盗，绑赴刑场斩杀；有的至今下落不明。一百多名官员，如今伤亡过半，所剩无几。

荀子多时沉默未语。他审慎思考而后说："田相国！倡导用礼义和法规治国，绝非空谈。这是一次较量，一次生与死的较量。这些事既出乎预料之外，也应在预料之中。那些奸诈之人，暧昧之臣，是国家的脓疮和妖孽，必须铲除。齐国的前进与倒退，兴旺与衰败，在此一举，绝不可后退！"

"是呀！"田单深感此举的艰难，又感谢荀子给予的鼓励。

田单将巡查官员遇害的情况禀报君王后与齐王建，君王后拍案大怒："好呀！竟敢杀害朝廷派出去的官员，简直狂妄之极。荀老夫子说得对，这是一次生死较量。田相国，本宫为你做主。一定要把所有无视朝廷的奸邪之徒，全部清查出来。不管他的功有多大，官有多高，位有多显，一个一个都罢官，免除爵位，收回封地，抄斩满门！"

高唐是齐国西部重镇，齐国通往燕赵的门户，有官马大道"南通吴会，北拱神州"，地理位置十分重要，且物产丰富，素有金高唐之称。

高唐都大夫与君王后是姨表亲兄妹，他的姐夫当年因诬告田单谋反，被齐襄王以反坐罪斩杀，全家也被株连抄斩。他冒着生命危险，把外甥隐藏起来，甥舅二人一直把田单作为世代仇敌，誓为他们的亲人报仇。齐襄王下世，齐王建和君王后孤儿寡母执政，高唐都大夫野心顿起，他想与其低头哈腰做这孤儿寡母的臣子，何不取而代之，执掌齐国大权。所以便使用各种办法拒交国家赋税，暗中私养兵马，私扩封地，准备伺机而动。

荀子回归齐国，高唐都大夫敏锐地预感到形势可能要起变化。他知道荀子并非是一个书呆子，齐襄王在世的时候就常常听取他对朝政的意见。君王后把他从秦国请回来，决不是把他当摆设，一定有其打算。荀子可能会坏他们的大事，所以他指使外甥要密切关注荀子的一言一行。

荀子在稷下学宫首次讲学讲人之性恶，说齐国应当推行礼义，革新朝政。这甥舅二人，因心中有鬼，立时感觉好像刀剑很快就会向他们砍来。不过，只是听说那些先生学士在稷下学宫里闹闹嚷嚷，并不见王宫里有什么举动，他们也就松下心来。

君王后下令封闭官伎馆，他们以为这是给那些爱玩女人的贵族闲客一点难堪，这爷俩只爱权柄不爱女人，所以，感觉此事和他们没有关系。

忽闻田单派出巡查官员到高唐来，甥舅二人大惊失色，这一定是那临淄的孤儿寡母受了荀况的指点，来探查他的底细，向他下手。老谋深算的高唐都大夫哪里容得，他指使外甥堂而皇之地以礼接待，将巡查官员们好生安排在馆驿住下，而后，暗中放上一把火，一夜间将所有的巡查官员烧死。事情做得干净利索，不露马脚，即便是朝廷再派人来追查，也查不出任何痕迹。

忽然间又接到君王敕命，都府之长都要到临淄去，亲向大王面陈年终上计。高唐都大夫认为这一招一定又是荀况出的主意。自从先王下世之后，多年的老规矩就变了，各都府之长谁也不再亲去临淄向那年轻的齐王小儿年终上计。荀况出这个主意，分明是想给大王重新找回面子。可是他的外甥不这么看，怀疑让都大夫亲自到临淄去，怕是另有更毒辣的阴谋。

高唐都大夫想，外甥说得有道理。给大王找回面子，只是个表面。也许让他当面出丑，抓他的把柄，杀鸡给猴看，除掉他这个老刺猬，才是荀况、田单和君王后的真目的。不去，临淄坚决不能去！

可是不去行吗？假如不去临淄，岂不更引起他们对自己的怀疑吗？

外甥早想报杀父之仇，他告诉舅舅："你去临淄之后，我把兵马集结在济水西岸，一旦有事，我就带兵杀过济水，把荀况、田单和那个小昏王一起杀掉，拥戴你做齐国大王！"

如此来做，倒是出其不意，捷足先登，实现夙愿。可是仔细思量，高唐都大夫感觉不妥。如今越过济水取代小昏王，他们的准备尚且不足，兵将杀进临淄只能是万不得已的最后办法。他严肃地告诫外甥："兵屯济水西岸可以，但是，没有我的号令，绝不许跨上济水东岸。否则，我们多年的心血将付诸东流。"

甥舅二人计谋完毕之后，高唐都大夫这才乘车带领卫队踏过济水，奔向临淄都城。

但是，进入临淄，这位高唐都大夫并没有进宫拜见君王，而是进了后胜府邸。

后胜闻报，慌忙把这位不速之客迎进客厅。

高唐都大夫见到后胜亲热非常："后胜呀！老夫这样称呼你，你不要见怪。论官职，我是高唐的都大夫，你是内史大夫。论辈分，你的父亲和我是表兄弟，我是你的表叔。"

后胜赶忙礼貌地称呼表叔。高唐都大夫神秘地说道："如今的齐国非为寻常，革新朝政，你我都是他们砧上的肉。在此性命攸关之时，你我应该把那些官场上的事儿抛到一边，以亲情为重，你说是吗？"

后胜听得出他话中有话，赶忙奉承道："表叔是高唐都大夫，治土一方，大权在握……"

高唐都大夫也奉承道："你是太后的亲侄子，大王的表兄，你后胜也神通广大呀！如若不是那位荀况爱说些害人的歪理，先王的时候你也早就大权在握了。"

后胜叹息一声："咳，过去的事情，不提它了。"

"怎么能不提呢？"高唐都大夫说，"你我是一条绳上的蚂蚱，一损俱损，一荣俱荣。他们假如拿我开刀，我活不了，你的头也一样要掉！"

"可也是……"后胜有些气馁。

五、正义的审判

高唐都大夫的外甥闻听舅舅在临淄被囚，起兵叛乱，被田单平叛。甥舅二人都被生擒。

高唐都大夫知道自己的罪过，主动带领外甥到王宫去向君王后与齐王建请罪，诚惶诚恐地伏地叩头："罪臣带逆子请罪！"但是他的外甥身戴木枷站立在一旁，却并不下跪。

高唐都大夫的母亲与君王后的母亲本是亲姐妹，高唐都大夫与君王后二人是表兄妹，所以，那高唐都大夫的外甥也是君王后的外甥。君王后看见这个反叛的外甥至今还不认罪，大为恼怒："好呀！你个混账东西，竟然敢反叛我了！"

高唐都大夫急忙代替外甥叩头请罪："太后！他罪该万死！"

在君王后与高唐都大夫相见的时候，田单乘车奔向稷下学宫。望见荀子正在湖边散步，便走过来，拱手施礼："荀老夫子！"

田单告诉荀子，高唐都大夫带着他的外甥到太后那里请罪去了。

荀子敏感地觉察到此举定有所图。

"我怕太后被亲情所动，会有什么变故。"田单说出自己的顾虑。

荀子说："他可以动之以情，你应当晓之以理。"

田单解释自己的难处。高唐都大夫外甥的父亲当年因为诬陷田单被先王斩杀。多年来，他们二人把田单视为仇敌。此时，他若出来说话，恐会被误解。荀子问他："你害怕太后说你心中有私，是吗？"

田单加重语气说："我更害怕因为我的话，让她更加看重私情，而放过罪犯。"

"啊！你不要说了。"荀子告诉田单，"此话我来说。"

高唐都大夫的外甥依然在君王后面前近乎疯狂地大声喊叫："杀了我，赶快杀了我！"

"杀了你很容易。"君王后面对这样一个不驯服的外甥，气得顿足，她大声呵斥，"我告诉你，五年前你就该死！当年你的父亲犯罪，先王降旨，抄斩满门。唯有你逃跑不知去向。到今天方才见到你的面。你早就该死！"她回头手指高唐都大夫："你隐藏大王判定的死刑罪犯，也该死！"

高唐都大夫唯诺连称："微臣该死，微臣该死。"

气愤过后，君王后仔细端详眼前她曾经喜欢过的外甥，一股怜悯之心突然生出，不由感慨："五年了，五年了！你个畜生，五年前在王宫里，随意出入，任意玩耍。我作为你的姨母，喜欢你，宠爱你，娇惯你。你和你的表兄建儿是那么要好，就像是亲弟兄。可如今，你，不仅是一个逃犯，还是一个带领军队反叛的叛贼！"

"我恨先王那个老混蛋，也恨你！"高唐都大夫的外甥痛心直言。

君王后惨然一笑："好嘛！你恨先王，还恨我？"

年轻的外甥动情地倾吐内心积压多年的苦痛："我的父亲告发田单罪状，他听也罢，不听也罢，好不该把我的父亲杀死，还杀我全家。如果不是我舅舅把我隐藏起来，我早就没命了。既然是已经死过的人，我还怕什么？我什么也不怕。我要闹一个天翻地覆，把田单，把你，把齐国大王，把所有伤害过我的人统统杀死，为我冤死的父亲母亲报仇雪恨！"

高唐都大夫连忙制止："你不要说了！"

"我要说！我要说！"年轻人继续愤怒地说道，"如今，我报不了仇，雪不了恨了，我活着还有什么用？快杀了我，快杀了我！太后！大王！曾经疼爱过我的好姨母，曾经和我一起玩耍的好表兄！你们手中有权，掌管着我的生死，你们说话，快说话，杀了我！杀了我！杀了我吧！"说完，号啕大哭："爹呀！娘呀！你们死得冤枉呀！……"

高唐都大夫被甥儿的倾诉所感动，上前抱住甥儿，二人哭泣不止。

君王后与齐王建也眼含热泪。君王后动感情地说："孩子！你的母亲是我的表姐，在众多的姐妹之中，我和你的母亲最好。所以，我也最疼爱你。你长得漂亮，可爱，又会说话，很讨人喜欢。你经常厮守在我的身边，姨母我常常留下最好的东西给你吃。你和建儿相亲相爱，一起读书，一起骑马，一起游戏。五年前，为那件不幸的事情，抄斩了你家满门，你的母亲无端丧生，我暗中也伤心流泪。可那是先王的旨意，没有办法呀！我早知道你还活着，因为爱怜你，才没有追究。我知道你很委屈，我想，有一天，有机会能把你宣进宫来，免去你的罪过，再让你重新继承你父亲的爵位。可是没有想到，万万没有想到呀！我们是这样的见面了！"

君王后失声哭泣，齐王建解劝母亲保重。君王后依然悲伤不止："苦呀！人生在世，为何这样的苦呀？亲人不能和睦相处，亲人要生出种种怨恨，亲人要相互残杀，亲人要生离死别……"

君王后的话语让那年轻的外甥感动，他忽然扑向君王后，跪地哭泣，高声喊叫："姨母！孩儿我不会忘记你的恩情。我犯下的是死罪，你，你杀了我，快杀了我吧！……姨母！我有罪！你杀了我，我求求你，快杀了我吧！……"

君王后下了决心，严正敕命："给他去刑！"

齐王建感到吃惊，不敢说什么。

高唐都大夫甥舅二人听到这样的话，不敢相信。

君王后再次发令："给他去刑！"

宫人为年轻人解去枷锁。高唐都大夫暗示甥儿快去谢恩。年轻人急忙再次扑向君王后："姨母！谢谢您！甥儿我错了，求求您，宽恕我的死罪吧！……"

君王后悲痛得说不出话来，紧紧地抱住外甥哭泣……

此时，宫人禀报，荀老夫子在宫门候见。

荀子走进宫来，拱手施礼："荀况拜见太后与大王！"

君王后请荀子坐下。荀子环顾四周，知趣地说："太后，我来得好像不是时候。"

君王后立即说："不，你来得正好，本宫遇到了难处，正想请你排解排解。"

君王后指着外甥对荀子说："当年他的父亲告发田单谋反，先王以诬陷罪抄斩了他们全家，伤了他的心。这次，他带兵越过济水，要杀进临淄城，并非真正谋反，不过是想出一口气。"

荀子点头："啊！……"

君王后继续说："他是我的外甥。看见他，就想起死去的表姐，让我心痛难忍。他们全家的男女老少尽被抄斩，只剩下了他一个人。咳！可怜，可怜呀！你说怎么处置他好呢？本宫很难呀……"

荀子再次点头："啊……"

君王后又说："本宫知道，他如今犯了死罪。可是，他原本是个很好的孩子，我从小就喜欢他，疼爱他。如今让我传旨斩杀他，于心不忍呀！"

荀子问："太后！你想如何处置呢？"

君王后说："我想赦免他，可是……你看合适吗？"

"太后！亲人，亲情，如同手足，如同骨肉。生离死别，性命攸关，怎么能不让人生出恻隐之心呢？"荀子说得诚恳。

"荀老夫子！本宫心中错乱，没有了主意。请你给拿个主张吧！"君王后近乎请求。

荀子回答说："是呀！一边是骨肉，一边是国法；一边是亲情，一边是礼义，究竟应当如何呢？"

"老夫子！你说吧，我信赖你，听你的。"君王后诚恳地表示听从荀子的意见。

荀子有理有据地说道:"太后!一个人很难活到一百岁,而国家却有千年。为什么呢?因为援用了具有千年历史的可以信赖的一贯的原则。朝廷更迭,一废一兴,世事变迁;但是,只要能够运用这个一贯的原则去适应这些变化,就能够条理贯通,不至于出现混乱。因为无论世事如何变迁,这个一贯原则的基本内容是永远不会失效的。社会出现混乱,就是因为运用这个一贯的原则出了差错。社会安定,就是因为把这个一贯的原则运用得恰当。因此,根据这个一贯的原则来衡量,正确的,就可以去做,偏离了的,就不要做。"

君王后急切地问:"你说,如今本宫怎么做就不偏离这个原则呢?"

荀子说:"涉水过河,如果水的深浅标志不明,就要沉没到水里去。治理国家,就应当把这个一贯的原则树为明确的标志。如果这个标志不明显,许多人就要跌进水中,国家就会混乱。这个一贯原则的标志是什么呢?这个标志就是礼义与法度。废弃了礼义和法度,就是暗无天日的世界。暗无天日的世界,那就是天下大乱,民不聊生。齐国近几年之所以出现混乱,就是礼法不明。表明礼法,惩恶扬善,不以私情而混乱法度,这就是大道正理。"

君王后问:"荀老夫子!你是让我依法行事?"

"有句话叫作,从道不从君,从义不从父。"荀子非常清晰地说,"明赏罚就是明是非,明善恶;正国法就是正美丑,正礼义!"

君王后再问:"他难道真的不能宽恕吗?"

荀子坚定地一字一句地说:"不能。只有杀无赦!"

那高唐都大夫的外甥神情专注地听着荀子的谈论,听到此时,猛然愤怒地举起身边的巨大铜兽,向荀子的背后砸去:"诶!……"

荀子闻声昂然扭转身来,用威严的目光注视着他。

君王后喝令:"住手!"

高唐都大夫也大声喊叫:"住手!"

那年轻的外甥把举起的双手停在空中。

荀子大义凛然地注视着他,斩钉截铁地怒斥:"你仇恨我是吗?你要砸死我是吗？你以为这样就会挽救你的性命，而让我惧怕退缩是吗？我告诉你，像你这样的乱臣贼子，荀况我就是要说，应当杀无赦！杀无赦！不杀你，便没有正义；不杀你，便没有是非；不杀你，便没有礼义；不杀你，便没有国家！"

年轻人被荀子的威严所惧，突然把铜兽砸在自己的头上，鲜血流淌，砰然倒地。

高唐都大夫急忙扑过去，抱住外甥，心伤痛哭。君王后厉声呼喊："把他拖下去！"

宫人立即把尸体拖出宫门。

荀子意犹未尽，向君王后继续陈述："太后！严格尊重礼义和法规，国家才会有大治，有和谐。因此，任何人也不能凌驾于礼法之上、超越于礼法之外。这样，百姓就会像亲近父母一样亲近君王。君臣上下、贵贱长幼、以至于普通百姓，都把这个作为崇高的原则。农民分田耕作，商人分货贩卖，工匠分事而做，士大夫分职而尽责，诸侯分土而守，三公总揽朝政大事，天子就可以做到拱手而治了。对内对外，对近对远，莫不如此，天下就没有不平均的，没有不和谐的，没有不能治理的，这是百王之所同，礼法之要领呀！"

"好！"君王后严厉地向高唐都大夫说道，"你身为都大夫，谎报年终上计，伪造灾情，不交赋税，私自扩大封地，暗中私养兵马，隐藏大王钦定的死刑罪犯，又与其同谋反叛，罪恶累累……"

高唐都大夫慌忙伏地叩头："太后饶命！"

君王后转身问荀子："荀老夫子！请你说，像他这样的罪过，应当如何处置？"

荀子说："国家的大法已经公布，官吏严重失职者要处死，违反礼法者要囚禁，有分裂行为者必须歼灭。"

君王后手指高唐都大夫："你听到了吗？你的罪过，哪一条也是死罪。来人！将他斩首示众！"

此时高唐都大夫突然疯狂地站起来，大声喊叫："我后悔！我后悔呀！"

君王后问："你后悔什么？"

高唐都大夫愤怒地手指荀子："荀况！五年前，是你的话让先王决心杀掉我外甥的父亲，抄斩他的满门。今天又是你，让太后决心斩杀她的亲外甥，要我的性命。我后悔，没有在你荀况回来之前杀死你！我后悔，没有听外甥的话，及早把我的军队开进临淄，把你们统统杀死，由我来做齐国大王！"

君王后愤怒至极："你个蓄谋已久的叛贼，推出去，斩！"

武士上前抓住高唐都大夫拉出宫门，他依然高声喊叫："我后悔！我后悔！……"

君王后稍事冷静，思想适才的情景，颇有感触："荀老夫子，感谢你呀！今日若非你的教导，本宫险为亲情所动，赦免了这两个恶贯满盈的叛贼。"

临淄街头，人们拥挤着观看，高唐都大夫被关在木笼里由武士押赴刑场。

后胜乘车迎面而来，望见行刑的车子，急忙闪在一旁。他偷偷地从车窗里观看刑车远去，想到之前自己为掩饰与高唐都大夫暗地勾通的罪过而杀死收藏史，心中有一种说不出的滋味。

还在君王后决心以核实年终上计为契机，廓清吏治，铲除积弊的时候，后胜就跑到太史敫那里嚼舌头，大惊小怪地说那荀况向他的姑母出主意，要把你们这些元老统统扫地出门。太史敫虽然感到吃惊，可又觉得后胜的话有些夸张，事情不会像他说的那个样子。如今斩杀了高唐都大夫，后胜又跑到太史敫那里去向聚集在一起的元老们说："斩杀高唐都大夫，那是杀一儆百。荀况下面还有大文章！"

几位元老关心地问："他还要怎样？"

后胜半吐半咽："下面的文章，恐怕就要轮到你们了！"

几位元老心中吃惊，太史敫则愤然拂袖而去。

斩杀高唐都大夫之后，田单与荀子也私下议论。

田单认为高唐都大夫在年终上计的时候露出原形，最后叛乱，被歼灭，为齐国廓清吏治，铲除积弊，开了一个好头，立下头功的是荀子。

荀子则说："我在想，对于这件事情，有人会哭，有人会笑，有人会恨。高唐都大夫死了，他的阴魂不散。也许那个为掩盖他的罪过而杀死收藏史的人，将不会善罢甘休。"

田单点头认同："他是太后的至亲，是太后最相信的一个人，也是一个更为阴险可怕的人！"

荀子关照田单："你是相国，要警惕呀！"

田单也关心荀子："老夫子！你也应当小心此人。"

荀子另有所思地问："田相国，近日秦国与赵国在长平的战事有什么消息吗？"

田单不解："老夫子，长平与我齐国千里之遥，你为何突然关心起长平的战事？"

"不，长平与齐国并不遥远。"荀子解释说，"这场战争不仅仅关乎秦赵两国，也关乎齐国，甚至于还要关乎关东的所有国家。"

第三章

王霸

故用国者，义立而王，信立而霸，权谋立而亡。三者，明主之所谨择也，仁人之所务白也……

——荀子《王霸》

一、长平战火

秦昭王四十五年，齐王建三年（前262），也就是荀子从秦国返回齐国的这一年，秦将白起攻韩，取野王（今河南沁阳），完全封闭了韩国与上党郡的交通。韩国向秦国求和，上党郡秦国唾手可得。但是上党郡守冯亭不愿降秦，归附了赵国。秦昭王心中恼恨，向上党郡增兵。赵孝成王派老将廉颇屯兵长平（今山西高平西北），以抗拒秦军。老将廉颇与秦军在长平两军相峙。

秦昭王四十七年，齐王建五年（前260），秦军攻赵军，赵军坚守壁垒不出。秦国担心远途进军，旷日持久，对秦军不利，秦相邦范雎使用反间计，让赵王相信廉颇惧怕秦军不敢出战，命马服君赵奢之子赵括取代廉颇。赵括接任赵军主帅，立即改变廉颇筑垒固守的用兵策略，主动进攻秦军，此举正中秦军下怀。主帅白起令秦军在正面诈败后撤，两翼奇兵出击，将赵军截为三段。赵军首尾分离，粮道被断。赵军的战势危急，只得筑垒壁坚守，以待救援。秦昭王听说赵军的粮道被切断，欣喜异常。赵国是秦国吞并六国的障碍，他早想和赵国进行一次决战，如今时机到了，秦昭王亲临河内征发十五岁以上男丁从军，赏赐民爵一级，以阻绝赵国的援军和粮草，倾全国之力与赵国进行一次战略决战。①

秦昭王思谋，如果赵国到齐国去求援，齐国会援救赵国吗？假如齐国不援助赵国，此战我必胜无疑。假如齐国援救赵国呢？那我们就会前功尽弃，只好退兵。②为了确保秦军在长平的胜利，秦王立即派使臣到齐国去，想尽一切办法阻止齐国援救赵国。

在通往临淄的大道上，一前一后奔驰着两辆马车，一辆是秦国阻止齐国援救赵国的使臣，另一辆是赵国求援的特使临武君。

赵国特使临武君来到齐国都城，按照常理，晋见齐王。他向齐王建禀告，秦军在长平将我赵国四十余万大军团团围困，使我军粮草断绝。乞求君上念齐赵两国多年乃友好邻邦，调运粮草，去往长平援救。

这样大的事情齐王建不敢做主，他请赵国使臣暂且在馆舍住下，等他们商议之后再予以答复。

临武君心中急切，再三恳求齐国解救燃眉之急，得胜之后赵国大王定然登门致谢，并以双倍粮草奉还。

齐王建知道军情紧急，许诺五日内给予回复。

赵国使臣退下朝堂以后，齐王建问众臣对援助赵国的看法。

田单认为，赵国处于齐国和秦国之间，是齐国的屏障，唇亡则齿寒。假如秦国今天灭亡了赵国，明天我齐国就直接受到秦国的威胁。如今赵国四十余万大军被秦军围困，我们应该全力援救。

后胜的意见却相反，他认为倘若援救赵国，定会得罪秦国，将是引

① 见《史记·廉颇蔺相如列传》。
② 《史记·田敬仲完世家》。

火烧身，自寻祸患。

　　还有臣子认为，向赵国送上数十万担粮草，将会损伤齐国国力，应该首先顾及自家的安全。

　　群臣意见不一，齐王建也没有主意，只好散朝，以后再议。

　　秦国的使臣来到齐国，没有去拜见齐国大王，首先贿赂后胜，得知齐国真正掌权的是齐王母亲君王后，所以就直接去拜会太后。他双手捧着一个精制的托盘，上面放着闪闪发光的珍贵宝物，跪地叩头，说："太后！秦国与齐国的国土虽然相距遥远，但友谊常在，心心相连。我秦王君上对齐国太后非常敬重，特命鄙人携带国宝玉连环赠予太后！"

　　君王后让把玉连环呈上来。

　　但秦国使臣并没有立即把玉连环呈上去，他说："太后，这玉连环是用上等美玉雕琢而成，三只玉环，环环相套，无缝无隙。齐国聪明才智的人众多，不知道能不能够把这玉连环分解开来？"

　　君王后催促呈上来。

　　宫人从秦国使臣手中接过玉连环，呈给君王后。君王后观看，只见三个玉环套在一起，无缝无隙，十分奇特，若想解开的确很难，她让宫人拿给大臣们去看。大臣们也面有难色，无人可以将其分开。王宫里一时间陷入沉默。

　　忽然，君王后有了主意，她微微一笑，吩咐取锤子来。宫人急忙送上铁锤，君王后接过铁锤向中间一只玉环猛然一击，三环即刻解开。

　　秦国使臣大为吃惊。

　　君王后命秦国使臣回去告诉秦王，他送来的玉连环，本宫把它分解开了。并且说，这玉连环是做什么用的？是两家结亲才赠送的。你们秦王那个糟老头子送玉连环给我，他想做什么？难道是别有用心，欺侮我一个寡居的女人吗？他的后宫里美女三千，难道还想要与本宫联袂成亲吗？

　　秦国使臣急忙解释。君王后只是不听，继续说："我知道，你们大王让你来，送上这个玉连环，不就是想告诉我齐国，在秦齐赵三国中要与秦国联合，不要援助赵国吗？你回去告诉你们秦国大王，援助不援助赵国，是我们齐国的事，用不着他费心。你走吧！"

秦国使臣无奈退下殿去。

秦国使臣走了，但事情并没有完。留给君王后的是一个非常让她头疼的大难题。

秦国派遣使臣来不让齐国援助赵国，赵国派使臣来恳请齐国援借粮草。朝廷里每日为此争论不休。齐王建等待母后决断，不敢发话。君王后却一直没有表态。

谋臣周子急切地跑到王宫去见齐王建，他说："大王应当把粮食借给赵国，让他们击退秦兵。假如不加理睬，秦兵就会肆无忌惮，不会退去。这样，就正中了秦国的计策。赵国对于齐国，是御秦的天然屏障。今日赵国罹难，明日灭亡之祸就会降临到我齐国身上。救援赵国就好比捧着漏瓮去浇灭烧焦的锅一样，实在是十万火急。再者，救赵乃是一种高尚的义举，帮助赵国击退秦国，也可以张扬齐国的名声。我齐国膏壤千里，粟丘如山，不去彰显正义，张扬威名，却一味地吝啬粮食，将会铸成大错啊！"①

荀子也非常关注秦赵的长平之战。他到秦国去之前就预料到，秦国若想一统天下，赵国是最大的障碍，秦赵之间必然要有一场生死决战。这场战争终于到来了。

他期盼天下一统，但他不希望在一统天下的过程中有许多无辜的百姓丧生。秦昭王拒不接受儒学，不讲仁义之理，秦将白起是一个有名的杀人魔王，由白起指挥这场战争，后果不堪设想。

临淄街市繁华，店辅、酒肆、歌楼林立，车水马龙，夜晚灯火如昼。

拜见君王后的失败使得秦国使臣异常懊悔，他顾不得到临淄的夜市消遣，秘密潜入后胜府里，再次进行秘密的交易。

秦国使臣手捧一件皮裘对后胜说，这是我们秦王宫中的能工巧匠精选上等皮毛，特制的一件皮裘，今天送给你了，请笑纳。

---

① 《史记·田敬仲完世家》。

后胜心中想要，却又推辞。秦国使臣说，你我是朋友，我还有事求你。后胜便谦言接下。

秦国使臣说："你们齐国太后的脾气很大呀！"

后胜告诉他，我齐国的先王去世三年了，姑母一直寡居。一个寡居的女人，最怕的是谈婚姻。这次你怎么献个玉连环给她呢？失策呀！

秦国使臣也后悔，说他送玉连环，本来的意思是比喻秦赵齐三国解不开的关系，希望齐国和秦国要紧密联合在一起，不料她往男女婚姻上猜想。咳！失策，失策！他请后胜再帮他一把，千万不能让太后生气，援助赵国。

收了人家的厚礼，后胜答应在太后面前伺机为秦国说话。秦国使臣要后胜再推荐一个能够疏通太后的人。后胜想起一个人来，此人就是稷下学宫原来的祭酒。

赵国使臣临武君在馆舍也是忐忑不安，他到稷下学宫去拜会荀子。荀子走出书斋，施礼相迎。临武君让随从把礼品呈上。荀子严词拒绝，让临武君异常尴尬。

荀子说："援助赵国，既是道义，也是齐国之利益选择。荀况不会因为我是赵国人就说好话，也不会因为你不送礼物就说坏话。"

临武君点头称是。

荀子告诉他，我会在适当的时机讲出我的主张。

烛光下，君王后在宫内为援救不援救赵国反复思考。天已经晚了，她宽衣躺下，那只玉连环又呈现在眼前，让她心中烦躁，她认为秦王送玉连环是对她的侮辱。

她想起荀子的话，"作为一个万乘之国，其威强之所以能够建立，其名声之所以能够美好，其敌人之所以能够屈服，国家之所以太平或危殆，裁决只在其本身，而不在于别人。"

"将自己的国家作为王者之所，也就可以成王。将自己的国家作为危殆、灭亡之所，也就会危殆、灭亡。一切都在人为。"

"好一个一切全在人为。"她突然有所悟。起身从卧榻上下来，呼唤宫人。她要请荀老夫子进宫。

荀子在书斋秉烛夜读，忽听宫人传禀太后有请，立即卷上书简，跟随宫人入宫。

荀子告诉她："秦国进攻赵国长平，存吞并天下之心。赵国保卫长平，乃是卫国的正义之举。如今，齐国廓清朝政，剪除叛臣，平定高唐叛乱，震惊朝野。过去曾经与朝廷对抗的狂妄之臣心存忐忑，此正是革新朝政之举，趁势向前推进之时。太后可借援助赵国之名，收缴各都县与公爵封地中私养之兵和库存粮草，增强朝廷威力。这样，既可伸张正义，令秦国生畏；又可推进朝政革新，削弱不规之臣。太后，这岂不是扬名于外，整肃于内，一举两得的好事吗？"

君王后讲出自己的担忧："这件事情非同一般。按照先王的规矩，援助赵国这种关乎国家命运的人事，要经过朝中的元老廷议，那些元老们会同意吗？……"

荀子不解君王后是果真担心朝廷元老，还是另有所思。

二、亲情的蛊惑

几位元老聚集在太史敫家中，忿忿然议论。有人说荀况又向太后出主意，援助赵国，要我们各家出粮出草，还让我们交出私养的兵丁，不交就杀头。有人埋怨太史敫，说你宝贝女儿的心实在是太狠了！她杀了高唐都大夫，又看上了我们的封地。有人说，不是她想要我们的封地，是那位荀况先生。

后胜带稷下学宫的原祭酒来到太史敫府中。这位学宫原祭酒彬彬有礼地与众人相见。后胜向元老们推介，说他请来的这位先生可以为大家解开心中的忧愁。

众位元老心中高兴，请他快讲。

学宫原祭酒先转了几句文："孔子曰，智者不惑，仁者不忧，勇者不惧。"他问众位，"齐国好比一条大船，你们说，这条船是谁在撑着呢？"

元老们有的说是大王，有的说是太后，还有的说是荀况。

学宫原祭酒则说:"齐国姓田,齐国是田氏的天下,撑着齐国这条大船的,既不是大王,也不是太后,更不是荀况,而是你们众位。"

原祭酒又问:"你们可知道,太后,大王,荀况,他们害怕你们的是什么呢?"

元老们想,我们已经老了,无职无权了,就剩下祖上留下的爵位,他们害怕我们什么呢?有人说他们害怕我们不交国税;有人说他们害怕我们各自为政,不听调遣;还有人说他们害怕我们拥兵自重,造反。

"这些都不对。他们害怕的,是元老们结成一心!"学宫原祭酒分析说,"而今,齐国变革之风闹得人心惶惶,赵国乞求援助又面临决策,它要涉及到许多人的命运。诸位元老当如何应对呢?"

元老们苦思冥想的就是这个。学宫原祭酒送给他们三句话。一、一定要把齐国这条船牢牢掌握在你们手里,不要放松;二、祸害你们的元凶是荀况,要让他在齐国无立锥之地;三、只要诸位元老结成一心,就无所畏惧。

元老们对学宫原祭酒的话佩服得五体投地,纷纷点头称是。太史敫激动地夸奖学宫原祭酒有学问。

后胜此时出来点题:"先生讲得好,还得照先生讲的去做。敫爷爷,我再给您出个主意。"后胜与太史敫耳语。

后胜从太史敫府回来就跑进王宫,去见君王后。他告诉君王后,敫爷爷让我给您带上一句话。

"敫爷爷说,他想您!"后胜故意加重了语气,"我敫爷爷想您想得每天晚上都睡不着觉。我敫爷爷说,他就您一个女儿,二十年没有见到您。他都快死的人了,他想再看一看您,给您说上几句话……"

君王后感动得二目流泪,她思想着,回忆着,自从她走进王宫,与先王成婚,父亲就不再认她这个女儿。二十年,二十年不让女儿进家门。她心中痛苦地呼唤:"爹爹!父亲!二十年女儿没有见到您老人家的面容,二十年没有听到您老人家的声音!"她吩咐后胜,快备车马,她要即刻到莒城太史公府,看望老人家。

在太史公府,太史敫把身子坐正,严肃地说道:"我的话你如果听,以后你还可以回家来。你如果不听，就永远也不要再回我这个家。"

经受了二十年苦痛的君王后此时非常坚定地对父亲说："爹！您说吧，我听。"

"好，我说。"太史敫一字一板地说，"我告诉你，过去我十分崇敬荀况，先王尊崇他是天下最有学问的老师，我是先王的臣子，岂能不尊崇他？可是这次他从秦国回来，我看他并不是什么最有学问的人，你以后要远离他，离得越远越好。"

太史敫解释道："不错，你的儿子是齐国大王，你是王太后，齐国上下都听你和建儿的号令。但是，你和建儿的位置能不能坐得稳，你们能不能支撑起齐国的江山，要靠我们，靠我们这些元老！"

君王后点头认可父亲讲的这些道理。

太史敫进一步说："齐国的君王姓田。那个荀况，他姓荀，不姓田，和田姓也没有什么亲戚干系。他为什么要来齐国？他在齐国辛辛苦苦为的什么？他在这里指手画脚，搬弄是非，搅乱朝政，离间君臣，让齐国人心惶惶，不得安宁，究竟想要干什么？"

君王后要说话，太史敫以手制止，继续说："你会说，他要帮助你革新齐国的朝政。可我问你，他要把齐国的朝政革到哪里去？我看他没安什么好心。他是想把齐国这条船掀一个底朝天。齐国有祖上传下来的制度法规，齐国不是秦国，无论什么人，绝不允许他把齐国变成秦国！"

君王后又要说话，被太史敫再次制止："我知道，他是你请来的，你相信他。我现在告诉你，赶快让他走，否则，你儿子的王位就坐不稳！"太史敫的话说得斩钉截铁。

君王后一阵茫然。

三、人与禽兽

夜色里，在惶惑中君王后把这些话反复思索，衡量利弊，最后下了决心，令宫人请荀老夫子务必从速进宫。

宫人慌忙跑到稷下学宫，又跑进荀子的书斋，传令太后有请。

荀子望望天色，思考了一下，说："公公！天晚了，请回禀太后，明日荀况再去可好？"

"太后请你务必从速进宫。"宫人说得急迫。

进入太后宫，荀子依照常理施礼拜见。君王后亲切地把荀子搀起来，请荀子就座。

荀子问："太后，此时把荀况召进宫来，为了何事？"

君王后把脸沉下："本宫不唤你，你就不来吗？"

荀子解释："太后每日为国事操劳，荀况不便打扰。"

君王后微微一笑，指着几案上摆的螃蟹说："老夫子！你每日在学宫里，讲学问，做文章，太累了。我的侄儿送来了一些东海的螃蟹，想请你来尝一尝。"

君王后用愠怒的眼神看了看荀子，而后真诚地说："实话对你讲，你是我齐国的珍宝，我需要你，我的建儿需要你。为了把你请回齐国来，我不惜得罪了先师孟子的弟子。"

荀子诚恳地说："太后对荀况的器重，荀况感之不尽。"

"我看重你，你也帮我做了不少事。"君王后一件一件述说，"你倡导革新朝政，封闭官伎馆，你和你的学生帮助平定高唐叛乱。那些过去耀武扬威的人如今收敛多了，朝廷里也太平多了。这些事情不管别人怎么看，我心里明白。老夫子，不是你要感谢我，是我要感谢你！"

荀子郑重地说："太后！这些仅仅是个开始。"

"是呀，齐国如今还不能说天下太平，更不能说强盛。"君王后心存忧虑，"秦国派使臣来，送我一件玉连环。玉连环，那是干什么用的？是缔结婚姻用的。这是秦王那个糟老头子想羞辱我，欺侮我是一个寡妇。我们齐国的那些元老们，口中说拥戴大王，心中想的是自己的那块封地。本宫如今是内外交困，难呀！咳！我一个寡居的女人，带着年幼的建儿支撑偌大一个齐国，日子太难过了！……"

"太后！齐国疆土广阔，人才济济，其未来还是很有希望的。"荀子真诚地鼓励。

君王后鼓起精神："是呀！我把荀老夫子你请回来，就是期盼这个未来的希望。今天我把我心底的秘密都告诉你。我呀，请你回来，是想把齐国托付给你，把我的建儿托付给你呀！……"

听到君王后如此真诚的话语，让荀子深受感动："太后！感谢您对荀况如此信赖。荀况定然不负您的期望，愿以平生之学，全力辅佐大王，使齐国的朝政完美，使君王的名声显赫于世，努力成就一统天下之大业。"

听到荀子这样的话语，君王后很高兴："好呀！这正是本宫的心愿。老夫子！你到过秦国、楚国、燕国，最多的还是在齐国。以后你就哪里也不要再去了，永远留在齐国。齐国就是你的家……"

"荀况感谢太后的厚爱。"荀子站起身来，拱手施礼。

君王后请荀子坐下。

"老夫子！有句话我不能不告诉你。"二人的夜话说到这里，君王后适时地把话题引向深入。

君王后索性把想说的话全部说出来："说明白一点吧，我有一个堂妹，年过及笄，还没有嫁人。我想把她给了你，让你成为齐国王室的近亲……"

荀子心中吃惊。

君王后继续说道："我的这个堂妹，长得非常漂亮，聪明过人，我一直想给她寻一个好丈夫，可又总是舍不得。给了哪个人，都觉得可惜。真叫我为难呀！是秦王那个糟老头子的玉连环让我忽然想起了你。他秦王想和我联姻，本宫和你不是也可以联姻吗？你是列国中有名气的大儒，最有学问的老师，如果你娶了本宫的堂妹，你就和齐国的王室连卜了姻亲。以后你和齐国就成了一家人。"

"太后！……"听到这里荀子急切要说话。

君王后制止他："你先不要说，认真地想一想。我想，如果能够这样，你为齐国无论出什么样的主意，无论想什么样的治国办法，那些对你不理解的人就会理解，那些怀疑你的人就可以不再怀疑你，岂不是很好吗？……"

荀子打断君王后的话，郑重说道："太后！辅佐圣王，一统华夏，乃是荀况平生之志。除此之外，荀况不敢另有奢望。"

君王后严肃地问："怎么，你看不上是吗？"

"太后！按照品德和才能使用人才，选取正确之论，乃是圣王之道。春秋时，齐桓公用管仲为相，使得齐国称霸诸侯。管仲不仅不姓姜，还是他的政敌。楚庄王为熊氏，他用非亲非故的隐士孙叔敖为令尹，使得楚国富裕强大，敢于问鼎中原。秦孝公采用商鞅的变法主张，使得秦国革新强盛。商鞅既不与秦王同姓氏，也不是亲朋。齐国朝廷中的一些议论毫无道理，请太后不要听信小人的闲言碎语。"

听到荀子的话，让君王后感觉到荀子的书生气："咳，你这个老夫子呀！你是个大学问家不错，可你怎么这样迂腐呢？你研讨学问研讨了多少年，难道就不知道，你的那些道理只是说给庶民百姓听的吗？"

荀子立即反驳道："不！礼义，应该首先由君王做起，而后才能够实行于百姓之中……"

"好了，老夫子，不要再和我讲你的那些礼义了。"君王后打断荀子的话，"只要你愿意娶下我的堂妹，你就不单单是一个学宫的祭酒，一个做学问的老师，你就是我田氏齐国君王的至亲。我可以名正言顺地给你爵位，给你官职，让你执掌齐国的江山，别人就不能再说东道西。我的老夫子，人生在世，不过就是名利两个字。你既有江山，又有美人，这一辈子还想要什么呢？该知足了！"

君王后对礼的轻视，让一心在齐国推行礼制的荀子不能容忍，他严正地讲道："太后！礼义道德本是人行为的依据。有了它可以治国安邦，可以养情化性，可以辅助法度。失去它，就必然跌入难以自拔的深渊。这种损失，初看不大，但若是再想重新得到它，却要付出巨大的代价。太后，齐国的江山虽重，却重不过一个礼字呀！"

"什么？齐国的江山还重不过你的一个礼字？……"荀子的话让君王后大为吃惊。

荀子激动地讲道："在广阔无际的天地之间，人与禽兽共同生活在一起，人与禽兽的区别在哪里？人与禽兽的区别，不仅仅是人能两条腿走路，身上没有长毛，其根本在于人懂道德，知礼义，所以人才是天下最为高贵的。人，知道礼义就文明；人，不知道礼义就与禽兽无可区分。”

君王后下了逐客令，荀子不再解释：“好，荀况告退！”转身昂然离去。

君王后恼怒、丧气，眼看着荀子走出宫门，一怒将身边的茶具打翻在地，近似疯狂地叫喊：“什么大儒？不识抬举的东西！”

侏儒在帷帐后面看见，暗自吃惊。

四、义立而王　信立而霸

由于赵国使臣临武君天天催问援助赵国之事，田单进入齐王宫，请示大王是否已有决断。

齐王建依然犹豫众臣所见不一，母后也没有决断。田单则说：“君上乃一国之尊，一言九鼎。君上既然应允五日内回复赵国使臣，明天就到五日，应当给他们一个答复了。”

齐王建要田单且回，他还要再想一想。

君王后躺在卧榻上睡眼蒙眬。太史敫的话重又在耳边响起：“齐国的君王姓田。那个荀况，他姓荀，不姓田，和田姓也没有什么亲戚干系。他在这里指手画脚……他究竟想要干什么？”

“你的儿子是齐国大王，你是王太后，齐国上下都听你和建儿的号令。但是，你和建儿的位置能不能坐得稳，你们能不能支撑起齐国的江山，要靠我们，靠我们这些元老！”

齐王建突然进来打断了她的梦呓。齐王建坐在君王后的身边，问母后身体不舒服吗？君王后回说没有，问：“你有事吗？”

齐王建告诉母后，援赵的事，赵国使臣等待回复。君王后问儿子什么意思。齐王建说他想去请教荀老夫子。

"他……咳！我们母子指望不了他。"君王后翻过身去，不再与齐王建说话。

夜深了，齐王建独自在宫中徘徊。他不理解母后的话是什么意思。他想的是曾经答应赵国使臣，五日内回复请求。而且丞相田单一再说："君上乃一国之尊，一言九鼎。既然应允五日内回复赵国使臣，明天就应当给他们一个答复。"

想到这里，齐王建命令备车，他要去请教老师荀子。

荀子在书斋秉烛夜读。韩非、李斯、陈嚣等弟子在隔壁间夜读。

踏着月光，齐王建乘车急驰，在荀子的居所门外下车，步入院内。远远望见荀子书斋的灯光，窗外竹影婆娑。

齐王建急步走到窗下，望见屋内读书的荀子，将脚步停住。身后跟随的宫人欲上前通禀，被齐王建止住。他看荀子那专心致志的样子，想进去，却又感觉不妥，伫立良久，又转回身来。

宫人知道齐王建的急切心情，问："君上，既有大事要向荀老夫子请教，为什么又要走呢？"

齐王建说："老师正在专心夜读，寡人虽然心急如火，只好待明日再说吧！"

少顷，宫人大声呼喊："君上到！——"

荀子和韩非、李斯、陈嚣等弟子闻声为之一惊，忙起身出来跪地迎接。

齐王建双手搀起荀子："您是寡人的老师，不必行此大礼！"

荀子说："君臣有别，礼不可须臾有差。"

齐王建与荀子走进书斋。荀子请齐王建坐下，齐王建要荀子与其弟子也请坐下。

齐王建开口说："老师重归稷下学宫，寡人与老师约定，十天来请教一次，每每得益甚多。今天不是约定的日子，深夜造次来访，打扰了你们夜读，甚为抱歉。"

荀子回道："哪里哪里！君上深夜到来，必有要事。君上请讲！"

齐王建就把赵国使臣请求援助，众臣意见不一，他也难作决断，所以才深夜特来请教老师的目的说给荀子。

荀子看了看齐王建紧锁的愁眉，转向韩非等人说："在长平，秦国与赵国各自动用了倾国的兵马，展开了一场规模空前的大战。齐国援赵之事关乎齐、赵、秦三国的邦交，甚至于关乎三国的兴衰存亡，不可不慎重思虑。韩非，你们的见解如何？"

韩非、李斯等人相互观望，都不愿开口。

陈嚣是个寡言的人，按照他的个性，当更不会开口。但是，援救赵国是一件非常急迫的事情，见师兄们都不说话，他按捺不住了，就说："师兄们都不说，我说。老师说过，仁义之兵，行于天下。秦国欲称霸诸侯，当以道德征服别人，而今日却强行夺取，以武力兼并别人，是为不义。绝不能容他这样横行霸道！"

荀子问韩非："依你之见呢？"

韩非回答："黄……黄帝曾……曾经说过，君……君与臣……一日百战，群……群臣议论纷……纷，并不……不可怕。立志之难，不……不在于胜……胜人，而在于战……战胜自己。"

李斯不以为然地一笑。

荀子问："李斯，你呢？"

李斯说："天已晚了。君上来听取老师教导，还是请老师讲吧！"

"好！"荀子坦然道，"国家，这是天下最大的器物，最沉重的担子，不可不选择一个最保险的地方来放置它，倘若置于危险之地，那就要生出灾难；不可不选择最平安的道路行走，道路选择错了，就会导致灭亡。一国的君王，处于最有权势的地位，道正则国安，道邪则国危。"

齐王建点头称是。

荀子继续说："一个有远见的君主，应当以义立足于天下，以信来称霸诸侯，如若玩弄权谋则要亡国。这是贤明的君主必须慎重选择，也是志士仁人所务须明白的。如今秦国不义、不信，想以武力置人于死地。齐国当以义、以信立于诸侯之间。义立而王，信立而霸，这才是强国的正道。"

"啊！……"齐王建向荀子拱手施礼，"听老师的大道正理，寡人豁然明朗，感谢老师的指教。"

荀子微微一笑："善于选择的，可以制约人；不善于选择的，就要受制于人。老夫的话，仅供君上选择而已。"

齐王建站起身来："时辰不早，寡人再谢老师教诲。告辞！"

荀子又叮咛道："君上，而今天下一统的大任，落在了圣王的身上。圣王在哪里？推崇道德，担当正义，使天下人没有不敬佩的，这就是圣王的行为。"

齐王建坚定地向荀子再次拜谢："学生一定谨记！"

荀子师徒将齐王建送出门来，齐王建回身再谢，上车回宫。他坐在轩车内依然思虑着荀子落地有声的铮铮话语："而今天下一统的大任，落在了圣王的身上。圣王在哪里？推崇道德，担当正义，使天下人没有不敬佩的，这就是圣王的行为。"

齐王建踌躇满志地回到内宫已是凌晨，即刻传旨请田相国，告诉他："寡人答应五日内回复赵国使臣。今天是第五日，你去告诉赵国使臣，寡人意已决，答应他们的请求。"

五、谗言杀人

后胜闻听齐王建救命援助赵国，急忙连夜把这个消息告诉秦国使臣。秦国使臣大为震惊，希望后胜到君王后那里去谏言阻止。后胜说太后这两天心情不好，脾气很大，他去准碰钉子。

"难道就眼看着让粮草运往长平去援救赵军吗？"秦国使臣威胁后胜，"假如这样，你就不再是我的朋友了！"

后胜忽然计上心来，说可以请稷下学宫的原祭酒进宫去。

原祭酒喜欢女色，自从封闭了官伎馆，他心情沮丧，整日泡在歌楼听美女唱歌。秦国使臣听从后胜的意见，早以商人的面目和原祭酒交上朋友，而且出大价钱让原祭酒和他喜欢的歌女睡上一觉，因此原祭酒也就和秦国使臣成为好友。现在经后胜提及，秦国使臣也认为这个办法可以一试。

　　秦国使臣在歌楼里和学宫原祭酒相见，这次不再隐瞒身份，告诉他，自己并不是商人，而是秦国派到齐国来的使臣。这话把个学宫原祭酒吓了一跳。

　　秦国使臣让他不要害怕，说我们是朋友，朋友就是我帮你，你帮我。过去我帮了你，如今我只求你帮我一件事。

　　原祭酒问："什么事？"

　　秦国使臣说："赵国四十余万大军被我秦国的军队围困在长平。赵国派使臣来乞求齐王救援粮草。齐国君王、太后和大臣们对此事意见不一，你到王宫去为我们说上几句话。"

　　学宫原祭酒不愿做这样的事情，说他如今只是一个学宫的普通先生，没有官职，没有权势，空谈而已，说话没有什么用。

　　秦国使臣说，我知道你们稷下学宫的先生们，虽说没有官职，却享有千钟资财的供奉，你们都是齐国的智囊。如今大王听了那个荀老头子的话，已经令相国筹集粮草，援助赵国。你可以到太后面前，讲说齐国若救援长平，对齐国是如何如何的不利。

　　听说齐王听了荀子的话，学宫原祭酒生出几分醋意，但是想一想自己目前的处境，他告诉秦国使臣，齐王听了荀况的话，可是太后不一定会听他的话。尽管秦国使臣一再讲太后过去是如何器重他，但学宫原祭酒还是拒绝了秦国使臣的要求。

　　田单不分昼夜筹办救援赵国的粮草，让秦国使臣如坐针毡。秦国使臣再去找后胜，后胜还是认为学宫原祭酒去谏言太后最为合适。秦国使臣要他出面劝说，后胜拿了人家的贵重礼品，上了贼船，只好答应去谈一谈。

　　后胜刚一走进学宫原祭酒的书斋，便数落他的老朋友："我说你呀，你呀！你这个大学者也太窝囊了。你既然反对援助赵国，为什么不敢大胆地讲呢？难道你就真的眼睁睁看着三十万担粮草发往赵国去？你就真想看着齐国跳进火坑吗？"

　　学宫原祭酒心里面矛盾，他告诉后胜："我是儒家弟子，不能为虎作伥呀！……"

后胜明白了这位老友的心结所在。他劝说原祭酒，不要成天泡美女消磨时光。要挺起腰来，大胆地和荀况较量较量。难道你真的要躺倒在地，让别人看不起你，让你的学生笑话你吗？你不应援救赵国的主张并非为秦国而生，你是为的齐国。我去向太后进言，太后也许听，也许不听。可至少你可以让太后知道，你对齐国的命运非常关心，你虽然不当祭酒了，依然是稷下学宫的栋梁，依然对齐国忠心耿耿。前日我让你去会见众家元老，你不愿意去。结果如何？你在太史家里讲的一番话，多么精彩！有了这番话，才显示出你的学问来，齐国的元老才真正地认识了你，知道你是个了不起的人才。

后胜的一番话让个学宫原祭酒灰色的心激动起来，立即表示明天他就去拜见太后。

清晨，君王后面对铜镜梳妆。宫人送上水来，放在几案上。君王后端起水杯，好像荀子就坐在对面。

几天之前，她曾经深情地劝说荀子，希望他和田姓王室能够亲近一些，接受她的堂妹，成为齐国王室的近亲，这样他的所作所为就会被人理解。可是她这个用意深厚的主意，却被荀子无情地拒绝。

君王后烦躁地站起身，毫无目的地在宫室内转了一圈，又坐到卧榻上，眼前似乎又看见荀子。

君王后怎么也想不明白，一个大学问家，先王尊崇的最为老师，怎么就如此迂腐、糊涂呢？

初升的太阳照进了君王后的宫室，她焦躁地在房中踱步。回过身来，又想起她向荀子说过的话，"我的老夫子，人生在世间，不过就是名利两个字。既有江山，又有美人，你这一辈子还想要什么呢？"可荀子回答的话却是冰冷的一句："人，知道礼义就文明；人，不知道礼义就与禽兽无可分别。"他把我比作禽兽，他还是个男人吗？

一天了，君王后闭门谁也不见。太阳快要落山了，宫室内还没有点燃蜡烛，君王后躺在卧榻上，对荀子的愤恨依然不止。

宫人小心地进来禀报："太后！稷下学宫原来的祭酒先生来了，说有要事求见。"

君王后感到突然。

原祭酒拜见君王后说："鄙人此来，一为看望太后，二来想就国事进上一言。近日在学宫里，众位的先生学士对赵国请求救援一事议论纷纷。这件事情关乎着国家的安危，许多人都来问我，想知道太后和大王有什么打算。可我也是日夜挂怀……"

他的话引起了君王后的兴趣："若说援赵的事，我正要寻你，想听一听你们稷下先生的高见。"

太后想听稷下先生的意见，他却说："太后，稷下学宫不理政务。让我们读诗讲书还可以，若论及打仗，怕是空泛不实，不足取呀！"

"哎，你们这些稷下先生，有学问，有见识，先王一向尊重你们的政见。在齐国这样的紧急关头，我愿意听一听你们的。你说说，学宫里对于援赵的事情都是怎么讲的？"君王后说得非常认真。

此时原祭酒饮了一口水，故作深沉，他说："太后，稷下学宫里先生与学士千余人，对援赵的事议论很多，若归而类之，不过也就是两种，一曰援赵，二曰不可。"

宫人来禀，说后胜大夫求见。君王后让后胜进来，告诉他正在谈论援助赵国的事，要他听一听。后胜与学宫的原祭酒事先约定好了的，此时见面却像偶遇，他和学宫原祭酒礼貌地打了招呼坐下。

君王后让原祭酒继续说他为什么不主张援赵。

原祭酒侃侃而谈："秦国攻打长平，乃是不义之战。若论礼义，齐国应当救援。但是长平距我齐国千里之遥，倘若我齐国发送粮草援救，长途跋涉，损耗过大，伤我国力，这是其一；其二，与赵国结友，即是与秦国结怨，得不偿失；更为重要的是其三，赵国曾联合燕、韩、楚、魏、秦等五国攻打我齐国。那一次，险些把我们齐国灭亡，百姓的怨恨至今记忆犹新，我们怎么能去援救自己的仇敌呢？所以，我以为绝不能做这种愚蠢的事情。"

"啊！"君王后默默点头。又问，"那荀老夫子为什么力主援赵呢？"

"他是赵国都城邯郸人。他虽然身在齐国，而其心仍然在赵国。"学宫原祭酒说得很肯定。

这时后胜插言:"姑母!孩儿听说赵国的使臣初到我齐国来,没有拜见君王,首先去稷下学宫拜见了荀老夫子。"

"是吗?"后胜的话引起君王后的警惕。

"千真万确!"后胜肯定无疑。

学宫原祭酒摆出一种宽厚的姿态,说:"这也难怪,故乡之土,游子之心嘛!荀况力主援助赵国,正如我是齐国人总要事事为齐国着想一样。在赵国生死存亡的关头,荀老夫子当然要为他的故国出一把力了!"

"荀老夫子是赵国人,为家乡尽一点力,当然合乎情理。"后胜强调说,"不过为他的家乡尽力,也不能以损伤齐国的利益为代价嘛!"

君王后似乎解开了心中久思不解的疑团,嘴角上露出了一丝不易察觉的冷笑。

学宫原祭酒进一步说:"太后!听说田单相国正在筹集三十万担粮草,准备往赵国运发。"

"咳,说也是呀!怎么不可能发生的事情,如今却发生了呢?"学宫原祭酒意在言外,拿出学者研究问题的态度,深度分析,"太后,大王对您一向言听计从,应该想一想,为什么突然改变了呢?为什么如此重大的事情,您不知道,大王竟然就独自决断了呢?大王年纪尚轻,为什么敢于如此对待太后您呢?您不觉得奇怪吗?会不会有点别的什么原因呢?"

学宫原祭酒将话引向深入:"我们儒家,从孔子到我的老师孟子,二百多年,一向主张的是效法先王。而荀况他却倡导不法先王。大王每十天去向荀况求教一次,荀况每一次都教导大王,不要效法先王!"

学宫原祭酒继续说:"太后!您想过没有,荀况为什么主张不要效法先王?齐国的先王已经下世几年了,荀况教导大王不要效法先王,他的话究竟是什么意思呢?"

"太后!您难道还不明白,荀况所说的先王,言外之意,话外之音,就是您!"学宫原祭酒亮出了底。

君王后大为吃惊。

学宫原祭酒更加清楚地说:"荀况不让大王效法先王,就是告诉大王,不要听太后您的话。"

"啊!……"君王后心中豁然一亮,她彻底地明白了,于是恨由心生。

后胜见火候已到,又插言说:"姑母!荀况如此调教大王,他算是什么老师?这是挑拨离间,是搅乱朝廷,是个阴险毒辣的恶鬼!"

君王后忽又生出疑惑:"荀况倡导革新朝政,他为本宫出过不少好的主意,也为本宫做了许多事情……"

后胜一旁再次加火:"姑母!常言说旁观者清,当事者迷,局外人看得最清楚。那个荀况这次来齐国并没有把您放在眼里,他的所作所为,都是为的齐国大土,不是为的您!"

君王后的脑海里再次闪现出那次与荀子不愉快的谈话。她要把堂妹许配给荀子,荀子竟然说她不懂礼义,与禽兽无可分别。种种因素促使君王后下定决心。

"是的。本宫的确是把他捧上了天。他完全辜负了本宫的期望,不知好歹!"君王后停顿了一会儿,看了看学宫原祭酒,感叹说,"我齐国的大王年轻,他很需要一位忠心辅佐的大儒呀!先生!你还想到鲁国去吗?"

原祭酒明白君王后话中的意思,立即说:"不!鄙人听从太后的话,永远留在稷下学宫,为齐国的国事分忧。"

"好!好!本宫所期望的,就是忠心耿耿为我齐国分忧的人。"君王后满意地说道,"过去本宫对你有些不周,请你切莫介意。今天,你能来到王宫,就表明你是一个宽怀大度的真君子,一个真正为齐国做学问的人。"

六、一旨绝杀

田单是个带兵的人,懂得粮草对于军队的重要,他昼夜不停,不几日首批援助赵国的粮草已经备好。

赵国使臣临武君感谢田单，又乘车急奔稷下学宫，向荀子辞行，感谢荀子力主正义，促成齐国援救赵国的大事，而后他便带领装满粮草的车辆浩浩荡荡向赵国出发。

田单站在大路一边，挥手祝福临武君一路顺风，望着车队徐徐启动。

忽听一声呐喊："停车！——"

只见后胜骑快马飞奔而来。田单与临武君同时一惊。

后胜驱马来到面前，并不下马，高声说道："太后有旨，发往赵国的粮草停车候命！"

田单与临武君不解，木头似的站立。

"旨意传毕，告辞！"后胜说完，调转马头，拍马而去。

田单与临武君茫然。

君王后在宫内训斥齐王建："好呀！你长大了，你是大王了，你的心中还有母后吗？"

齐王建唯唯诺诺："母后……"

君王后厉声呵斥："住嘴！你不要先王，你要建树你自己的权威是吗？你要让臣民都听从你的号令是吗？那好，你走吧！你愿意发什么号令就发什么号令去吧！我只告诉你一句话，不要忘记了祖宗！"

齐王建怯懦低声辩解："母后！孩儿并没有忘记母亲，也没有忘记先王。"

君王后越发愤怒："哼，你还没有忘记先王？你早把先王扔到九霄云外去了。先王早有规矩，像援助赵国这样关乎国家命运的大事，要经过元老廷议，你为何一人决断？听了别人的话，你就不知道你是谁的儿子了！你也早不把你的娘亲看在眼里了！"

齐王建急忙双膝跪地："母后！孩儿知错了。孩儿不敢违背先王，更不敢违背母亲！儿听娘亲的话，立即收回成命！"站起身来要走。

君王后喝住："你哪里去？"

齐王建说："儿去让人停止援助赵国。"

君王后怒道："不用你去了，我已经降旨停止了！"

粮草停运，临武君怒气冲冲来到田单的丞相府，声称要面见齐国大王，质问齐国为什么出尔反尔？

田单好生劝他不要生气。可那临武君如何能不生气，他说："田相国！为什么备好的粮草又不发了？你们是不是要让我们赵国的兵将都饿死在长平？你们还有一点道义人情吗？你们一个泱泱大国，怎么害怕秦国害怕成这个样子？胆小如鼠，胆小如鼠！你们这样做，不会给齐国带来和平，只会给齐国带来灾难和耻辱。让人知道齐国和强盗般的秦国一样。不仅一样，连强盗也不如。强盗是明目张胆的屠夫，你们是背信弃义的小人！"

田单告诉他，这不是大王的旨意，是太后的敕命。

临武君倍加气愤："那我就质问你们的太后，她究竟是君子还是小人！对，她什么也不是，是个妇人，不是个男人。妇人就只能有妇人之见。哈哈！你们齐国的朝政被一个妇人左右，永远不会有大出息。"

临武君与田单吵闹一通，也只能是撒撒气，泄些火，他知道乞求齐国援救已经无望，便到荀子那里辞行。说事已至此，难以挽回，末将感谢您对赵国危难的关怀之心，他要回国去了。

荀子想了一想，说："你且再等一等。"

临武君问："齐国由太后主政，太后已经发出敕命，还能有什么希望呢？"

荀子说："明日是大王到我这里问政之日，或许还有一线希望。"

救国急切的临武君，自然是有一线希望也要等。

第二天，韩非、李斯、陈嚣等弟子一早就把荀子的书斋打扫得干干净净，等待着齐王建。但是一直等到中午，也不见人来。过去如果齐王建不能来，总是提前告知，今天有些反常。

荀子正要让弟子们散去，丞相田单匆忙走进门来。

荀子起身迎接，让他请坐。田单告诉荀子，大王让他前来通禀，今天不能来向老师求教了。他还告诉荀子，援赵的事情有变，太后下令，将准备好的粮草停运，不援助赵国了。

荀子问："援助赵国是大王传下的旨意，太后怎么能够随意更改？"

田单无奈地解释："咳！太后如今不是辅佐大王执政嘛！"

"这哪里是辅佐？分明是专权，独断！"荀子气愤道，"田相国，权出一者强，权出二者弱。自古及今，一个国家未有二强争重而能够长久的。这样简单的道理你难道不明白吗？"

荀子又问太后为何不让援助赵国？

田单说，太后认为，赵国曾经联合五国一同攻打齐国，是我们的敌国。我们不能去援救仇敌。荀子不以为然："这已经是往事了，时过境迁，时事在变嘛！"

田单告诉荀子，太后坚持先王的遗训不能更改。而且还说，你力主援赵，因为你是赵国人，要为你的故国效力，并不是为的齐国。

听到这样的话荀子气愤不已："不对，这话不对！"

田单劝道："老夫子，请你不要生气。事出有因，定是有人从中挑拨。近日那位学宫的原祭酒先生就不断出入于太后内宫。"

荀子拍案而起："卑鄙！小人！我要面见太后！"

"老夫子！我看你不要去了……"田单劝阻。

"田相国！我要面见太后，并非为荀况自己辩冤。援赵不援赵，既关乎赵国四十余万大军的生命，也关乎齐国的前途呀！"荀子压下怒火，告诉田单，"我希望太后不要被偏见所蒙蔽，明白什么是齐国的真正利益。"

"老夫子！你的那些深远道理，就怕太后听不进去呀！"

"为了齐国，她应当听得进去。"荀子坚持说，"过去，君主中被偏见所蒙蔽的有夏桀和殷纣。夏桀被妃子妹喜和奸臣斯观蒙蔽；殷纣被妃子妲己和奸臣飞廉蒙蔽。他们不仅仅混淆了是非，还误入歧途。结果国土丧失，国家毁灭。夏桀死在历山，纣王的人头被悬挂在旗杆上。这些都是因为受偏见蒙蔽所造成的祸患。太后应当明白受偏见蒙蔽的祸患之大呀！"

田单想了一想："好，老夫子去见一见也好。我告辞了。"

荀子与弟子送田单出门走后，他便要进宫去见太后。李斯想陪荀子一同去，荀子不要，独自乘车而去。

七、同道不同心

荀子突来造访，让君王后感到意外。她请荀子坐下，侍女倒水，避免尴尬先说了一些言不由衷的淡话，什么老夫子今天怎么有闲工夫来看看我呀？你是大儒，我本当去学宫看你，只因近来身体不爽，懒出宫门，请老夫子见谅。

荀子的话很真诚："荀况乃区区学子，怎劳太后看望。蒙大王拜之为师，又职任学宫祭酒，心中常常有愧。"

君王后接卜的话却绵里藏针："荀老夫子！既然齐国待你不薄，你就应当以你渊博的学识助齐国兴旺昌盛呀！"

"是的。"荀子诚恳回复，"荀况数十年多次来到齐国，三次担任稷下学宫祭酒，不仅期望齐国兴旺昌盛，还期望齐国能够称霸诸侯，一统天下。"

"对呀！过去先王曾经夸奖过你，如今本宫与建儿也这样期待你。自你从秦国回来，为治理朝政也出了许多好主意。本宫不会忘记你的功劳。不过，在援赵的事情上，你让我很失望。"君王后直言不讳。

"太后，荀况正为此事而来。"

君王后顺口说："有话请讲。"

"欲统一天下的君王，行事当以天下为尺，决断当以立信为度，举措应变而不穷。且不可只求一时的功利，失却礼义。今秦国行不义，赵国危难在即，齐国若见死不救，当失信于赵国，失信于诸侯，也失信于齐国的百姓。请太后静思明察。"荀子侃侃而谈，越说越激动。

君王后并不认真听荀子的讲述。荀子一边讲，她一边观看宫室中她心爱的小摆设。等荀子停下来，她才似自语地说："赵国并不是齐国的盟国，而是仇国、敌国。他们联合五国的兵马险些把先王杀死，把齐国灭亡。本宫能援助一个曾把我们置于死地的国家吗？"

荀子辩解："列国诸侯数百年征战，盟国与敌国经常变换。天下没有永久的敌人，也没有永久的朋友。"

"荀老夫子！我知道你学识渊博，能言善辩，为了证明你的道理正确，敢把孟子、墨子、老子都一一批驳，丝毫不留情面。这些圣人君子都不在话下，还有什么人被你驳不倒的呢？"君王后冷冷一笑，又说道，"齐国有自己的百姓，无论做什么事情，都首先要顾及齐国百姓的利益。绝不能损己而利人，让自己的百姓承担危险，失去安宁。"

说到此，君王后停顿一忽，继续说："让我把你的心底揭穿吧，你极力主张援助赵国，其真实的原因，并不是为了齐国，而因为你是赵国人，要报效你自己的故国，对吗？"

荀子虽然已经知道了对他的这一诽谤，如今又从君王后口中说出来，让他更加气愤，立即站起身，向君王后拱手道："太后！此言从何而来？"

"学宫中的学士和先生都这么说。"君王后不正面回答。

荀子直抒愤慨："俗儒之论！俗儒之论！荀况我绝不像他们说的那样'仁慈'，也不像他们所想得那样固守家乡之私。更不像他们所说的，是一个暗藏祸心的奸人！"

"是吗？"君王后问。

荀子明确地告诉君王后："荀况力主齐国援救赵国，并非为的赵国，而是为的齐国。为齐国和秦国抗衡，为齐国称霸于列国之中。"

荀子的话让君王后为之一动："啊，你继续说！"

荀子继续讲道："如今的秦赵长平之战，假如齐国不援救赵国，赵国灭亡，则齐国将立即置身于强秦的威胁之下；假如齐国向赵国伸出援救之手，赵国得胜，则秦国会一蹶不振而龟缩于函谷关内，将多年不敢再出函谷关。齐国则因此信义张扬于天下，长士卒之气，强百姓之志，立君王之威。这是上天赐给齐国称雄列国，踏上一统天下宏图大道的绝好良机。怎么能说荀况力主援赵，心中有私呢？怎么能说荀况不为齐国而为赵国呢？难道那些诽谤荀况的人不是俗而又俗的俗儒吗？"

"哎呀！"君王后为荀子的话所动，向荀子微微一笑表示歉意，"老夫子，学子之言，说说而已，莫要见怪嘛！"

荀子继续说："赵国使臣到来之初，荀况就向太后谏言，齐国可借此事一举两得。既可伸张正义，令秦国生畏，扬名于外；又可推进朝政革新，削弱不规之臣，整肃于内。这里何有荀况之点滴私心呢？"

荀子的话句句入理，无懈可击，让心存戒心的君王后也不得不附和："是的。荀老夫子做人的品德本宫是知道的。其实，我并不把那些话信以为真。老夫子先后在齐国数十年，实在已经不是赵国人，应该说是齐国人了，你说不是吗？哈哈哈哈！坐下，请坐下！"

荀子说："太后！《诗经》上有句话，'明明在下，赫赫在上。'这句话是说，下面的明亮，是因为上面的光明正大。庶民百姓如果有了妒嫉的朋友，贤良的朋友就不再往来。君王若是有了妒嫉的佞臣，贤良的臣子就不再往来。所以，对于诽谤的话，应当格外小心！"

"秦赵两国集倾国兵力，在长平决战，谁胜谁负，不仅关乎秦赵两国的兴衰，且关乎到列国力量之变化。齐国若想一统天下，就要支持赵国，削弱秦国。这就叫审时度势，因事而变，以王道，治霸道。荀况期望太后慎重三思！"荀子进一步讲出更为深远的道理。

君王后认真思索着荀子的话："荀老夫子，你的话说得很好，很有道理，援救赵国是件大事，绝不可草率行事，本宫一定要慎重。"

荀子感觉，太后好似听进了他的主张。

但是，君王后又说："这样大的事情，你的主张本宫听了，其他人的主张，我也听了。最后的主意怎么拿，本宫不想一人做主。"说到这里，君王后把话停住，看了看荀子，"先王留下规矩，像这样关乎国家命运的大事，要经过元老们共同商议决断。我想遵照先王遗训，请元老们廷议。"

八、邪恶对正义的审判

临淄街头，一辆接一辆载着元老的轩车快速走过。元老们带着全副武装的卫队，从四面八方威风凛凛地开进临淄城，引起了众多百姓的瞩目，感觉一定是齐国朝廷出了大事。

君王后相信父亲太史敫的话，齐国这条船，是靠元老们撑着的，没有元老们的支持，儿子的王位就坐不稳。所以她反复叮咛齐王建，无论远近，一定要把诏书下到每一位元老的府中，请元老们都来参加廷议。

齐王宫高大的宫阙，长长的台阶，宏伟博大，威严肃杀。在王宫的四周，在长阶的两边，都站满了全副武装的卫士。庄重的音乐配以惊心动魄的鼓声，如同步入战场，震撼着人的心灵。

一个个白发苍苍的元老，趾高气扬、气度不凡，豪迈地踏上台阶，走进王宫。

朝堂上，君王后与齐王建在上位就座。田单、太史敫与元老们分别坐在下面。

君王后问齐王建："元老们都到了吗？"

齐王建答道："都到了。"

宫人高呼："荀老夫子到！——"

荀子坦然地一步步踏上王宫的台阶。田单关切地望着荀子走进宫门。太史敫与元老们仇视荀子，不予理睬。

荀子进宫跪拜大王与太后。齐王建请老师免礼。君王后客气地请荀子上座。荀子坐在君王后的右侧。

君王后巡视王宫一周，说道："人都到齐了，建儿，开始议事吧！"

齐王建尊敬地请母后训示。

"好，本宫来说。"君王后欠了欠身子，说道，"诸位都知道了，近日，秦国与赵国两国都派使臣到我齐国来。他们的来意，你们也都已经清楚。他们两国在长平打仗，我们齐国怎么办？给两国的使臣如何回话？怎么样才能保全我们齐国的太平？这是一件大事。本宫不愿一人做主，大王也不愿意一人做主。按照先王留下的规矩，今日请朝中元老来议一议。"

一位胖乎乎的元老问："太后！你叫我们来，就是让我们来说援不援助赵国是吧？"

君王后说："对！"

胖乎乎的元老又问："让我们这些老骨头来说话，我们的话算数吗？"

君王后肯定地回复："是否援助赵国，以众位元老议决为准。"

胖乎乎的元老高兴地说："那好！我先说。如今世人都说秦国是虎狼之国。让我看，赵国虽说不是虎，也是一条狼。当年赵国联合五国一起攻打我齐国，杀了我们多少人，侵占了我们多少地，他们还不是狼吗？我们帮助一条狼去打另一条虎，这算是哪门子事儿呢？"

胖乎乎的元老见他的话引起众人的议论，更加起劲，把声音提高："我说的不对吗？先王说过，赵国是我齐国的敌国。先王虽然过世了，他的遗训我们不能忘记。我们不能去帮助曾经置我们于死地的敌人！"

一位个子高人的元老说道："有人说，我齐国可以借援助赵国，一举两得。"

一位眼睛几近失明的元老问："什么叫一举两得？"

几位元老也问："对，什么是一举两得？"

高个子元老回复："就是借援助赵国，既可以为齐国扬名于列国，又可以让我们各位元老出粮出草，削减我们这些老臣的力量。"

几近失明的元老立时气愤："这是什么话？要把我们这些老骨头放在砧板上当肉切是吗？何其毒也！何其毒也！"

胖元老问："这是哪个的主意？"

高个子元老说："还要我说出名字来吗？"

几近失明的元老催促："说！这是廷议，什么话都要摆在当面。"众元老都催促快说。

高个子元老正色道："那好，我就对不住了。这话是我们尊敬的荀况荀老夫子说的。"

胖元老质问荀子："荀老夫子！这话是你说的吗？你什么意思？"几近失明的元老附和，问荀子这是什么意思。

荀子沉默不语。

君王后为荀子解围："诸位，请你们继续讲自己的高见。"

几近失明的元老并不理睬："我们还讲什么高见？荀老夫子是大王

的老师，是太后您的座上客。你们按照他的主意，想杀哪个就杀哪个，想砍哪个就砍哪个，不都是他一句话吗？"

众位元老一致赞同："是嘛！"

太史敫知道自己的身份不同，许久没有说话。他一直在等待自己说话的时机。见矛头已经指向荀子，就开了口："诸位！"

胖元老听见太史敫开口了，忙制止众人："都不要说了，听太史公的！"

太史敫摆出架子，故作沉稳地说："过去我十分敬重荀老夫子，可是他这次来到齐国，让我听到的，看到的，截然不同。他撕去了文质彬彬的圣人伪装，露出了狰狞的面容。"

太史敫继续说："他是个儒士，可是他背离儒家效法先王的教导，处处违背先王遗训，毁坏先王留下的法规，美其名曰，革新朝政。他是大王的老师，竟然蛊惑大王不尊崇先王，只按照他的伎俩行事。齐国敬他为上宾，他竟然舍弃齐国的安危，极力去为他的家乡赵国谋利益。"

胖元老赞叹："说得好！"

太史敫又说："他的所作所为告诉我们，他不是一位品德高尚的君子，而是一个权欲熏心的小人。他想做齐国的摄政王，不，他想做齐国的假谋士真大王，做左右齐国的太上皇！我齐国的历史上有许多贤人，前有管仲、鲍叔牙、晏婴，后有邹忌、淳于髡，他们做过君王的谋士，甚至仲父。可他们从来没有像荀况这样，暗藏着叵测之心。"

几近失明的元老恶狠狠地说："他是一个野心勃勃、两面三刀、玩弄阴谋的人！"

高个子元老愤恨地说："他讲的一举两得，是要把我们这些支撑齐国的元老斩尽杀绝！"

胖元老向君王后和齐王建拱手道："君上！我们齐国要大王，不要摄政王；要太后，不要太上皇！"

几近失明的元老补充一句："我们齐国不要这种暗藏祸心的人！"

高个子元老声称："我们齐国的大王姓田，不能改姓荀！"

田单实在听不下去，他站起身来，愤慨说道："诸位元老！你们是齐国的功勋老臣，说话应当为齐国负责任。你们口口声声尊崇先王，先王认为荀老夫子是个什么样的人呢？先王说，荀老夫子是最有学问的老师。这是最公正的评价。荀老夫子是一位认认真真做学问的人，是一位堂堂正正胸怀天下的人，是最想帮助齐国在列国之中称霸称王，一统天下的人。他这次来到齐国，高瞻远瞩，殚精竭虑，绝无丝毫利己之心！"

太史敫立即指责道："田单！你还为荀况争辩，你自己是个什么人，你知道吗？你看看。"他从身上取出一卷竹简打开来，"这齐国的史册上记载着，九位忠于大王的臣子状告你无视君王，没有君臣礼节，不讲上下分别。你内安抚民心，广施小恩小惠；外勾结诸侯中的雄俊豪杰，志在谋反。你用花言巧语蒙骗了先王，让先王把那些控告你谋反的人全部斩杀。多么可悲呀！多么可叹呀！又多么可气呀！如今，你怎么样？你仍然是不讲君臣礼节，仍然在用小恩小惠收买百姓，仍然在勾结诸侯中的雄俊豪杰。荀况来到之前，你身为一国之相，疏理朝政。荀况来到之后，你与他共同密谋，陷害忠良之臣。你公报私仇，斩杀高唐都大夫，还想要杀尽知道你底细的所有老臣。老夫虽然年纪大了，可是眼不花，耳不聋，我看得清清楚楚，你田单仍然有反叛之心！"

君王后转身向荀子："荀老夫子！对于元老们的议论，你不想说些什么吗？"

荀子站起身来，看了看在场所有的人。乱嚷嚷的朝堂突然安静下来。

荀子用异常冷静的语调开口："田单相国是一个什么样的人，功过如何，在齐国史卷中早有记载。田单凭借着即墨小城之七千老弱残兵，一举杀退了进犯齐国的数十万五国联军，使千里失地回归齐国。在齐国举国无主的情况之下，田单他完全可以依靠自己得胜之雄兵，自立为王，天下的人没有谁能够阻止他。然而，他没有这样做。他从大义出发，修建栈道木阁，到深山之中去迎接湣王的儿子，请他回到临淄都城即位。这就是齐国的襄王，当今大王的父亲。田单与五国之强敌连续征战五年，从齐国的土地上赶走了数十万敌军，开创了齐国的新天地。这些载入史册的事情，历历在目，光辉闪耀，无需荀况再过多赘述。"

几近失明的元老愤愤说:"你不要为田单摆功,说你自己!"

荀子停了一会儿,冷静地说道:"至于荀况自己,我很愚笨,远没有诸位元老想象得那样聪慧,我不想评说。不过,今日廷议,倒让我更加相信,荀况这次回到齐国的时候,我在稷下学宫中第一次讲学讲过的话题。"

荀子在这里把话打住,看了看在场所有的人,而后一字一字地说:"人——之——性——恶!"

众元老一个个目瞪口呆。

荀子礼貌地拱手:"告辞!"愤然拂袖而去。

元老们安静下来。君王后沉思了一会儿,说道:"今日廷议,众位元老畅所欲言,各抒己见。你们让本宫明白了各位元老的忠贞之心。本宫尊敬你们,你们是齐国的栋梁。请元老们放心,本宫绝不会忘记先王遗训,也绝不会被哪一个人所左右!"

九、女主乱之宫

元老廷议之后,君王后并不放心。她关照侄儿后胜要替她多操点心,既要监视赵国使臣,又要监视丞相田单,还要监视荀子,看他们都在做什么。

后胜十分得意,他庆幸元老廷议十分成功,比他想象得还要好。他埋怨姑母不听他的良言,按他的意见,荀况当初就不该请,结果把他请来了,先得罪了稷下学宫的许多学士先生,又得罪了众家元老。君王后严厉斥责他:"当初请他来是对的,如今要提防他也是对的。做你该做的事儿去!"

傍晚,天色昏暗,太阳早已西沉。赵国的使臣临武君到稷下学宫去向荀子辞行。荀子哀叹自己无能为力,为长平的四十余万将士心伤,在愧疚与伤痛中将临武君送至门外,挥手告别。

回到书斋，荀子依然心伤不已，感叹临武君走了，他带走的不是救援粮草，而是失望和死亡。

长平四十余万将士的生命依然让荀子忧心忡忡，难以释怀。他在书斋读不下书，也写不了文，往来踱步，思虑再三，让人把李斯找来，告诉他："明日一早你随我到相国府去。"

李斯问："是去谈援助赵国的事吗？"

荀子点头："对！"

李斯说："老师！事已至此，怕是田相国也难以挽回呀！"

荀子告诉他，援救赵国是关乎列国未来，齐国兴衰的大事。只要有一线希望，就要努力。田单身为一国之相，有责任排除那些歪理邪说。李斯依然认为，如今齐国太后一人专权，而且元老廷议已有议决，田相国还能做得了什么呢？

荀子则坚持田单不同于他人，他是曾经拯救齐国的功勋重臣。没有田单，便没有齐襄王，便没有君王后，便没有齐国的今天。如今，只有他还有希望能够力挽狂澜，再一次拯救齐国。

李斯劝说荀子："老师，您是不是过于执着了？"

荀子情绪激动："赵国四十多万将士的生命在我心上，齐国的前途在我心上，列国的未来在我心上。就此罢休，我于心不忍呀！"

第二天天一亮，荀子与李斯便乘车去往田单府。迎面后胜乘车走来，他在车上远远望见了荀子，吩咐车夫拐到巷子里去。后胜在小巷里望着荀子的车走过去，思索荀况这是到哪里去呢？他轻声吩咐车夫："跟着走！"

田单在府中也为元老廷议的事情糟心，他想不明白太后这样做究竟是想要干什么呢？其结果又会走到哪里呢？他认为假如先王健在，绝不会这样做。

忽听侍者来禀，荀老夫子求见。田单急忙亲自迎出门外，将荀子和李斯引入厅堂，请荀子与李斯坐下。李斯在一旁站立，不敢坐。荀子让李斯坐下。

侍者献上水来。

荀子端起水杯，呷了一口，便说："荀况是个读书人，读书人书读得多了，不免也就迂阔，不懂时事。"

田单急忙更正："哎！荀老夫子无论是做学问或是做人，田单都十分敬佩。"

"你是齐国的相国，掌握着齐国的国政。我来贵府，既不为要官，也不为与相国联络私情，更不是像有人说的心怀叵测。荀况乃是作为稷下学宫中的一个学子，只想与相国讨论国事。"荀子不讲客套，直接说明来意。

田单谦卑说道："荀老夫子请讲，田单洗耳恭听。"

荀子问："田相国，你对元老的廷议所见如何？"

田单回答："先生到来之前，我正在思虑此事。"

"好！荀况想就此进上一言。"荀子说，"如今华夏七国争雄，最终谁能取胜？哪个能够成为一统华夏的霸主？秦国以其威严咄咄逼人，楚国、赵国也不甘示弱。齐国呢？难道准备甘心当奴仆吗？"

田单摇头，坚定地说："不能！"

荀子继续说："要想做一统天下之王，必行大义于天下。老夫不明白，为什么齐国不能主持正义，反对强权？为什么齐国不能因时而变，却念念不忘先王时期的旧怨，只看过去，不想未来？为什么齐国不相信昭昭大理，却相信庸人的邪说呢？"

田单说："或许太后是为齐国的安宁，不愿意招惹是非。"

荀子反问："不援救赵国，齐国就能够太平了吗？今天暂时太平了，明天呢？后天呢？"

田单说："荀老夫子，你讲得对。田单我也是心如火烧，可是太后……咳，没有办法呀！"

看到田单的无奈，荀子的心中更是焦虑，他向田单恳切地说："一个人处在当权的地位，去做当权的事，天下人不会有什么不满。处在当权的地位，而不做当权的事，到头来想做一个普通老百姓都不可能。君王和相国都是当权者，应该是为是，非为非，抛弃个人私念，按照公道大义去做，这才是一个当权者的正确行为。现在，相国你上可以取信于国君，下可以统掌国家权力，相国作为一个当权者，是名副其实的呀！为什么不堂而皇之地反对谬误，主持正义呢？为什么不勇敢地明辨是非，实行大道正理呢？相国不去做你应该做的事情，仅仅去做一些俗人所做的俗事，就会使女主乱之宫，诈臣乱之朝，贪吏乱之官，像这样，还怎么能够执掌国家呢？"①

荀子的话刺疼了田单的心，由衷地赞道："老夫子讲得好！"

荀子继续恳切地说："只图眼前苟安，不问未来祸福，还口口声声讲先王遗训。将一些私欲满腔的所谓元老推出来，决策齐国的前途命运。到头来，齐国不仅不会像先王的时候显赫于天下，还会将齐国断送。你身为齐国的相国，责任重大，责任重大呀！"

田单再次点头称是。

"老百姓喜欢的是目光远大，主持正义，这样的当权者老百姓愿意归附听从，到头来可以统一下天。鼠目寸光，贪图私利，这样的当权者老百姓就唾骂、远离，就被天下人耻笑。你说，做统一天下的当权者，和做被天下人耻笑的当权者，哪一个好呢？"荀子讲得入情入理，语重心长，让田单非常感动。

田单激动地说："老夫子，你，你讲得太好了！完全是肺腑之言。田单有愧于先王的临终重托，有愧于齐国百姓的期望。请老夫子放心，我田单一定不辜负你的谆谆教诲，立即进宫，面见太后和大王！"

在荀子与田单谈话之间，后胜来到田单府门。侍者要去禀报，后胜摆手制止，信步进入庭院。听到厅堂内激情高亢的谈话声，立即止步，站在廊外偷听。听到荀子向田单说"女主乱之宫"的话，他大吃一惊，又听到田单要进宫面见太后和大王，他急忙离开走廊，到府门外上车向王宫急驰。

后胜在宫门外下车，跑步向太后宫。把守宫门的卫士拦挡询问。后

---

① 《荀子·强国》有"荀卿子说齐相曰"。吴启雄在《荀子简释》中将"齐相"解释为齐闵王时的丞相，汪中等也都在著里里如此说。廖明春先生在《荀子的智慧》一书中用许多史料证明，应为齐王建时的丞相。因为在齐闵王时没有"女主乱之宫"的可能，而齐王建时有君王后专权。

胜拨开卫士，径自快步进入内宫，向君王后禀报了他听到的荀子与田单的谈话。

君王后勃然大怒："好哇！竟然辱骂我女主作乱宫廷！这是我的宫廷，我不做主哪个做主？！"

后胜与齐王建在一旁唯唯诺诺："姑母（母后），请息怒，请息怒！"

君王后气愤不已："本宫尊敬你为最有学问的老师，按上卿大礼待你。供你珍馐美味，供你轩车华屋，供你俸禄千钟，你背后反辱骂本宫，这是欺君！没有良心！……"

后胜附和："是，荀况太没有良心了！你请他的时候，侄儿就说过，荀况这人不能要。"

"本宫万万没有想到，我费尽心血请来的不是一位圣人，而是一条狼！竟然和田单纠合一起来加害我！"君王后万般悔恨，"一个是名声显赫的大儒，一个是功勋昭彰的老臣，一文一武，一唱一和，配合紧密，这还了得？"

后胜加火添油："姑母！以侄儿看，那荀况回到齐国之后，一味地赞赏秦国，贬责我齐国，离间我君臣，祸乱我朝政，他不是秦国的奸细，也是赵国的奸细！"

一时间君王后对荀子恨得咬牙切齿，立即决断："胜儿！传我旨意，把荀况抓起来，腰断三截！"

君王后的敕命让后胜疑惑。一直没有说话的齐王建也欲劝阻。君王后叱问："怎么？你们都听那个糟老头子的，不听我的话了？"齐王建赶忙说："儿臣不敢。"后胜解释："姑母！不是我们不听您的话，是……是要杀那个荀老头子，恐怕不太合适。"

君王后生气："我乃齐国太后，有数十万军队，难道杀不了一个翻弄竹简的儒士吗？"

十、忠诚的臣子

"姑母！办法有，怎么会没有办法呢？荀况的事情可以缓一缓再说，如今要紧的是相国田单。"后胜别有用心地把目标引向田单。

君王后对于田单早有戒心。先王下世之后最让她担心的并不是高唐都大夫那些人，她认为那些人尽管手握重兵，也很危险，可他们远在都城之外。最可怕的是身边的人。丞相田单功高震主，先王几次想除掉他，碍于他的功劳和影响不能下手，所以才有了杀害九个控告田单者的事情发生。而今先王走了，把个最大的祸患留给了她，她能不时时忧心吗？她把荀子请回来，本意是用来制约田单的，不想荀子竟然和田单搅和一起，亲如一人。那压心的石头不但没有搬掉，反而一个变成两个。所以，后胜一提起田单，她的火气就立刻升起。田单与荀况一起私下密谋，辱骂太后，想做什么？岂不是想谋反吗！这就是罪证。想到此，君王后下定决心：好吧，这个老东西，今天本宫就和他较量较量。立即敕命："去把田单诏来，我看他长了几个脑袋！"

太后的敕命还没有传出王宫，宫人就来禀报，说田相国求见。

君王后悻悻地说："好呀！找上门来了。给我请！"

田单走进宫来，规规矩矩地施礼跪拜。君王后不凉不酸地问："田相国，不是上朝的时日，你进宫何事呀？"田单还没有回答，君王后又问，"就你一个人来的吗？"

"是！"田单不知道君王后何意。

"怎么没有带兵将来呢？"君王后的问话让田单摸不着头脑，不知此话从何而起。

"本宫以为你是带兵将来逼宫呢！"君王后冷冷地说，"好吧，有什么话你就直说！"

君王后的话使得田单如坠五里云雾，不知道该怎么办，是退出王宫，改日再来呢，还是继续说出要说的话。他抬头看太后，又看大王和后胜，他们都在等待听他说话。事已至此，也只能实话实说。田单禀报君王后："臣为援赵之事，有话禀告。"

"援赵的事情，先王有遗训，元老廷议议而有决，本宫也已经讲过了。你若还是为这件事情，那就免开尊口！"君王后不许田单说他想说的话。

"太后……"田单想继续说下去，遭到君王后威严地申斥："你还要说什么？"

田单是一个忠诚于国家的臣子，他不能因为太后不愿意听就不陈述自己的忠心："太后，援赵不只关乎赵国的存亡，也关乎齐国的安危，更关乎日后天下一统的大业。望太后再做思量，慎重处置。"

不许讲，他还是讲了，这是违逆，是欺君。君王后忍住气，问："这是你的主意，还是那位荀老夫子的主意？"

田单不假思索地回复："此乃微臣的忠贞谏言。"

君王后气不打一处来，她咬牙切齿地说道："好哇！田相国！你真的要处在当权的地位，实行当权的办法了！你真的要敢于和本宫辩是非、主正义来了！你也以为本宫我是一人专权，'女主乱之宫'是吗？告诉你，无论你为齐国立过多么大的功劳，可你还不是君王，君王是我的儿子。我的儿子年纪小，由本宫来辅佐他治理朝政，凡事本宫我就要做主，我就要专权！假如不服，你可以带兵将来，把我们母子赶走，或是干脆，把我们母子杀了，你来做大王！"

田单闻言震惊。从君王后的话中他感觉到他和荀老夫子私下讲的话君王后已经知晓，可是不知道太后怎么会把这样严重的话讲说出来，一时心中慌乱，不知该说什么，只能俯首回说："啊，臣……臣不敢！"

君王后怒斥："你不敢？我看你敢！你今天敢进宫来，就说明你敢！"

田单慌忙跪地："太后！无论田单往日有多少功劳，我还是一个微不足道的臣子。"

君王后冷冷一笑："你是臣子？我看你的心中早想当君王。你在国中以相国的高位，收买民心，施尽小恩小惠；在列国中结交天下贤士和英雄豪杰；你和荀况狼狈为奸，为了一个赵国，翻来覆去和本宫纠缠。

无视当今大王，藐视先王遗训。你这是做什么？你就是想篡夺王权，自己做大王！"

此时的田单再不能说别的话，只能为自己辩个清白："太后！微臣身为相国，只想辅佐君王，使齐国强盛，使百姓安宁，万不敢有非分之想！"

君王后突然把墙壁上的帷帐拉开，露出悬挂在墙上的先王遗像。她面对先王遗像，悲戚地高声呼唤："先王！先王！……"接着双膝跪地叩头。

"先王！……"田单望见先王遗像，急忙双膝跪地叩拜。

齐王建与后胜也随之跪地叩拜。

君王后大放悲声："先王！你为什么一个人早早地归天去了？你为什么不把臣妾带走？你能够把状告田单的九个人杀死，为什么不让田单继承你的王位呀？"

听到君王后的这些话语，田单不能启口，只能委屈地叩头，连连呼唤："先王！……"

君王后继续着她的悲戚述说："你把王位留给了你的建儿，让我们孤儿寡母一同忍受欺侮。至如今我们身边没有忠心的臣子呀！"

后胜插言道："姑母，请您不要悲伤，侄儿是一心忠于您的。"

君王后继续哭诉："唉！你一个人有什么用？若是先王许可，本宫愿意把齐国的江山交给田相国。田相国功高盖世，百姓拥戴。田相国！你什么时候登基？我们母子即刻让位。如今面对先王遗像，你说话，你说话吧！……"

听到君王后把话说到如此严重程度，田单感到这是要陷他于国之叛贼，他震撼，他惊恐，他惧怕，他慌乱失去方寸，急忙表白："太后，太后！田单从来不敢有此狂妄野心。"

君王后站起身来，极度认真地说道："不，田相国！以本宫来看，还是把王位让给你吧！我们把王位让给了你，你大权在手，我们母子也就心中安宁，太平无事。这不是本宫今日偶然所想，是我想了许久许久。田相国，只有你来做大王，齐国才能够平平安安，繁荣昌盛，兴旺发达。加上有荀老夫子辅佐，你们一文一武，珠联璧合，多么好的搭档呀？你快来上座，我们母子把王位让给你了！"

君王后拉了齐王建从王位上下来，请田单上座。田单害怕得一屁股坐在地上，后退着，慌乱地说："不，不！……"

君王后继续说："田相国！王位是国家社稷的大事，绝非儿戏。荀老夫子不是讲任人唯贤吗？古来有尧舜让贤，今日我与建儿把王位让给你，这也是让贤！"

田单坐在地上连连摇手又叩头。

君王后还嫌不够，继续说道："做人要心口如一，你既然想做大王，就来上座嘛！"

"太后！……天地可鉴，天地可鉴呀！田单对天发誓，我对君王忠心耿耿，如若不信，我，我，我……"田单激动得不知道如何表达自己的心境。他摘下官帽，脱下上衣和鞋子，光着臂膀和双脚，爬行到了君王后身边，捶胸顿足，"太后！您看看，您看看，田单我是赤胆忠心，对君王绝无二意，绝无二意，绝无二意呀！"①

"田相国……你不要这样。我知道你是一个秉性刚强的人，你还是赶快登基吧！你登上了王位，我们母子就安心了！……"君王后的话近乎调侃。

田单再也没有言语说清楚自己："太后！您难道要微臣像丞相比干一样，把心挖出来让您看一看吗？"

君王郑重地问："田相国，你讲的话，是真心吗？"

田单倍加郑重地回答："微臣对天明誓，田单忠于君王，若有二意，让我死无葬身之地！"

君王后严肃地再次向先王的遗像拱手施礼，而后说："田相国！先王今日看着你我。你若果然真心对我母子，先王的在天之灵就能够瞑目，齐国的朝堂便太平无事。"

---

① 参考《战国策·齐策六》《貂勃常恶田单》。该文记载，齐襄王召见田单，"田单免冠徒跣肉袒而进，退而请死罪。"

"太后！……君上！……先王！"田单向先王遗像再次伏地叩头，严正宣誓，"田单我忠心辅佐君王，绝无二意！"

君王后换了一种温和的口气让田单起来。田单遵命站起身来。君王后继续说："田相国！你今日的话，让本宫宽心，也让建儿宽心。在先王面前，我与大王一同拜谢你了！"她拉上齐王建要向田单跪下。

田单急忙拦住："太后，您这样就折煞老臣了！实在是折煞老臣了！"

君王后还要与齐王建一同向田单跪拜。田单坚持搀扶君王后与齐王建回归大位，口中不断说着："太后，君上！您们请坐下，您们请坐下！"

后胜为君王后斟上一杯水·"姑母，您老累了，请喝口水吧！"

君王后品上一口，无语有顷："田相国，今日我们的谈话，虽然有一些不愉快，可是，咱们君臣是真的心交上心了。"

田单诚实回答："是。"

君王后也诚恳地说："以后，你尽你臣子的职责，本宫和建儿尽君王的职责，会更信任你。"

田单毕恭毕敬地说："谢太后！"

君王后又叮嘱道："建儿年轻，本宫是个妇人，朝廷的事情以后还是要依仗着你呀！"

十一、智者的悲哀

荀子独自站在淄水边，将写有长平赵国将士的竹简一支支抛在水面上，竹简随着滚滚的流水漂去；眼望着漂去的竹简，好似望见众多身穿铠甲、腰挎利剑的将士倒在血泊中。

荀子仰望群山，悲天长叹："长平的四十五万将士！你们虽然像雄狮一样的勇猛，却孤立无援，等待你们的只有死亡。逼迫你们走向死亡的不仅仅是秦军，也有齐国的庸人！荀况无可奈何，我无可奈何！……"

学宫原祭酒无声无息地走过来，站在荀子面前，拱手施礼："荀老夫子！"

荀子望着他，没有还礼，也没有说话。

学宫原祭酒问道："你还在为赵国长平的四十五万将士心伤吗？"

荀子依然没有说话。

原祭酒继续说："你如果想挽救赵国四十五万将士，如今还有机会。"

荀子注视着这位学宫原祭酒，依然没有说话。

原祭酒也注视着荀子，他认真地说："只要你肯在稷下学宫的讲坛上，讲一次人性善，我就可以让齐国出粮出草，援助赵国。"

荀子冷冷地问："你想戏耍荀况？"

原祭酒郑重地说："不，绝非戏言。"

荀子沉稳地走出暖阁，平静地走上讲坛。

讲坛下立时鸦雀无声。

学宫原祭酒与他的弟子关注着荀子的一举一动。

荀子面目严峻，沉稳地说道："诸位先生学士，前年，荀况在这里讲过一个话题，叫作人之性恶。由此引起了学宫中先生、学士的许多议论。而今，旧话重提。有人要我来讲一讲孟子主张的人性善。"

学宫原祭酒及其弟子目不转睛地看着荀子。韩非、李斯、陈嚣等荀子的弟子注目着老师。淳于越、墨家、法家、杨朱学派等先生学士也都注目着荀子。

荀子沉静地说："在齐宣王的时候，孟子曾经是稷下学宫最受尊敬和待遇特殊优厚的先生。他的学问精深，弟子众多。当时荀况我也受益匪浅。作为他的晚辈，孟子主张人性善，而我，则不赞同他的主张，讲人之性恶。我反复拷问自己，荀况是不是错了呢？人之本性，究竟是善呢，还是恶呢？"

讲坛下的先生学士静悄悄地聆听。

荀子说："孟子讲，恻隐之心，人皆有之；羞恶之心，人皆有；恭敬之心，人皆有之；是非之心，人皆有之。[①] 人之所以能够学习好的品质，是因为人的本性是善良的。天下的人皆希望人人都是善良的，仁慈的，真诚的，高尚的。荀况我也希望天空晴朗，万里无云。我希望人世间和睦关爱，没有战争，没有流血，没有欺诈，没有阴谋诡计，处处尊礼义，人人是圣人。所以，孟子讲的话，是大家的共同心愿，人人都喜爱，人人都向往。"

学宫原祭酒及其弟子们认同地点头。

李斯、韩非、陈嚣却怀疑地望着老师。

淳于越和墨家、法家、杨朱学派等先生学士木呆呆地不置可否。

荀子继续说："可是我思来想去，不得其解。为什么两年来我在齐国看到的，听到的，尽是恶人、恶事、恶鬼呢？说谎的人欺国害民，奸诈的人无视礼义、国法，手握权柄的人滥杀无辜，利欲熏心的人见死不救，这些都是善良吗？那个奸险的齐国叛贼、高唐的都大夫虽然已经伏法，可是至今还有人兔死狐悲，想为他们申冤，这些都是善良吗？仁慈吗？这些行为表明了什么？是人生之初本来性善而以后变恶了呢？还是人生之初本来性恶的拓展呢？"

原祭酒的弟子站起来质问："荀况！我们老师让你讲孟老夫子的人性善，你讲的这是什么？"

荀子说："是呀！现在赵国有四十五万将士在长平被秦军围困。他们无粮无草，时刻有性命危险。你们的老师告诉我，假如我能够承认我讲的人之性恶是错误的，他就可以说服齐国的君王和太后出兵援救赵国。为了四十五万将士的生命，荀况我愿意站在这个讲坛上，向大家来讲，孟子讲的人性善，并非是完全错误，也有其道理。"

原祭酒的弟子斥责荀子："荀况！孟老夫子讲的人性善，不是也有道理，而是很有道理。"

原祭酒的弟子继续指责荀子："你身为稷下学宫祭酒，站在稷下学宫神圣的讲坛上，不是别人要你讲什么你才讲什么。你有你的理论，你

---

① 见《孟子·告子上》。

要讲自己的真心话！"

荀子沉默良久，而后开口道："诸位，如果一定要荀况讲真话，目睹今日人世之现状，孟轲讲的人性善，虽然有其道理，但是荀况实在不敢苟同。"

学宫原祭酒的弟子打断荀子的话："我们不听你老调重弹！"

又一个原祭酒的弟子高喊："你不是希望我们老师讲情，要齐国出兵援助赵国吗？快讲人性善！"

在孟子弟子们的连连威逼下，荀子感慨道："人性善，人性善！有了妻子就不孝敬父母了，是善吗？贪欲满足了，就远离朋友，是善吗？官位俸禄高了，就不想效忠君王了，是善吗？眼见得数十万人丧生，血流成河，不去解救，是善吗？孟轲讲人性善，是希望呼唤世人不要丧失人的善良本性，不断努力，走向圣人。可是，人能够成为圣人的道路并不遥远，却不努力走向圣人，费尽心机去作恶，这就是当世之人！"荀子把话停下来，充满感情地叹道，"人呀！人呀！人的本性之恶，使得他没有礼义教化和法度约束就只能有恶行，绝不会有善良！"

学宫原祭酒和他的弟子们知道荀子依然主张人性恶，不会再讲人性善，便高声起哄："荀况！你至今还是固执己见，反对孟老夫子。你以为你是被太后请来的，齐国大王又拜你做老师，你就想称霸稷下学宫，就想当齐国的国师。如今不行了！"

此时，学宫原祭酒站起身来："诸位！我们稷下学宫是研讨学问的地方，男女之事不在研讨之列。我想请问荀老夫子，你认为，你来到齐国为革新朝政所做的一切，是不是已经失败了？"

荀子坦然回答："失败了！"

原祭酒又问道："你为革新齐国朝政所用的办法，是不是来自于你对人性恶的认知？"

荀子回答："是的。"

"既然你承认你革新齐国朝政失败了，为何还不敢于承认你那人之性恶的认知错了呢？你批评包括孟老夫子在内的十二位著名的先生学士，也听不进任何人的话语，唯独推崇孔子。然而孔子曰，'过而不改，是为过矣.'① 如今，你应当知错了！"学宫原祭酒说得理直气壮。

"从现今的齐国来看，荀况我是失败了。"荀子严正地回答，"但是，从治理国家的长远道理来看，齐国的失败，更加让我相信人之性恶。没有礼义和法度去改变人的恶劣本性，人就永远不会有善良，国家和人世就永远没有太平！"

学宫原祭酒立即反驳："你这是什么话？承认自己失败了，可你的道理还是对的！"

他的弟子们附和："这是胡说！""是屁话！"然后一同站起身来喊叫："走！不听了，不听了！"

由于学宫原祭酒弟子的搅闹，使得讲堂内一片混乱，听讲的先生和学士感到愤然与无聊，纷纷各自散去。

淳于越走出讲堂，向身边的墨家弟子说："咳！荀老夫子今日一定很伤心。"

墨家弟子也为荀子惋惜："这是智者的悲哀！"

杨朱学派弟子的认识则不同："要我说，是他自找的。"

墨家弟子生气："你这是什么话？……"

杨朱学派弟子解释说："用我们的主张看，人应当享受生活，只管自己尽享欢乐，管它什么赵国秦国，长平短平，哪里还会有这许多烦恼呢？"

听讲的先生学士走了，讲堂内空空荡荡，寂静无声，仅留下先生学士们坐过的一个个蒲团。

荀子伤感地一个人在讲坛上木呆呆站立。

李斯、韩非、陈嚣一同向荀子走过来，规规矩矩地站在荀子面前，恭敬地向荀子施礼，齐声呼唤："老师！……"

荀子潸然泪下。

稷下学宫漆黑的夏夜，闷热难耐，四野空寂，偶尔传来几声青蛙的孤鸣。

---

① 见《论语·卫灵公》。

十二、欢乐与血泪

荀子躺在卧榻上，翻来覆去睡不着，只好走出房间，到院中踱步。他遥望君王后的内宫，灯火通明，耀眼夜空。

内宫里，君王后满心欢喜地将酒斟满爵，端到学宫原祭酒面前，说道："如今本宫能够安然地在此静享清闲，不被赵国那些要死要活的事情干扰，应该感谢你呀！"

学宫原祭酒受宠若惊："此乃太后决断英明！"

君王后微微一笑："是么？……那好，本宫今天不想说那些烦心的事情，想轻松一点。"

侏儒赶忙说："我去把乐工叫来，让他们表演新练好的歌舞，再去端来美酒，还有新做好的果脯、肉脯、腊肉，让你们开怀畅饮！"

君王后说："好，本宫就与我们高明的稷下先生开怀畅饮，把美酒吃个够！"

侏儒很快把美酒菜肴端上来，指挥乐工演奏美妙的歌曲，舞姬轻歌曼舞，君王后与原祭酒欢笑对饮，好不轻松自在。

在君王后和原祭酒欢乐的同时，长平战场上的赵军断粮已达四十六天，士兵们饥饿地横躺在壕堑里。有的人用刀剑刮下树皮，狠命地填入嘴里。有的人用无力的手拔掉身边的野草，艰难咀嚼。他们顽强地等待着援救，但是救援无望。饥饿使得他们"皆内阴相杀食"，就是说内部互相残杀以充饥。在此危急关头，身为主将的赵括组织突围，希望能够打开一条血路，可是未能奏效。绝望之中，孤注一掷，他亲率赵军精锐强行突围，丧身于秦军的箭镞之下。赵军失去主将，斗志全无。秦兵呐喊着冲进赵军营垒。赵军士兵摇晃着饥饿的躯体站起身又倒下去，无力再做抵抗，只得举手投降，全部做了秦军的俘虏。

夜晚，饥饿疲惫的赵国士兵被秦军押解着在山道上列队缓缓行进。山谷，黑黢黢不见谷底。突然，无数乱箭飞来，手无寸铁的赵国士兵仓皇间无处逃命，全部跌入山谷中。一部分赵国士兵清醒过来，拼力反抗，被秦兵杀死，推入山谷。

这是秦昭王四十七年，赵孝成王六年，齐王建五年，也就是公元前二六〇年的九月，赵国四十五万将士，全部被秦军活埋。仅仅留下了二百四十名不满十六岁的少年。①

秦赵长平之战，规模之宏大，战况之惨烈，为几千年中国历史之首。在世界战争史上也为之罕见。古长平是如今的山西省高平市，至今，在高平市西北十多公里永录村的"长平之战博物馆"里，还存有展现当年惨状的尸骨坑，在谷口村的骷髅庙留有凭吊诗句："丹河流不尽，此恨终绵绵。"

秦昭王四十八年（前259）九月，秦兵在长平取胜之后，高擎旌旗，潮水般冲下太行山麓，乘胜直取赵国都城邯郸，浩浩荡荡，排山倒海，将邯郸围困得水泄不通，邯郸如同大海中一座风雨飘摇的孤岛，危在旦夕。

悲怆、愤懑的古琴声，飘荡在长空。这琴音来自荀子的书斋。琴音烦躁而惆怅。突然，琴弦断了。荀子端起几案上的酒爵，愤然饮下。他知道，如今的邯郸百姓，要吃没有吃，要喝没有喝，无奈中竟然把自己的亲生孩子和别人家的孩子交换着吃掉！

荀子热泪盈眶，愤懑长叹："罪孽，罪孽呀！"

荀子挂记着生活在邯郸的妻子儿女，他写了好几封书信，一封回信也没有，不知道他们是死还是活。想到如今邯郸的悲惨之状，莫说是人，恐怕连祖先的坟茔也不得安宁，他端起酒爵又一次吞下苦酒。

荀子的苦痛是多重的。他为长平四十五万赵国将士的生命流泪，为邯郸妻女下落不明而心伤，更为遭受无端的谗言攻击而心疼。

一天，李斯和陈嚣突然兴奋地走进荀子书斋，报告邯郸有信来了。荀子高兴地打开信来仔细观看。信是一个亲戚写来的，说荀氏宗祠在战火中焚毁，许多族人在秦军的围困中饿死。荀子的妻子与儿女不知

① 见《史记·白起王翦列传》。

去向。

　　看完来信，并没有解脱荀子的苦痛，反而更增加了牵挂和心焦。妻子儿女不知去向，生死更是难料。

　　李斯和陈嚣理解荀子的心情，陈嚣劝解说："老师，师母和哥哥不知道去向，这也许不是件坏事，而是件好事。"

　　李斯愤然："你胡说，这怎么会是好事？"

　　陈嚣解释："你想呀！师母与哥哥假如在邯郸，邯郸被秦国军队包围。满城的人，战死的战死，饿死的饿死。师母与哥哥他们能活得了吗？他们如今不在邯郸，也许是逃出去得到了活命，这岂不是好事吗？"

　　"嗯，你说得有道理。"李斯也对荀子说，"老师，陈嚣说得对。师母和哥哥若是真的逃出了邯郸，那要比在邯郸饿死的好。祖宗的坟茔毁了，到太平的时日可以再修。"

　　陈嚣说："老师，要恨，就恨那个君王后，都是她的心太恶！假如她听你的话，援救赵国战胜秦军，事情绝不会成现在这个样子。"

　　荀子默然而立，许久没有说话。他强忍下难忍的痛苦，叹道："咳！诸侯并立，你争我夺，争则必乱，乱则必穷。天下需要圣主明君。然而圣主在哪里？明君又在哪里？"

　　学宫的原祭酒被君王后奉为上卿，君王后还不断让宫人给学宫的原祭酒送鹿肉、水果、帛锦，却不给荀子。

　　陈嚣看见，为这些事生气，说老师为齐国呕心沥血，反让那个小人得志，太不公平。

　　荀子劝告陈嚣："君子的行为时时恪守道义；小人则计较功利，不充实内心，只追求外表。二者泾渭分明，黑白自显，无所谓公平与不公平。"

　　陈嚣依然气愤："我想不明白，那学宫的原祭酒他也是儒学弟子，学问还很高，为什么他能那样做呢？"

　　荀子耐心地说："无论君子和小人，生活在人世上都追求成就。君子以努力和智慧去达到，而小人以手段和狡黠来达到。君子和小人具有相近的禀赋和才能。但君子把禀赋和才能用在正途上，为国家为他人做出许多好事；而小人把禀赋和才能用在邪道上，只追求自己的利益，甚至为了自身的利益而危害国家，危害他人。"

陈嚣不解地问："那君子为什么总是吃亏，小人为什么总是占便宜呢？"

秦昭王五十年，齐王建八年（前257）九月，韩非和李斯满怀欣喜地跑进荀子书斋来。李斯说："老师，邯郸得救了！邯郸得救了！"

原来赵国的丞相平原君带了二十名能文能武的勇士，亲自出使楚国去请求援救，和楚王歃血定盟。楚王令楚国的令尹春申君带领大军援救赵国。平原君的夫人是魏国大王的妹妹，她到魏国去请求援救，魏国的信陵君带领十万魏国军队也到了邯郸城下。楚国、魏国、赵国三兵合一，打败秦军，为邯郸解除了围困。[1]

荀子无比兴奋："好！好！岁不寒，无以知松柏；事不难，无以知君子。乱世之中，正要有敢于挺身而出、为民解难的英雄。"

十三、春申君请贤

楚国的丞相称令尹，令尹春申君黄歇，四十余岁，面目清秀，颌下留有楚人喜爱的长髯，身着红色华贵战袍，乘坐一辆由四匹紫红色高头大马拉着的豪华轩车，车后的大纛旗迎风飘展，尤显其威严精悍。

楚考烈王六年（前257）秋，楚国春申君、魏国信陵君率援军与赵国军队会合，在邯郸城下大败秦军。楚考烈王七年（前256），楚国令尹春申君又乘胜率领楚军北伐平灭鲁国，将鲁国收进楚国的版图。一个接一个的胜利使得楚国的将士士气高涨，欢呼雀跃。

一骠骑飞马来到春申君的轩车前禀报："小人探明，荀老夫子在齐国被弃置不用。"

---

[1] 《史记·赵世家》《平原君列传》《魏公子列传》均有记载。

春申君闻言欣喜，命卜尹大夫随他前往齐国，他要把列国著名大儒荀子请到楚国去。

君王后闻听楚国的令尹突来造访，有点摸不着头脑，不知他来想做什么。她让齐王建先去会见，叮嘱儿子，楚国是个大国，而且刚刚打败秦国接着又平灭鲁国，令尹亲自来访，不可小觑，一定要让我们的人都穿戴好一点，不要丢了齐国的脸面。

遵照君王后的敕命，接待春申君的齐国武士全部用上好的玳瑁簪挽上头发，手里拿着珠玉镶嵌的宝剑，整齐列队出迎。

不想春申君所带的数十名随从，穿的是清一色昂贵的珍珠做的鞋子，让陪同齐王建迎接的后胜暗自吃惊，低声对齐王建说："看，楚国随从的穿戴比我们贵重百倍！"

春申君已经来到眼前，齐王建不敢怠慢，大步迎上前去，向春申君拱手施礼，说道："楚国令尹亲临敝国，有失远迎，失敬失敬！"春申君礼貌地说他来得匆忙冒昧，失礼失礼。齐王建请春申君前行。春申君道，大王在此，黄歇怎敢造次？结果二人并肩进入王宫。

齐王建要按照楚国的习俗，以左为上。春申君则谦逊地遵从齐国的习俗，以右为上。

齐王建请春申君坐在右边。春申君连称不敢，说大王是一国之君，黄歇乃是一国之臣，大王礼应在右边就座。齐王建与春申君分宾主坐下。后胜和楚国的卜尹大夫也分宾主入座。

齐王建问春申君驾临齐国所为何事。春申君说齐国的稷下学宫在列国非常有名，黄歇由此路过，特来看上一看。

齐王建听春申君没有什么大事，不过是想看一看稷下学宫，便要陪其同去。春申君却说大王国事繁忙，不必陪同，他想自己到学宫随意走走。齐王建欣然同意，便让人立即通报学宫的祭酒荀子。

齐王建送春申君走出宫门，请春申君上车。春申君说，学宫近在咫尺，齐国的先王尊荀老夫子是最有学问的老师，黄歇拜访最有学问的老师，应当行弟子之礼，不能声势显赫。吩咐车马靠后，他要徒步而行。

春申君与卜尹大夫徒步行走在稷下学宫的大道上。豪华的文轩车空无一人，缓缓地跟在其后。

荀子闻知楚国令尹春申君造访，立即率韩非、李斯、陈嚣等弟子出门迎接。春申君远远望见荀子，急忙紧走几步，来到荀子面前，拱手施礼："黄歇专程前来拜见荀老夫子！"说完双膝跪地拜谒。

荀子急忙双手搀起："令尹不必如此，快快请起！"

春申君站起身来，欢喜地说："能见到列国中享有盛名的荀老夫子，黄歇三生有幸！"他介绍跟随在身后的卜尹大夫，说他是我们楚国颇有声望的上大夫。

卜尹上前恭敬地施礼跪拜。荀子将他搀起，热情地请春申君和卜尹进入宅院，来到书斋。

一进门春申君就看到书斋里堆满竹简的书架，不由得赞羡："啊！不愧是当今大儒，果然是学富五车！"

卜尹夸赞说："五车哪能拉得完？十车也拉不了！荀老夫子！这些都是您写的吗？"

荀子回说："荀况写的不多，多数是历代经典和儒、墨、道、法等百家著述。"

卜尹问："您是儒家，怎么还收藏百家的著述？"

荀子说："孔子曰，三人行必有我师也。百家著述乃人间精英之作，荀况岂可不读？"

"令尹！看见了吗？这才是大学问家的风范。"卜尹大夫手指竹简上的标签，"您看！像这样的古籍，我楚国的王家书库中也没有。"

春申君近前看去，惊讶道："啊，是是。"

卜尹大夫玩笑说："荀老夫子，这些书籍值多少钱呀？您给个价钱，让我们令尹把您的这些书籍全拉走吧！"

荀子微笑不语。

卜尹继续说："您不开价，那就是说它们是您的无价之宝，对吧？那就让我们令尹把您和您的书籍一起拉走！"

三人一同开怀大笑。

荀子请他们入座，春申君与荀子在几案两边对面坐下。卜尹、韩非、李斯、陈嚣在一旁陪坐。

荀子说："在秦军包围邯郸的大战之中，令尹亲率楚国精锐之师援救赵国，此种大仁大义之举，足见令尹的超人胆略。老夫敬佩，敬佩！"

"不敢当。"春申君说，"在最有学问的老师面前，黄歇只可做一个小学生。"

荀子说："学生者，学业之生。你未曾有学业，怎么能做学生呢？我一天也没有教过你，也不能妄称老师呀。"

春申君与众人又一次轻松欢笑。

春申君说："楚国是一个大国，曾经在列国中称雄一时，不幸后来因先君怀王受佞臣的欺骗，国都被秦军攻陷，宗庙被秦军烧毁，蒙受了奇耻大辱。而今的楚王，决心要重振楚国。黄歇今日来到稷下学宫登门拜访，乃是特意求教于荀老夫子。"

荀子问："我能为你们做些什么呢？"

春申君说："请荀老夫子指教，如何才能成为一个强国呢？"

荀子略略思索了一下，说："国家好比一把刚刚出炉的宝剑，不开刃，不磨快，连绳子也割不断。开了刃，磨快了，就可以杀牛削铁。国家也要有磨刀石。国家的磨刀石是什么呢？"

荀子把话停住，春申君热切地期盼教诲："请荀老夫子指教。"

"国家的磨刀石，就是礼义和法度。"荀子的话言简意赅。

春申君赞许地点头。

荀子接着说："人的命运在于如何对待自然，国家的命运在于如何对待礼义和法度。作为一国之君，昌明道德，慎用刑罚，就会国家太平，百姓安宁。"

春申君从来没有听到过这样的治国理论，兴奋地合掌："讲得好！"

卜尹大夫奉承说："真是太精辟了！"

荀子说："令尹问如何才能够强国吗？国家强盛的威力有三种：有道德之威力，有残暴之威力，有狂妄之威力。令尹，不知道您喜欢哪种威力呢？"

春申君回答："当然是道德之威力。"

荀子肯定地点头："对的。道德是法度的基石，只有以道德为本，法治才能奏效。如果只讲法度，不讲道德，单单借助于残暴之威，那百姓就只会畏惧于刑罚，心中无有道德，一有机会就会天下大乱。"

"是的。"春申君赞同地点头。

荀子继续深入解析："道德之威力是什么呢？就是礼义、谦让、忠信。国家能够强盛，不是靠人多的力量，而是靠忠信的力量。江山的稳固，不是靠地广的优势，而是靠注重修整国政。假如一个国家，尽是愚蠢的人管理贤能的人，贪污的人制约清廉的人，违法乱政的人挟制克己奉公的人，没有道德的人评判有道德的人，没有作为的人评判有作为的人，那将会是非颠倒，奸诈横行，国家有不灭亡之理吗？"

听了荀子的一番话，春申君十分激动："荀老夫子，您的话字字乃金石之言，落地有声，令人受益匪浅。黄歇有一言出口，不知当与不当？"

荀子说："请讲。"

春申君说："楚国大王广爱贤才，黄歇我府中有门客三千，但哪一个与荀老夫子也不能相提并论。而今楚国正在重振雄风之时，急切需用人才。假如请您到楚国去，不知老夫子意下如何？"

荀子沉默少顷，说："楚国我是去过的，那是二十年前的事情了。那里的山川秀丽，鱼米飘香，民风质朴，只是由于君王不听屈原大夫的忠告，遭了一场大难，伤了元气，一时难以恢复呀！"

卜尹大夫插言："荀老夫子，如今我楚国与二十年前大不相同了。如果没有自强于诸侯之林的决心，令尹绝不会长途跋涉率军援救赵国，与秦国结怨。也绝不会连续作战，挥师北伐，将鲁国平灭。"

荀子叹道："是呀，今日之楚国已非昔日可比。我很赞赏楚王和令尹的魄力。"

卜尹大夫又说："当今天下，齐国有孟尝君，赵国有平原君，魏国有信陵君，我楚国有春申君。四位君子喜爱贤士，列国驰名。今日我令尹亲自登门来请，足见喜爱贤士较他们更为之心切呀！"

荀子则说，假如离开齐国到楚国去，一要与我的弟子们商议，二也要请齐王谅解。

春申君深为理解："好吧，我们再住上几日，等待荀老夫子的回复。"说完站起身来，特意强调说，"荀老夫子！但愿不要让我们失望呀！"

卜尹大夫也说："荀老夫子！我们令尹此次远道而来，其真实目的，就是想把您和您的宝贵书籍一起拉到楚国。"三人再次畅怀大笑。

荀子、韩非、李斯和陈嚣送春申君和卜尹出门。春申君又一次诚恳地说："荀老夫子！黄歇翘首等待您的回音。"

荀子也诚恳点头："好吧！"

夜晚。荀子面对孤灯，在书斋静心深思。齐国民间的筝声传来，引起他几多哀愁，几多冥想。

第二天，他向韩非、李斯、陈嚣等弟子讲，他从秦国回到齐国的时候，满怀希冀。想在齐国的稷下学宫发扬并提升儒学，同时希望齐王能够实行他的主张，革新朝政，铲除邪恶，富国强兵，一统天下；让儒学从一种美好的社会理想走进现实，成为指导天下一统的大道正理。他在稷下学宫公开批评孟轲、批评诸子百家中非常有名气的十二子，匡正天下学问。同时又吸收它们的有益之处，丰富儒学。他提出法后王以树立君王的权威；又提出用礼义和法制结合治国，王道和霸道并举，希冀将齐国引向一统天下的路径。可是，如今想来好像是做了一场梦，一场惊心的梦，一场让他伤心的梦。

荀子说，不过，在齐国几年的努力并没有枉费时光，使得他明晰了许多事情，悟出了许多的道理。而今诸侯争霸，百家争论不休，未来将是一个什么样子，谁也说不清楚，谁也说服不了谁。他写下两篇文章，一篇叫《王制》，一篇叫《王霸》，回答了如何实现天下一统，一统之后的国家应当实行什么样的政策，对未来社会的基本形态做出一个全面的描绘。

他说，早期的儒家，倡导用礼仪治理国家；早期的法家倡导用严峻的法律治理国家。儒法两家相互对立，相互攻击。其实，儒家和法家，两家的理论各有长短，但也都不那么完善。礼治的长处是，使用道德教化的方法，让人自觉服从，这种办法是从思想教育入手，比较温和，容易被人接受，有利于国家的长治久安。但是这种办法靠的是个人自觉，假如不自觉怎么办？违背了礼义怎么办？儒家没有很好的办法。所以，法家就嘲笑儒家无能，认为还是法家主张的严格执法，对违法者严加惩办的治国方法好。

孔子是坚定地主张"礼治"的。孔子说："道之以政，齐之以刑，民免而无耻；道之以德，齐之以礼，有耻且格。"① 孔子认为用行政命令和严刑峻法来管制百姓，那百姓就只会避免犯罪而不会有廉耻之心；用道德和礼义来教化百姓，百姓则不仅会知廉耻还会有归附之心。

而荀子则认为，"不教而诛，则刑繁而邪不胜；教而不诛，则奸民不惩。"② 就是说，假如不进行教育就惩罚，即使你使用的刑法再多，邪恶的事情依然还会很多。但是，假如单纯依靠教育，不进行惩罚，坏人就得不到惩戒。所以，他把"礼"与"法"一并提出。"礼"的作用是"化"，"法"和"刑"的作用是"治"与"禁"，两相结合，相得益彰，互为补充，改变人恶的本性，使人走向善良，使天下走向大治。

所以，他把治国的理念概括为一句话："治之经，礼与刑。"③ 治国的基本方法就是两条，一条是礼，一条是刑。

但是，讲礼治和法治结合并用，并不是像一加一那样对等，而是有所侧重。"礼者，法之大分，类之纲纪也。"④ 就是说，礼义是制定法律的准则，是制定各种条例规范的总纲。

荀子告诉弟子们，"有乱君，无乱国；有治人，无治法。"⑤ 推行礼法结合来治理国家是需要人来做的。有使国家混乱的君主，没有注定要混乱的国家。有能把国家治理好的人，没有能够自动治理好国家的法。法律不能单独地起作用，条律也不能自动生效。有了善于治国的人，法

① 《论语·为政》。
② 《荀子·富国》。
③ 《荀子·成相》。
④ 《荀子·礼论》。
⑤ 《荀子·君道》。

律就存在；失去善于治国的人，法律就不存在。所以，"法者，治之端也；君子者，治之原也。"①

君主在治国道路的选择上具有决定性的作用。国家，是天下最有力的工具；君主，处于天下最有权势的地位。如果能够用正确的政治原则去治理国家，国家就会大安定，大荣耀，成为一切美好的源泉；如果选错了道路，不能够用正确的政治原则去治理国家，国家就会有大危险，大灾难。危乱发展到极点，君主即使想做个平民百姓也不可能，齐湣王、宋献公就是这样。

"故用国者，义立而王，信立而霸，权谋立而亡。"② 这三者，是贤明的君主必须慎重选择的，也是仁人一定要弄明白的。

但是，以前的儒家不赞同霸道。孔子几乎不谈霸道，孟子坚决反对霸道，认为"五霸"是"三王"的罪人。而荀子却认为，应当既重视道义追求，又重视现实功利，所以将王道与霸道一并给予肯定。

说到这些，荀子感慨万千，满怀深情地说道：国家，是天下最大的器物，沉重的担子，不可不妥善地选择一个合适的地方安置它，安置在险恶的地方就危险；不可不选择一条合适的道路前行，如果道路荒芜、杂草丛生就会阻塞不通；危险、阻塞，国家就会灭亡。所谓安置国家，并非指立疆划界，而是指遵行什么样的道路、和什么样的人一同走。行王者之法，和奉行王道的人一同去治理国家，就能称王天下；遵行霸者的办法，和奉行霸道的人去治理国家，就能称霸诸侯；遵行亡国的办法，和奉行亡国之道的人去治理国家，就会亡国。此三者，是贤明的君主必须要谨慎选择的，也是讲究仁德的人一定要弄明白的。

荀子最后总结出一句话："粹而王，驳而霸，无一焉而亡。"③ 纯粹地实行礼法治国之道，就能够称王天下；驳杂地实行礼法治国之道，就能称霸诸侯；一点也做不到的就会灭亡。

他在文章《王霸》里面，告诫那些当权的君主，"国危则无乐君，

① 《荀子·君道》。
② 《荀子·王霸》。
③ 《荀子·强国》。

国安则无忧民。"批评当今的君主急于追求享乐而不用心治理国家，这岂不是太过分了吗？一心享受各种欢乐，岂不是太可悲吗？那些极力追求享乐的君主，可知道最美丽的颜色、最悦耳的音乐、最好吃的美味、最美好的气味、最大的安逸，在哪里？各种快乐的事情，产生于治理好的国家；忧虑祸患，产生于危乱的国家。急于追求享乐而后才想治国的人，是不懂得什么叫享乐的人。贤明的君主，必定要先治理好国家，然后才能得到各种快乐。而糊涂的君主，必定会迫不及待地追求享乐而后才想治国，所以忧虑祸患就多得不可胜数，一直要到身死国亡，而后才会停止。准备用各种办法去求得快乐，却得到了忧虑；准备用各种办法去求得安定，却得到了危险；准备用各种办法去求得幸福，却得到了死亡；这难道不可悲吗？唉呀！手握大权的君主呀，该思考一下这些话了！

荀子告诉弟子们，上面的这些话，他对齐王和君王后都讲过，他们起初还听一些，后来就相信逸言，一句也听不进去。如今齐国的掌权者既不行义也不行霸，只图暂时苟安，未来的命运会是什么呢？他对齐国有过希望，有过情感，还做过不小的努力，可是如今已经完全失望。因此，他决定接受楚国令尹春申君的邀请，到楚国去。弟子们如果愿意跟随去楚国的，可以随他走。不想去楚国的可以自便。

弟子们听了荀子的讲解，对老师更加敬佩。他们说，荀子提出的礼法治国、王霸并举，是把孔子飘荡在天空的儒学拉回到地上，给它增添了两条坚实的腿脚，让儒学昂首阔步走进社会，指导天下。只可惜老师的真诚努力，被那位独霸朝政的君王后当作害国的祸水；把正确的治国之道，看作是歪理邪说，怎能不让老师伤心。

陈嚣说，那位君王后和老师本来就不是一路人。老师想的是远，她想的是近；老师想的是人，她想得是己；老师想的是一统天下，她想的是苟且偷安。常言说，人挪活，树挪死。老师的主张这么好，此处行不通就到别处去。既然楚国的令尹诚心来请，就应该往楚国去。[1]

---

[1] 《史记·孟子荀卿列传》记载："齐人或谗荀卿，荀卿乃适楚。"

十四、无奈之计

是不是跟随老师到楚国去，在荀子的弟子中生出不小的波澜。思虑最多的是韩非。

李斯和陈嚣看见韩非一个人在学宫的湖边低头沉思，便走过来问他想什么，韩非没有回答。李斯揭穿韩非的心事，说他一心想的是他的韩国。

韩非没有否认，也没有肯定。

李斯像洞察一切的高士，直抒其论，说韩非是韩国的贵公子，时时刻刻想报效他的韩国。看到长平大战之前韩国的城池连连被秦国占去，长平大战之后，秦国虽然被楚国、魏国、赵国的联合大军打败了，可仍然欺辱韩国，又夺走了韩国的阳城和负黍两座城。因此整日为韩国的前途忧愁。

李斯说得对，韩非只好承认，点头。

李斯又进一步侃侃而谈："韩非，你是我的师兄，你跟随老师学得比我好，老师总夸奖你写的文章，夸奖得我心里都有点妒忌。可你的文采，我这个做师弟的也不能不佩服。不过，在韩国这件事情上，我以为你错了。你总是被你那个半死不活的韩国所困扰。这一点如果你想不明白，将来你迟早要吃亏的。"

韩非结结巴巴说："是……是的，我总……总以为，我是韩国人，韩国连连败北，逐年衰弱，让我时时有一种负罪的感觉。"

李斯断言："以我看，在弱肉强食的今天，韩国的衰弱势在必然。不仅今日丧失国土，明日还会亡国。"

李斯故意做了一个停顿，看了看韩非。韩非显然与李斯有同感，因此心情更加沉重。李斯接下去说："我以为，贤士无国度，哪里能施展才华，哪里就是家。像你这样年轻又有才华的学子，不值得去为韩国的衰弱而忧心忡忡。倒是应该盘算自己，待到学业完成之后，到哪个国家能展示你的才华？"

陈嚣问韩非，老师去楚国，你跟老师去吗？韩非没有说话。李斯替韩非做了回答："不用问，他肯定是回韩国。"

陈嚣问韩非："师兄，李斯师兄说的对吗？"

韩非并不否认。他说："李……李斯师弟也许是对的。一……一个学子，应当选择到能够展示自己才华的地方去。不过，我陷入故土之情，难以自拔。我舍不得生我养我的国家。实话告诉你们，如今我正在考虑什么时候告辞老师，回韩国去。"

陈嚣吃惊："真的？！"

韩非回答："真的，我想很快回到韩国去。"

陈嚣有点急了："你，你到那里去干什么？"

李斯也生气："韩非兄，你为什么这样不明智？难道你认为你能救得了韩国吗？难道你愿意为韩国去殉葬吗？"

韩非有些激动："商……商汤和文……文王都是仅仅……有不满百里的国土而称王于天下。如……如今韩国有九百里疆土，甲兵三十万，为……为什么就不能重振社稷？为什么就不能称霸诸侯？"

李斯质问："韩非兄，如今韩国的国土被秦、赵、魏等国连连割去，还有九百里吗？"

韩非坚持说："没……没有九百里，也……也远多于商汤的国土。韩国之所以衰弱，并不在于国土的多少。主……主要是权臣当道，法制不明，用人不当，内政混乱，外失措施，才倍受屈辱。如……如果国家的一切都以法为准绳，君王只需要依法去衡量是非，即……即便是一个中等水平的君王，也可以治理好国家。"

"你这种想法，不像是荀老师的弟子，倒像是一个村妇！"李斯手指韩非说，"你知道吗？学生离开老师，就意味着对老师的背叛！"

韩非不以为然："老……老师到处寻找一统天下的圣王，圣……圣王在哪里？老……老师期盼于齐国，齐国把老师看作是搅乱齐国的奸人。其他五……五国呢？哪一个是圣王？秦……秦国吞并六国的野心很大，你愿……愿意去帮助强盗似的秦国吗？"

李斯狠狠地说："去帮助强盗似的秦国，也比帮助死尸般的韩国强百倍！"

韩非生气了："那……那你……你就去帮助强盗吧！"

三人不欢而散。

第二天，三人在稷下学宫的湖中划船。游玩中依然议论荀子往楚国去的事情。

陈嚣问李斯："师兄，你是楚国人，你说楚王能比齐王好吗？"

陈嚣说话的时候忘记了手中的船桨，小船撞到湖岸上，摇晃不止，韩非吓得惊叫："哎呀，船……船翻了！"

李斯急忙划桨，把船向后退。待小船在湖面上平稳下来，李斯极有兴致地向他们分析当今的楚国。

今日的楚国实际是春申君执掌大权。楚国人传说，在楚国只知有春申君而不知有楚王。为什么会是这样呢？

春申君名叫黄歇，是楚国江夏人（今武汉市江夏区），年轻的时候曾四处拜师游学，见识广博。他明智忠信，宽厚爱人，辩才出众，深得楚顷襄王的赏识。秦昭王三十四年（前273），秦昭王派大将白起打败韩国和魏国后，准备联合韩、魏两国共同讨伐楚国。还没有出兵，楚顷襄王派的使臣春申君到了。他竟然说服秦昭王，不但不让白起出征楚国，还给楚国送去厚礼，与楚国结盟。两国结盟，黄歇和太子熊完作为人质来到秦国。二人在秦国一同住了十年。楚顷襄王病重，秦国却不同意太子回国探病。太子熊完平日和秦国丞相范雎交好，于是黄歇去找范雎，说楚顷襄王可能会一病不起，如果秦国能放太子回去，太子即位后必然会感激秦国，努力维护和秦国的友好关系；如果不放太子回去，楚国会另立太子，秦和楚的关系就会破裂，这实在不是一个好计谋呀！范雎将黄歇的意思转达给秦昭王，秦昭王同意让太子熊完的师傅先回去探问一下，回来以后再商议。黄歇觉得，如果楚顷襄王真的不幸去世，而太子又不在楚国的话，把持楚国朝政的王室宗亲必定会把自己的儿子立为新太子，这样，太子熊完就不能继承王位了。于是，黄歇让熊完换了衣服扮成楚国使臣的车夫离开秦国，他自己在馆舍守候，有人拜访，以太子生病为由把来访者谢绝。等到太子熊完走远了，估计秦国没办法再追赶的时候，黄歇去见秦昭王，说太子已经回国走远了，黄歇该当死罪，请大王将我赐死吧！秦昭王闻言大怒，想听任黄歇自裁。范雎劝道，熊完即位后，必定重用黄歇，不如让黄歇回去，以表示秦国的亲善。秦昭王听从了范雎的意见，放黄歇回归楚国。

黄歇回到楚国三个月，楚顷襄王下世，太子熊完即位，他就是楚考烈王。楚考烈王元年（前262），任命黄歇为令尹，封为春申君，赐给淮北十二县的封地。令尹入治民政，出为将帅，掌握了全国的军政大权，楚国朝中大小事情都由春申君掌管。春申君做楚国令尹的第三年，秦国攻破赵国长平，俘虏四十多万赵军。第六年，赵国都城邯郸被秦军包围，邯郸向楚国告急，春申君亲自领兵救援赵国，解除了邯郸之围。第七年春申君黄歇向北征伐，灭掉鲁国。如今又雄心勃勃来请荀子到楚国去。①

陈嚣感叹："啊！春申君这个人还真有本领啊！"

李斯说："当然！春申君是一个非常贤良的令尹，他尊重有才能的人。他和齐国的孟尝君，赵国的平原君，魏国的信陵君竞相礼贤下士，被称为战国四君子，府中有门客三千人，在四君子里最多。"

陈嚣高兴地说："老师就喜欢这样的人！"

李斯讲得更肯定："老师若是到了楚国，一定会如鱼得水，实现他帮助圣王平灭六国，一统天下的宏愿。"

十五、别了，齐国

春申君到太后宫去拜见君王后，让随从把楚国精致的璧玉一双和黄金三千两，赠送与太后。君王后故作惊讶："啊呀，何必带这么多礼物

---

① 见《史记·春申君列传》。

呢？既然带来了，本宫就只好收下啦！"

春申君向君王后讲明想请荀子到楚国去的。君王后已经听说荀子疯了，真疯也罢，假疯也可，面对楚国的令尹，她要显示爱惜贤才的风度，依然强调荀子是齐国稷下学宫的祭酒，大王的老师，齐国的珍宝，不能让荀子离开齐国。春申君则意愿坚定，说只要允许荀子到楚国去，楚国可以送齐国万两黄金。

君王后矜持一笑："哎呀呀！令尹，你这样岂不是让我卖人吗？"

春申君解释："黄歇是出于对荀老夫子的尊重。假如万两黄金太少，可以再把靠近齐国的两座边城奉送给你们！"

君王后哈哈大笑："看来令尹不是一个商人。你要知道，你越是出的价钱高，就越是买不到的。"

春申君见这位太后如此心口不一，便说道："太后！楚国新近灭掉了鲁国，你知道吗？"

君王后点头："知道。"

春申君郑重道："我们灭掉鲁国之后，国土就与齐国南北相连了。假如您让荀老夫子到楚国去，以后楚齐两国就是友好邻邦。假如您不让荀老夫子到楚国去，咱们两国就会因此结下仇怨，便很难和睦相处了。"

"真的吗？"君王后问。

春申君回说："那是自然。"

君王后也郑重地说："令尹！我们齐国曾经是五霸之首，可是不怕人恫吓的。"

"太后！我们楚国也曾经是五霸之首，不过那都是过去了，无须再提。"春申君把话语缓和下来，"当前，黄歇只想与齐国修好，和睦相处，不愿结下冤仇。难道太后您愿意结怨吗？"

君王后也缓和地说："我们齐国对人一向是友善的。"

"那好呀！您只要同意让荀老夫子到楚国去，以后太后您之所求，黄歇都会尽力满足。"春申君做出保证。

君王后还想说什么。春申君紧接着说："我知道，你们齐国人才济济，像荀老夫子这样的大儒多得很。荀老夫子在齐国多年，也愿意出去走走。为了楚齐两国邦交的情谊，您是不会吝惜的。"

"令尹，你呀，你呀！本宫实在是佩服你。"君王后接过春申君的话来，"我知道，当年你陪同楚国的太子在秦国做人质，曾经舍下性命送太子回国，连秦王都拿你没有办法。好吧！既然一个愿意请，一个愿意去，我就看在令尹的面上，为了两国邦交的情谊，送一个顺水人情，让他随你走吧！"

春申君出了太后宫便到荀子书斋去，兴奋地对荀子说："老夫子！齐国的太后好厉害呀！不过，黄歇我已经与她讲好，她放你走了。"

闻言，荀子一阵轻松。春申君问荀子何时起程？荀子想了想，说："待我与大王和太后辞别之后吧！"

春申君劝荀子不要再去辞别。他看太后这个人，言不由衷，担心再生枝节。荀子则说，她可以不仁，我不可无义，礼义总是不可少。

荀子走进太后宫来，君王后与齐王建正在玩耍投壶游戏。荀子看见心头不悦，但依然遵照礼仪向齐王和太后施礼。君王后这才停下手中投壶用的矢子，故作惊讶："啊，荀老夫子来了，少礼，坐下吧！"

荀子没有坐下，站着说道："荀况要到楚国去讲学，特来向太后和大王辞行。"

君王后一边投壶，一边明知故问："是楚国令尹春申君请你去的吗？"

荀子回复："是的。"

君王后假意客气："你是列国中知名的大学者，楚国请你去，本宫也不好阻拦……"

听到君王后不阻拦的话，荀子立即拜谢要走。君王后顺口又问："此一去，什么时候再回来？"

荀子一时不知如何回答。君王后不等回话，走到荀子面前，郑重地说："我说过，你虽然是赵国人，可你是在齐国的稷下学宫成就了学业，名扬于天下，走到哪里也不能忘了齐国。是吧？"

荀子真诚答道："是。"

"你不仅不能忘记齐国，还应当想着齐国对你的好处，不能与齐国为敌！"君王后特意把语气加重，做了一个长时间的停顿，"你已经做了稷下学宫三次祭酒，我还等你第四次再做稷下学宫的祭酒！"

丞相田单听说荀子已经向齐王和太后辞行，热泪盈眶，心伤不已。他疾步来到荀子书斋，紧紧地握着荀子的双手，久久说不出话语："老夫子！我田单对不起您，对不起您呀！我没有能够听从您的教导，劝说太后和大王援救赵国，也没有能够劝说太后和大王留住老夫子！"

荀子激动地说："田相国！不要说这些了。"

"要说，要说！"田单难以抑制内心的冲动，"您为了齐国，呕心沥血，想要齐国兴旺昌盛，想要齐国一统天下，可是太后不解您的心。田单我很知道您用心良苦，却无能为力。"

荀子理解田单，却想不出安慰他的话语。

田单继续激动地说道："不错，我曾经为齐国出生入死，为齐国的中兴立下大功，可我终究是一个臣子，一个只可以遵照大王的旨意行事，不可以按照自己的意愿行事的臣子。我生在齐国，长在齐国，将热血流在齐国，我和齐国生死与共。假如我和老夫子您一样，我也愿意离开这个女主专权的国家，到别处去施展自己的才能。可是，我不能，我不能呀！"

韩非走进荀子的书斋，荀子抚摸着韩非的双肩，亲切地说："韩非，你是我最为得意的弟子，为师对你抱有厚望。人各有志，你愿意回到你的故国，就回去吧！老师知道你的心。"

韩非愧疚地说："学生领受老师多年教诲，却无以报答……"

荀子打断韩非的话："为师不图什么报答。我常说，青，取之于蓝，而青于蓝；冰，水为之，而寒于水。只望你回到韩国，能像当年申不害辅佐韩昭侯那样，改革变法，内修政教，外御强敌。申不害当年只注重权术的作用，而不懂得道德和才能的力量，他失败了。希望你能吸取前人的教训，成就一番大业！"

韩非久久望着荀子，热泪盈眶，哽咽着说："谢谢老师！……当今之世，只有老师最知韩非的心！"

荀子又诚恳嘱咐道："不过，我还要告诫你。君子能够做到品德尊贵，并不能使人一定尊贵自己；能够做到真诚可信，并不能使人必定相信自己；能够成为可用的人才，并不能使人一定任用自己。所以，君子耻于不修养品德，而不耻于被别人污蔑；耻于自己失却信义，而不耻于不被信任；耻于自己没有才能，而不耻于不被任用。你回到韩国，不要受荣誉的诱惑，也不要被诽谤所吓倒。要循道而行，端然正己，不为那些外界事物所动摇，这才是正确的君子之道。《诗经》上说，'温和谦恭，德行之基。'说的就是这个道理。"

韩非伏地拜谢荀子，而后起身走出书斋。

淳于越等青年学子设宴为荀子的弟子送行，李斯带着醉意由陈嚣搀扶回到住所，他望见韩非就说："韩师兄！哎呀，你没有去，那些学子们一个一个真讲情义，都舍不得老师和我们走，用大杯子灌我们两个。陈嚣师弟不喝，酒都叫我一个人喝了！哈哈！真够意思！真够意思！"

韩非上前去想搀李斯坐下，李斯不坐，继续说："哎呀师兄，你没有去。那个场面你没有看见，真叫人感动，真是叫人感动！"

韩非见李斯站立不稳，便和陈嚣一同把李斯搀扶到卧榻上，李斯还在说醉话："师兄！你要是去了多好，你真的该去，该去……"说着话就睡着了。

荀子准备启程了，韩非和李斯、陈嚣匆匆帮助老师整理行装。陈嚣又特别帮韩非把沉重的书简背走，装在院子里的马车上。

荀子带着韩非、李斯、陈嚣特意走进稷下学宫的讲堂，向这座神圣的讲堂告别。荀子无声无息地独自走向讲坛，韩非、李斯与陈嚣远远地站在下面。

荀子在讲坛站定，许多感慨一下子涌上心头。多少年来，在这个神圣的讲坛上，曾经有过许多大师发表了振聋发聩的演讲，使他受到丰厚的教益；在这个讲坛上，他也曾无数次发表过真知灼见，让学者们敬佩；尤其是七年前他从秦国回到齐国，在这里首讲人之性恶，引起了一场激烈的辩论；孟子弟子们吵闹着不与他这个反对先师的人为伍，愤然要离开稷下学宫，他毫不畏惧地站在孟子弟子们面前慷慨演讲；而后，他又与反对革新朝政的太史敫等元老和极力维护自身利益的庸臣斗法，所有这些，似一幅幅清晰的画面闪现在眼前。

在秦国，他经受了秦昭王对儒学的轻蔑。回到齐国，他满怀信心要挽救儒学被抛弃的厄运，希望通过在稷下学宫与墨家、法家、道家等众多学派论战，以人之性恶为基点，将儒学从空谈引入现实；以礼法结合、王霸并用的崭新思维，帮助齐国成为华夏第一强国，一统天下。可是，他的新思维竟然被污蔑为歪理邪说，让他在齐国无立锥之地……

想到这里，荀子叹息一声，万千思绪，归结为一句话："稷下学宫，荀况与你告别了！"

他心中含着隐痛，眼中闪烁着泪花，默默自语："过去，荀况曾经多次与你告别，可从来不像今天这样心伤！这次回来，我多么想在齐国进行一场变革，以实现我的治世主张，实现我对儒学的创新。可是不行，不行啊！"

春申君、荀子上车，韩非、李斯、陈嚣等弟子跟随车马步行。春申君带来的卫士前后护卫着，形成了一列长长的队伍，缓缓地走出临淄城的稷门。稷下学宫的先生学士，田单和齐国的官员，一齐跟随在后面依依不舍地送行，一直送到稷门之外。

荀子被长长的送行队伍所感动，他让轩车停下来，站立在车上激动地向送行的先生、学士、官员拱手施礼："诸位请留步！荀况感谢田相国，感谢诸位先生学士和齐国的官员前来送行。我们大家共处一场，难能可贵。几年来，我们虽然有过争吵，有过分歧，可我们终究还是朋友。荀况今天走了，我会想念你们，想念稷下学宫，想念这里的一切。在此分别之际，我忽然想起了《诗经》里的一首歌，愿意唱给大家一听。"

荀子站在车上面向众人高声唱道：

（《诗经·小雅·鹤鸣》的原文）	（译文）
鹤鸣于九皋，	鹤鸣沼泽边，
声闻于天。	声闻于天。
鱼在于渚，	鱼游水泊，

或潜在渊。
乐彼之园，
爰有树檀，
其下维榖。
它山之石，
可以攻玉。

或潜深渊。
可爱之园，
生长紫檀，
落叶翩翩。
它山之石，
可以攻玉。

中卷　地之途

第四章

天论

天行有常，不为尧存，不为桀亡。

——荀子《天论》

一、荀子至楚

楚考烈王八年（前 255）秋，荀子跟随令尹春申君从齐国都城临淄长途跋涉，千里奔波，来到楚国的都城"郢陈"（今河南淮阳）。

只见郢陈的城门外，鼓乐鸣奏，武士整齐列队侍立两边，歌女舞姿翩翩，声势浩大的迎接队伍欢迎荀子到来。

楚人崇拜太阳，自认为是太阳神的后代，所以，将东门视为正门，修得特别雄伟高大。楚人崇尚红色，以穿红色为贵。楚考烈王身穿红袍，走出城门，亲自迎接荀子。

荀子在城门外下车，楚考烈王走上前去，拱手施礼。荀子紧走几步，首先施礼参拜。弟子李斯、陈嚣等也跪拜楚王。楚考烈王急忙搀起："啊，老夫子！不必拘礼。"

春申君向荀子介绍说:"荀老夫子!东门乃是楚国的正阳之门。大王特意请老夫子从东门而入,并亲自来到东门迎接您这位高贵的客人,请您前行!"

荀子谦恭地说:"荀况感谢大王!请大王与令尹前行!"

楚考烈王拉过荀子的手:"来来来,你我并肩而行!"他手拉荀子一同走进城门。

楚考烈王在王宫里摆下盛宴,欢迎荀子。他亲自为荀子斟酒:"荀老夫子,楚国的美酒最香,楚国的女子最美,你今日来到楚国来,寡人与你一同欣赏美女,畅饮美酒!"

荀子端起酒来恭敬地说:"谢大王!"

舞女在音乐声中跳着富有楚国风情的舞蹈。

编钟鸣奏的声音吸引了荀子的注意:"君上!楚国的编钟在列国之中甚为出色呀!"他循声走到编钟近旁,欣赏观看,连声称好。

荀子点头称赞:"嗯!它是一种品格,一种胆识,一种威严。是当年楚王要与周天子分庭抗礼的显示。"

春申君进一步说:"如今它是我楚国要一统天下的显示。"

荀子称赞说:"好!愿楚国宛如此钟,重振雄风!"

殿角陪酒的文武官员窃窃私语,说:"荀老夫子是当今列国最负盛名的大儒!""看面相就是一位有学问的大贵人!"

李斯与陈嚣在贵宾席上就座。李斯向陈嚣耳语:"今日,楚王请老师和我们从都城的东门进入,以国宾大礼迎接老师,可见楚王对老师的崇敬之心呀!你听,如今演奏的是祭祀东皇的正舞曲子,这是只有迎接贵宾才用的。"

陈嚣感叹:"楚王对老师真够尊重的。"

百官们继续纷纷议论:"以后荀老夫子还走不走呀?""谁知道呢?像这样高贵的大儒,能见上一面也是三生有幸呀!"

卜尹大夫走过来。一个大夫忙问他:"哎,卜尹大夫!荀老夫子是你请来的吧?"

"当然是我啦!"卜尹不无得意,"我给楚国请来了一位神仙!"

那位大夫伸出大拇指："哎呀！你可是为楚国立下了大功劳！"

卜尹不无骄傲："我等皆是楚国的贵族，楚国是我们的呀！我等不为楚国效力，还有哪个呢？"众人都说卜尹说得对，关切地问："卜尹，荀老夫子还走不走呀？"卜尹大夫回答："不走啦！大王和令尹把他留在楚国啦！""好！好！你给楚国办了一件大好事，功劳可以和令尹援助赵国、平灭鲁国的胜利相提并论！"他们用最好的词语来夸奖卜尹大夫。卜尹反而谦虚起来："哪里哪里，鄙人不过仅仅为国尽了一点点微薄之力！"欢喜地让大家吃酒，与众人一一碰杯。

楚王没有多饮酒，他听春申君说过荀子对楚国的重要，一心想把荀子留在楚国，便谦卑地说："荀老夫子，你是当今天下的圣人，而今楚国一不缺物，二不缺财，缺少的是像你这样的圣人。寡人想请你以上卿之位助寡人治理国政，你看可以吗？"

荀子诚恳地回答："君上！华夏战乱数百年，百姓贫苦不得安宁。荀况来到楚国别无所求，只愿助楚国富强起来，日后能平息战乱，一统华夏。"

"好哇！"楚王对荀子的回答十分满意，"荀老夫子，你一句话便说到寡人的心上。当今天下，都说秦国最强。秦国有我楚国这样大的疆土吗？秦国有我楚国这样的富庶吗？我楚国的先祖在庄王的时候曾经是五霸之首，在怀王的时候当过六国合纵的纵约长。寡人要继先祖大业，和那西陲秦国较量较量，决一雌雄！"

荀子赞许："好！"

楚王继而又夸下海口："寡人要让天下六国诸侯向我楚国称臣！"

荀子连连点头。

楚王向春申君说："令尹！先祖昭王把卜尹观射父当作是第一国宝。而今，寡人有了列国著名大儒荀老夫子，他就是寡人的第一国宝。"

春申君附和："对！"

楚王兴奋有加："荀老夫子！如今楚国的喜事接踵而来。前年，令尹率兵援助赵国，在邯郸城外大败秦国；去年又率兵平灭鲁国，今年你这位有名的大儒又大驾光临，助寡人一统天下。这么多的大喜事，一齐降临到寡人的头上，此乃天降福祉，天降福祉呀！"他回头呼唤卜尹大夫，命他选择吉日，行望祭大礼，他要拜谢天地。卜尹俯首听命。

荀子疑惑地问："君上！您要为这些事情行祭祀大礼吗？"

楚王理所当然地回答："征战胜利，壮我国威；获得国宝，为寡人增光。天降福祉于寡人，寡人岂可辜负天地神明？"

荀子说："而今并非祭祀时节。"

楚王说："哎！祭祀，昭孝息民，抚国家，定百姓。自王公以下至于百姓，哪个敢于不恭敬天帝？寡人既然得福于上苍，一定要感谢天帝的大恩大德！"

荀子茫然，不知如何接应楚王的话。

楚王再次敕命卜尹大夫从速选择吉日，行望祭大礼。

卜尹大夫听到荀子对行望祭大礼的怀疑，心中暗自一惊。听到楚王再次敕命，他特意看了荀子一眼，见荀子没有反应，便应声"臣遵旨"退下。

吉日已到。淮水岸边，武士们手持屠刀成百头地杀牛，宰羊，屠猪。鲜血流淌，染红了河水。广阔的原野上筑起了巍巍祭坛。祭坛上摆着铜鼎等祭器，祭坛两侧摆满供品，陈列着牛、羊、猪三牲，生鱼、五谷粮食，美酒和各种果品。

祭坛前边竖立着数面红色大鼓，整齐地排列着浩大的宫廷乐队。他们的身后是一排铜钟和编磬。乐工手执瑟、琴、芋、篪、排箫等数十种乐器奏乐。

旌旗飘扬，鼓声雷动。成行成队的勇男，手执板楯与铜戚，踏着鼓声的节奏跳着周武王克商之后所作的舞蹈舞干戚。

淮水岸边，身穿华丽彩衣的女巫，手拿雉鸟的羽毛，面向淮水跳着舞蹈，唱着祭祀天神的巫歌《东皇太一》。

（原文）	（译文）
吉日兮辰良，	吉日兮辰良，
穆将愉兮上皇。	敬仰你兮上皇。

抚长剑兮玉珥，　　　　　抚长剑兮玉环，
璆锵鸣兮琳琅。　　　　　佩玉响兮琳琅。

瑶席兮玉瑱，　　　　　　瑶席兮玉瑱，
盍将把兮琼芳。　　　　　集鲜花兮琼芳。
蕙有蒸兮兰藉。　　　　　肘肉蒸兮蕙裹，
奠桂酒兮椒浆，　　　　　奠桂酒兮椒浆。
扬枹兮拊鼓，　　　　　　扬棰兮击鼓，
疏缓节兮安歌，　　　　　节奏疏缓兮安歌，
陈竽瑟兮浩倡。　　　　　弹竽瑟兮浩唱。

灵偃蹇兮姣服，　　　　　巫女舞兮娇艳，
芳菲菲兮满堂。　　　　　芳菲菲兮满堂。
五音兮繁会，　　　　　　五音兮繁会，
君欣欣兮乐康。　　　　　君欣欣兮乐康。

　　楚人喜欢歌舞，往往是一人唱，数千人和。如今远远站在四周观看楚王行望祭大礼的百姓也跟随女巫唱和起来，歌声响彻云霄。

　　王宫的仪仗隆重出动，向淮水岸边缓缓走来。楚王的车舆在祭坛的远处停下，楚王下车徒步走过来。春申君、荀子也下车跟随楚王向淮水岸边走来。李斯与陈嚣跟随荀子走来。

　　陈嚣看着这壮观的场面低声问李斯："师兄！你是楚国人，楚国的祭祀为何这样奢华呀？"

　　李斯解释说："楚人与中原人不同，特别注重祭祀，这是楚人的民风。你们魏国没有祭祀吗？"

　　陈嚣说："有。不过仅在节日举行，不这样随心所欲，想什么时候就什么时候，更没有这样奢华。"

　　李斯辩解："这是楚国大王祭天，当然要格外隆重了！"

　　陈嚣问："现在唱的是什么歌？"

李斯说："这是屈原《九歌》中的一首《东皇太一》，用来迎接天帝的。"

陈嚣问："《九歌》是屈原写的吗？"

李斯解释："《九歌》是民间的巫歌，古来就有，不过词语粗俗。经屈原改写之后，词语文雅秀美，连王宫祭祀也喜欢用了！"

祭祀开始了。卜尹身穿大巫师的盛装，登上祭坛。

陈嚣吃惊："啊？卜尹大夫是大巫师？"

李斯说："在楚国，卜尹大夫的职责就是主管祭祀。不要轻看这个官职。大巫师既代表人向神祈求护佑，又代表神传达训词。所以，他可以参与朝廷的决策。当年楚昭王就把卜尹观射父看作是第一国宝，什么事情都和他商量。"

陈嚣望见卜尹在祭坛上高声宣呼："阳光普照，良辰吉祥，山川喜庆，天帝福降，大王祭祀，感谢上苍！尚飨！"

楚王缓步登上祭坛。卜尹高喊："跪！"

楚王下跪。

卜尹高喊："拜！"

楚王拱手施礼。

卜尹高喊："叩首！"

楚王伏地叩头。

在楚王登坛行礼之时，卜尹在祭坛上不断暗暗地观察荀子的表现。荀子与春申君并肩站在祭坛下面，文武百官站在春申君的后面，随着楚王一同跪拜。荀子不时地微皱双眉。

祭祀仪式结束。女巫们唱着送神的歌，继续跳着舞着。

宫人将红色的毡子铺在祭坛下面，楚王、春申君、荀子、卜尹席地坐下饮酒。李斯、陈嚣与楚国的文武大臣也在淮河岸边席地坐下，三五成群，欢乐饮酒。

楚王举起酒爵欢喜地说："今日寡人行望祭大礼，感谢天地降福。荀老夫子！上天把你这位在列国闻名的大儒送到寡人的身边，你是寡人的第一国宝，寡人心中欢喜，大家也一同欢喜，今日我们要放开海量，一醉方休！"

春申君高兴地急忙举起酒爵附和："好！大家一醉方休！"

荀子、卜尹一同将酒爵举起。楚王说声："干！"春申君、荀子、卜尹一同将酒饮下。

祭坛四周的淮河岸边，歌乐声、酒令声、欢笑声飞腾四野。

卜尹还想着荀子对祭祀的质疑，他试探地问："荀老夫子！您是大儒，您看今日的礼仪，可有什么不周之处吗？"

卜尹的话来得突然，荀子思考着说："啊……没有，没有。"

卜尹话外有音地说："大王今日行望祭大礼，感谢天帝，全是为的您呀！"

荀子谦卑地说："荀况无甚德能。让大王如此旷费钱财，其实大可不必！"

"嗯？寡人是旷费钱财吗？……"楚王听到荀子的话有些不高兴。卜尹也不高兴，他认为荀子的话是对祭祀大礼的藐视。

春申君看出楚王的不悦，忙用话缓和气氛："荀老夫子！大王为国敬仰贤才，是绝不吝惜钱财的。"

荀子再次谦卑地说："鄙人才疏学浅，实在是担待不起。"

卜尹懂得春申君话中的意思，笑容满面说："哎！君上把您看作是天赐的第一国宝，您当之无愧！来，鄙人敬您一樽！"

夜晚，荀子和李斯、陈嚣在楚国都城的新居歇息。陈嚣感叹说："楚国的祭祀真热闹！这样的场面我从来没有见过，李师兄是楚国人，你也没有见过吧？"李斯也很兴奋，说他今日也大开眼界了。

陈嚣问荀子，说老师您好像不高兴？荀子连连感叹："太铺张了，太铺张了！祭祀是为了表达人的感情。"荀子停顿一会儿说，"但是，在不应当祭祀的时候祭祀，这叫淫祀。淫祀只能浪费钱财，毫无意义，大可不必！"

陈嚣又问："那楚国为什么要这样呢？"

李斯为楚国辩护："这就是楚国与别的国家不同的地方，它有自己的民俗民风。"

二、茅门之法

荀子休息一日后，春申君在他的令尹府摆下酒肴，宴请荀子，卜尹作陪。三人热切交谈。

春申君很兴奋，他激动地手举酒樽，站起身来，说："老夫子！近年来我楚国大军接连胜利，士气旺盛。如今，楚国有您到来，让黄歇更加信心倍增。黄歇我要乘胜用兵，联合六国，杀进函谷关，打击秦国的嚣张气焰，与它决一雌雄！"

卜尹大夫热情附和："令尹高见！六国合纵，由楚国来做盟主，出师必胜！"

春申君见荀子一言未发，便问："老夫子！您以为如何？"

荀子不像春申君那样热血沸腾，他平静地说："令尹！当年，楚国在怀王的时候，曾经做过关东六国的盟主。国力比现在还要大，还要强。楚国人用鲨鱼和犀牛的皮做成铠甲，像金石一样坚硬；用宛地出产的钢铁长矛，像蝎子的毒刺一样狠毒。士兵的行动敏捷迅猛，来去犹如飘风。然而，垂沙一战，将领身死，庄蹻叛乱，楚国四分五裂。令尹你可曾想过，这是为什么？是楚国兵将的士气不高呢，还是楚国的武器不好？"

春申君很快回答："那是先祖怀王受张仪的欺骗，私下与秦国交好，背弃了六国合纵的盟约。"

荀子摇了摇头："不对吧！我看是因为那时的楚国不用礼义治国。"

春申君思考了一下，说："对。"

卜尹插说："当今，我楚王和令尹绝不会再重蹈覆辙。"

"是呀！"荀子说，"以荀况之见，胜利令人鼓舞，但有了战功，宁可当作侥幸，切不可骄矜。如今的楚国与秦国相比，人力、物力、财力，还相差很远啊！"

荀子的话让春申君沸腾的心凉了一半。

卜尹大夫不服气，问荀子："老夫子！那么您认为，假如现在联合六国与秦国开战，是吉呢，还是凶呢？"

荀子肯定地回答："凶！"

春申君仔细思忖荀了话语，而后说："卜尹大夫！荀老夫子讲得对，我们打了胜仗，的确不应当骄傲；联合六国出兵秦国是一件大事，也的确应当慎重。究竟是吉是凶，可行不可行，你是大巫师，请你占上一卜。"

听到春申君的话，荀子关切地问："令尹相信占卜吗？"

春申君没有回答。

卜尹却反问："老夫子不相信占卜吗？"

荀子也没有回答。

卜尹理直气壮地说："占卜上传天意，下解民情。占卜能消解疑难，预测未来，楚人上至君王，下至百姓，谁个不信？"

卜尹要按照占卜的程序进行占卜了。侍者端来铜洗，卜尹洗脸洗手，肃穆静心。铜鼎内燃烧起红红的火焰。卜尹取来龟甲，口中念念有词，将龟甲放在铜鼎的火中烧烤。

一切都寂静了，只有铜鼎内的烈火在熊熊燃烧。

春申君虔诚地关注着卜尹的一举一动。荀子心中不悦地看着燃烧的火苗。

卜尹大夫二目微闭，张开双臂，站立在铜鼎前面，专心肃穆，似乎在等待着上天的意旨。突然，他二目圆睁，将龟甲从铜鼎内取出，放入一旁洁净的水中，一股水气升腾而起，他谨慎地取出龟甲，神秘地仔细观看龟甲上的卜兆。

春申君关心地问："是吉兆还是凶兆？"

卜尹严肃地说："凶！"

"啊？……"春申君吃惊。

卜尹大夫赞佩道："令尹！荀老夫子真乃神人也！神灵要你听荀老夫子的话，不可用兵。"

春申君看着荀子，心中倍加敬仰，郑重地对荀子说："好！高！"

春申君重举酒樽，再次向荀子敬酒。卜尹大夫也说尽赞美之词。

宴请结束时天上下起雨来，春申君送荀子坐上轩车，嘱咐车夫小心慢行，待荀子走后才和卜尹一同又回到厅堂。卜尹对春申君表示很大的不满，说荀况自恃学问过人，不相信占卜。

春申君不解："你不是说他是神人，神灵要我听他的话吗？"

"我那是说给他听的。一个不相信占卜的人，神灵能相信他吗？"卜尹认为，春申君联合六国的主张应当再去与大王商议。春申君同意卜尹的意见，立即进宫去见大王。

卜尹看见门外大雨倾盆，一时难以停止，忽然另有所思，他告诉春申君，应该请荀老夫子也去。

春申君说："天下大雨，不要请他了！"

卜尹坚持："他是大王的第一国宝，这样的大事不能不请。"

卜尹大夫离开春申君，没有回府，他冒雨跑到楚王宫茅门守门人的房中。

守门的廷理见卜尹大夫到来，急忙施礼："卜尹大夫！这么大的雨，您怎么跑来了？"

卜尹没有回答他的问话，极其严肃地下令："廷理！楚国先王有法，任何人不得驱车进入茅门。你守护茅门，身负重任，一定要严格执法。"

廷理真诚回禀："本人一定忠于职守。"

卜尹再次叮嘱："记住，对违法者无论何人，绝不得留情！"

廷理也再次回复："是！小人记住了！"

卜尹望着门外大雨，心中暗想："哼，你这位老夫子，竟敢藐视神灵，今天我要警告你一次！"

李斯陪荀子冒雨回到住所里，首先为荀子擦干身上的雨水，寻找替换的衣服，而后对荀子说："老师！我看春申君听您的话，对您很尊重。"

荀子摇头："李斯呀！他哪里是听信我的话？他听的是占卜，信的是神灵！"

陈嚣跑进门来禀告，楚王请老师进宫去。荀子问何事。陈嚣说："来人说要商讨合纵抗秦的事。老师和令尹不是刚刚说过吗？这么大的雨，老师就别去了。"

荀子思考了一下，吩咐李斯和陈嚣随他一同进宫。

陈嚣说："老师，外面雨下得大着呢！"

荀子不容置疑，说："而今楚国打了几个胜仗，君王和令尹就盲目自大，以为可以与秦国较量了，一心想做六国的盟主，去攻打秦国。此策绝不可行。走！"

李斯要荀子等雨停了再去。荀子则说楚王等我议事，岂可迟慢。便与李斯、陈嚣冒雨上了轩车，向王宫奔去。大雨中，荀子的轩车急速来到楚王王宫的茅门，踏着雨水径直驶进门去。

突然，听到大喝一声："站住！车马不许进入茅门！"

只见廷理在雨中怒目站立，几个守门的武士虎视眈眈地站在廷理身后。

李斯从车中露出头来说："天下大雨，大王召见荀老夫子进宫！"

廷理厉声警告："楚国有法，任何人不许驱车进入茅门！"

陈嚣急忙下车，好声说给廷理："车上是荀老夫子！"

"我不管什么夫子，任何人将车驶入茅门都要受到惩罚！"廷理不由分说，挥戈将驾车的辕马刺死。

陈嚣立时气愤："你，你为什么杀死我的马？"

李斯闻声急忙下车问："怎么回事？"

陈嚣指着躺倒在雨地上的辕马："你看！"

李斯看见辕马奄奄一息地横倒在泥水里，还没有等李斯说话，廷理又举起戈来要砍车辕。李斯与陈嚣一同愤怒，上前挡住廷理："你干什么？滚开！"

廷理不顾二人阻拦，一定要砍车辕。

荀子下车来问，李斯、陈嚣一起说："老师！廷理他把我们的马砍死了！……"

廷理乘机带领武士挥戈把车辕砍断。

陈嚣气愤，高声呼喊："你！你！你藐视大儒，好大的胆子！"

荀子看着被砍死的辕马和折断的车辕，紧皱双眉，一时不知道如何开口。

雨水从荀子、李斯、陈嚣的头上身上浇下来，三个人浑身被浇得水湿。

陈嚣指着廷理大声喊叫："你让我们老师怎么走？"

"我只管执法，怎么走，我不管。"廷理依旧蛮横。

"你是恶棍！屠夫！凶手！"陈嚣愤怒了，他上前抓住廷理，"走，与我进宫见你们大王去！"

陈嚣手拉廷理，荀子、李斯跟在后面，在雨水中奔跑。

荀子走进王宫，施礼拜见楚王。楚王见荀子浑身湿透，感到惊讶："啊呀！荀老夫子冒雨前来，快快请起！"

陈嚣与李斯也进宫来，施礼拜见君上。卜尹大夫故作吃惊："哎呀！荀老夫子，你们师徒今天都变成落汤鸡了！"

荀子以自嘲应对："卜尹大夫！幸亏是下雨，假如是下刀子，我师徒就被剁成肉酱了！"

陈嚣义愤地禀报："君上！荀老师进宫的轩车被廷理砍坏，马被廷理砍死，请君上严惩凶犯！"

"啊？！竟有这样的事？"楚王甚为吃惊。

陈嚣说："廷理就在外面，请君上审问。"

卜尹大夫在一旁暗自冷笑。

楚王回头对春申君说："令尹！一定要严惩！"

廷理应召晋见。春申君严厉地问："你为何伤了荀老夫子的车马？"

廷理振振有词："禀令尹！先王定下法规，任何人不许驱车进入茅门。小人乃依法行事。"

春申君回头问陈嚣："陈先生！你们是驱车进入茅门的吗？"

陈嚣说："是。"

春申君感觉事情不好处理，有些犹豫。

楚人较之中原列国念祖、爱国、忠君的观念更加强烈。楚国的宗庙和公室都在茅门之内，到宫室和宗庙都要从茅门进入。宗庙是非常神圣的地方，任何人不得有丝毫不敬之举，更不容玷辱。在《韩非子·外储说右上》记载着这样一件事："荆庄王有茅门之法，曰：'群臣大夫、诸公子入朝，马蹄践霤者，廷理斩其辀，戮其御。'"又说，"楚王急召太子。楚国之法，车不得至于茆门。天雨，廷中有潦，太子遂驱车至于茆门。廷理曰：'车不得至茆门。非法也。'太子曰：'王召急，不得须无潦。'遂驱之。廷理举殳而击其马，败其驾。太子入，为王泣曰：'廷中多潦，驱车至茆门，廷理曰非法也，举殳击臣马，败臣驾。王必诛之。'王曰：'前有老主而不逾，后有储主而不属，矜矣！是真吾守法之臣也。'乃益爵二级，而开后门出太子：'勿复过！'"

春申君非常清楚这件往事。而今，荀子和他的弟子重演了当年楚太子的故事，所以，尽管陈嚣反复强调廷理打死老师的马，损坏老帅的车，应当治罪。可春申君也只是反复劝解，让他冷静。

陈嚣依然义愤不已："老师受到莫大欺侮，让我如何冷静？"

春申君好言解释："陈先生！宗庙是敬拜祖先灵位的地方。先王为了尊崇祖先，定下法规，任何人不许驱车进入茅门。今天你们驱车进了茅门，违反了先王法规……"

陈嚣打断春申君的话："天下大雨，老师应召急切进宫，遍地都是积水，难道要老师趟着水进宫吗？"

"是的……"春申君一面点头，一面又说，"不过，陈先生！廷理执法也不为过……"

陈嚣更加气愤："令尹！廷理没有过错，难道是我们老师应召进宫有过错吗？"

春申君无话可答。

陈嚣继续气愤地说："你们尊敬死人，还尊重活人吗？我的老师年过半百，冒大雨进宫来和你们大王议事，这是对你们大王的尊重。你们竟然把他乘坐的马砍死，车砍坏，这是对我老师的侮辱！以尊敬死人为由，让活人忍受折磨，这是什么道理？"

荀子不愿让楚王和春申君过于难看，挥手制止陈嚣。可陈嚣难以抑制，继续说下去："君上！令尹！荀老师是你们请来的客人，又是应大王之召进宫议事，竟然遭到这样的侮辱，作为荀老师的学生，我无法忍受。老师！他们不尊重您，我们走！"陈嚣拉荀子欲走。

一时间春申君尴尬，楚王急切，不知道如何处置。

"请留步！"卜尹大夫站起身来，走向荀子，"荀老夫子！您是大儒，您多年研讨礼义和法规。您说，今日的事情，应当如何处置才合乎正理呢？"

卜尹狡猾地把难题转给荀子，他不等荀子回复，又说："您说，先祖是不是应当尊崇？先祖之法是不是应当履行？"

荀子坦然回答："卜尹大夫，荀况一向认为，国家应当推崇礼义和法度。礼有三宝，对上祭天，对下祭地，还要尊敬祖先和尊崇君王。"

卜尹合掌称赞："对嘛！这才是正理。"

荀子继续说："但是，礼有隆重、节俭和适中之分。祭祀过分铺张，则劳民伤财。礼法如果滥用，则为失度。宗庙与王宫同进一门，不便于行动，也不合礼仪……"

卜尹打断荀子的话："荀老夫子！照您说，今天的事情究竟是哪个错了？是廷理错了，还是你们错了？莫非是楚国的先祖错了吗？"

荀子没有回答。

卜尹与廷理，李斯与陈嚣相对僵持，双方都不说话，宫殿内一片难以忍受的寂静。

春申君不愿让这件意外的事情伤害了荀子，也不愿意伤害忠于职守的廷理，他和蔼地走到荀子面前，说道："荀老夫子！您且息怒。您偌大年纪，应召冒雨来到王宫议事，大王与黄歇感之不尽。可廷理严以执法，又忠心可鉴。大家都为国行事，大家都没有过错。既然如此，应当相互谅解，您说对吗？啊？哈哈……"

楚王也附和说："令尹说得对！不要争执了，相互谅解吧！"

"荀老夫子！廷理损坏了您的车马，黄歇再送老夫子一辆新车。荀老夫子受了委屈，黄歇道歉。荀老夫子！黄歇向您赔礼了！"春申君立即拱手郑重地向荀子施礼跪拜。

荀子急忙搀起："令尹！不必不必！"

春申君问："李先生与陈嚣先生，你们以为如何？"

李斯与陈嚣忍下气来："好吧！"

"君上等待商讨联合六国的大事，此事就此了结吧？"春申君对廷理说，"荀老夫子是我们楚国的尊贵客人，大王敕命以上卿相待。你以后要知道尊敬荀老夫子！"

"是！"廷理真诚地向荀子施礼，"荀老夫子！小人得罪您了！"

春申君吩咐："下去吧！"

"是！"廷理退下。

春申君问楚王："君上！您看这样处置如何？"

楚王叹了口气："咳！一件小事，耽误了寡人许多工夫。快说正事！"

荀子在楚王宫议论完事情和弟子回到住所已是深夜。陈嚣的心里依然愤愤不平，他对荀子说："老师！今天的事情太气人了。以弟子看，这不是小事儿。"

"不过，我们来到楚国，的确应当遵从楚国的规矩。"李斯和陈嚣的看法不同。

陈嚣不赞成，他说："楚国把先祖的灵位和君王的宫室修建在一个大门里，还立下法令，这是什么规矩？哪个国家有这样的规矩？"

"这是楚国人对祖先的尊崇。"李斯为楚国辩解。

"这样的尊崇也太过分了吧！"陈嚣愤然。

李斯坚持："你不懂，这是楚国的民俗。"

陈嚣讥讽他："你是楚国人，总是向着楚国说话！"

李斯不满："陈嚣，你怎么这样说话？"

陈嚣愤愤然："他们这样对待老师，我生气。老师进宫是他们请的，他们把老师的车马打坏，岂不和打老师一样吗？"

荀子一直面对着窗外思考，许久没有说话。此时他扭转身来对李斯和陈嚣说："我想离开楚国都城。"

荀子的话让他们吃惊。陈嚣急问："老师要走？"

荀子解释说："不是离开楚国，而是离开都城，到一个县里去。"

李斯问："老师！为什么要到县里去？"

荀子说："我不想再在大王的身边做说客，想去治理一片土地，做一些实际的事情，为天下做一个榜样。"

李斯心中不解。陈嚣直言劝阻："老师！您是不是认为，楚国的国君与令尹都过于崇信鬼神和巫术？如果是这样，您可以与他们争辩。"

荀子说："李斯刚才说，信奉鬼神和巫术是楚国的民俗。民俗有美俗和恶俗之分。楚国崇信鬼神和巫术的恶俗，怎是一场争辩就能更改的呢？上至君王，下至百姓，不易呀！你们再看一看那位卜尹大夫，他是大巫师，楚王和春申君做什么事情都要请他占卜。他岂不是凭借天神而凌驾于君王和令尹之上吗？我到一个县里去做县公，可以减少许多干扰，做我想做的事情，这样，也许对楚国的作用会更大一些。"

三、行者明也

《史记·楚世家》记载："楚之先祖出自帝颛顼高阳。高阳者，皇帝之孙，昌意之子也。"颛顼帝后第五代吴回，是帝高辛氏的火正（火官），主管天火与地火，能光融天下，帝喾命曰祝融（祝，大也；融，明也）。其部落分布在商都朝歌的南方（今河南新郑一带）。姓芈，熊氏。祝融带领族人从北方迁徙到丹阳（今河南省淅川县），就是丹江流域的丹水和淅水交汇的淅川一带（今河南省淅川县东南部，淅川丹江口水库现存大量楚贵族墓），这里原是一片荒野。

《左传》昭公十二年记载："昔我先王熊绎辟在荆山，筚路蓝缕，以处草莽，跋涉山川，以事天子。"楚国君民在荆山的荒原上，开辟疆土，甘苦与共。除了面对自然界的威胁，还要面对周边各国的威胁，尤其是北方周朝军队一次又一次的南侵。楚人用自己的坚强意志使国家强大起来，到公元前七四〇年，楚文王建都于郢（今湖北省江陵县东北），成为江汉一带的大国。

立国之艰，使楚人形成了尚武、念祖、忠君、崇巫的意识和民风。楚国的都城曾多次迁移，每一次都叫郢。这是楚人深厚的念祖意识的明证。荀子二十多年前曾经从齐国到楚国，那时的都城郢，不是而今的郢陈（今河南淮阳），是南郢（今湖北省荆州市城北纪南城遗址）。南郢历经楚文王等二十个国君，共四百一十一年。富庶繁华，宫殿巍峨，瑰丽壮观，列国驰名。公元前二七八年被秦国大将白起一把大火烧毁。楚顷襄王把国都迁到而今的郢陈，虽然没有南郢规模之大，建筑之伟，但是经过楚顷襄王和楚考烈王两代君王二十多年的经营，也甚为可观。

从春秋到战国列国都在进行政治改革。楚悼王曾用吴起为相，进行变法。但是，由于楚国的贵族权势太重，变法失败了。吴起被车裂而死。以后又有屈原倡导楚怀王改革政治，又被谗臣陷害，最后自投汨罗江而死。

如今，荀子被请到楚国来，同样抱着将他开创的荀氏儒学付诸实践、改革政治、实施新政的宏大愿望。但是，他对楚国的过去和现在深有所知，不愿意重蹈吴起和屈原的覆辙。尤其这次来到楚国之后，经历了楚王行望祭大礼，春申君为六国合纵占卜吉凶，冒犯茅门之法自身受辱等几件事情，更加坚定了他离开都城，去做县公的决心。

春申君对荀子要去做县公不解，问卜尹大夫对这件事情的看法。卜尹大夫回答得很干脆，说他想去就让他去。理由是，以前我们只知道他有学问，是著名大儒，不知道他的秉性。现在才知道，这个人很难相处。

春申君问："怎见得？"

卜尹说："你看！大王和您都要请他做国师，位列上卿。可自他来到之后，首先是对大王祭天不赞同，而后是对您联合六国伐秦不赞同，对您为合纵占卜吉凶他也不赞同，先祖立下的茅门之法他还是不赞同。这些事情，在我们楚国人看来合情合理，他却反对，以后该怎么办？"

春申君感觉卜尹的话有些道理。

卜尹继续说："他想去做县公，就让他去吧！免得天长日久，闹出些什么不愉快的事情来，让人说您不尊重大儒，坏了您列国贤公子的名声。"

"咳！"春申君叹了口气，"黄歇请他来楚国，是想让他协助楚国一统天下。以令尹之才去做县公，可惜，太可惜了！"

卜尹说："若不然问问天意如何？"

春申君点头同意。卜尹大夫立即占卜，春申君专注地等待占卜结果，等来的结果是凶。

春申君思索："这么说，神灵不愿让荀老夫子去做县公？"

"也许神灵这次考虑不周，我再问一次。"卜尹再次占卜。他兴奋地告诉春申君，"令尹！卦辞有了。"

"卦辞怎么说？"

"凤凰于飞，和鸣锵锵。大吉！"卜尹解释卦辞，"神灵让他像凤凰一样飞去！"

春申君将信将疑："神灵认为让他去好？"

卜尹肯定："对，让他去好！"

"让他到哪里去呢？"春申君进一步思考。

卜尹说："既然让他走，就让他走远一点。"

春申君问："让他去哪里好呢？"

"去兰陵！"卜尹给出答案。

李斯对荀子要离开都城去做县公心中不解，他问陈嚣："你说老师这是怎么啦？老师在秦国不被秦王重用，在齐国又被君王后反感。如今楚王诚心诚意留老师在身边，尊老师为上卿，他却抛下和令尹同等的高位不做，要去做一个县公。"

陈嚣说："老师不是讲了，他不想留在君王身边做说客，想亲自治理一块地方，为天下做一个榜样。"

李斯说："兰陵那可不是什么好地方，它原属鲁国，不久前楚国平灭了鲁国才归属楚国。兰陵地处齐、魏、楚三国交界，地位十分重要，可是那里穷得很，又是孔老夫子的家乡，要想治理好，谈何容易？"

"老师既然决定去，就能把那里治理好。"陈嚣完全相信老师。

"我告诉你们，这里面有一个大道理。"荀子谆谆善诱地说，"人的认识往往会被一时的偏见所蒙蔽。任何学问，不闻不若闻之，闻之不若见之，见之不若知之，知之不若行之。学至于行之而止矣。行之明也。

明之为圣人。① 我研讨治世的道理许多年，这些道理究竟是对的，还是错的呢？我到兰陵去，把它们付诸于行，用行检验一番。这不是求低，而是求高呀！"

李斯问荀子："老师！辅佐楚王和春申君，将您的治世道理不仅仅在一个兰陵县，而是在整个楚国都实行起来，岂不更好吗？"

"不同呀！不同呀！"荀子连连摇头，语重心长地说，"我告诉你们，我决心到一个县去做县公，是多年来的经历教训了我。过去，我在齐国、秦国都受到很高的礼遇，可是，那些君王和臣子，他们往往是对我的治世道理，开始交口称赞，而后束之高阁，甚至阳奉阴违，诽谤诋毁。我担心在楚国会故伎重演，重蹈覆辙。如今，我的年纪大了，不愿意再耗费时间了。我所期盼的不是高堂大屋，不是金牛玉马，是一个施展抱负的环境。哪怕穷乡僻壤，斗室陋屋，只要能够施展我的治世夙愿，足矣，足矣！你们明白吗？"

李斯点头："弟子明白了。"

"不，你还不明白。"荀子郑重地说，"学问，不能仅仅停留在文章里，口头上，只有实行了，才是到达了顶端，才能算明白了事理。明白了事理，才是圣人。现在，许多人都说我是最有学问的大儒，是圣人。其实，我怎么能够称圣人呢？像大禹王那样既有知，又有行，才算得是真正明白了事理的人，才可以称之为圣人。我不过仅仅是知道而已，还没有实行。所以，我现在还不能算是个明白事理的人。"

陈嚣说："老师，如果您连个明白人还不算，那我们岂不都是糊涂人了？老师太谦虚了！"

"不不，这不是谦虚，是真话。"荀子认真地说，"知易行难呀！懂得一个道理并不难，而真正把它付诸实行就比较难了。一个县如同一国，方方面面一应俱全。我去兰陵做县公，就是要去实行我的学问。你们是我的学生，我希望你们随我一起去做这件难做的事情。咱们师徒一起去明白事理，一起去学做圣人。"

---

① 见《荀子·儒效》。

春申君在他的官邸设下酒宴为荀子送行。明亮的烛光下，春申君与荀子并坐上席，李斯、陈嚣、卜尹大夫在下席作陪。春申君恭敬地举起酒爵："荀老夫子，明日您就要离开郢都去兰陵了，黄歇祝您一路顺风！"

春申君感慨地说："荀老夫子，说句真心话，黄歇不愿让您离开都城呀！大王也同样愿您留在身边，以便及时求教。"

荀子说："这些年来，我到过齐国、秦国、赵国、燕国，也曾经到过楚国，向君王谈过许多治国的道理，有的为所用，有的不为所用。这次到楚国来，我想改变一下议政论政的方法。以我所学所思，治土一方。这对楚国可能会有些实在的用处。"

卜尹说："荀老夫子！当年孔夫子在鲁国曾做过司寇，掌管法律。他上任之前，人们听到了消息，卖羊的就不敢再让羊早晨饮水，增加分量；牛马贩子也不敢在市场上漫天要价。兰陵是鲁国旧地，是孔夫子的礼义诗书之乡。大王和令尹正愁没有一位德高望重的人去治理。荀老夫子这次去往兰陵，一定能如同孔夫子一样，受到百姓的拥戴！"

"不敢当，实在不敢当。"荀子连忙拒绝卜尹的赞誉，"兰陵地处楚国北端，是楚国沟通中原各国的门户，争战之要地。大王和令尹将此重任托付于我，荀况只能如履薄冰，勤奋谨慎做事。"他回头对春申君说，"令尹！荀况到了兰陵，应该如何行事呢？"

春申君大度地说："老夫子出任兰陵县公与他人不同。您是大儒，治国之道大王与黄歇还要向老夫子请教。荀老夫子到了兰陵，如何行事，一切听凭您来安排。"

荀子问："荀况的治世方略，假如与楚国旧有的习俗有所不同呢？"

春申君真诚回答："有句话叫作，用人不疑，疑人不用。荀老夫子既然是兰陵县公，兰陵的事情自然由荀老夫子做主。"

"多谢令尹信任！"荀子双手举起酒爵，与春申君将酒一同饮下。

卜尹对荀子心存芥蒂，欢送荀子的宴席过后回到府中，将儿子叫到身边，命儿子即刻到兰陵去。他要儿子告诉兰陵县丞，荀子很快要到兰陵做县公，这个人不相信神明。他是朝廷的卜尹，大巫师，要尽到大巫师的职责，不能容许任何人随意亵渎神明。而且嘱告儿子："你是大巫师的儿子，你这次到兰陵去，假如荀况不尊神明，你可以代替我尽大巫师之责。"

四、初任兰陵县公

楚考烈王八年（前255）冬月，天寒地冻，北风飕飕，荀子不顾春申君劝阻，冒着刺骨的寒风奔赴兰陵上任。

遵从楚国的习俗，荀子改变了装束。他身着官衣，头戴高冠，一副楚国官员的样子，带着弟子乘车向兰陵驶去。

如果说他从秦国回到齐国，在稷下学宫与诸子百家论战，完成了对儒学的改造和理论提升，那么此次兰陵之行，便是踏上将改造后的儒学付诸社会实践之路。

路途上，荀子眼望前程，目光炯炯，踌躇满志。他知道未来之路会有许多坎坷，但是，他无私无畏，不畏艰险，信心十足，对未来充满期望。

轩车离开繁华的都城一路北行，人烟逐渐稀少。进入兰陵地界，更是冷冷清清，少有人影，只见大道两旁土地龟裂，路边枯树下不时横躺着冻死之骨，让荀子吃惊。

忽见一个老妪手拉干瘦如柴的孙女，艰难地行走，祖孙俩渐渐乏力，歪倒在道旁。

荀子急令停车。陈嚣下马，忙上前扶荀子下车来。荀子走到老妪身边，俯下身，用手摸摸脉搏，回头对陈嚣说："快拿水来！"

陈嚣跑到马车边，从车上取下一瓦缶水，跑步来到荀子身边。

荀子接过瓦缶，亲自为老妪灌水。十五六岁的女孩儿在一旁哭泣，荀子又给她喝水。

老妪渐渐苏醒，睁开眼就用微弱的声音呼叫："灵儿！"灵儿爬到老妪身边，老妪紧紧地搂抱着灵儿，对荀子哭诉，"老爷！大旱三年了，我们一家人就剩下我祖孙两个，别的人全饿死了！"

荀子眼含着同情的泪水，想了一下，对李斯、陈嚣说："把她们扶到我车上去。"

陈嚣迟疑了一下。荀子问："迟疑什么？我是县老爷，她们是贱民，不能坐我的车是吗？"

陈嚣喃喃地没有说出口。

荀子说："一个人要有德行。对尊贵的人要恭敬，对年老的人要孝顺，对年长的人要谦逊，对年幼的人要慈爱，对卑贱的人要施恩。我们是教人懂德行、施礼义的人，应当先行于自身。"

"是！谢老师教诲。"陈嚣与李斯急忙过去将老妪和灵儿往荀子的车上搀扶，感动得老妪拉过灵儿跪地叩头感谢救命恩人。

老妪与灵儿上了车。荀子拿出用竹筒装的米饭，和善地送到她们手中："饿坏了吧？快把这两箪糗米吃了吧！"

老妪与灵儿看见糗米，惊喜地赶忙接过来，大口大口地吃下。荀子又为祖孙二人送上瓦缶，二人又大口大口地饮水。

老妪说："我们兰陵是个好地方，地下水脉浅，土质又有劲，庄稼年年好收成。老辈子说，兰陵是累死龙王淹不死，气死旱魔旱不死。这两年不知道得罪了哪尊神灵，犯了什么星，硬是不下雨，把老百姓旱苦啦！"

荀子一行来到县衙，将车马停在门前。县丞满脸堆笑地上前迎接，拱手道："荀老夫子！我是兰陵县丞，我们在此专候您已有两天了。"县丞既亲热又尊敬地双手搀着荀子往县衙里休息。荀子吩咐陈嚣用车把老奶奶和她的孙女送回家去。

县丞请荀子进衙在厅堂坐下，亲自奉上一杯水，又跑到外面关照搬下荀子的行囊。看见李斯正要把荀子的书籍从车上往屋内搬，十分惊诧："啊呀！这么多的书籍呀！"急忙说，"李先生，你不要动！"吩咐衙役赶忙将书简搬到房中。荀子不放心地出来照看。县丞呼喊："小心点儿！不要把荀县公的宝贵书简整坏了。"回头对荀子献媚，"这些人一个一个都是莽汉，缺少调教。"

傍晚，县丞为荀子准备下接风的盛宴。县丞站在宴席前向荀子夸耀："荀县公！为了欢迎您的大驾光临，我让人想办法弄来了东海的乌龟，太行的熊掌，江南的鼋鼍。这一坛是兰陵美酒。老夫子，您没有喝过吧？兰陵美酒是用黑黍子和郁金酿成的，商周的时候天子拿它来赏赐属臣。兰陵人用它来祭祀神灵，迎接贵客。味道美极啦！今日荀县公上任兰陵，本县丞也拿它来为您接风。"

荀子有分寸地说："谢谢县丞的盛情。"

县丞手执箸子请荀子、李斯和陈嚣快吃。荀子并不动箸，李斯等人见荀子不动手，也都不动手。

县丞看着荀子的脸色说："怎么？荀县公，这些菜肴全不对您老的口味吗？那好，您老说，想吃什么，我马上让人去做。"

荀子说："不！县丞，这些菜肴样样都好，都很贵重呀！"

听到夸奖，县丞高兴："啊，既然荀县公说好，那就快吃。大家都吃！"

县丞将箸子插在席中间的乌龟上，见荀子仍然不动手，急忙把手又缩了回来，不知所措地说："荀县公，下官我有什么不周全的地方，您就请指教！"

荀子摇摇头："不，你想得很周到。吃的、住的都安置得很好。你是个很会办事的人。"县丞受宠若惊，谢荀县公夸奖。

荀子不无忧心地说："不过，有件事像一块巨石压在我的心上。"

县丞说："老夫子，您过去做大学问，如今是兰陵县公，一县之长。兰陵县百里辖区内的万千百姓，都听您的。我这个县丞也是专听您的号令，帮您办事的。只要您说一句话，我就立刻照办不误。"

"这么说，你我一个县公一个县丞，已经是二人一心了？"荀子问。

县丞说："对！荀县公，您心里想的，就是我心里想的；我手上干的，就是您要我做的。"

荀子严肃地说："那好，我如今就要你做一件事！"

县丞满口应承："您说吧，我立即照办！"说完之后立即站起身来。

荀子说："你把粮库打开，为百姓开仓放粮！"

县丞闻言大吃一惊："荀县公，您可带有大王的旨意吗？"

荀子回答："无有。"

县丞问："您可带来了令尹的手谕吗？"

荀子回答："无有。"

"一无大王旨意，二无令尹手谕，打开国库向百姓放粮，我的老夫子，荀县公，这可有杀头之罪呀！"县丞说得恳切又真诚。

荀子说："县丞！天之生民，非为君也；天之立君，以为民也。你知道这个道理吗？"

县丞张口结舌，不知所云。

荀子眼含着激动的泪花，说他赴任途中，看到兰陵境内大旱三年，田地荒芜，百姓骨瘦如柴，尸横遍野，作为一县之长，怎么能不痛心呢？怎么能吃得下这山珍海味，又怎么能置百姓生死于不顾呢？

县丞无言以对。

荀子严肃地说："我问你，兰陵大旱的灾情，你作为县丞，是否向大王做过禀报？"

县丞回答："没……没有。"

荀子又问："你是否向令尹写过呈文？"

县丞说："没……没有。"

荀子再问："为何既无禀报，又无呈文？"

县丞诚实相告，说大王和令尹以丰收和歉收考查官员的政绩，假如他以实相报，那是要丢官的。

荀子明白了，感慨说："有道是，治国之本不在术，而在道呀！君王虽然制定了管理臣下的详细办法，然而，礼义不行，道德不正，全都是一纸空文，自欺欺人！"

荀子注目望着县丞，县丞不敢正视荀子，他低头皱眉，想着对付荀子的办法。

荀子望望李斯、陈嚣，他们都用期待的目光等待着荀子的决断。

荀子向县丞正色道："县丞！有灾不报，乃为失职，当以法论罪。你知道吗？"

县丞胆怯地回答："下官……知道！"

荀子继续严肃地说："违法者应当伏法。知罪认罪者，荀况可以既往不咎。我问你，你是想伏法，还是想既往不咎？"

县丞慌忙伏地叩头："荀老夫子，县公大人！卑职我……望您开恩。"

荀子说："要想既往不咎，有一点，务须知错必改。"

县丞再次叩头："下官知过必改，知过必改！"

荀子说："要改过，就要立即开仓放粮！"

县丞心中早已想好了对策，忙答道："县公大人，开仓放粮的事，我立即派衙役骑上快马，带上您向大王和令尹呈报的公文，奔往都城。只要大王和令尹的批文一到，我马上就开仓放粮。荀县公，老夫子！您一路辛苦，如今肚子早饿了，请您先吃下这顿饭……"

荀子说："县丞大人，恕我直言，这桌酒席是你拿你自己的俸禄办的吗？"

县丞回说："啊，不，不……"

荀子提高声音说："这桌酒席，吃的是多少百姓的赋税？能拯救多少饥饿的生命，你计算过吗？无民则无国，你我身为百姓的父母官，这个最浅显的道理你难道就不懂吗？"

"这……"县丞无言可对。

荀子说："郢都往来，快马也要十天。晚一天放粮，不知会有多少百姓丧生！十天，你知道会有多少百姓死亡吗？人命啊，我的县丞大人！在这人世之上，难道还有什么比人命更要紧的吗？你这丰盛的筵席，到此为止了。我要你连夜组织衙内人等，李斯、陈嚣，你们都一同随县丞去开仓放粮！"

县丞为难地说："荀县公！如今已是夜晚了，等到明天再……"

"明天，明天！明天不知道又会失去多少生命。"荀子坚定地说，"不！一刻也不能等待。"

县丞无可奈何："这……"

荀子说："县丞，你不要为难，若是大王和令尹怪罪下来，由我荀况承担！"

县丞近乎乞求地说："荀县公，您初到兰陵，如此做事，要惹下塌天大祸的呀！"

"哼！"荀子挺身而立，坚定地高声说道，"民以食为天，我以民为天！县丞，荀况我就不恭了！"

荀子回身命令："开仓放粮！"

星夜里，衙役在兰陵县城街头四处击磬呐喊："荀县公开仓放粮了，荀县公开仓放粮了！"

一张张饥饿的笑脸提着口袋从四面八方急奔而来，背着满袋的粮食而去。

灵儿拉老妪拿口袋拥挤着到了县衙门前，李斯和陈嚣为她们装粮食，灵儿和老妪欢笑着道谢离去。

在兰陵百姓欢喜之时，县丞在居室内焦急地对卜尹大夫的儿子说："大少爷！荀况一意孤行，叫我该怎么办呢？"

卜尹儿子说："快禀报我爹呀！"

县丞急命衙役骑上快马奔楚国都城。

五、君王的旨意

一大早，卜尹大夫给春申君送来一封兰陵县丞的紧急密报。禀报荀老夫子初到兰陵，不经大王和令尹应允，就擅自开仓放粮。春申君也收到荀子派人送来一封呈文。说兰陵大旱三年，饿殍遍野，如此严重的灾情，大王和令尹竟然在郢都闻所未闻，这表现出楚国朝廷的弊端。上诈其下，下诈其上，则敌国轻之，友国疑之，权谋同行，长此以往，而国势将不免削弱，最后就会灭亡。

卜尹感到荀子的行动比县丞更敏捷，但是对荀子的话语他不赞成，认为是危言耸听。

春申君的心情很沉重，因为荀子还说，县丞虽有隐灾不报之罪，乃大王与令尹不喜报忧，偏爱闻喜，以禀报政绩论功过、定升迁所逼迫。是大王与令尹轻礼义，失道德，酿成之大患。要春申君举一反三，对此事深思。

荀子连大王和令尹也指责了，卜尹感到吃惊。他辩解说："兰陵原为鲁国之地，才归属我楚国一年多，有旱灾也是过去的事情嘛！怎能责怪大王和令尹呢？"

春申君没有回答卜尹的话，却另有所思："老夫子的话，发人深省呀！让郡县之长岁岁禀报政绩，本想以此来鉴别官吏的优劣，谁知道竟然酿成只报功、不报过，只报喜、不报忧的恶劣之风。兰陵大旱三年，我身为楚国令尹竟然一无所知，不能不引咎自责呀！"

卜尹问："这么说，以后岁终禀报政绩的制度，就从此终止吗？"

春申君说："不不！还是荀老夫子讲得对，政绩不可不考，礼义道德史不可失。"

卜尹另有看法。他说："令尹！以卑职看来，荀老夫子身为县公，没有大王与令尹的命令，擅自开仓放粮，这是越权！"

"面对灾情，时不可待，作为一县之长，权宜处之，大王不会见怪。"春申君原谅作为县公的荀子越权。

卜尹不同意春申君的态度："令尹！假如朝中百官都仿效兰陵县公，各行其是，楚国还不四分五裂吗？我看，荀老夫子到了兰陵，这样大胆妄为，怕是有点自恃博学，藐视朝廷。"

春申君为荀子开脱："民为本，食为天。荀老夫子能及时救民，乃是帮助朝廷，大王和我都应感谢他。今日我进宫去，将兰陵的事情如实禀报大王。假如大王怪罪，作为令尹，我要首先领罪。"

荀子在兰陵让县丞将乡老、里正数十名地方官吏召集到县衙厅堂，向他们严肃地讲话："诸位乡老和里正，你们都管辖着几十户、上百户的百姓。兰陵百姓遭此罕见大难，你们应当与他们同舟共济，共渡时艰。如今，要做的最为要紧的事情，是不要再饿死人。天下什么最为宝贵？人。没有了人，还有什么天下？还有什么国家？还有什么君王和官员？兰陵是一块好地方，以后，兰陵要成为天下最富有的地方。谁来让它富有呢？还是人。所以，你们要想尽一切办法，让兰陵的每一个百姓都有口饭吃，不要再饿死。"

乡老、里正们一致频频点头。

荀子说："假如是丰收年月，有口饭吃并不难。如今是灾荒年月，这件事情不易呀！国家粮仓里的粮食不多，还要防备打仗，不能再多放粮食。春天里逐渐日长夜短，你们要想办法，让百姓相互拆借，节俭度荒，无论如何不能再饿死人。哪个乡，哪个里，饿死了人，本官要拿你们问罪！"

荀子踏着春日的阳光带领李斯、陈嚣等弟子到郊外去，寻找刚出土的野菜，带回来煮野菜粥。他告诉弟子们，兰陵这地方水土好，没有经过灾荒年月。他们只知道粮食、菜蔬、肉好吃。不知道野菜、树叶也能充饥。吩咐弟子们在兰陵街头，安上三口大锅，荀子站在大锅的旁边，亲自向众人大声介绍用野菜煮成的粥，分给大家品尝。还要大家回到家里去，也采些野菜、树叶度荒。

荀子告诉李斯、陈嚣："我等不仅要为兰陵百姓的眼前思考，还要思考未来。要想办法，让百姓能够种上庄稼，以后好有饭吃。"

他让县丞找来兰陵的地图，听县丞介绍兰陵的地形状况。兰陵城枕陵前，洳水绕其东。西有温岭，北有文峰山，南部是平原。兰陵土质肥沃，地势平坦，农夫喜种谷子、高粱、稷子，兰陵美酒，远近驰名，家家都会酿造。过去兰陵是一个雨水河水都很充足的地方，不知道什么是干旱，也从来没有遭遇过旱灾。

荀子一边听县丞介绍，一边思考。夜晚，睡不着觉，他手举蜡烛跪在兰陵地图前面仔细查看。曙光照进了县衙厅堂，荀子依然手端蜡烛眼望着地图思考。

县丞进门来，惊讶喊道："啊呀！荀县公！天已经亮了！"

荀子急忙吹灭手中的蜡烛，问县丞："你看兰陵东边的洳水是不是可用来灌田呀？"

县丞说："荀县公！大旱三年，洳水也干了。即便水多，由低处向高处引水，谈何容易？"

荀子认真地说："古有大禹治水，西门豹治邺，为何我等就不能治好兰陵？"

县丞摇头笑道:"老夫子,您不是治水的大禹,我也不是邺城的西门豹。天不下雨,您的学问再大,又有什么办法?"

门外突然传来高声呼唤大王诏书到!

荀子和县丞急忙出门,将手捧诏书面目严峻的宫人迎进县衙厅堂。荀子和县丞向宫人施礼跪拜,恭听宫人宣读大王诏旨:"大王诏曰:寡人闻兰陵大旱三载,饿殍遍野,心中甚为不安。兰陵县开仓放粮,虽然未报寡人知,姑念救民紧迫,不予追究。诏谕兰陵县公赈灾安民,立即设坛,代寡人祭天求雨,以解民忧!"

荀子心中一惊。心情沉重地起身,把宫人手中的诏书接下,又将宫人引到客厅。宫人问荀县公何时设坛祭天求雨呀?荀子心中不悦, 一时不知如何回答。县丞接过话来,说我们立即照办。宫人起身要走。荀子礼貌地送宫人到县衙门外。

宫人礼貌回身告辞,说:"荀县公,祝你代大王祭天求雨好运!"回身上车离去。

荀子与县丞回到县衙,县丞感叹大王英明。自从开仓放粮那天起,他的心里一直捏着把汗。总害怕大王怪罪,掉了脑袋。如今大王不但不怪罪,还降下旨意,叫县公您代替他祭天求雨。

荀子没有说话,只是往来踱步,低头想着什么,那楚王的诏书摆放在几案上,荀子看也不看一眼。

少时,荀子把李斯和陈嚣叫来,指着几案上的诏书,冷冷地说:"楚王来了诏书,让我代他祭天求雨。"

李斯说:"老师,楚王关爱百姓,果然英明!"

"荒唐,荒唐!"荀子非常生气。

陈嚣诧异:"老师,您为何生气?……"

荀子说:"兰陵已经大旱三年,今天是五月十五,还没有下一滴雨水,百姓人心慌慌,我们设下祭坛,让百姓都在祭坛下面跪地求雨,大王坐在王宫中就可以心安了吗?"

李斯陈嚣均不解。

"愚昧!愚昧呀!"荀子手拍几案,几多愤慨,"君王用愚昧教导百姓，百姓因愚昧而贫穷。如此，楚国何日才会富有，才会强盛？"

李斯劝道："老师，弟子认为，大王有诏书到来，作为县公，就应当按诏书行事。"

荀子反问："你说，这诏书下得对吗？"

李斯说："弟子认为，楚王下诏书祭天求雨，为的是百姓，没有什么不对。"

荀子又问："天上的雨是求下来的吗？"

"这……"李斯不能回答，他说，"老师，您不是常说要正名分吗？老师如今的名分是楚国县公，县公就应当遵从君王的敕命。"

荀子说："是的，我如今是楚国的县公，是楚王的臣子。然而，怎样做一个臣子，你明白吗？一个臣子，遵从有利于君王的命令，那叫作顺君；遵从不利于君王的命令，那就叫作献媚。不遵从君王的命令，而做有利于君王的事，叫作忠臣；不遵从君王的命令，去做不利于君王的事，那叫作暴臣；不体恤君王的荣辱，不顾及国家的得失，偷合苟容以保持自身的禄位，拉拢私党，那叫作国贼。[①] 你说，让我做一个什么样的臣子？是做一个忠于君王的臣子，还是做一个献媚君王的臣子？"

"学生浅见，还是老师想得深远。"李斯感觉老师讲得很对，但转念又说，"老师，假如不遵从楚王的敕命，楚王若怪罪下来……"

荀子严肃地说："一个真正忠心于国家的臣子，应该不盲目迎合君王的命令而违背国家的根本。这叫作从道不从君！"

李斯、陈嚣恭谨地站立，敬听荀子教诲。

"从道不从君，从义不从父，这是人之最高德行。"荀子继续说，"李斯呀，人世间如果一切能以礼义来规范言行，而不是以君王或者是父母的话语来规范言行，那么儒道就完备了，即便是尧舜也不能比之更好！"

陈嚣感到老师的话精辟透彻，圆满完善，无懈可击，他看看楚王的诏书，又觉无奈："老师，大王的诏书，该如何办呢？"

---

① 见《荀子·臣道》。

荀子直言:"不去管它。如今天旱无雨,百姓种不上庄稼。我身为县公,只能够让百姓摆脱愚昧,变得聪慧,绝不能用愚昧去误导百姓。"

"老师,到山里找水也不是一件容易的事,即便找到了,远水也不解近渴呀!"

荀子坚定地说:"就是找来一滴水,让百姓多种上一棵庄稼,也比做祭天求雨的蠢事好!"

六、天论

县丞在祭坛上望见,荀子乘车,李斯、陈嚣骑马,几个衙役随后,向祭坛缓缓走来。他用手指着对卜尹说:"荀县公来了!"

县丞指示送神的鼓乐停奏,向祭坛下的百姓高声喊道:"百姓们听真!我兰陵县遵奉大王诏旨,代替大王祭天求雨,喜雨普降。大王派遣卜尹大夫专程从都城赶来祝贺。请卜尹大夫宣读大王诏书!"

卜尹大夫郑重地走上台前,高声宣读:"大王诏谕:兰陵大旱三年,寡人在宫中寝食不安。诏令兰陵县公荀况代寡人祭天求雨,感动上苍,甘霖普降,解民倒悬,万众欢腾。寡人感上天之厚恩,为风伯、云君、雷神、雨师诸神黄绫加身!"

鼓乐大作,万民欢腾,舞师疯狂起舞,卜尹大夫分别向风伯、云君、雷神、雨师的神像披戴黄绫,而后又一一奉上兰陵美酒。

谢神的仪式完毕,卜尹大夫回身面向台下百姓,特意提高了声音继续宣读诏书:"大王诏谕:荀县公有功于兰陵,有功于楚国,特赏赐兰陵县公荀况黄金两千两!"

祭坛上下为巨额的奖金惊诧,而后欢声雀跃。

卜尹再次高声宣布:"请荀县公领受大王赏金!"县丞指示衙役把赏金抬在荀县公面前。

荀子走到台前,向大王诏谕拱手施礼:"荀况衷心感谢大王对兰陵百姓的厚爱!"

县丞提醒："荀县公！这些黄金不是赏赐给兰陵百姓的，是赏赐给您的呀！"

荀子向台下高声讲道："告诉诸位乡亲一个好消息，我们已经找到水源了！只要沿着山势开挖一条水渠，兰陵就不再害怕干旱！"

荀子继续说："大王赏赐的两千两黄金，全部存于县衙府库，备作挖水渠、修河堤之用！"

荀子向前站了站，继续高声说；"我兰陵县是块好地方。境内有河流，有湖泊，有山泉，只是过去没有利用起来。以后，只要我们开挖渠道，修筑堤坝，就可以遇涝排水，遇旱灌田。不必再祭天求雨，不用再信奉鬼神！"

卜尹大夫闻言非常不满，他走到荀子面前，严肃地说："荀老夫子！祭天求雨是大王的诏旨。天上下了雨，是天帝对兰陵百姓的莫大恩惠。你这话讲得不妥当吧？自古道，人生在世，福祸天定。哪一个人能违抗天意？谁敢不尊敬神灵呢？"

"这话不对！"荀子面向祭坛下的百姓大声宣讲，"诸位！神是什么？你们看见过吗？天是什么，你们知道吗？其实，天并不像有人说的那么神秘，我们能天天看得见，摸得着。它就是日月星辰，寒暑风雨；就是水火草木，鸟兽虫鱼；就是林林总总的万事万物。四时交替，阴阳大化，星月交辉，风雨有时，这些都是自然而然的运行，并没有什么超出人的意志的力量在主宰它，控制它。我们应当把天和人分开，不能混为一谈。天有它的既定之规，这个既定之规不会因为有了圣明的君王就存在，也不会因为出了残暴的君王就不存在。人的命运不在天，而在人，在于我们如何对待天地自然。"

卜尹大夫反驳说："荀老夫子！您这话讲得太离奇了。天是神明，神秘莫测，高不可攀。一个普通的人，怎么能够知道天呢？"

荀子说："人因为认识了天，所以可以依照日月星辰的运转，推知时令的四季变化。因为认识了地，可以依照土地的不同，去种不同的庄稼。认识了四季，可以依照春种、夏长、秋收、冬藏的规律去安排农事，耕作农田。这些都是人知天之后采取的行为。所以，天，不能主宰人；而人，却可以驾驭天。人不应当做天的奴隶，而应当做天的主人！"

卜尹大笑："哈哈哈哈！荀老夫子，你昨夜一定没有睡好觉，所以今天你身上发烧，头晕目眩，说的尽是胡话！"

荀子坚定地说："不！人，只要勤奋耕作，节省费用，天不能使人贫穷；人，只要衣食充足，活动身体，天也不能使人生病；人，只要按照正确的规则去做事，天也不能使人遭祸。以荀况来看，人对于天，与其尊崇它、敬畏它，何如把它当作一件物品来看待它、控制它呢？与其顺从它、颂扬它，何如掌握它的变化规则去利用它呢？与其观望天时，等待恩赐，何如施展才能，因时制宜，让天时为人所用呢？放弃人的努力，一心等待老天爷的恩赐，老天爷什么也不会给我们的。若想过富裕舒心的日子，只有靠我们自己！"

县丞上前说道："荀县公，按照你的说法，大王诏令祭天求雨就大可不必了？"

荀子肯定地回答："是的。"

"可是，我们代替大王祭天求雨，天就下了大雨。你说，这不是天帝的恩赐，是什么？"县丞振振有词。

荀子微微一笑："这没有什么，它和没有祭天求雨，天也要下雨是一个样子。做巫师的遇到天旱就求雨，遇到灾难就占卜，这样做，并不真会求得什么。有学问的君子看得出来，这是迷惑人的手段；而普通的百姓却不明白，认为真有神明。认为是迷惑人的手段就对了；认为真有神明，那就错了！"

卜尹大夫认为荀况太狂妄了，不能容许他再这样狂妄下去，上前严肃地说："荀老夫子，你这些话是对天帝的大不敬！对大王的大不敬！自古至今，谁不知道，天行赏罚，君王受命于天，代替天帝来管教百姓。不错，你是列国著名的大儒，有学问。而我对当今的百家学说也有所了解。孔老夫子讲过，人应当'知天命'① 孟老夫子讲过人要'存心

---

① 《论语·尧曰》子曰："不知命，无以为君子也。"《论语·李氏》子曰："君子有三畏：畏天命，畏大人，畏圣人之言。"

养性事天'。① 墨子也讲过人如果不尊天，天就要寒热不节，五谷不收，瘟疫流行，惩罚天下之人。② 庄子也讲过懂得了天和人本为一体才是真人。你看看！你看看这些比你资格老、名气还要大的大学问家，他们一个个都说天和人不能分开。怎么你今天就说出来要把天和人分开的糊涂而又荒谬的话来呢？"

卜尹大夫越讲越激动："你说，为什么天上陨星落地，地上就有祸事临头？你说，为什么天上有日蚀、月蚀，人间就不太平？你说，为什么天上风不调，雨不顺，人间就要灾难横生？"

在卜尹和县丞看来，这些问题荀子绝对回答不了。回答不了，就让他当众出丑。李斯和陈嚣也为老师担心。

荀子看了看众人，坦然道："啊，是呀！陨星落地、日蚀月蚀、刮风下雨不合季节，这究竟是怎么回事呢？其实这没有什么，不过是一些天地阴阳变化出现的异常现象罢了。觉得它奇怪，是可以的；觉得它可怕，是不对的。这种现象在夏禹和桀纣的时候都有发生。但是，夏禹使天下太平，而桀纣使天下大乱。所以，只要君主贤明，为政清廉，虽然异常天象同时发生，也没有什么妨害。而君王昏庸，朝政混乱，异常天象即使一件也没有，一样使百姓苦难无穷。可见天灾并不可怕，可怕的是人妖！"

卜尹大夫认为抓住了荀子话中的把柄，立即质问："什么是人妖？谁是人妖？你说。"

荀子冷静地一字一板地回答说："一者，当官做老爷，不注重农耕，致使田园荒芜，米贵民饥，路有饿死之骨，这是不关心百姓死活的人妖；二者，随意发布政令，举措不当，弃农失本，征调劳役，贻误农时，这是扰民害民的人妖；三者，不行正道，奢侈淫乱，假公济私，贪污腐败，致使内乱外患并起，这是背弃礼义道德的人妖。这三种人妖如果交替出现，民不宁，国不安，其危害更甚于天灾！"

---

① 《孟子·尽心上》："存其心，养其性，所以事天也。"
② 《墨子·尚同中》："故当若天降寒热不节，雪霜雨露不时，五谷不孰，六畜不遂，疾菑戾疫，飘风苦雨，荐臻而至者，此天之降罚也。"

众人听了议论纷纷，荀子摆手请大家安静，回身问卜尹："卜尹大夫！难道你不认为是这样吗？"

卜尹面红耳赤，尴尬无语。

和荀子的弟子们欢喜相反，卜尹大夫和县丞回到县衙里气急败坏，说荀子讲的尽是奇谈怪论。让卜尹更加气愤得是，荀况竟然在大庭广众面前公然藐视君王，不接受奖赏，还玷污神灵。

县丞认为荀况是一个学究先生，书呆子，人事不懂。荀子一到兰陵来他就看着不顺眼。身上一点值钱的东西也没有，带了几车柴火棒子一样的书简。像他这种书呆子怎么能当县公？

不过，这些事情都只是让卜尹上火，并不让卜尹揪心。让卜尹揪心的是儿子。卜尹之子因强奸民女灵儿，逼死两条人命，被荀况下令打入死牢。该怎么办呢？县丞理解卜尹，他知道荀子不接受大王奖赏，也就是不领卜尹大夫的情，卜尹的儿子也就难以走出监牢。

县丞问卜尹大夫："听说这个人事不懂的荀况，还是你和令尹把他从齐国请来的？"

卜尹叹了口气："唉！谁知道他是这样一个人呢？"

县丞给卜尹出主意："那你就该再向令尹谏言，把他赶走！"

"他是列国著名的大儒，大王和令尹都崇敬他。"卜尹大夫感到无奈，"咳！请神容易，送神难呀！"

"那还是大王和令尹不了解他。假如大王和令尹知道他这样狂妄，还愿意要他吗？"县丞说，"你应该赶快回去，把兰陵的事情向大王和令尹如实禀报。"

卜尹问："我的儿子怎么办？"

"大少爷已经被荀况定为死罪，我是县丞，不能说话。"县丞出主意，"要不，你再去求求他？"

"我去求他？"

"既然是你把他请到楚国来的，他总该念你一点人情吧？"县丞觉得有一线希望也要争取。

卜尹思虑有顷，定下决心，为了儿子，为了神灵，荀况必须离开楚国。他秘密地低声对县丞说："如果赶走荀况，还要请你相助。"

二人约定，卜尹马上返回郢都，县丞立即遵照卜尹的话着手准备。卜尹还是担心儿子，县丞要他放心，荀况一定会让他向令尹呈报卜尹儿子的罪状，他可以迟迟不写呈文，待到他们把要做的事情做好，将荀况赶走了，自然就万事皆休。

一切安排妥当，第二天东方微亮，卜尹大夫便乘车急忙出了兰陵，返回郢陈都城。

七、诽谤的力量

歌声动人，舞姿袅娜。楚王与春申君为兰陵普降喜雨而欢心，一同观赏优美的楚国歌舞。楚王夸奖令尹举荐圣贤的功劳。春申君盛赞大王给百姓带来了福分。楚王心中高兴，把这队乐尹刚刚调教好的舞姬送给春申君，作为犒赏。春申君欣喜不已，拜谢大王的恩赐。

楚王开怀大度："你我亲如弟兄，寡人把整个楚国都托付给你了，送你一队舞姬还谢的什么？"

春申君将楚王赠送的舞姬带回府中，演给妻妾共同欣赏。妻妾们异口同声称赞，舞姬唱得好听，舞得好看，无可挑剔。

侍者禀报，卜尹大夫求见。

卜尹来得不是时候，让春申君的妻妾们讨厌，春申君也觉不快。可又想听一听卜尹从兰陵带回来的消息，便传他来见。

卜尹大夫进入厅堂，恭敬地向春申君施礼参拜。春申君请他坐下，一同观赏楚王赠给的舞姬轻歌曼舞。卜尹忧虑监牢中的儿子，无心观赏，可还是欢喜献媚地夸赞："列国中以楚国的音律最美，楚国以王宫中的乐舞最美，观赏这种阳春白雪的福气，只有君王才可以享受！"

卜尹的话说得春申君甚为得意，洋洋自得地让卜尹一同享受大王给的福气。卜尹不时偷看春申君的脸色，春申君兴致满怀。卜尹不敢讲他想说的话，只能等待时机。一曲终了，春申君随意问道："卜尹到兰陵去，代我向荀老夫子问好了吗？"

卜尹谨慎回复："恕卑职直言，大王的赏赐，荀老夫子不受。"

卜尹看了看四处无人，机密地说："令尹！荀况说，大王不是受命于天帝的国君。还说，楚国君王和百姓不应当信奉天帝，祈祷鬼神。"

卜尹的话令春申君大为吃惊。

卜尹继续说："他还说，大王下诏书让祭天求雨，是愚蠢的行为！"

春申君不相信这些话会出自荀子之口："这话是荀老夫子讲的吗？"

卜尹异常肯定地说："岂只是他讲的，还是荀况站在庆贺天降喜雨的祭坛上，面对兰陵万千百姓公然而讲。他呼唤兰陵百姓不要依靠天帝的恩赐，而要依靠像他那样的圣人来治理天下！"

春申君陡然升起一团怒火："他……他怎么能这样讲话？！"

"是呀，我也弄不明白。"卜尹大夫貌似公允地猜测着，"也许是他的学问太高了，高到目中无人，目无大王，目无天地神灵的地步。"

春申君说："他的学问再高，也不能目无神灵，目无君王！"

"是呀！"卜尹立即附和，"他初到楚国的时候，我就观他是一个不相信神明的怪人。可是他……他竟然站在兰陵的祭天坛上，面对百姓大放厥词。令尹！他这样做，岂不是公然辱没上天，煽动兰陵百姓鄙视大王和令尹吗？"

卜尹从身上取出一束竹简："令尹！县丞收集到有关荀况的一些民谣，请令尹过目。"

春申君生气不看，叫他念。

卜尹一条一条地念竹简上的民谣给春申君听：

"来了荀县公，喜雨降人间。"

"来了荀县公，百姓有饭餐。"

"来了荀县公，人人心里暖。"

"来了荀县公，兰陵晴了天。"

卜尹还要往下念，春申君烦躁地打断："够了！够了！"

卜尹火上加油，故作气愤："你看，这，这句句都是夸赞荀县公。在兰陵，哪里还有大王和令尹呢？"

他偷眼观察春申君的反应，将话引向深入："令尹！当年商汤在亳，不过只有七十里的土地。武王在郡，也不过只有百里的土地。可是后来他们都坐了天下，成了一代君王。荀况乃是当今天下知名的学者，最有学问的老师。兰陵是令尹亲率兵马刚刚夺得的鲁国土地，民心不稳。而今将兰陵百里之地交给了荀况，我真为楚国担忧呀！"①

卜尹进一步更为大胆地说："令尹！欲知其心，且看其行。荀况初到楚国，就对大王行祭祀大礼、令尹占卜、茅门之法心怀不满。大王给他一个上卿的位置，和您令尹是一个等级呀！您几次三番，请他留在大王身边，可他执意要去治土一方。他荀况到兰陵都做了些什么呢？他初到兰陵，不向大王和令尹禀报就开仓放粮，他将大王和令尹放在眼里了吗？岂不是有意践踏王权吗？"

春申君说："初听到私自放粮这件事，大王心中十分不快。不过，解救饥民，情况紧急，也情有可原。"

卜尹说："大王和令尹宽宏大量，可荀况心中则另有图谋。他是在用大王府库中的粮食为自己收买民心呀！如若不信，看他如何对待大王的诏书就可以一清二楚。"

卜尹拿出一副实话实说的样子："大王诏书上写得明明白白，清清楚楚，要他代替大王祭天求雨。而他荀况，却是抗命不遵。这次我到兰陵方才知晓真情。是县丞忠心耿耿，遵照大王诏书，设坛祭天，求得了喜雨普降，而不是荀况！"

春申君严肃地问："果真？"

卜尹回答："荀况既不尊敬大王，也不尊敬令尹，更不尊敬神灵！"

卜尹的话让春申君生出满腔愤慨："荀老夫子，我黄歇和大王对你尊敬无比，你怎么能如此不尊敬大王，不尊敬神灵呢？"

卜尹继续向春申君讲荀子的罪过："还有。在庆贺天降喜雨的祭坛上，荀况当着兰陵百姓，不仅公然不接受大王的赏赐，还大讲所谓的'天论'。"

---

① 见《战国策·楚策四》。

春申君问："什么天论？"

"是荀况新近写的一篇文章。"卜尹从身上取出一束竹简，"令尹请看。这篇文章，开篇第一句话，就是'天行有常，不为尧存，不为桀亡'。他说要将天和人分开，天不是人的主宰，天气的好坏变化和君王没有关系。天上下雨也不是大王让祭天求雨求而得来的。"

春申君接过竹简看着，气愤得两手发抖。

卜尹慷慨陈词："令尹！我们坚定信奉，大王是天帝的儿子，大王是按照天帝的旨意治理百姓。可他却说大王的权威和天帝无关，天上下雨不是祭天求来的。他这样讲，为的什么？他想做什么？岂不是蛊惑百姓，不尊崇大王，不尊崇天帝吗？……"

"简直一派胡言！"春申君怒道，"荀老夫子，你的学问大，大得有违大礼了！"

"令尹！我在兰陵还亲耳听说……"卜尹见春申君对荀子已经怒不可遏，便想进一步加油添醋，可说到半句又把话停下来。

春申君追问："快说，你在兰陵亲耳听到了什么？"

卜尹放出了诽谤荀子最为有力的话语："我听说，荀况想在兰陵另立一国。"

这话如同霹雳把春申君击中，让春申君大惊失色。

"兰陵县丞搜集到的民谣，有一条已经在百姓当中广为流传，请令尹过目。"卜尹又递上一支竹简给春申君。

春申君接过竹简，一字一句念来："跟随荀县公，重建我鲁国。"

这言辞如同利剑刺向春申君心头，春申君真正发怒了，难以自持地连连拍案："岂有此理，岂有此理！"

"这是要造反呀！"卜尹大大把利剑向春申君的心头刺得更深。

但是，春申君忽然冷静下来，他说："这竹简在兰陵百姓中流传，也许荀老夫子未必晓知吧？"

卜尹辩解："怎么可能呢？"

"也许是鲁国旧有的贵族，想借助荀老夫子的名望，重新恢复鲁国。"卜尹听春申君这样说，急忙要插话，春申君用手制止，"不论荀况知与不知，都对兰陵的稳固、楚国的安宁不利。"

卜尹大夫急忙附和："对！有荀况在兰陵，兰陵和楚国都不会安宁。"

春申君感叹："荀老夫子！黄歇请你来到楚国，希望用你的学问助楚国称王天下。黄歇同意你去兰陵职任县公，是要你去安定鲁国旧地的民心。可你怎么可以在兰陵不遵从王命呢？怎么能够用你的学问诽谤诋毁大王呢？"

卜尹看准了春申君的心境，不失时机地进言："令尹！以卑职看来，兰陵的百姓，如今不把大王看作是天帝之子，反把荀况看作是他们的救星。莫说他公然讲'天论'，就是不讲，像这样的人也不可用，不可留。有他在兰陵，是祸不是福。必须将他赶走！"

听到"赶走"一词，春申君心中咯噔一声，他还没有这个思想准备。

卜尹大夫继续说："孔子在昭王的时候曾经来到我楚国。那个时候，昭王想把七百里的地方封给孔子。令尹子西出来劝阻。他说，周文王在丰邑，武王在镐京，以百里小国的君主，两代经营，而一统天下。如果孔丘拥有七百里的土地，又有那么多的贤能弟子辅佐，对楚国并不是一件好事。昭王听了子西的话，没有给孔子封地，让他走了。[①] 假如我们的先祖昭王，把七百里的土地给了孔子，我们的楚国日后会是个什么样子？也许，楚国早就不存在了。卑职记得，当初荀况不愿意留在大王身边，要去做县公的时候，令尹让我占卜，就是大凶。可惜我们没有明白天意。在兰陵所发生的一切，足以表明神明的旨意千真万确。令尹，应当赶快让荀况离开楚国！"

春申君相信卜尹说的"天意"，但他思虑着连连摇头："不可，万万不可！"

春申君的态度使卜尹摸不着头脑，心里着急："令尹，此事只可当机立断，不能姑息养奸呀！……"

春申君想了一想，说："卜尹大夫！你先去吧，此事以后再议。"

---

① 见《史记·孔子世家》。

八、政客的伎俩

卜尹从兰陵回来讲的荀子的情况，春申君左思右想，认为事情严重，必须向楚王禀报。但是他没有将卜尹大夫的话全盘托出，只说荀子在兰陵说了一些不该说的话。楚王问是些什么话？春申君说，荀子讲天有行常，不为尧存，不为桀亡。要把天和人分开。楚王不明白这话的意思。春申君给他解释，把天和人分开，就是国家的治乱、人的吉凶祸福、贫富贵贱，都和天没有关系。

楚王反问："那国家将兴，必有祯祥；国家将亡，必有妖孽，这话该怎么讲？"

春申君说："荀老夫子认为，这些话是错误的。"

楚王生气了："照他说的人还要敬天吗？寡人还是天帝的儿子吗？自古以来，尊天，敬天，这是天经地义。君王遵照天帝的意旨治理百姓，楚国的先人世世代代都是这样说，也是这样做。这个荀况竟敢否定我楚国先人的教诲，不遵从寡人的旨意，还公开讲述歪理邪说，蛊惑百姓。他是个灾星，祸害，狂徒！快让他走，寡人不要他！楚国不要他！"

春申君劝楚王冷静："荀老夫子是列国中的知名大儒，如何处置，当须慎重。"

楚王质问："大儒？大儒能有多大？他还能大得过寡人吗？"

不久，春申君又接到兰陵县丞送来的呈报，县丞把兰陵酒馆里那个书生和百姓的议论都写给春申君。其实那个书生是县丞的有意安排。

春申君看完竹简，气急败坏，把竹简猛然摔到地上。令人把卜尹大夫叫来。卜尹看到县丞送来的竹简，明白县丞照他的话做了，而且做得很好。他佯装什么也不知道，埋怨春申君，说他前次禀报，您还不相信。如今兰陵县丞又送来禀报，您该确信不疑了吧？

春申君摇头叹息："一个在列国享有盛名的大儒，应该是行为端正，品德高尚。黄歇很难相信他能有重建鲁国，自己做国王的野心呀！"

卜尹拿出一副洞察一切的样子，说："令尹！人心叵测呀！你我只道他是大儒，谁能钻到他的心里去看一看呢？我想，不论荀况有没有做国王的野心，单只鲁国那些旧贵族有心拥戴他，他也不能再留在兰陵了。"

春申君无奈地感叹："咳！荀老夫子，荀老夫子……"

九、拂袖离楚

荀子与李斯、陈嚣在县衙内室专心致志地研讨修渠路线，卜尹带着两名佩剑侍卫耀武扬威地步入县衙大堂。县丞走进县衙的内室对荀子说："荀县公！卜尹大夫奉命再次驾临兰陵。"

荀子暗自吃惊。县丞催请荀子去见。

荀子从内室出来，望见威严地站在县衙大堂的卜尹大夫，拱手道："啊，卜尹大夫！前次不辞而别，这次又到兰陵何事呀？"

卜尹还礼之后，矜持地说："荀县公在祭坛上的高论震聋发聩，你不接受大王的恩赏，卑职不得不返回郢都，向大王和令尹禀报。至于这一次来嘛，是大王和令尹另有差遣。"

荀子问："可有大王和令尹的手谕？"

"有！"卜尹从身上取出一卷帛书，向荀子晃了一下，又收回去，"这封帛书，少时给你看。我要先告诉你一句话，我这次来可不是为你贺功的。"

荀子冷冷地看了他一眼，没有说话。

县丞讪笑着问："卜尹大夫有何指教，请讲。"

卜尹趾高气扬地说："我这次来，是奉大王之命巡查兰陵！"

县丞明知故问："卜尹大夫，您想巡查什么？"

"大王和令尹派我到兰陵巡查，是要巡查自荀况上任县公以来的越轨狂妄之举！"卜尹大夫特意提高声音，"其一，为什么荀况先生上任兰陵县公之后，上不禀报大王和令尹，下不倾听同僚的良言忠告，私自打开国库，开仓放粮，究竟是何居心？其二，为什么拒不遵照大王诏书祭天求雨，在大庭广众面前公开讲什么天论，否定王命天授的权威？其三，为什么如今在兰陵百姓之中只闻荀县公，而不闻大王和令尹？其四，为什么在兰陵百姓之中传言，要重建鲁国，拥戴荀况为君王？其五，而今荀况，究竟是兰陵的县公，还是兰陵的君王？"

李斯上前一步，严正地说："卜尹大夫！令尹亲自从齐国请我们老师来到楚国。令尹曾说，楚国刚刚平灭鲁国，兰陵需要德高望重的人治理，所以才派老师到兰陵来做县公。楚王和令尹亲口应允，兰陵的治理由荀老师做主。老师在兰陵所做的一切莫说没有过错，即如有与楚国政令不合之处，也全是为了楚国百姓！……"

卜尹打断李斯的话："李斯先生！不要说那些过时的旧话啦，看看令尹亲笔给你老师写的书信吧！"他将帛书从身上取出来，陈嚣上前接过去，卜尹大夫便不可一世地昂然而去。

秋日的傍晚，几片秋叶飘飘落下，一株兰花在窗前独自灿烂开放。夜幕降临，将兰花的绚丽姿影渐渐地淹没在黑暗中。

烛光下，荀子眼中含着泪花。他望着春申君的帛书，似乎听到春申君的声音："黄歇闻悉，荀老夫子赴任兰陵以来，奋力勤政，昼夜辛劳，深得民心。然老夫子擅放库粮，演说天论，诸多举措与楚国的国法相悖，与楚人的民情相违。兰陵地方官吏多有微词。大王闻知，心中甚为不安。望荀老夫子引以为戒。大王与我愿请荀老夫子回到郢都参与国政，以便随时请教。"

帛书的言外之意荀子十分明白，似巨大的阴影，笼罩、压抑、凝固了书斋，让荀子喘不过气来。春申君"望荀老夫子引以为戒"的话语，在荀子的耳边反复回荡，模糊着荀子的眼睛，震撼着荀子的心。

荀子步至窗前，黑暗中传来几声鸡啼。

清晨，李斯、陈嚣起床，走进院中，关心地看荀子的书斋，书斋的烛光依旧点燃。陈嚣说："老师定是一夜没有睡。"

荀子正在捆绑书简，面对学生的询问，愤然道："当今最大的病患，就是让贤能的人做事，却让小人去限制他；让智慧的人谋划，却和愚蠢的人背后议论他；让品德高尚的人身体力行，却同品德恶劣的人怀疑他。俗语说，美女的姿色在丑人的眼中便是罪孽！我在兰陵为国为民，楚王和春申君竟然轻信谗言，以为我在兰陵另有非分之图谋！"

陈嚣不解："老师，春申君不是请你到郢都去参与国政吗？"

李斯说："这分明是对老师的不信任！是怀疑老师真想在兰陵重建鲁国。"

荀子说："在齐国的时候，我看春申君是位被列国称颂的贤公子，目光远大，敢于和以武力强暴别人的秦国抗衡，是一个有智有勇的贤明相国，所以，想来帮助楚国成就一统天下的大业。谁知，他竟然这样容易被谗言所动。看来，他那贤公子的美誉不过徒有虚名而已！"

荀子越说心情越激动："如今我面对的不是几个小人，而是令尹春申君！你们说，我到楚国来是为了做他的官吗？是为了来挣他的薪俸吗？"

李斯催促陈嚣不要说了，赶快帮老师整理行装。荀子要他们各自回去收拾，然后再把车马备好。李斯和陈嚣也就立即走出书斋。

荀子独自一人伫立在书斋中，望着满地的书简，弃置一旁的官衣与高冠，心中伤痛。透过窗子看见晨雾中几片飘飘落叶，一阵悲凉，不由得哀叹一声，自语道："兰陵！我本想在这里修堤梁，开水渠，严法度，明礼义，兴教化，使兰陵政通人和，让百姓安乐富裕，成为天下治世的楷模。可如今，不能了，不能了，荀况不得不离开你了！"

李斯与陈嚣将行囊装上车，李斯要把楚王奖给老师的黄金带上。陈嚣问老师让带吗？李斯认为这是奖给老师的，留下也是给了别人。二人便一同搬黄金上车。

荀子来到院中，看见李斯与陈嚣正将黄金装车，立即斥责："搬下来！"

陈嚣说："老师！这是奖赏给您的。"

荀子气愤地说："那是污辱我的名声。你要把污辱也带走吗？"

李斯和陈嚣急忙把黄金搬下车来。

跟随荀子找水的一名衙役惊慌跑来："荀县公！不好啦！外面许多

百姓向县衙奔来，说要找荀县公！"

陈嚣问："找荀县公何事？"

衙役说："他们说，荀县公关押了都城来的大巫师，要荀县公把大巫师从监牢放出来！"

原来那位曾经造谣生事的书生煽动不明真相的阿仲、老族长等百姓来到县衙门外，高声喊叫："大巫师为兰陵祭天求下雨来，兰陵人不能没有良心！""大巫师没有罪！""荀县公赶快放大巫师出来！"众人呐喊着"荀县公放人"要涌进县衙。

李斯吩咐衙役，你快回去，让人把他们挡住。陈嚣焦急对荀子说："老师！这么多人到县衙来，绝非善意，不知会闹出什么事情。师兄快保护老师走吧！我来应付他们。"李斯要陈嚣走，他留下。陈嚣说李斯是楚国人，道路熟悉，要他赶快带老师走。

荀子则十分冷静地说："陈嚣！他们是来找我的，我不走，你和李斯一起走吧！"

"老师！我陈嚣算什么？一个无名小辈。他们来了，也不会把我怎么样。老师是列国著名大儒，志在拯救乱世，一统天下，华夏大地不能没有你！"陈嚣的话说得情真意切。

那衙役再次跑进县衙院中催促："荀县公，我们阻挡不住，百姓就要冲进县衙大门啦！要走就赶快走吧！"

陈嚣倍加焦急："师兄！前门不能走，你快带老师从后门走吧！"

荀子坚持："不！我是县公，我做的事情我承当！"

李斯着急："老师！不能再迟慢了！"

陈嚣催促："老师！快走吧！"

荀子坚决地说："我不走了！我要看一看他们能闹出个什么样子？是哪个在指使他们？他们想把我荀况如何？"

陈嚣更加焦急："老师！你……"

荀子气愤不过，高声说："卜尹的儿子以大巫师的名义在兰陵做尽了坏事，兰陵人还为他喊冤叫屈，要求释放他，这是愚昧呀！这里一定有阴谋！我荀况到兰陵来做县公，就是要铲除愚昧，让百姓聪明起来。

可是如今，我不但没有阻止愚昧的肆虐，反被愚昧逼迫得身无立锥之地。我不走了！我要揭破那些巫师的真面目，让百姓看看他们的丑态！陈嚣，去！把卜尹的儿子带过来，我要当众审问！"

"老师！……"陈嚣为难地站立。

荀子严厉地呵斥："去！"

衙役焦急地说："荀县公！如今百姓堵在衙门口上，谁也出不去！犯人提不出来，即便是提来了，也会被他们抢走。"

陈嚣拉住荀子，跪地乞求："老师！事到如今，一切都难以说得清楚，您就听弟子一句话，赶快走吧！"

衙役也着急催促："荀县公！快走吧！再晚就麻烦了！"

陈嚣、李斯和衙役一同把荀子推到车上，匆忙从后门离开兰陵县衙，迎着晨雾向郊外匆匆驶去。

十、诚恳赠言

荀子怀着巨大的遗憾离开了楚国。

荀子在兰陵祭天仪式上发布的《天论》，是中华民族第一篇完整的唯物主义的战斗宣言。

说它是唯物主义，因为《天论》提出了"天行有常，不为尧存，不为桀亡"的智慧论断，第一次揭开了天的神秘面纱。在人类的早期，生产力不发达，科学知识更没有，对自然界发生的许多事情没有办法解释。比如人是从哪里来的？天上为什么会下雨？为什么刮狂风会拔起树木？为什么天上会掉下来星星？由于对一系列问题的不理解，就产生了许多的神话。比如，中国古代神话中有女娲补天的故事，后羿射日的故事，夸父逐日的故事等等。这些故事很美，很富有想象力，反映出先民对自然现象的猜想。

由于对自然现象不理解，也就产生了对天的恐惧，把天当作人的主宰。每做一件事情，都会首先问天，乞求天神的指示，这就出现了祭祀、占卜，把自己最好吃的牛肉猪肉拿出来，把自己最愿意吃的各种水果拿出来，最好看的衣服拿出来，最好听的音乐拿出来，最漂亮的姑娘拿出来，奉献给神明。希望用这种办法打动神明的心，讨得天神的喜欢，给人指出一条吉祥的道路，让人太平安康。希望天神对于人不知可否的问题，给一个明确的答复，是吉还是凶，是可以做还是不能做。

事情做完了，假如得到了满意的结果，还要用祭祀的方法感谢天地神明。假如得不到好的结果，也不埋怨神明，只说自己命运不济。

在那个科技不发达的时代，无论普通百姓，还是贤明的君主尧舜禹汤，以及思想家老子、孔子、墨子，没有一个不迷信天，没有一个不是宿命论者。

商周时代，君主利用人对天的迷信，以"君权天授"来证明君主权威的合理性，欺骗百姓上千年；战国末期，荀子一语否定了这个谎言，还天以客观存在的本来面目。说天是一个客观存在，有它自己的运行规律，这个规律不受人的意志干扰，无论好人、坏人，天对于所有的人都是一样的。

这个看似普通实则伟大的论断具有非凡的意义。它是我们中华民族对天的正确认识的一个唯物主义的开端。

说《天论》是战斗的宣言，因为它不但揭破了对天的迷信，还提出了"明于天人之分"①的正确对待天人关系的办法。人和天如何分开？首先，天是天，人是人，不能混为一谈，天和人是两码子事。荀子说，"天不为人之恶寒也辍冬，地不为人之恶辽远也辍广。"②不要迷信天会关照人。第二，天有天职，人有人责。"不为而成，不求而得，夫是之谓天职。"而人呢？"强本而节用，则天不能贫；养备而动时，则天不能病。"③人的行为都合理，养生的方法都合适，使得生命不受到伤害，这就叫作知天，也就是懂得自然的规律。"知天"是人的责任。

但是仅仅"知天"就可以了吗？荀子要我们不要等待天的恩赐，还

---

① 见《荀子·天论》。
② 见《荀子·天论》。
③ 见《荀子·天论》。

应该"制天命而用之"。

荀子说，"大天而思之，孰与物畜而制之！从天而颂之，孰与制天命而用之！望时而待之，孰与应时而使之！"[①] 荀子告诉我们，不要一味地尊崇天、顺从天、观望天，而要把天当作一个物，来控制它、利用它，要它为人类服务。

"制天命而用之"，这个论断非常了不起。如果说，荀子"明于天人之分"的思想，打破了人对于天的迷信，是一把开启人与自然和谐相处的钥匙，将人和天一分为二；那么荀子"制天命而用之"的思想，就是开发人对于自然规律认识的主观能动性，引导人类在高层面上达到人与自然的和谐，将人和天在高水平上合二为一。

荀子认为，天灾并不可怕，真正可怕的是人为的灾害。荀子把制造人为灾害的人叫作"人妖"。荀子说，社会的治乱与天没有关系，并不是天造成的。只要遵循正确的治国原则，天就不能使国家生出祸端。所以，水灾旱灾本身并不能使人挨饿，严寒酷暑也不能使人生病，妖魔鬼怪出现也不能使人受害。反之，假如荒废了农业，奢侈浪费，上天也不能让人富裕；违背自然的规律，恣意妄行，天也不可能给你吉祥。就是没有水旱灾害也会闹饥荒，没有严寒酷暑人也会生病，没有妖魔鬼怪也会出现许多的风险。在社会动乱的时候，天时与社会安定的时候是一样的，可是人遭受的境遇却大不相同。

荀子《天论》的矛头指向非常明确，它首先指向享受"君权天授"洪福的君王，其二指向祸国殃民的"人妖"，其三指向被迷信俘虏的愚昧百姓。《天论》篇像他的《性恶》篇一样，触动了每一个当权者和百姓的神经。如果说《性恶》篇是荀子把人们从人性善的迷信中唤醒，那么《天论》篇则是荀子又一次把人们从对天的迷信中唤醒。它像在黑暗中点燃了一盏明亮的烛光，照亮了人们习以为常的黑暗世界。但是习惯于黑暗的人并不感激他，反而愤怒地指责他，为什么改变了他们的生活，让他们看到了光明。所以，荀子的《天论》不仅在当时不被统治者

---

① 见《荀子·天论》。

和迷茫于黑暗中的人所接受，遭受责难，而且，和《性恶》篇一起影响了荀子身后一千多年。

荀子讲的"明于天人之分""知天""制天命而用之"，以及批评违背自然规律的"人妖"，是其隆礼思想的一个组成部分，是荀子用礼的规范引领走向人与自然的和谐。

在所有的人被巨大的迷雾笼罩着的时候，荀子发现了真理，打破了迷雾，送来了阳光。仅此一点，荀子在中国思想史上，在整个人类的进步史上，也称得上是一个伟大的思想巨人。

德国哲学家雅斯贝尔斯在他的《历史的起源与目标》中，把公元前八〇〇至公元前二〇〇年之间，同时出现在中国、西方和印度等地区的人类文化突破现象称之为"轴心时代"。在轴心时代里，各个文明都出现了伟大的精神导师——古希腊有苏格拉底、柏拉图、亚里士多德，以色列有犹太教的先知们，印度有释迦牟尼，中国有孔子、老子、荀子等，他们提出的思想原则塑造了不同的文化传统，也一直影响着人类的生活。

荀子就是出现在轴心时代的一位文化巨人，他的思想，尤其是天道观远远地超越了时代，超越了他的前辈孔子和老子。

第五章

议兵

凡用兵攻战之本在乎一民。

——荀子《议兵》

一、转程会韩非

韩非与荀子分别之后，回到他热爱的故乡——韩国都城郑，一切皆不顺利。

韩非是先王韩釐王的堂侄，现今韩桓惠王的堂弟，属于当政君主的旁支宗室。[1] 父母期盼儿子在齐国稷下学宫学有所成，回国功建立业。但是没有等到儿子回来便离世而去。韩非回国期盼辅佐堂兄韩桓惠王，变法图强，可是韩桓惠王第一次召见韩非，便因为韩非口吃，被利欲熏心的权臣奚落，讥讽。

韩桓惠王看韩非的文章，说理精到，文采甚好。又是列国著名大儒

---

[1] 见施觉怀著《韩非评传》第二章韩非生平。

荀子的学生。召他进宫，问他如何才能当好一国之君。韩非知道自己口吃，说话尽量简约，他的回答是："使……使鸡守……守夜，令猫……猫捉鼠，皆用其能，王……王乃无事。"[①] 不学无术的权臣们讥讽他，大王若这样好当，农夫、樵夫、村姑都可以当大王。

韩桓惠王是一个肥胖多病的人，无心理政而又多疑，希望韩非告诉他如何管理好臣子。

韩非告诉他，明主管理群臣，有二柄足矣。二柄是什么？二柄就是两支棍棒。一支是刑，一支是德。刑是杀戮。德是奖赏。下属无时不想窃取君主的高位，君主绝不可将此二柄借与他人。若失掉其中一个，下面的臣子就会造反。老虎之所以能胜于狗，就是因为它有爪和牙，假如把虎的牙给了狗，则狗反过来就要管制虎了。[②]

韩非的话让权臣们暴跳如雷，说韩非辱骂他们，要韩非说出朝廷的重臣，哪一个是虎？哪一个是狗？有人干脆说韩非一派胡言！什么荀老夫子的高徒？他公然离间使君臣不和，不是个好东西！

韩非郁闷不乐地回到府中，恨自己口吃的毛病，更恨那些无知的朝臣。回国初次会见大王就这样不愉快，以后可怎么办？辅佐君王改革朝政、强盛韩国的愿望如何实现？

韩非记着老师讲过的话，君子耻于不修身洁己，不耻于被人污蔑；耻于自己不诚信，不耻于不被信任；耻于没有才能，不耻于不被任用。他每日不辞劳苦，继续努力，精心写作治国谏言。一有机会就把文章呈送给大王。但是，韩桓惠王被内外各种事务搅得心烦意乱，哪有心看文章。他收到韩非的文章，不是束之高阁，就是生气退回。而韩非每收到一次退回的文章，就心伤许久。如此几年过去，韩非矢志不移，终日埋头书斋。他相信，他的赤子之心总有一天会感动大王，韩王会赏识他的才华，采用他的主张。

韩非遵照父母生前的安排娶下一位贤淑的妻子，有夫人的关心照

---

① 见《韩非子·扬榷》。
② 见《韩非子·二柄》。

料，让韩非的日子也还如意。

一天，老仆来禀，说他的老师带领弟子来到郑城，昨天住在馆舍当中。

这个消息令韩非惊喜，转念间又不解："荀老师在楚国做兰陵县公，为什么来到韩国呢？"

韩非敬爱老师，时刻想到荀子对他的教诲，恨不能立即见到恩师，可是一想到自己的处境，便又迟疑，与老师分别的时候，老师勉励，要像当年申不害辅佐韩昭侯那样，成就一番大业。我费尽心血为韩国变法强国写下的上书，一次次被大王打回来。面见大王又一次次吃尽白眼。那些被大王重用的所谓高人、长者、勇夫，都是一些不守法令、贪图私利的蠹虫。国家赖以富强的农夫和战士，劳苦而又贫贱。而那些国家的蠹虫却享受着富贵和尊荣。我的主张无人赏识，我的文章只可以当柴烧，见了老师，我……我说什么呢？

正在韩非思索不定的时候，老仆颤颤巍巍地走进书斋来："公子！门外有人要见你。"

韩非问是什么人？老仆说，他们说是你的老师和师弟。韩非大为吃惊："啊？荀，荀……荀老师来了！"他急忙站起身来，走出书斋去迎接。

老仆将大门打开，荀子、李斯和陈嚣出现在门口。韩非望见荀子，激动地伏地跪拜。荀子亲切地将韩非搀起。李斯、陈嚣向师兄韩非拱手施礼。

韩非抓住李斯与陈嚣的手，不知道说什么好。许久才想起向荀子等人介绍他的夫人。

李斯与陈嚣一时惊喜，急忙向韩非夫人问好。韩非夫人有礼貌地向荀子施礼，请荀子与李斯、陈嚣到厅堂去坐。

韩非虽然是王宝后裔，府邸却不像别的王宝宗亲豪华，而是院门紧闭，门前冷落车马稀。走进大门，长满荒草的引路直通客厅，客厅后面是书斋。院子里冷冷清清，毫无生机。

荀子、李斯、陈嚣走进韩非府邸客厅，仆人为客人和主人——

斟水。

李斯说："师兄！我们是跟随老师去赵国的，一路上老师总是挂念你。因此特意绕道郑城，来看望师兄。"

荀子呷了一口水说："是呀！常言道师徒如父子。韩非跟随我多年，临淄一别，心中常常挂记。这次由楚国去赵国，就是多走上几天的路程，也要来看你一看呀！"

韩非听了李斯和荀子的话，心中更为激动，多日的委屈一下子涌上心头。他突然跪地，失声痛哭，呼唤："老……老师！……"

"韩非！……"荀子看到韩非的样子，也情感激动，要韩非站起来讲话。但韩非并不起身，他说："老师！您能记得韩……韩非，又专……专程前来看我，让，让……让韩非感……感激不尽！……"韩非哭泣地说不出话来。

"韩非，老师很想念你呀！"荀子眼含热泪，再次催促韩非起来。可韩非仍不站起，继续哭诉："老……老师！您的教导弟子从未忘记，怎奈韩非无能，对……对不起老师的教导。自从离开老师，从齐国回到韩国，韩非无人理睬，四处碰壁，我……我像一只丧家之犬……"韩非哭得又说不出话。

荀子心中同样的悲怆："韩非！你不要悲伤。老师和你一样，也是四处碰壁，像一只丧家之犬呀！。"

荀子与韩非师徒二人抱头痛哭。李斯、陈嚣和韩非夫人在一旁也伤感地擦拭眼泪。

陈嚣上前扶起韩非，请他起来慢慢讲话。

韩非站起身止住悲泣，说："弟子跟随老……老师，不仅学到了知识和学问，还学……学到了老师做人的精神和品德。弟子回到韩国之后，一心为国效力。多……多次向大王上书谏言，力主依法治国，改革朝政。可是大王一味听信那些奸人的话，对韩非的话却只字不听。那些奸人更是嘲……嘲笑讥讽韩非说话结结巴巴，还会有什么强国的妙策？"

荀子气愤道："人间的最大祸患，莫过于愚昧昏庸之辈毁弃德才兼备之人！"

李斯也气愤说："师兄！老师在齐国被人谗言相害。到了楚国，依然是诽谤之言漫天飞舞，让春申君对老师怀疑起来。因此，老师才一怒之下离开楚国，到赵国去。"

荀子安慰韩非说："韩非，芷兰生在荒山野谷，不会因为无人赏识便失去芬芳。贤士居住在穷乡僻壤，也不会因为不被任用就没有真知灼见。你要相信自己，最后成功的一定是你！"

韩非把荀子、李斯、陈嚣请到书斋来，指着四周书架上面满满的书简："老师！您……您看，这就是我给韩王写的书简所留下的底稿。"荀子眼望着弟子用心血凝就的简书，满意地点头。陈嚣也倍加赞叹："师兄！几日不见，你写了这么多呀？"

李斯取下一束书简随便翻阅，连连惊呼："大才！奇才！句句精彩，不愧是老师的好弟子！"

陈嚣气愤地说："像师兄这样的大才，韩王不用，真是瞎了两只眼睛。"

李斯提议："师兄！你既然不被韩王所用，不如随老师一同到赵国去吧！"陈嚣赞同："是呀！师兄，随我们去赵国吧，不要守在这儿总受窝囊气！"

韩非摇摇头："不。一则，我如今已有家室；二则，我是韩国人，不忍心看着韩国受人凌辱。我相信，总有一天，我对韩国会有用处的。"

荀子赞成韩非的话，他说："韩非说得对，明珠埋在土中，终有一天会放光的。"

韩非说："我相信，韩国不能总是如此。总有一天腐朽的朝政会改变，总有一天我会有用于韩国。"

"那样的一天恐怕是太久远了。"李斯问韩非，"师兄，你在韩国总向君王倡导法制，为何不倡导老师的帝王之术？"

韩非解释说："老师的帝王之术，是礼法并用，以礼为本。这个办法在韩国不行。韩国王权软弱，朝政腐败，国势衰微。要想强盛韩国，只能实行严刑峻法。"

"咳，可惜韩国的君王不能理解你呀！"李斯再次劝告韩非，"师兄，人的一生，时日短暂。你不应该困守在韩国等待，应该寻找一个能够重用你的君王，让你可以施展才能的国家，去展现自己的才华。"

韩非问："这样的君王在哪里？这样的国家在哪里？老师的才华比我们高出不知道有多少倍，他到处奔波，找到了吗？"

李斯回答不上来，不由得感叹："说也是呀！难道泱泱华夏，就没有我等施展才能之处吗？"

荀子一行要走了。韩非拿出许多黄金来，要陈嚣带上，让老师路上用。

陈嚣说："师兄！老师不会要的。在楚国，楚王给了那么多黄金，老师都不让带。"

荀子听见了，要陈嚣带上。他说楚王给的黄金不要，弟子给的不能不要。陈嚣听从老师的话，用包裹把黄金包好，带在身上。韩非与夫人送荀子一行到大门以外。

"老师！……"韩非拉住荀子的手依依不舍。

荀子安慰韩非："不要难过，相信自己，你会成功的。"

李斯、陈嚣向韩非拱手施礼告别。荀子上车，李斯、陈嚣骑马上路。韩非与夫人目送荀子远去。

二、回归故里邯郸

赵孝成王十二年（前254）秋，荀子一行离开成皋之路，沿太行山东麓北行，奔向赵国。一日，李斯骑马来到荀子的车前，禀告说前面就是赵国都城邯郸。陈嚣也骑马来到荀子身边说："我们很快就能见到师母了！"

荀子心中兴奋，连声称好。

突然，从道路两侧跳出许多衣衫褴褛的饥民来，高声喊叫："站住！"

李斯吃惊地问："你们要做什么？"饥民说，不干什么，把钱财留下。李斯愤怒质问："你们要抢劫吗？"

那些饥民大模大样地说，你们这些老爷有饭吃，我们也要吃饭，我们的肚子饿。说着饥民便围拢上来，一齐要抢劫车辆上的东西。李斯与陈嚣大声呵斥："你们赵国就没有王法吗？"

饥民们说，长平大战以后赵国人都快死光了，还讲什么王法？说着便打开一辆车门，见什么值钱的东西也没有，全是书简。又打开另外一辆车，还是书简。他们丧气地喊叫："穷书生，全是书简！"

另一些饥民打开了一辆车，高兴地喊叫："哈哈，这里有金子！有金子！"众饥民高兴地叫喊着去抢金子。陈嚣急忙上前阻拦，被几个饥民打倒在路旁。李斯抽出宝剑杀了过去，被众饥民包围。

几个饥民跑到荀子的车上，把荀子拉下车来。陈嚣与李斯看见，急忙跑来护卫荀子。双方激烈争斗，寡不敌众，李斯与陈嚣多次被打倒。荀子被众人包围，七手八脚要扒他的衣服。

此时不知从何处飞来数骑少年，闯入饥民群中，三拳两脚把他们赶跑，救下荀子等人。

一位少年走到荀子面前拱手施礼，说："老伯受惊了！"

荀子惊魂未定，怀疑地问："你是……"

少年说："我乃赵国少年侠虎。请问老伯尊姓大名？"

荀子回答说："老夫荀况。"

听到荀子的名字，侠虎大吃一惊："哎呀！您是荀老夫子！失敬失敬！"急忙向身后的少年大声说，"青剑！这位是赫赫有名的荀老夫子！"

青剑等少年急忙跑来，一齐跪倒在荀子面前，呼喊："拜见荀老夫子！"

"请起，请起！"荀子挽起侠虎等人，"感谢你们呀！若非你们来得及时，老夫连衣裳也要被扒光了！"

侠虎抱歉地解释，让荀子莫要见怪。他说长平之战后，邯郸城又被秦军围困三年，如今四野荒敝，到处是饥民哀号，国风败坏，请荀子见谅。荀子并不生气，也感叹赵国数年来兵燹不断，国破家亡，百废待兴。

　　侠虎告诉荀子前面就是邯郸城，有他们弟兄保驾，绝不会再有什么事情，请上路。侠虎、青剑等少年一直护送荀子进入邯郸城。

　　赵国都城邯郸华灯初上，街道上不时有车马驶过。两旁的店肆里摆卖着许多衣衫、家具等旧货，也有不少皮革用品。邯郸是列国有名的大都会，虽是战后，却依然来往人众，熙熙攘攘，客商不绝。

　　一曲美妙的歌声飘来。

> 浓浓情，浅浅笑，
> 天生倾城倾国貌。
> 谁不爱我美窈窕，
> 谁不爱我美窈窕。

　　这歌声来自一座酒肆内，妙龄的邯郸倡女苦女眉目含情，鼓瑟而歌。座中饮酒的客商阔少，趁着酒兴不断地高声喝彩。

　　与此不远的安平馆相比之下较为宁静，宽敞的大门，醒目的匾额，甚是雅致气魄。

　　馆舍仆人手提灯笼引荀子、李斯、陈嚣穿过天井，登上楼梯，来到住宿的房门前。仆人将房门打开，提高手中灯笼，为他们照亮，请荀子等人进入房中。

　　"十年了，旧地重游呀！"荀子隔窗俯视灯光如繁星点点的邯郸城，感慨不已。

　　荀子对李斯、陈嚣说，十年之前，他应秦国丞相范雎的邀请，由齐国去秦国，路过赵国，就住在这个安平馆里。

　　陈嚣问老师，这是邯郸最好的馆舍吧？荀子指着窗外说："你们看，这里处在邯郸闹市的中心，向西可望见赵王御苑，向北可望见当年赵武灵王演习骑马射箭的丛台，牛首水自楼下湍湍流过，清澈见底。两岸灯火，通宵达旦。站在此楼，可将邯郸繁华景象尽收眼底。"

　　李斯倚窗观看，颇有感慨："邯郸真美呀！"

　　"不过，今日的邯郸与十年之前实在难比呀！"荀子说，"你们看见了吗？大街两边卖的东西许多都是旧货。这是邯郸遭受劫难之后，百姓穷苦艰难的象征啊！"

陈嚣附和说："对！邯郸是赵国的都城，应当是珍贵珠宝，富丽堂皇，繁华无比，可如今到处卖的都是旧货。"

荀子告诉二位弟子，那年他在这里还结识了一个朋友。

李斯问："是哪个？"

荀子回答："吕不韦。"

李斯又问："就是那位阳翟的大商人吕不韦吗？"

"正是。"荀子说，"此人不只经商，而且胸藏宏愿，绝非一般商人可比。那年他来到这安平馆拜访我。我说，我不懂经商之道。吕不韦说，他想求教我的不是经商之道，而是为政之道，帝王之术。"

"啊？一个商人要修帝王之术。"李斯吃惊，"怪不得听人说，他同秦国在赵国做人质的公子异人来往密切，竟然把自己的爱妾送给了那位王孙。"

"人还说，当年秦国兵临邯郸城下，赵国要杀死秦国的王孙，是吕不韦出钱，买通道路，让他逃回了秦国。吕不韦送给秦国王孙的那位爱妾生下一个孩子，听说如今还在邯郸。"陈嚣也知道此人。

李斯猜想："这怕是吕不韦想要做的一桩大买卖吧！"荀子默默点头。

陈嚣问荀子，如今我们无声无息来到赵国，赵王何时会召见我们呢？

荀子笑道："不忙，赵王很快就会知道我们来到了赵国。"

果然，翌日东方发亮，赵孝成王与临武君便乘车向安平馆驶来。老馆主气喘吁吁地跑进荀子居住的客房，报告大王来了。

荀子急忙带李斯、陈嚣走下楼来，在天井中与赵孝成王和临武君相遇。临武君望见荀子首先上前一步，拱手施礼。

"啊，临武君？！"荀子吃惊地抓住临武君的手。

临武君说："荀老夫子，我们大王来看您了！"

赵孝成王上前躬身施礼："荀老夫子！寡人不知您大驾光临。有失远迎，失礼失礼！"

荀子拱手还礼："哪里哪里？荀况不过一飘泊儒士，冒昧而来，惊动君上，实在是不敢当，不敢当！"

赵孝成王问临武君："你们早已相识吗？"

临武君说："岂只相识。当年臣奉命去齐国求援，荀老夫子还为我赵国仗义执言呢！"

荀子请赵孝成王进客房说话，二人对面落座。赵孝成王非常真诚地说："荀老夫子祖上是邯郸人，今日回到了家乡，寡人以乡亲之情，衷心欢迎。"

荀子也诚恳回答："荀况自幼生长在邯郸，后来到齐国稷下学宫，数十年飘泊流浪，本想将所学所思奉献于圣主明君，却每每不能如愿。如今可说是苦难尝够，回归故土。"

赵王则说："荀老夫子品德高尚，学识博大精深，在列国中声名高远，寡人久盼当面请教而不得。您以后就留在自己的国家，哪里也不要再去。"

荀子表示，游子还乡，理当效劳，只要大王看荀况还有一些用处，荀况愿为故国尽心效力。

赵孝成王立即请荀子随他进宫。荀子、赵孝成王、临武君及李斯、陈嚣等人一同走出安平馆。

宫中护卫持戈、盾排列于街头。百姓们被挡在道路两边，不许来往走动。

赵孝成王引荀子来到自己豪华的轩车旁，请荀子上轩车。荀子谦逊礼让，说这不合礼仪。赵孝成王却说，寡人仅是一国之尊，您乃是列国儒学之尊，您又年长，理当如此。他亲扶荀子上车，与荀子并肩坐在轩车上，向王宫驰去。

李斯、陈嚣登上临武君的车子，随行于后。

侠虎在百姓中远远地关注着大王躬亲请贤的一举一动。待大王的车马走后，他转身至道边拉过自己的马，飞驰而去。

三、一民

荀子随赵孝成王走进王宫，二人分宾主坐下。临武君、李斯、陈嚣在下面陪坐。

赵孝成王向荀子倾诉心中的忧愁，他说："荀老夫子！长平之战，我赵国四十五万将士被秦军坑杀，都城邯郸被秦军围困了三年，国家元气大伤。寡人每日每时都忧虑不安。你的到来，如同天神降临。荀老夫子！希望您能够为寡人解忧呀！"

荀子也直抒心怀，说："荀况既然回到家乡，就是君上的子民。荀况听从君上的吩咐。"

赵孝成王向荀子摆出眼前赵国的现实，他说赵国经受了这场大灾难，眼前虽不是兵甲丧尽，却也是毫无征战之力。假如有哪个趁机攻打，我赵国将不堪一击。所以，目前最紧要的是重整三军，强我赵国兵甲。他问荀子："您说，用兵打仗最重要的是什么呢？"

荀子望了望临武君说："临武君是带兵的人。我想请临武君先讲一讲。"

临武君不好意思讲，说还是请荀老夫子来讲。荀子说他想听一听带兵人的高见。

临武君想了一想说："我以为，上得天时，下得地利，善观敌人的动向，而后出兵先敌到达，占据有利地形，这就是最重要的用兵方法。"

荀子讲道："用兵打仗最重要的是什么？既不是武器装备，也不是战略战术，而是一民。"

"一民？"在场所有的人对荀子的话均不解。

"对！一民。"荀子再一次肯定。

赵孝成王请荀子给以详尽的解释。

荀子说："一民，就是要得民心。弓箭不协调，即便是后羿那样的神射手也不能射中目标；六匹马配合不好，像造父那样善于赶车的人，也不能把车赶到很远的地方去；如果老百姓和朝廷离心离德，像汤武那样的圣君也不一定能打胜仗。所以，善于争取老百姓的人，才是善于用兵打仗的人。用兵的要领就在于争取民心。"

临武君不同意荀子的意见，他说："荀老夫子，您这话讲得不太妥当吧！用兵打仗所重视的是形势和条件，所实行的是变化和欺诈，神出鬼没，使对方没有办法捉摸。当年孙武、吴起就是用这样的方法，无敌于下天。怎么能说一定要首先一民，去争取老百姓呢？"

荀子说："临武君，你所说的是强霸的军队所采用的办法。人世间有比强霸更强大的，这就是仁义。"

临武君对荀子的这个见解感到新鲜，没有再说什么。

赵孝成王问："王者的军队应该采用什么样的办法，如何行动呢？"

荀子说："一切在于大王，将帅如何领兵打仗是次要的事情。国君贤能，国家就能治理好；国君不贤能的，他的国家就治理不好。注重礼义，国家就能治理好；轻视礼义的，他的国家就治理不好。治理好的国家就强盛；治理不好的国家就衰弱。这是强弱的根本，也是强军的根本。"

赵王与临武君点头称是。

荀子继续侃侃而谈："仁义的军队，所体现出来的是天子统一天下的意志。仁义的军队上下一心，臣民与君主，下级与上级，就像子女与父亲、弟弟和兄长一样。他们聚集起来，就形成一个战斗的整体；扩散开来，就成为整齐的战斗行列；摆成阵势，就像那莫邪之剑，谁碰着它就会被腰断三截。反之，那些残暴的国君，百姓痛恨，谁会跟随他呢？他的百姓喜欢仁义的军队如同自己的父母，回头看他的国君，就像看见仇敌。按照人情，谁会为他所厌恶的人去残杀他所喜欢的人呢？那就像让儿孙去杀害他的父母，他一定会去告发。像这样，仁义的军队与残暴的军队打仗，又怎么能够欺诈得了呢？《诗经》说：'商汤出师，大旗飘扬；威严虔诚，斧钺执掌；势如烈火，谁敢阻挡？'说的就是这个意思。"

赵孝成王听了高兴地合掌称道："讲得好！"

在赵王宫殿里沿着荀子提出的军事主张，讨论继续深入。陈嚣问："老师！您谈论用兵，常把仁义作为根本。仁者，爱人；义者，循理。既然是讲仁爱，那还用兵打仗做什么呢？凡是用兵的人，哪一个不是为了争夺呢？"

荀子微微一笑："不，不！仁者爱人，正因为爱人，才憎恨害人的人；义者循理，正因为遵循正义，才憎恨害民作乱之徒。所以，仁义之人用兵打仗，目的是为民除害，并不是为了争夺。"

李斯说："老师！秦国四代兵强海内，威震诸侯，并不是靠讲仁义取得的。他们靠的是便利从事，怎么有利就怎么做，并不首先讲什么仁义。"

荀子看了看李斯，恳切地说："李斯呀，你还没有弄明白。你所说的便利，是不便利的便利。我所说的仁义，才是最大的便利。仁义是用来改善政事的，政事修治好了，人民爱戴他的君王，愿意为他去死。君与民达到这样亲密的地步，还有什么不能够战胜的呢？秦国虽然四代强盛，可为什么却常常担心各国联合起来反对他呢？因为他是用强暴的方法取胜，没有将仁义作为根本。崇尚礼义，纯而不杂，就可以在天下称王；杂而不纯，可以在诸侯之中称霸。这两条都做不到就要灭亡。且莫看秦国现在强大。它不重视儒士，只讲威力，不讲仁义，此乃秦国的根本谬误，最终要受此害。"

荀子回过头来对赵孝成王说："君上！无论做什么事情，都不可舍本逐末。当君主的人，都往往想使用奖赏、刑罚、欺诈的办法对待百姓，使他们为自己效劳。人假如只为奖赏去做事，于自己没有利益了就会停止。如果大敌当前，让他们去守危城，就必然要叛变；让他们去作战，就必然要失败；遇上艰难困苦，就必然会逃跑，很快溃散。这不是下反而制其上吗？所以，奖赏、刑罚、欺诈的办法，乃是雇佣的办法，不足以聚合大众，强盛国家。礼义道德才是强国之本，建功立业之纲。推崇名节，申明礼义，崇尚贤能，爱护百姓，君主遵循这样的道路，可以得天下，威力无穷。反之，就要亡国。"

听到荀子的论断，赵孝成王感慨颇深，他向临武君说："哎呀！我们过去只知道孙吴兵法，对荀老夫子讲的闻所未闻。今日听到的是荀子兵法，更高一筹呀！"

荀子继续说："君上！长平之战，虽然已经过去五年，但君上不忘记，百官不忘记，赵国的百姓也不会忘记，四十五万将士的亲人更不会忘记。长平战败，无论是哪个的过错，都已经成为过去。如今，再也不能让它成为压在赵国人身上的磐石，而要把它变成赵国人重新站起来的动力。四十五万将士的尸骨，不能白白地葬在那深深的太行山谷！大王在此碑上不仅要刻上赵国战败的耻辱，还要刻上长平阵亡将士的名讳，让赵国百姓随时祭奠自己的亲人。大王亲自去祭祀长平阵亡将士，召唤百姓，时刻记住长平之耻。如此，此碑所承载的就不再是国耻，而是一面迎风飘扬的旌旗，是激励君臣百姓振兴赵国的战鼓！"

"啊……"赵孝成王认真地思考着荀子的话语。

荀子继续说："君上！在宗庙门前立下国耻之碑，是需要气量，需要胆识的。只有勇敢有为的国君才敢于这样去做。也许有人说，它是君上您的罪己诏。但是荀况相信，君上一定会以国家社稷为重，不计较追悔往日长平决策的是非，为赵国重新崛起而罪己！"

赵孝成王沉默良久，痛心地说："长平战败，乃是寡人错听误国之言，错用主帅之过。此一战，让我赵国痛失四十五万兵马，几乎失掉了祖宗的江山，寡人追悔莫及，昼夜难以安寝，无颜面见祖宗！……"赵孝成王说着泪水涌出，内心沉痛，难以再讲下去。停了一会儿，将情绪稳住，定下决心，说道，"长平之耻百姓不会忘记，寡人也不会忘记。临武君！请你遵照荀老夫子之言，在宗庙门外，立即竖立起国耻之碑，选择吉日，寡人将亲自公祭长平阵亡将士！"

君王的决心令临武君激动，立即跪地施礼："君上圣明！"

赵孝成王感激地向荀子道谢："荀老夫子，寡人今日聆听教诲，难得呀！实在难得。你为寡人解除了多年的心中疾患，也为赵国重铸民心，贡献了良谋。老夫子果然是难得的治世贤才！"

荀子谦卑地说："君上过奖了！"

赵孝成王敬佩地说："赵国是您的故乡，寡人愿拜您为上卿①，请您参与朝政。望您能助寡人重振赵国。"

荀子拱手感谢赵王厚爱。赵孝成王提出在邯郸都城开设一座议兵馆，请荀子为将士讲授用兵的道理。荀子欣然赞同。

临武君禀告赵王，荀子的家乡在邯郸城西数十里外的山坡之上，那里的人被秦军杀的杀，逃的逃，荀子的旧宅被毁，妻子儿女已经不知去向。赵孝成王敕命临武君，在邯郸城内为荀老夫子选一座上卿府邸，衣食俸禄与卿相等同。

四、艰难抉择

国耻碑前的悲戚之声不只震动了赵国百姓，也震动了列国诸侯。楚国的卜尹大夫告诉春申君，荀况让赵王立下国耻碑，使得许多赵国人哭叫连天，就像是为赵王哭丧。把国耻碑立在宗庙门前，让野鬼之魂挡住王家的瑞气，必然会使妖孽猖獗。仅此一举，赵国非亡国不可！

韩国的重臣告诉韩桓惠王，说韩非的老师在赵国出了一个馊主意，让百姓天天打赵王的脸。韩桓惠王不知所云，百姓如何能天天打赵王的脸呢？那重臣说："荀况让赵王竖立起国耻碑，国耻碑是什么？就是赵王的罪己诏。允许百姓天天到国耻碑前祭奠，岂不是让百姓天天打赵王的脸吗？"

齐国的君王后也听说了这件事情。荀子离开齐国之后，那位稷下学宫的原祭酒重又做了祭酒。君王后问他荀子怎么又从楚国到赵国去，让赵王立下国耻碑呢？他说荀况在哪里也待不长，楚王不要他，他才又跑到了赵国。孔子传授《礼经》的时候说过，"宫室视丰碑"②。就是说，人死了，竖立块石碑，那是为了记载死者的丰功伟绩。可荀况呢，他让

①　见《战国策·楚策四》"客说春申君"。
②　《礼记·檀弓下》。

赵王在宗庙前修建国耻碑，记载赵王的耻辱。岂不是违背古训，标新立异吗？

这年是秦昭王五十四年，已经七十岁的秦昭王对赵国立国耻碑更为关切。他到秦国早期的都城雍去祭祀先祖，谒见上帝①。此时秦国的相邦已经不是范雎，改换为纲成君蔡泽。这位纲成君四十余岁，凸额，塌鼻，端肩膀，聪明过人。秦昭王问他对赵王立国耻碑的看法。蔡泽说："兵法云，哀兵必胜。臣蔡泽以为，此举将激发赵国臣民，牢记国耻，重振家邦，决心与我秦国为敌。"

秦昭王赞同蔡泽的看法，认为赵国竖立国耻碑的功效不可小觑，赵国是我秦国的劲敌，中原有赵国，我秦国就不能顺利东进。长平一战，寡人打得它一蹶不振，绝不容它再次崛起。秦昭王敕命相邦蔡泽，立即选派一个有能力的人，出使赵国。无论用什么办法，或金钱，或武力，或离间瓦解，一定让赵王只可成为寡人的奴才，绝不能再成为寡人的劲敌。

相邦蔡泽遵照秦王敕命，立即派遣使臣带着强壮剽悍的随从，盛气凌人地直奔赵国都城邯郸。

赵孝成王正在内宫与爱妃嬉戏，忽听宫人禀报，秦国使臣到。顿然惊愕。吩咐好生款待，无心再贪恋爱妃，为秦国使臣的突然到来而不安，思考着秦国派使臣到来想要做什么？

赵孝成王在朝堂上接见秦国使臣。秦国使臣依礼跪拜，说他是奉了秦王之命，为秦赵两国友好和睦而来。还带来秦王送的琳琅一对、狐皮两件，请赵王笑纳。赵孝成王回赠了秦王碧玉一双、帛锦十匹，比秦使带的礼物更贵重。

接着，秦国使臣说出了他出使赵国的真正目的。他说燕国失去信义，我秦国大王将出兵讨伐燕国，意欲借赵国狼孟之地，作为屯兵所用，请大王务必给个方便。还话中有话地威胁，说昔日秦赵两国虽然曾经在长平交战，使得赵国四十五万将士魂丧太行山谷，而且，我秦国大军又围困邯郸城池三年之久，那样的情景实在是太难为你们了，我秦国

① 《史记·秦本纪》记载："秦昭王五十四年王郊见上帝于雍。"

大王不愿意看到秦赵两国再有战事发生。

秦国使臣的话让赵孝成王难以张口，只能点头称是。

秦国使臣还嫌不够，又补充说，去年列国都来朝拜我秦国大王，魏国来晚了。我家大王生气，派大军立马取了它的吴城。① 这件事情想必赵王您知道吧？

面对秦国使臣的威胁，赵孝成王内心惶恐，一时间竟哑言失色。

秦国使臣看透赵王的心态，便进一步威胁说："假如君上不愿意借地狼孟，我秦国只好首先出兵赵国，而后再攻伐燕国。请君上莫怪我秦国未能先礼而后兵！"

宫殿里的文武大臣面对秦国使臣猖狂言语，有的害怕得不敢正视秦国使臣；有的被秦国使臣的狂妄激怒，欲挺身辩驳，看到赵孝成王劝阻的目光，又退了下来。

赵孝成王强装笑颜，和蔼地说："我赵国都城邯郸乃列国著名的大都会。使臣远道而来，寡人派人陪同使臣先随意观赏几日，以解路途劳累，你看好吗？"

秦国使臣说："邯郸的繁华的确列国少有。只是卑职有重任在身，不敢久留。请君上迅速给予答复。"

赵孝成王答应商议之后回复。秦国使臣便大模大样地走出王宫。

秦国使臣去后，临武君愤怒地上前禀告，说秦国使臣欺人太甚！一位大夫也义愤填膺，说此乃强盗之理！

赵王的叔父已是满头白发，他走上前去，一字一板地说出了不同的意见。他说："谁都知道，当今天下以秦国最强，他们想打哪个就打哪个。长平一战，我赵国元气大伤，再也经不起折腾了。"一个文弱的大夫附和说："假如再与秦国交战，我赵国将有亡国之危，灭顶之灾。以微臣之见，暂且借狼孟给他，避免我赵国再遭一场劫难。"

"亡国之论！"临武君立即愤怒斥责，他说，"秦国说什么借我狼孟之地，屯兵攻伐燕国，分明是欺我软弱，图谋取我晋阳。为了占据晋

---

① 见《史记·秦本纪》。

阳，就要先占领狼孟，以形成对我晋阳的包围之势。我赵国臣民，可杀而不可辱，绝不能答应秦国的无理索求。"

两位大夫激动地面向赵孝成王跪下，倾心陈情："秦国的狼子野心，昭然若揭，我们祖宗留下的土地已经丢得够多了，绝不能再任人宰割！"

白发的赵王叔父却指责他们："你们这是爱国吗？那虎狼一般的秦国，是杀人不眨眼的呀！"文弱的大夫也说："假如秦国再次兵临邯郸城下，你们有谁能顶得住呢？"

临武君手指着文弱的大夫斥责："你还有一点骨头吗？"

朝堂上争论得不可开交，赵孝成王听谁讲得都有道理，难以决断。宫人惊慌地跑到赵孝成王身边耳语："君上！您的爱妃因马惊受伤，神志昏迷！"

赵孝成王大为吃惊，立即宣布退朝。

原来赵王的爱妃乘车到苑囿去观看春日盛开的鲜花，放风筝，欢天喜地，飞奔而归。不想行到太庙外国耻碑前，奔驰的驷马突然惊厥，跑出驰道，撞到国耻碑上，车子翻倒，将爱妃甩出车外，立时昏厥。宫人将她救回内宫，她不住地喊叫："打鬼！快点打鬼！"宫人不知所措，只好赶快禀报大王。

赵孝成王闻言疾步回宫，看见爱妃的样子心疼不已，命人快请御医。御医疾步来到，为赵王爱妃诊脉，观看神态，诊断贵妃为心肾两亏，身心虚弱，加之突受惊吓，导致神志昏迷。赵孝成王问怎样才能快一些治好。御医讲贵妃的病虽由惊吓所起，实非一日所得。治好此病，一要治表，二要除根。贵妃不住喊叫打鬼，乃是一种梦魇。此梦魇由国耻碑而起，就要从国耻碑来灭病消灾。如果让贵妃到国耻碑前，亲眼看见国耻碑推倒，即可消除病因。"

赵孝成王闻言大惊，又问："如何除根呢？"

御医说："鄙人开一药方，吃下一剂就可大为好转，两剂便可病疾尽除。"

赵孝成王要他快写出方子来。御医很快写好药方。赵孝成王接过来看，又是一惊："生长三百年的还阳草？这样珍奇稀少的药物，如何寻找得到呢？"他问御医能否想办法采到。御医摇头。赵孝成王大为失望，让御医退下。

贵妃乞求赵王："君上！你说过你是最喜欢我的。看在过往的情分上，你一定要给妾妃治病呀！"赵孝成王告诉她，御医开的药方，一是治表，需要推倒国耻碑；二是寻找三百年的还阳草，这两项都很难呀！寡人虽然身为君王，并非什么事情都能做得到呀！

贵妃突然从卧榻上坐起身来，惧怕地惊叫："鬼！鬼！……君上！妾妃活不了啦！我活不了啦！……"赵孝成王无计可施，心疼地把爱妃抱在怀里，惊悚无奈。

此时宫人禀报临武君求见。

贵妃急忙躲藏在赵孝成王的身后，喊叫："大王！不要见他！他是魔鬼！他是魔鬼！……"

赵孝成王焦急为难。宫人再次禀报，说临武君有紧急要事，请大王决断。

贵妃又连连呼喊："不要见他，不要见他！……"赵孝成王抱住爱妃，为她细心梳理气血，待她安静下来，才向宫人吩咐让临武君来见。

临武君向赵孝成王禀报，秦国使臣恼怒，说借地之事，假如三日之内不予答复，他就要返回国去。临武君提醒赵王，假如让秦国使臣这样回国，将对我赵国大为不利。

爱妃急待医治，秦国绝不能得罪，两件事搅得赵孝成王心乱如麻，想不出好的办法应对。他忽然想起荀子，便要临武君快去求教，请荀子给拿个主意，也让临武君给想一想办法。

临武君说："推倒国耻碑，此事非同小可，臣不敢妄言。还阳草，是山川云雨阴阳昼夜之精。集千年精灵之正气，集日月之精华，集藏龙卧虎之地灵，集九星之星光，历经数亿万年后才会现身。只有神人方可取得，向何处寻找，微臣也不知。"

他们说话期间，赵王爱妃不断地惊惧叫喊。赵孝成王乞求临武君："你看她病成这个样子，让寡人坐立难安。你是寡人的心腹之臣，应对秦国使臣的事情可听荀老夫子的高见，寻找还阳草的事情，就请你代寡人操劳吧！"

临武君十分为难，答应一定尽力。他回到府中，即刻选出十数名精干的人，命令他们分别到泰山、衡山、嵩山、恒山、华山去，不分昼夜，多方探询，即便舍下性命也要找到还阳草回来。

五、治国与修身

临武君急忙去见荀子，没有说什么客套话，便直接进入正题。他告诉荀子，秦国要借狼孟之地，使臣催促三天之内必须回复；大王的爱妃病情沉重，需要推倒国耻碑。大王难以决断，他也没有主意。大王把这两件难事都交给了他。他请教荀子，可该怎么办呢？

荀子思考了一下说："关于秦国的要挟，好办，一句话便可以回复。至于推倒国耻碑的事……国耻碑与大王爱妃的疾病，孰大孰小，还用言讲吗？"

"是呀！正因如此，大王才难以启齿。"临武君说，"不过，君王既然把这件事情交给了我，作为臣子，我应该遵从君王，为君王解难……"

荀子说："臣子应该遵从君王。但是，君王首先应该有道。道是什么？道是君王遵循的原则。君王应当是能够把人民组织起来的人，是善于造福人民、善于治理人民、善于给人民以荣耀的人。能做到这些，人民就尊重他，爱戴他。不能做到这些，人民就背离他。他就不再是君王，而是匹夫！"

听到荀子这等言语，临武君心中惧怕："荀老夫子！这样的话你可以说，让我说，我不敢讲。见到大王，就更不敢讲。那是要杀头的！"

荀子爽快地说："我进宫去。"

荀子来到王宫，赵孝成王出宫迎接，衷心感激："荀老夫子，您来得好呀！寡人有许多为难的事情，要请教于您呀！"

荀子问："是为秦国派使臣来，借狼孟之地的事吗？"

赵孝成王说："是呀！秦国使臣威逼甚急，朝廷中各说不一，寡人也十分为难。您看此事该当如何呢？"

荀子说："君上，荀况正为此事而来。秦国派使臣来，明为借地屯兵，实为要挟赵国割让国土，此事绝不可退让。"

赵孝成王担忧地问："寡人如不借地与秦国，它若兴兵再次与我赵国开战，长平的旧伤未愈，岂不是又引来一场灾难吗？"

荀子说："入侵者贪得无厌。你对其愈是恭顺，他的气焰愈是嚣张。这好比一个女孩子，她的脖子上系着珠宝，身上携带着黄金，在山中遇上了强盗。虽然她连看都不敢看强盗一眼，哈腰屈膝，让强盗把脖子上的珠宝、身上的黄金全部都拿走。可是最后，仍然不能保全自己。君上，国力不强受人欺凌，懦弱也要受人欺凌呀！"

赵孝成王默默点头。

荀子继续说："所以，如果没有使本国人民团结一致来对抗强国的办法，只靠说好话、献殷勤、跪拜请求而诚惶诚恐地去侍奉他们，那是不能够保住自己的国家、使自己安然无恙的。英明的君主不这样做，必将修礼以齐朝，正法以齐官，平政以齐民。如是，则邻近的国家就会争先恐后地来亲近，远方的国家也会表达出仰慕之情；国内上下团结一心，三军共同努力；名声足够用来向别国炫耀而威慑他们，武力足够用来惩处他们。打个比方，这就好像是大力士乌获与矮子焦侥搏斗一样。所以说，'事强暴之国难，使强暴之国事我易。'"

赵孝成王犹豫地问："如此说，此步不能退让？"

荀子坚定地回答："是的。绝不可退让。退则死，进则生。君上在太庙前立下国耻碑，赵国的民心振奋，士气旺盛。作为君王，应当是百姓自强自立的首脑。且不可瞻前顾后，顾虑重重，让百姓失望。"

赵孝成王似乎听明白了荀子的话，坚定地说："好！寡人听您的。寡人明日便回绝秦国使臣！"

荀子问赵王："君上！听说贵妃病了？"

赵孝成王回答："是。病情十分沉重。"

荀子又问："君上是否打算为爱妃推倒国耻碑呢？"

"哎！国耻碑怎能推倒？"赵孝成王说得很坚决，不过又说，"咳，爱妃之病因国耻碑而起。御医说要消除病因，爱妃之病才可以好转。这，这可叫寡人如何才好呢？……"

荀子郑重说道："大王！国家，乃是天下最大的工具。治理国家的人，如果想用它做大事，它就大；如果只想用它做小事，它就小。一心做大事的君王，能够让国家大安、大荣；一心做小事的君王，会使国家大危、大累。君上，您是想成为一个做大事的君王呢，还是想做一个只做小事的君王呢？"

赵孝成王立即回答："哎！寡人岂是鼠目寸光之辈！"

荀子紧接着赵王的话说："好！想做大事的君王必是先义而后利，百乐自在其中。想做小事的君王必是先利而后义，首先追求自己的欢乐，而将治国放在其后。晓知这点道理，君上如何对待国耻碑和爱妃之病，其道理就分明了。"

赵孝成王点头称是，却另有所思："老夫子！道理分明并非办法分明。作为一个君王，假如连自己心爱的妃子也不关爱，还算得上君王吗？众人会耻笑寡人的。"

荀子看透了赵王的真心思，便直刺其心扉："君上！权力不应改变心志，众人也不能动摇心志。活着要坚持，到死也矢志不改，这样才可以算得上有道德情操。假如为爱妃把国耻碑推倒，您就不怕百姓耻笑吗？"

赵孝成王无话可辩："是呀！所以才让寡人处于两难之境。咳，难呀，难呀……"

荀子将话语引向深入："君上！您还记得吗？我们初次见面的时候，您问我，要使国家强盛，用兵打仗最要紧的是什么？我告诉大王，最重要的是一民，就是要争取民心。"

赵孝成王点头："是。"

荀子继续说："管理国家的人，得到百姓的尽心效力就富足，得到百姓的舍生忘死就强大，得到百姓的称颂就荣耀。若是这三点都得到了，天下就归属于他了。假如这三点全失去了，天下人就会抛弃他。君上若想强国家，得天下，就应当把民心放在首位。所以，在百姓的得失与爱妃的生死面前，是首先选取爱妃，还是首先选取百姓？我想，君上绝不会做一个爱美人胜于爱江山的人吧？"

赵孝成王尴尬地无话可答："啊！……是呀！是呀！"

荀子说："君上爱妃的病，虽然因马惊在国耻碑前而起，但用推倒国耻碑来为您的爱妃治病，那是愚昧无知之举，难道君上会被这种愚昧无知所欺骗吗？"

赵孝成王连忙说："是呀！是呀！老夫子！您讲得对。寡人怎么会那样无知，那样糊涂呢？"

荀子说："君上！有君王问我，如何治理国家？我回答说，我只听说怎样修身，没有听说如何治国。君王如同日晷，人民就如同影子。日晷端正，影子就正。当年武灵王喜爱骑马射箭，臣下就经常练习骑马射箭。楚庄王喜爱细腰的女人，因此王宫中就经常有忍饥挨饿使得腰细的女人。如今赵国百废待兴，君上若能事事以国为重，以民为先，赵国就大有希望了。"

荀子有理有据的耐心劝告，让赵孝成王感动，也明白了对待眼前之难的正确选择，他向荀子承诺："好！寡人一定听从老夫子的教诲。"

荀子起身告辞。赵孝成王连称感谢，把荀子送出宫门。

六、不动刀枪的战争

白发苍苍的赵王叔父听说赵王打算接受荀子的谏言，拒绝借狼孟之地给秦国，他和那个文弱的大夫气急败坏地跑进王宫，要赵王千万不能听荀子的话。荀况的话如果都对，为什么秦国、齐国、楚国都不用他呢？如今的天下崇尚武力，是强者胜，而不是有理者胜。荀况倡导仁义道德，可仁义道德管什么用？能上阵打仗吗？能抵得过长矛、弓箭吗？秦国的武力天下哪个能敌？

文弱大夫说得更明确："一块土地算得了什么？为我赵国臣民百姓日子平安，把狼孟给了秦国有何不可？"

听到这样的话，赵孝成王生气了："这是什么话？没有国土，寡人还做的什么君王？寡人看荀老夫子讲得很有道理！"

白发叔公毫不示弱："君上！您决心要听那荀老头子的话，誓死不舍一寸国土是吧？那好，等着吧，又一场灾难就要降到我赵国臣民的头上来了！老臣曾经受先王临终之托，辅佐君上登基。今日你不听老朽的忠言相告，我……我就死在君上的面前！"说着就要碰头去死。

赵孝成王急忙起身阻挡："叔公！且慢，且慢！你的心愿寡人知晓，此事容寡人再细想一想好吗？"

白发叔公义愤难息："想什么？哪个遭乱，哪个平安，还用得着想吗？"

赵孝成王在朝堂上听到的是责备之言，下朝回到寝宫看到的是爱妃一脸的痛苦和期盼。爱妃的病与日沉重，每天向赵王悲泪哭泣，反复说她活不了啦，要赵王快些推倒国耻碑，快给她找到还阳草。赵王心疼爱妃，用好言反复劝慰，可爱妃依然痛苦得声声呼喊，喊叫得赵王心烦意乱。赵孝成王吩咐宫人传临武君进宫来，责问他，你找的还阳草在哪里？临武君回复，他派出去的人正在昼夜寻找。

赵孝成王生气："寡人把你看作心腹之臣，而你却做事慢慢腾腾。寡人的爱妃病入膏肓，你们哪个心疼？"

临武君解释："微臣派出寻找还阳草的人，踏遍青山峡谷，舍生忘死，攀登悬崖峭壁，已有两人被猛虎吃掉，三人跌下悬崖丧生。君上，他们家中也有妻子儿女呀！"

赵孝成王无话可说，只好许诺多给些金钱，抚恤那些为寻找还阳草而死的家人，鼓励那些还在山谷寻找的人继续努力，回来一定重赏。

临武君退去之后，赵孝成王问爱妃："你都听见了吗？好几个人都为你而死了！"

贵妃却冷冷地说："我听见了。看他那煞有介事的样子。死几个草民算得了什么？王命大，还是草民的性命大？"忽然，一阵疼痛上来，她又痛苦地叫喊起来，"哎哟！我活不了啦！……"

赵王见爱妃的玉体日渐消瘦，更为之心疼，紧紧地抱住爱妃："爱妃，你不能离寡人而去呀！……"

赵王感觉虽为一国之君，此时却是如此的无助、无奈。他的爱妃的命危在旦夕，却是没有一点办法……想到这里，赵孝成王不由得流下了痛楚的眼泪。

正在赵王悲苦之时，宫人突来禀报，秦国使臣求见。赵王自是没有好气，他拒之不见。宫人禀报，说秦国使臣一定要见君上。

赵孝成王怒火迸发，斥责宫人无礼，命其退下。但宫人并不退下，惧怕地小声说："君上！那秦国使臣说，他是给大王送礼物来的。"

秦国使臣手捧精致的描金漆盒走进宫来，恭敬跪地，将漆盒放在赵孝成王面前："参见赵王君上！……"

赵孝成王不解地问："使臣！您这是……"

秦国使臣回答说："闻知大王贵妃病重，鄙人为我秦赵两国永世友好，和睦相处，特从华山寻来名贵还阳草一株。"秦国使臣打开漆盒继续说，"君上请看！这株还阳草，颜色赤中带黑，光泽如玉，足足有三百年，此乃难得的珍品呀！"

赵孝成王感激之情不知用何种言语表达，激动地双手接过，感慨万端："宝贝！稀世珍宝！使臣……寡人用什么来感谢您呀！"

秦国使臣大度地说："区区一味草药算得了什么？只要君上能体味本使臣之意，以两国友好为重，我就心满意足了！"

赵孝成王满脸堆笑："是呀！是呀！秦赵两国本来就世代友好，秦与赵本来就是同宗弟兄嘛！……"

秦国使臣为何改变虎狼姿态，放下架子，以友善的面孔送来还阳草呢？原来他听说赵王想接受荀况的意见与秦国作对，他的随从想把荀子杀掉，而秦国使臣不赞同。说杀一个儒士十分容易。如今我们必须把自己的事情做好。他吩咐随从，无论想什么办法，花多少钱财，一定要寻到还阳草，送给赵王。随从们不解，堂堂大秦国的使臣怎么能够向赵王屈膝献媚。使臣却说，这不是屈膝，是驱使；不是献媚，是纵容。离开咸阳的时候，相邦纲成君告诉他，大王有旨，无论采用什么办法，或金钱收买，或武力胁迫，或离间瓦解，一定不能让赵国再次成为我秦国的强敌。我们不能只知道杀戮，还要学会离间与瓦解。不动一刀一剑，让那赵王束手就擒。

七、君心与民心

听说赵王答应了秦使的要求，让侠虎、青剑等少年悲愤不已。他们聚集在国耻碑前，决定刺杀秦国使臣。

侠虎望着群情激昂的同伴们，果断决定，说做就做。假如大家一同都去，目标太大。他挑选六个行动机敏的人，由他和青剑带领，一行八人到安平馆舍去，其他的人做后应。嘱咐青剑，绝对不能让秦国使臣知道我们是赵国人，以免让秦国以刺杀使臣为借口，出兵攻打我赵国。

秦国使臣的房中灯火通明，他们正在为赵王答应将狼孟给了秦国而欢乐饮酒，庆贺不动刀枪战争的胜利。

侠虎、青剑等人蒙面，纵身跃过高墙，持剑向安平馆秦国使臣房间潜行。一个少年不慎将剑碰在栏杆上，"当啷"一声，夜深人静，响声格外清脆。

突来的响声惊动了秦国使臣，警觉地问："什么声音？"

两名随从奔出房门察看，发现侠虎、青剑等人，惊呼："有刺客！"

两名少年冲上去，挥剑将两名随从刺死。青剑率人冲进秦国使臣房中。数名随从手执兵刃护卫秦国使臣，双方在馆舍中杀成一团，惊动了在安平馆居住的客人。

安平馆老馆主披衣起来，吩咐仆人快去报官，秦国使臣出了事可了不得！

青剑等人在房中与秦国使臣及随从执剑对峙。秦国使臣喝问："你们是什么人？"

青剑说："我们从咸阳千里寻你，专为取尔狗命！"

星夜，赵国士兵冲进馆舍，呐喊着抓刺客。青剑听到兵士的呐喊声音，向同伴们示意，越窗而去。赵国士兵赶上楼来，见青剑等人已越窗逃走，便反身奔下楼去追赶。侠虎、青剑等人在邯郸街头奋力逃跑，赵国士兵在后面穷追不舍。侠虎与青剑等人分头逃跑，侠虎跳上墙头，不见踪影。

秦国使臣的随从回到安平馆，向使臣禀报，追了一夜，一个刺客也没有抓到。他们想不明白刺客怎么说是从咸阳来的？

秦国使臣说："朝廷中历来是尔虞我诈，不足为奇。不过此事对赵国人要保守秘密。我们秦国人在赵国被害，不仅要他赵王捉拿凶手……"一个随从急忙说："还要再敲他一笔钱财！"

"不！还有比钱财更为要紧的。"秦国使臣说，"君上派我等来赵国的真正目的是，赵国立下国耻碑凝铸民心，把我秦国看作世代仇敌。大王要我们采用各种办法分化瓦解他们的意志。我们借狼孟之地，挑起了赵国君臣的内部纷争；送还阳草，让他们君王与百姓相互仇视。这次，杀了我们的使者，一个更好的机会又来了！"

次日，秦国使臣到赵王宫去，严肃地质问赵孝成王，为何纵容凶手刺杀使者。赵孝成王心中慌乱，回说山野草民无知妄为，一定尽快缉拿凶犯。秦国使臣对赵王的回答并不满意，他问赵王："难道仅仅捉拿凶犯吗？"赵孝成王答应大礼安葬不幸亡故的秦国使者。秦国使臣又问："仅只安葬就够了吗？"赵孝成王又答应："寡人赔偿黄金三千两。"秦国使臣又问："我秦国使者的性命，难道仅值三千两黄金吗？"赵孝成王答应赔偿黄金五千两。秦国使臣还不满足，说就是拿你的都城邯郸做赔偿，也远远不够！

赵孝成王为难了，低声下气地问："使臣，您还想要什么呢？"

秦国使臣说："我要你的心！"

赵孝成王对秦国使臣的话不解。

秦国使臣说："你的百姓，为什么敢于刺杀我秦国使者？他们为什么这样胆大包天？究其原因不在别人，而在你。你在太庙门前修建了国耻碑，让你的百姓时刻仇恨秦国。如果君上真心与秦国友好，愿秦赵两国和睦相处，不再打仗，就必须把那座国耻碑推倒！"

赵孝成王对秦国使臣的这个要求，一时难以回答。

秦国使臣问："不乐意是吗？那好，我立即回国，禀报我秦王，就说赵国杀死我秦国使者，决心与我秦国为敌！"说完起身要走。

赵孝成王惊慌失措，赶忙说："慢，慢着！使臣！这件事情……容我们君臣商议商议好吗？"

秦国使臣将态度缓和下来，说："君上！御医为你夫人治病，开出了两个药方，第一个是消除病因，推倒国耻碑；第二个才是寻找名贵神药还阳草。本使臣出于友情，已经从华山采来还阳草送与君上。如今你应当将国耻碑推倒，把御医所开的两个药方一同用上，你爱妃之病就会因与我秦国交好而痊愈，何乐而不为呢？此事还要与哪个商议呢？"

赵孝成王乞求说："使臣！寡人还是商议商议才好。"

"好吧，我等着！"秦国使臣愤然离去。

赵孝成王望着秦国使臣离去的背影，独自思考良久，拿不出个主张来。最后下了决心，让人宣临武君。

临武君应诏进宫。赵孝成王气愤地质问临武君："昨夜有人胆大包天，刺杀秦国使臣，为寡人惹下了塌天大祸。你知道吗？"

临武君回说："微臣方才晓知。"

赵孝成王斥责道："你主管都城防务，责无旁贷，必须迅速缉拿凶手到案！"

临武君俯首遵旨。

赵孝成王又说："秦国使臣提出条件，要我们必须将国耻碑推倒……"

临武君闻言大惊。

赵孝成王说："推倒国耻碑之事，影响重大，要与荀老夫子商议。"

临武君说："君上！荀老夫子为将狼孟之地借给秦国，已经甚为生气。"

"咳！难哪！寡人难哪！"赵孝成王做出为难的样子，"秦国使臣威逼甚紧，寡人已是无计可施。临武君，你带上礼物代寡人探视荀老夫子，告诉他寡人的难处。秦国使臣要求推倒国耻碑之事，务必请他代寡人拿个主意。"

临武君迟疑不肯离去。赵孝成王烦躁地催促。临武君只好不情愿地离开。

在邯郸街头，赵国士兵如临大敌，全副武装盘查行人。百姓惊恐万状，听说是为了抓刺客，反而称赞有胆量。

临武君带着两名随从走进荀子书斋，随从把带来的许多礼物放下。荀子问临武君，这是何意？

临武君坦率地说："鄙人奉大王口谕，特来探视荀老夫子。赵国的铜器在列国之中是非常有名的。你看，这是一件王宫中收藏的铜壶，精美异常，世间少有。漆器在当今以楚国最好，你看，这件漆盘上漆有龙凤鸟纹……"

荀子打断临武君的话："临武君！大王不听荀况之言，我要这些礼物何用？"

"老夫子，大王也是无奈呀！"临武君为赵王开脱。

荀子请临武君对面坐下，问道："临武君！我听说大王要你缉拿行刺秦国使臣的凶手是吗？"

临武君说："杀死使者，特别是秦国的使者，此事不小呀！"

荀子问："凶手抓到了吗？"

临武君摇头："踪影皆无。"

荀子严肃地说："临武君，我是不赞同这种刺杀行为的，尤其是对于一国的使臣。然而由此也可窥见民心呀！荀况与大王初次相见，一同议兵之时，我就讲过，强国强兵之本在于一民，在于争取民心。大王接受荀况谏言，在太庙前立下了国耻碑，民情振奋，赵国大有希望。可是，秦国使臣将一株还阳草送给大王，为他的爱妃治病。大王就抛却四十五万将士生命的巨大仇恨，奉献狼孟之地讨好秦国，图求苟安。民心因此而怨愤，怨愤则生出不测之事端。在所必然，在所必然呀！不知大王可有所觉察么？"

临武君摇了摇头。

荀子激动地说："我把《修身》那篇文章送给他，意在劝谏大王，身体力行，做民表率。你想成为百姓称道的君王吗？那你就要修身。你想成为一统天下的君王吗？那你就要立德。一个国家，如果义胜过利，就是安定的时代；如果利胜过义，那就是混乱的时代。君王重视义，义就能胜过利；君王重视利，利就要胜过义。君王无志无德，把自己的利益看得比天下还重，将如何立国？又用什么去让百姓和他一心呢？"

临武君想到自己此行的使命，便劝解说："老夫子请息怒，赵国千疮百孔，积重难返，大王也有他的难处呀！"

荀子压压心头的火气，感慨地说："如今正处在乱世之年。越在乱世，越需要信念，需要礼义，需要道德，越需要君王率先去身体力行。这样，道德和礼义将会成为一种强大的支柱，一种凝聚民心的至宝，一种无敌的力量，而胜过千军万马。如果连君王都失去信念，不相信大道正理，空有其言，无有其行，甚或行与言相悖，还怎么能够重振国家，怎么能够担当起一统天下的大任呢？莫说去统一天下，恐怕连自己的国家也难以保全！"

侠虎突然越窗而入。临武君以军人的机敏立即抽出墙上挂的宝剑，质问："你是何人，胆敢闯入上卿府邸！"

侠虎说："你是临武君吧？我就是你要捉拿的刺客，怎么样？捉拿我归案吧？"

临武君愤怒地欲上前擒拿。

荀子止住临武君："且听他讲。"

侠虎向荀子拱手施礼："荀老夫子，侠虎冒昧到此，只想对老夫子表明作为一个赵国百姓不屈强权的决心，绝不想连累荀老夫子。追捕我的兵士就在府门以外。临武君，请你把我带走吧！"

听到侠虎的述说，临武君迟疑了。

李斯急促进门来："老师，府门外有兵士说，行刺秦国使臣的刺客，逃入了我们府中，一定要进府捉拿刺客！"

荀子问临武君："从荀况府中捉走刺客，这样好吗？"

临武君看了看荀子，又看了看侠虎，走出书房，他向冲进院内来的兵士大声斥责："你们要做什么！这里是上卿府邸，是你们随便进入的地方吗？"

临武君的两名随从应声走进书斋。临武君手指侠虎："把他带走！"

临武君的随从立即把侠虎抓住，带出门去。

荀子吃惊地问:"临武君!……"

临武君平静地说:"荀老夫子!请您放心,鄙人绝不是一个卑躬屈膝的小人。"

荀子依然不解。

临武君不再解释,他说:"老夫子,鄙人此来是秉承大王意旨,向您求教一件大事。如今秦国使臣提出,为了秦赵两国修好,赵国必须推倒国耻碑。君上请您代他考虑,此事如何做才好。"

"考虑什么?让我考虑什么?……"荀子闻言愤怒,"国耻碑!它是国家的灵魂,赵国人的心!你去向大王说,人心岂是可以随便摘去的吗?"

八、尴尬邯郸行

春申君的门客朱英,赵国观津(今河北武邑县东)人①,二十五岁左右,粗眉明目,身高膀阔,他是一位睿智爽快的侠士,一日进入令尹府邸厅堂,参拜春申君。

春申君问他有何见教?朱英便细说衷肠。

原来当年春申君伴随太子在秦国做人质的时候,朱英的父亲就跟随了春申君。父亲临终之前,又将他托付给春申君。所以,朱英就像对待父亲一样对待春申君,无话不谈。如今有一件事情,朱英反复思量,但不知想得是否正确,也不知道应该怎样对春申君讲。但事关重大,又不敢隐瞒,所以今日就冒昧前来。

朱英的话来得突然,让春申君感到意外。

朱英说:"昔日伊尹离开夏桀去帮助商汤,后来商汤成就了王业,而夏桀灭亡。管仲离开鲁国去帮助齐国,鲁国就衰弱,而齐国却强盛起来。由此看,贤士在哪里,哪里的君王没有不尊荣、国家没有不兴旺

---

① 见《史记·春申君列传》。

的。荀老夫子乃天下贤人也。您的门客三千，人才济济，然而，楚国要成就一统霸业，不能没有荀老夫子这样的天下著名大儒。"①

春申君认真思考着朱英的话。

朱英继续说："据朱英所知，荀老夫子在兰陵并没有什么过错。他没有王命便开仓放粮，为的是解救灾民；他不接受大王的赏赐，存于国库，为的是给百姓兴修水利。他的那些关于天的高论，我等闻所未闻。这只能是我等浅薄、无知，绝不能把它作为歪理邪说而斥为异端。那些诽谤之词，什么想重建鲁国，尽是无中生有，暗藏祸心，令尹绝不可听信。"

春申君点头："是呀，此事我已有察觉。不过，荀老夫子已经走了，请他复归，怕是很难很难呀！"

朱英说："天下无难事。荀老夫子是否能够复归，以朱英看来，主要并不在荀老夫子，而在令尹您是否有此诚心。"

春申君明白朱英的话，但是把荀子再请回来，他依然犹豫难决。

朱英进一步说："恕朱英直言，荀老夫子离开楚国，本是令尹的过错。知错必改真君子。如果您把荀老夫子请回来，将更能使令尹喜爱贤士的美名传扬于天下！"

朱英的这番话让春申君动了心，随即叹道："咳！不易呀！尽管黄歇我愿意再请，可荀老夫子，他能愿意再回来吗？"

朱英说："以我看，荀老夫子不是一个追求功名利禄的人，他是一个以天下为己任的人。只要令尹真心去请，他一定会回到楚国来。"

春申君忧心可由哪个去请呢？朱英举荐卜尹大夫。让春申君吃惊："他行吗？"朱英说："他去最为恰当。"

春申君思虑卜尹大夫为儿子之事忌恨荀老夫子。若是他去，是否会令荀老夫子更加烦恼？朱英则认为正因如此，才要他去。春申君告诉朱英，此事关系重大，要容他再想一想。

朱英走后，春申君一人俯首而思。朱英的谏言振聋发聩："荀老夫

---

① 见《战国策·楚策四》"客说春申君"。

232

子离开楚国，本是令尹的过错。知错必改真君子。如果您把荀老夫子请回来，将更能使令尹喜爱贤士的美名传扬于天下！”

次日，春申君吩咐舍人把卜尹大夫请来，郑重地对他说：“你的祖上是楚国君王的贵戚。如今，你身为卜尹，是大王和黄歇最信任的栋梁之臣。有一件关乎楚国兴亡的大事，非你莫属。不知卜尹大夫可愿效力？”

卜尹立即回答，愿为国家肝脑涂地，有何重任请令尹吩咐，卑职一定从命。

春申君称赞他无愧国之栋梁。告诉他想请他秘密到赵国去。

卜尹猜不出春申君要他到赵国干什么。春申君告诉他：“大王与我要你去赵国把荀老夫子请回楚国来。”

听到这样的话，让卜尹大夫大为吃惊。

春申君解释说：“近来我昼思夜想，贤士乃是治国之宝。楚国要想成就一统霸业，不能没有荀老夫子。昔日你与荀老夫子交往甚密，他的脾性唯你最为晓知。为了楚国，只好辛苦你啦！”

卜尹大夫万万没有想到，令尹要他承担的是这样一个“重任”。荀子是他精心策划赶走的，如今要他去把荀子再请回来，这怎么可能呢？心里的话不好明讲，只能推托近日身体有些不爽，请令尹另请他人。

春申君明白他的心思，问道：“卜尹大夫！难道你不愿受此重任吗？”

卜尹急忙掩饰：“不不，我的确身有不爽。”

春申君点破他的心病：“卜尹怕是计较爱子之事，耿耿于怀，不肯为国求得贤才吧！”

“不不！……”卜尹知道再难推脱，忙改口说卑职愿为国从命。

卜尹大夫不情愿地乘车上路。从都城郢陈（今河南淮阳）奔邯郸，行程千余里。一路颠簸，崎岖难走，卜尹大夫只是昏昏入睡。进了邯郸，他才醒过神来。吩咐随从找到了荀子府邸，他在大门外伫立许久。往日的不快让他无颜面对，总也思考不清见了荀子该当如何，只好硬着头皮举手叩门。

李斯正在庭院练剑，听侍者禀报门外有人要见荀老夫子。李斯将剑收住。他知道老师近日心里烦躁，不愿见任何人。所以凡来访者，没有什么要事他便挡驾请回。李斯走至大门外，望见来者是楚国的卜尹大夫，感到意外。

卜尹上前一步，拱手施礼，说："李先生！鄙人千里迢迢，寻到贵府，先吃了一个闭门羹呀！"

李斯略微思考了一下，礼貌地请卜尹大夫走进府门。陈嚣看见了，急忙到荀子书斋去禀报老师。

荀子也感到意外，问卜尹来做什么？陈嚣不知道，只见师兄引他到前厅去了。荀子道："这是一个心术不正的小人！"陈嚣气愤说："不见他！"荀子要陈嚣且看他做什么。

陈嚣进门来，义愤地说："我们老师是高人，圣人，神人吗？是圣人怎么在楚国还被人造谣诬蔑，是神人怎么在楚国还会被赶出来？"

"这……"卜尹语塞，只好把他此行的目的说出，"李先生！我带来了令尹春申君给荀老夫子的亲笔书信，请先生观看。"

李斯说既是给老师的书信，李斯不敢观看。卜尹请李斯转呈与荀子。李斯看看陈嚣，没有接信。

陈嚣把信接过来，问："你来就是为了送一封书信吗？"

卜尹说："鄙人奉命请荀老夫子重回楚国。"

陈嚣想起离开兰陵县衙时遭受的苦痛折磨，便说："老师是被你们赶出楚国的，你走吧，老师不会回去，也不会见你。"说完将书信掷于地，愤然离去。

卜尹大夫难堪地拾起书信，向李斯求告："李先生，你是楚国人，请你代为进上一言好吗？"

李斯想了一想接过书信，说："看在同乡之面，我为你转达。你在城中暂且住下，待老师看了书信再谈。"

秋风飒飒，月夜寒凉，一束冰冷的月光射进窗来，洒在几案上，春申君的书信摆在上面。荀子眼望书信，思虑万千。

他想起初见兰陵大旱时饥饿百姓的悲惨，和开仓放粮之后兰陵百姓的喜悦；想起他在祭坛上讲说《天论》时与卜尹大夫的辩论，和老妪哭诉强盗糟蹋她女儿的悲怆；还想起卜尹大夫为儿子乞求饶命时的讪笑，和他在兰陵宣读诏书时的狂妄。

荀子拿定主意，俯身几案，提笔疾书。

李斯拿起荀子刚刚写好的帛书，念道：

（原文）	（译文）
宝珍隋珠，不知佩兮。	琼玉珍宝，不知佩啊。
杂布与锦，不知异兮。	杂布锦缎，不知异啊。
闾姝子奢，莫知媒兮。	淑女美男，不知媒啊。
嫫母求之，又甚喜之兮。	丑妇来求，又很喜爱啊。
以瞽为明，以聋为聪。	以盲为明，以聋为聪。
以是为非，以吉为凶。	以是为非，以吉为凶。
呜呼上天，曷惟其同。	呜呼上天，不敢与同。
《诗》曰：	《诗经》说：
上天甚神，无自瘵也。	上天很灵，寞自招灾。"[①]

陈嚣听完荀子写的回信，立即说："对！老师在兰陵做县公，爱护百姓，放粮救灾，严格执法，为民除害，百姓谁不拥戴？春申君听了几句谗言，就把老师从兰陵赶出来。就该这样回敬他！"

次日清晨。卜尹走进荀子府邸，满脸堆笑地问李斯："李先生，今日可容我见一见荀老夫子吗？"

李斯说："老师已经给春申君写好回信，请你带回去。"

卜尹大夫接过李斯递过来的帛书，喃喃地说："如此说来，荀老夫子是不见我了？"

荀子走进客厅，拱手施礼："卜尹大夫！"

"啊？……荀老夫子！"卜尹大夫见荀子来了，甚是吃惊，急忙拱

---

① 见《战国策·楚策四》。

手还礼。

荀子说："卜尹大夫远道而来，荀况未曾远迎，失敬失敬！"

荀子让他请坐。卜尹大夫不敢就座，等荀子坐下之后他才坐下。

荀子说："从楚国都城到邯郸，千里之遥，路途奔波，筋骨劳累，不是很需要些勇气吗？"

荀子又说："你是楚国的卜尹大夫，大巫师。荀况我是个学子，不相信巫术。在楚国我给你惹下许多麻烦，在你的心中，荀况应该是一个视为仇敌之人。如今你能够不远千里到邯郸来见我，也需要很大的勇气呀！"

荀子的话击中了卜尹的要害，让他不知道该说什么，只好尴尬地说："啊……卑职为国奉命行事。荀老夫子！您愿意回楚国吗？"

荀子反问："卜尹大夫，您愿意让我回楚国吗？"

卜尹又一次尴尬难言："这……令尹差我来请您，您将如何回答呢？"

荀子说："荀况要讲的话，已经写在给令尹的回信中，就莫再赘述了吧。"

卜尹大夫终于有了托词："那好。荀老夫子！既然如此，卑职要赶快回去复命，我就告辞了！"

卜尹大夫催促高轮车快速奔出邯郸，他一刻也不愿意在邯郸停留。走进大道之后才将车速放慢下来，缓缓南行。但是，道路不平，卜尹大夫坐在车内，无精打采地低着头，车身突然颠簸，将他的头撞在了车窗的木棍上，他"哎哟"一声，用手捂着脑袋骂了一句："晦气！"

九、春申君二次请贤

春申君召来朱英，告诉他，卜尹大夫去邯郸请荀老夫子，老夫子没有见他，他带回了一封书信。看来荀老夫子还在生气。此事也在意料之中。黄歇为国请贤不惧羞辱。他要写下一封回书，请朱英再去邯郸，将荀老夫子请回到楚国来。

朱英想了一想，问："令尹！您是真心请荀老夫子回到楚国、永远留在楚国呢，还是仅仅为了您礼贤下士的名声呢？"

春申君明确回答："当然是真心请他回到楚国，而且不让他再走。"

朱英坦诚地说："荀老夫子非为常人。当然，他也有儿女情长，也有恻隐之心。然而，他所企盼的，是采用他的主张，熄灭华夏数百年战乱，实现天下一统。他所爱的是天下百姓，他所要追寻的是圣主贤君。若非如此，他为什么过了知天命之年，还不安闲自乐，颐养天年，却要长途奔波，由齐国到楚国，又由楚国到赵国呢？"

"啊，是呀……"朱英的话让春申君深思。

朱英继续说："前者，令尹已让荀老夫子心伤。卜尹大夫带回的书信，表明荀老夫子依然心怀怨愤。假如令尹真想让荀老夫子回到楚国而不再离去……"说到这里，朱英把话停下。

春申君问："该当如何？"

朱英迟疑了一下，说："令尹一向聪慧过人，自会有常人意想不到的办法，让荀老夫子消除心中的怨愤。"

春申君豁然开朗："啊……我明白了。你是让黄歇我亲自去请。"

朱英拱手施礼："令尹明鉴。"

春申君思考有顷，果断决定，准备启程。春申君让爱妾为他脱去官衣，更换上商人俗裳。爱妾埋怨他为了一个老头子，值得你千里迢迢亲自去请吗？真不知道你图个什么？春申君责怪爱妾无知枉言。而今七国争雄，弱肉强食，他身为楚国令尹，若想助大王成就天下一统大业，绝不可没有天下著名大儒。爱妾讥讽他，既知今日，何必当初呀？春申君感叹一时糊涂，如今既已知错，就定要挽回。

春申君与朱英相伴上路，装扮成商人的春申君没有乘坐令尹的轩车，而是乘坐一辆毫无装饰的高轮车崎岖北行。朱英带着几个牵马的壮汉紧跟在车后步行。马背上驮着货物，宛如一行商队。

荀子在庭院中练剑，李斯、陈嚣站在一旁观看。侍者待荀子练完收剑，上前说："禀老爷！门外有一个人，说是从楚国远道来的朋友。"

侍者打开大门，春申君和朱英随侍者走进院中，朱英留在门厅。春申君拱手施礼："荀老夫子！"

荀子与李斯、陈嚣望见春申君大吃一惊："令尹？……"

春申君诚恳地说："鄙人黄歇在楚国多有得罪，今日又来得莽撞，请荀老夫子见谅！"说完重又施礼跪地。

荀子忙上前搀起："令尹，快起来起来！你千里迢迢奔至邯郸，让你在门外等了半日，该当荀况向你赔罪呀！"说着就要下拜。

春申君急忙拦挡："哎，岂敢，岂敢！"

荀子请春申君到客厅叙话，吩咐斟水。侍者端上壶来，陈嚣接过，为春申君斟上。

荀子说："请令尹喝上一杯赵国的水！"

春申君端起杯子来，品了一口："荀老夫子，赵国的水好苦呀！"

荀子问："是吗？"

春申君坦言："哪里有楚国洞庭湖的水好喝呀？"

"人无论走到哪里都说自己的家乡好。"荀子问，"令尹，你为何这般装束呀？"

春申君说："为了老夫子您呀！"

"为我？"荀子不解。

"是呀！"春申君解释说，"五年前，我曾经率领楚国的二十万大军解救邯郸，也算对赵国有功。如今我来到赵国，赵国的君臣如果知道了，一定会大礼相迎，设宴款待。不过，如果他们知道我是要把您请回楚国去，岂不要视我为仇敌么？为此，我只得改扮做商人模样，无声无息，悄悄地来到邯郸。"

"啊！原来是这样。"荀子明白了春申君的良苦用心。

春申君直言道："荀老夫子，看在你我往日的情分上，回楚国去好吗？"

荀子没有作答。

朱英一个人在庭院里踱步，不时地向客厅张望。

客厅里，春申君再次诚恳地向荀子说："荀老夫子，您依然怨恨往日之事吗？过往的事情，是黄歇我偏听下臣的不实之词，自问有愧，在这里当面向老夫子赔罪！"春申君站起身，郑重地要向荀子跪拜施礼。

荀子急忙把春申君拦住，让他请坐。待春申君重又坐好之后，荀子才说："记得在楚国与令尹分别的时候我曾经和你说过，人想全面地认识一件事情是很难的。楚国的未来系于令尹一身。希望令尹近贤良，远小人，明是非，辨忠奸。"

春申君点头称是，并且说他把荀子的话一直牢记在心里。

荀子继续说："人要想不受蒙蔽，正确地判断是非，是一件非常艰难的事情。黑夜里走路的人，看见躺着的石头以为是趴着的老虎，看见立着的树木以为是站着的人，这是因为黑暗蒙蔽了他的目光。从山上看山下的牛好像是只羊，从山下望山上八丈高的树木像根筷子，这是因为山高距离远，蒙蔽了眼睛。过去，因蒙蔽与偏见而遭受祸灾的君王和臣子多得很，我就不一一列举了。不过，《诗经》上有句话我要告诉你，'明明在下，赫赫在上。'这句话是说，上面明智了，下面就会受到感化。"

"黄歇感谢荀老夫子的教导。"春申君诚恳地说，"荀老夫子，记得您曾经讲过，信乃做人之德，信乃治国之术，信乃为政之本。人，不可无信。黄歇特意远道而来，请您回楚国去，所带的礼物，既不是黄金，也不是帛锦，也不是碧玉，而是对您的信任。黄歇知道，您不需要什么，您最为需要的是对您的理解和支持。如果您回到楚国去，您的治国主张黄歇一定全力支持。"

荀子坦诚地说："令尹，你我已非初次相见，你应当知道，荀况是一个读书追求真知的人，是一个不肯媚俗的人。过去，我给你惹下许多麻烦，如果我再次回到楚国，还会给你惹下许多麻烦，你执意要我回去做什么呢？"

春申君说："黄歇不为别的，只为您的真诚，您的执着，您的学问。您不是骂我'宝珍隋珠，不知佩兮'吗？我就要把您这块宝珍佩戴在身上。别人不理解您，黄歇我理解您。我不怕您再做出不被常人理解的事情。无论有多少诽谤之词，黄歇一定会决然拒之。假如有哪里待您不周，使您心中不快，您还可以随时离开楚国，重回赵国，或者去齐国，去秦国，我绝不阻拦。"

春申君诚恳的许诺让荀子为难，不知道该如何回答。春申君再次恳求："荀老夫子！答应我吧！"

荀子叹道："邯郸是我的故乡呀！这里有我荀氏的宗祠，有我父母的坟茔，荀况多年在列国流浪，荀氏宗祠和父母的坟茔被战火焚毁，竟然无人照应，我是一个不肖的子孙……"

朱英在庭院里专注地听着厅内的谈话，焦急地等待使他几次想进去，如今实在按捺不住，毅然大步进入客厅，拱手说道："荀老夫子，请听朱英进上一言好吗？"

一个突来的汉子让荀子吃惊。春申君急忙介绍朱英是和他一同来的舍人。荀子客气地请他坐下来讲话。朱英并未就座，激动地说道："荀老夫子，您是当今大儒，学生之众，品德之高，学问之深，在当今列国中无人可比。朱英拜读荀老夫子的文章，十分敬仰。老夫子您在列国奔波，讲学论道，为的什么？您不为财帛金钱，不为谋权夺势，只为实现华夏一统，解救百姓于战乱苦难之中。您的这种执着精神，更让我敬佩。现在，列国的情势如何呢？秦国残暴，齐国乏志，赵王软弱无能，很难使赵国再度兴旺起来。近闻赵王不听老夫子忠告，竟然接受秦国使臣的所谓友情，为了秦国使臣赠送还阳草给他娇宠的爱妃治病，竟然将狼孟之地白白送给秦国，又将赵国英雄少年的人头挂在您千呼万唤建立起来的国耻碑上。赵国百姓愤愤不平，怨声载道。赵国的国耻碑被推倒了，赵国的民心崩溃了！像这样一个只爱妃子，不爱百姓，无血无刚的君王，能期望他平灭六国，一统天下吗？"

荀子默默点头。

朱英继续说："而今天下列国，谁能与秦国抗衡？楚国，唯有楚国敢与秦国相争。楚国土地博大，兵士精良，又有善纳贤士的令尹，深得大王信用，可谓天时地利人和，正是老夫子施展德能之所在。老夫子志向宏大，目标高远，为什么反因为几个小人搬弄口舌，耿耿于怀，而耽误了治国安邦、一统天下的大业呢？为什么还留恋无望的赵国而丧失大志呢？为什么不当机立断到楚国去施展您的才能，完成您的宏大志向呢？"

朱英陡然把话停下来，向荀子拱手施礼："恕朱英冒昧直言，请老夫子三思！"

荀子深受朱英宏论的感染，激动地说："朱英先生！你讲得好！讲得好！你的一番宏论，可谓之一言中的，直刺我心。令尹，荀况佩服你知人善任呀！"

"老夫子！……"春申君对朱英的一番激情议论也十分欣赏。

荀子接着说："人世间最聪敏的智者，也有一叶障目的时候。荀况我并非智者，当然也会糊涂。朱英先生，你的话为我拨开云雾，明亮双眼，你是我的老师！"

"哎呀！不能不能！"朱英谦卑地拱手施礼。

荀子说："孔子曰，三人行必有我师。今天我们三个人，令尹讲了许多话语，难动我心。你的一番高论，让我茅塞顿开，你还不是我的老师吗？"

朱英再次拱手施礼："朱英愧不敢当！"

春申君说："老夫子，那就随我一同返回楚国吧？"

荀子没有立即回答春申君，心中突来一阵酸楚，几分伤感。他感慨地说："假如荀况此次离开赵国，怕是与故土之永别，荀况怎忍得轻率离去呢？"

荀子的话让春申君与朱英愕然，甚至于失望。

荀子说："哪一个游子不思乡？哪一个游子不愿故国富足强盛？韩非是我的学生，韩国远没有赵国强大，可他还是苦恋着韩国。尽管韩国大王不赏识他的才华，让韩非心怀愤懑，可他还是一步也不愿意离开韩国。如今，老夫更解得韩非之心呀！"

春申君明白了荀子的心意，劝慰道："荀老夫子，黄歇明白您留恋故土的感情。昔日，我曾亲率义师援救赵国。您回到楚国，黄歇定然与赵国兄弟相亲，和睦相处，绝不与赵国为敌。"

"令尹！荀况认同韩非之心，然，荀况并不是韩非。"荀子提高了声音，精神振奋地说，"我所求的，不是一国的苟安，而是华夏之大安。而今天下，非四海一统百姓不得安宁。既然赵国大王软弱无志，朝中臣子庸碌者多，进取者少，仅荀况一个人声嘶力竭，又当奈何？"

"是的。"春申君也提高声音，坚定地说，"老夫子，您若回归楚国，黄歇与大王一定听从教诲，按照老夫子的指教，隆礼重法，广施仁义，铲除弊端，重整朝廷。楚国有列国中最大的疆土，最富饶的三吴宝地，最善于打仗的军队。定然能够以王者之师，大败秦国残暴之兵，一统华夏，令天下太平！"

十、别了，故乡

荀子带着无奈与遗憾离开故乡赵国都城邯郸。他在赵国留下的文章《议兵》是一篇独具光辉的珍贵经典。《议兵》真实地记录了荀子与赵孝成王、临武君、李斯、陈嚣一同讨论军事问题的境况，全面展现出荀子的军事思想。

先秦时代兵家吴起、孙武、孙膑等所著兵法，谈的大多是战略战术。荀子《议兵》所谈的兵法，则不仅仅是打仗的技术操作，更为重要的是与社会、与政治密切相关的军事政治学。

荀子第一次把儒家思想融入到军事理论中去。他运用儒家思想总结春秋战国几百年的战争经验，提出了较之其他兵家理论更为关键和深刻的军事思想和原则。他论述了战争的目的，战争的性质，战争胜负的根本原因，军事与政治，军事与人民，军队内部人与人之间的关系等一系列重大问题，是一部完整的儒家战争论。

为什么要打仗？荀子认为，"兵者，所以禁暴除害也，非争夺也。"[①] 打仗的目的，是为了禁止暴虐，铲除祸害，并不是为了争夺地盘，更不是为了称霸杀人。荀子说，仁者爱人，因为爱人，所以才憎恨那些害人的人；义者讲理，因为要维护正理，所以才憎恨那些祸乱正理的人。用兵打仗的目的是为了弘扬道义、驱逐邪恶。

---

① 《荀子·议兵》。

荀子认为，"礼者，治辨之极也，强固之本也，威行之道也。"①礼是治理国家的最高准则，是使国家强盛巩固的根本，是威望行于天下的途径。铠甲坚固，武器精良，不一定胜券在握；城墙高，护城河深，不能就算固若金汤；军令严，刑法多，不一定威望高。只有遵循礼义之道才能成功，不遵循礼义之道就要失败。最终决定战争胜负的，不是武器装备，不是防守工事，不是将军的指挥，而是君王政治路线的对错，民心的背向。

政治统帅军事，民心决定胜负。荀子把军事问题放在政治大背景下来认识，军事行为不是独立在政治之外，而是和政治密切相关。所以，荀子提出，用兵打仗最重要的是"一民"。

荀子把执行正确政治路线的军队称作"人师"，正义之师、仁义之师。他说，正义之师的将军牺牲在战鼓旁边，驾车的驭手死在他的战车上，各级军官死在职守上。听到擂鼓的声音就前进，听到鸣金就撤退；服从命令最重要，取得战功在其次。不准杀害老弱，不准践踏庄稼，对投降者不抓，对于敢顽抗者不饶恕，对投诚者不当俘虏看待。需要杀的，不是百姓，而是杀那些危害百姓的人。所以，离得近的人欢迎他们的到来；离得远的人不顾颠簸之苦，跑来归顺；四海之内如一家，凡是人迹能够达到的地方，没有不顺服的。这就叫作人师。

按照荀子的描绘，"人师"是一支以仁义和王道作为指导思想的军队，是一支顽强的有纪律的军队。将军和士兵作战勇敢不怕牺牲，一切行动服从命令听指挥。军纪严明，不准杀害百姓，不准践踏庄稼，不准虐待俘虏，对投降的敌兵和百姓一视同仁。这样的"人师"，无论走到哪里，都会把仁义和王道带到哪里，都会得到人民的爱戴和拥护。

但是，在荀子看来，他所推崇的"人师"无论是过去的春秋时代，还是当时的战国时代都没有出现。

荀子把当时列国的军队做了一个分析。认为无论是齐国推崇的"技击"，还是魏国用考试办法录用的"武卒"，还是秦国选拔的"锐士"，

---

① 《荀子·议兵》。

都是用利益来招募兵员，缺乏正确的指导思想，走的都是雇佣之道。荀子把这些国家的军队一概称为"盗兵"。尽管他们的具体做法不同，而实质上并没有太大的区别。就连齐国的田单，楚国的庄蹻，秦国的卫鞅，燕国的乐毅，这些被称为善于用兵的名将，荀子把他们所带的兵都一概称之为"盗兵"。因为他们指挥打仗，只能在用兵的巧妙和拙劣、强大和弱小上比一个高低，至于他们遵循的领兵原则都是一样的。这些人只会抓住对方的弱点，伺机诈取，玩弄阴谋诡计，所以仍然免不了是一些盗贼式的军队。

荀子认为春秋时代的五霸，齐桓公、晋文公、楚庄王、吴王阖闾、越王勾践，这些人的军队做到了和衷共济，团结一心，走进了礼义教化的门，然而还没有抓住根本，所以，他们能够称霸一方，却不能称干天下。

所以，在荀子看来，真正的仁义之师还没有出现。

过去，我们对荀子的研究，注重的是荀子的哲学思想、政治思想、教育思想，对于荀子的军事思想重视不够。深入研究荀子的《议兵》，就会发现，荀子不但对兵法有深入的研究，而且有独到的见解。应该说荀子的军事思想较之孙吴等兵家更高一筹。

荀子站在政治的高度来看战争。荀子的军事思想，虽然也探讨战略战术问题，但他特别看重的是战争目的的正义性。两千多年前，在许多人都抛弃正义，一心用战争手段夺取个人和小集团利益的时候，荀子的战争观，非常高明，非常独特，具有划时代的意义。所以，有人把荀子的军事思想称之为荀子兵法。

第六章 富国

足国之道，节用裕民而善臧其余。节用以礼，裕民以政。

——荀子《富国》

一、再任县公

楚考烈王十一年（前 252）季春，荀子五十九岁，重返楚国，再次踏上他将儒学引入社会实践之路。

荀子与春申君一行，沿太行山东麓南行，过河水（黄河），穿魏国，进入楚国，车队在一片茂盛的森林边停下休息。荀子下车，李斯急忙上前搀扶。春申君走到荀子身边问："荀老夫子，累吗？路途遥远，上了年纪，我们走一程，停一停，不要累坏了身体。黄歇以后还要请您多指教呢！"

朱英端水过来，荀子接过水碗感叹说："啊！我们又进入楚国了！"

李斯问荀子，我们回到楚国，您想做什么？荀子不假思索地回答："到兰陵去！"

荀子重返楚国的前一年，也即楚考烈王十年（前253），楚国将都城由陈迁到巨阳（今安徽阜阳市区北）①。荀子来到都城，春申君在他的厅堂摆下丰盛酒宴，让他的爱妾也来作陪。

宴会之后，春申君与荀子在内室对坐促膝谈心。

"荀老夫子，您看日后楚国如何治理呀？"春申君问。

荀子思索片刻说："马惊，则君子不能安坐于车上。百姓造反，则君子不能安于高位。马惊了车，不如使其安静；百姓造反，不如多施些恩惠。选贤良，举忠诚，兴孝悌，收养孤寡，补助贫苦，这样，则百姓平安，君子也就能安于位。所以，君子者，若想使国家安定，任何办法也不如平政安民。若想使国家兴旺，任何办法也不如崇尚礼义。若想建功立业，任何办法也不如尊重贤才。平政安民，崇尚礼义，尊重贤才，是作为君子的三节。此三节恰当，其余便没有不当；此三节不恰当，其余即如做得全恰当，恐将无益。"

春申君连连点头称是。

荀子接着说："拥有社稷者，没有不想强大的，而不久却衰弱了；没有不想安定的，而不久却危急了；没有不想长存的，而不久却灭亡了。古时候曾有过上万个家国，于今只余下十几个。为何？没有别的原因，无一不失之于用人。君王昏庸于上，臣子欺骗于下，国家灭亡就不要多久了。所以，作为君王，务须善辨忠奸，不可听信奸人之言。那些人往往能言善辩，用心险恶，神秘莫测，虚伪而奸巧，讲得头头是道。这样的人乃是国之大祸呀！"

荀子的这段话言简意赅，切中要害。春申君明白荀子话语中所指，应声道："是的，是的，荀老夫子金石之言，黄歇日后定然遵嘱而行。荀老夫子，明日大王要召见您，想请老夫子留在大王身边，以上卿相待，随时参与朝政。您看可以吗？"

"不，不，我不愿在大王身边做说客，仍愿回到兰陵去。"荀子连连摇头。

---

① 见沈起炜著《中国历史大事年表》，上海辞书出版社1983年出版。

"您还要执意到兰陵去？"春申君问。

"不是有人说，我在兰陵图谋另建一国吗？我要让他们看一看，荀况是如何将兰陵治理成楚国以政裕民的楷模。"

春申君思索了一下，说："好吧，以荀老夫子的学识，定会使兰陵仓廪实，国库满，实现老夫子以政裕民的主张。"

荀子问春申君，假如他在兰陵实行的政令和大王的政令有违怎么办？春申君肯定地回答，大王把兰陵交给老夫子了，一切听从荀老夫子的号令。兰陵是楚国推行新政的榜样。兰陵富则楚国富，兰陵强则楚国强。

听到这样的回答，让荀子很激动，他站起身来，向春申君郑重地行了一个长揖："感谢令尹信赖。"

春申君请荀子坐下，夸赞说："老夫子！您不只是对治国的办法造诣深，对音律的造诣也很深呀！"

荀子问："何以见得？"

春申君说："我看您在观看歌舞的时候，一面听歌看舞，一面手击节拍，十分得体。黄歇不如您呀！烦请写一篇击节拍的乐谱送我好吗？"

荀子点头答应。

第二天，荀子便让弟子给春申君送来一卷帛书。春申君打开来看，那帛书上面仅画了一双耳朵。春申君的爱妾看见了，奇怪又不屑："这个荀老夫子，画的是什么呀？"

春申君也纳闷，一边端详着帛书，一边思考着荀子绘画的含义。他终于想明白了。昨天，他和荀子议论治国，顺便请荀老夫子写一篇击节拍的乐谱，老夫子画了一双耳朵送来，这是告诉他，其一，击节拍不能像音律那样定谱，要靠耳朵听；其二是告诉他，人最为重要的是知音。看来，老夫子对我依然心存疑虑，不放心呀！

二、兰陵新政

次日，荀子拜会了楚考烈王，论说了他的政见，而后与春申君告别，离开都城，向兰陵出发。

三年前他走在这条驰道上。那是一个干旱的冬天，禾苗干枯，饿殍遍野，目不忍睹。如今大不相同了，春意盎然，处处一派翠绿，遍野的黍稷含笑，飞鸟欢歌。荀子想到了他在祭坛上宣讲的《天论》。"天行有常，不为尧存，不为桀亡。"[①] 人们看不见它的形迹，却能够看见它化生万物的功效，神呀！这就叫作"天"！所以，大功在所不为，大智在所不虑。圣人不对它做出随意的解释，而是要懂得天与人的区分，然后"制天命而用之"。

由此他想，此番二赴兰陵做县公，要为兰陵百姓做些事情，从何处开始呢？要为楚国的朝政革新做榜样，又从何处着手呢？那些以私废公的权贵，那些惯于妒忌诽谤的小人，又会怎样对待他呢？

一路走，一路思索，不知不觉兰陵便到了。

这个不大的边城，平日人不甚多，只在有集市的时候，才从四面八方汇集来一些买卖物品的人。今日，并不是集市之日，十字街头聚集了很多人，荀子预感到似乎发生了什么事情。他让车马在远处停下，让陈嚣守候车马，他与李斯向人群走过去。

只见几名武士把三名罪犯从木笼中拉出来，分别绑在木桩上，百姓们熙熙攘攘拥挤观看，县丞指着人群命令："把他们都赶开！"

武士立即驱赶围观的百姓。荀子、李斯在人群中向前挤。武士厉声骂道："滚开！再往前挤，用皮鞭抽死你！"

荀子、李斯继续往前挤来。武士发怒了："老东西，你还往前挤，快滚开！再往前来看我抽死你！"说着举鞭要打。

李斯上前握住武士的手："不许打！他是荀县公！"

"啊？……"武士吓得不知该怎么好，众人也纷纷吃惊议论。

县丞在远处呵斥："那边吵嚷什么？"

一个武士跑过去禀报："县丞大人，荀县公到！"

荀子这次来兰陵县丞没有事先得到消息，闻言大惊："啊？！这个荀

---

① 见《荀子·天论》。

老头子怎么又回来了？"急忙向荀子奔跑过去。

荀子被百姓和武士围在中间，一个老妪哭叫着："荀老爷！你可回来了，冤枉啊，我儿子冤枉呀！"

一个青年女子也喊叫着："荀老爷，你回来了，快救救我的丈夫吧！"

县丞走过来，百姓为荀子让开一条路。县丞谦卑地拱手施礼："荀县公！下官不知大人驾到，有失远迎。"

荀子问："今日监斩几人？"

县丞回答："三人。"

荀子问："皆犯何罪？"

县丞指着一个满脸横肉的中年汉子说："东边第一个，是杀人凶犯，他为了霸占朋友妻室，竟然又把朋友用毒药害死。"

荀子点头："嗯，杀人者不惩，伤人者不刑，乃是对强暴者恩惠，对贼人宽容。当斩！"

县丞说："那第二个是农夫，他是一个刁顽之徒，竟敢抗税不交。"

荀子问："第三人呢？"

县丞说："第三个乃是贩马的齐国人，他竟敢无视我楚国王法，偷闯关卡。"

荀子走到青年农夫的面前，注目有顷，问道："你叫什么名字？"

青年农夫回答："小人叫阿仲。"

荀子严肃地问："缴纳赋税乃为民之责，人人皆有，你为何抗税不交呢？"

阿仲委屈地回答："老爷！赋税太重啊！我们一家子起早搭黑，没明没夜辛辛苦苦种一年地，交了赋税，就没有吃的啦！"

荀况又走到齐国商贩的面前，问："你是做什么的？"

齐国商贩回答："小人是贩马的。"

荀子说："关卡乃一国之大门，出入必须验明身份。你是齐国人，为何偷闯我楚国关卡？"

贩马人说："老爷，小人贩马经常从兰陵关卡通过。这次我的马在关卡困了三个月，马饿瘦了，还病死了不少，再也耽误不起了，马是我一家人的性命啊！"

荀子思索片刻，对县丞说："把这两个人放掉。"

荀子的决定出乎县丞意料，他忙说："大人，我是按照大王的法令行事的。"

荀子坚定地说："在兰陵我是县公，放掉！"

荀子的脾性县丞已经领教过了，只要是他认为应该做的，什么大王的旨意，旧有的法令，全不顾及。县丞无奈，只好挥手让武士将青年农夫阿仲与齐国贩马人放掉。武士把两人身上的法绳解开，那老妇是阿仲的母亲，赶忙过去搀自己的儿子，青年女子乃阿仲的妻子，她也忙去扶自己的丈夫。一家三口一齐来到荀子面前，双膝跪地，连连叩头谢恩。贩马人的伙计也搀扶着贩马人来到荀子面前叩头。

荀子要他们起来。

阿仲并不起身，无限感激地说："荀老爷！我……我对不住您……！您走的时候，我……我闹过县衙。如今您回来了，大人不记小人过，又从刑场上救下了我……我……"阿仲说不下去，低头饮泣。

荀子说："不要难过，以后好好种田过日子就是。"

荀子走向栽有木桩的刑场，站在一个高处，向众人大声讲："兰陵的百姓听着！愿意衣食富足，乃是人的本性，缺吃少穿乃是一种祸患。作为一县之长，荀况我愿兰陵百姓人人富足，家家平安。自今以后，兰陵的农夫开荒种田，仅收十一之税，多者不取，往日的苛捐杂税一概全免！"

众百姓闻言一片欢腾。

荀子又说："集市和关卡，那是百姓沟通有无的地方，赋税一概免征。"

众百姓闻声又是一阵欢腾。

"我兰陵百姓，必须隆礼贵义，遵守法度。礼义道德乃是立国的根本，法律乃是治国的起点，法令行，则风俗美。"荀子转身指着杀人犯说，"像这种抢夺杀人的奸人，必杀不赦！"

众人又是一阵欢腾雀跃。

荀子命令:"斩!"

武士执刀,将杀人犯斩首。

县丞对荀子今日的言行大为恼火,可又不能说什么。他是县丞,是县公的副手,一切都要听县公的。所以,回到府里只能独饮闷酒。他一边喝酒,一边咬牙切齿地自语:"好你个荀况,你一来就和我作对,不要瞧我官小职微,我决不与你善罢甘休!"

次日,县丞亲驾马车载着五坛兰陵美酒,急切地向都城去了。

卜尹大夫自从到邯郸请荀子吃了闭门羹,回到都城便告病闲居。如今,春申君亲自请回了荀子,他如鲠在喉,心中更加为之不快。

卜尹大夫原本是一个纨绔子弟,玩耍蛐蛐儿入迷。因为做了卜尹大夫,每日要协助大王和春申君做许多事务,把玩蛐蛐儿的爱好丢了许多。如今告病在家,玩耍蛐蛐儿便成了他的正业。他让人特制了许多蛐蛐儿笼子,有铜的,有陶的,有木的,一个个雕龙绘凤,花饰甚精。他的蛐蛐儿还起了许多名堂,静虎、金狮、霸王、双冠、麒麟、玉蜻蜓,各有特色,各显本领。这些有名堂的蛐蛐儿,是他将下人送来的蛐蛐儿轮番作战,斗中取胜,再用胜者与其他王公贵族的蛐蛐儿赌输赢,屡战屡胜的英雄,他视若珍宝,爱之如命。在楚国的王公贵族之间,他是养蛐蛐儿的佼佼者,这些蛐蛐儿为他争得了许多的荣耀,成为他的骄傲。

兰陵县丞气呼呼地带了满满五坛兰陵美酒来到卜尹大夫府邸,未经通禀就直入大门,让随从把兰陵美酒一坛一坛搬进门来。

卜尹大夫正在房中斗蛐蛐儿,县丞破门而入,满腹冤屈地大声喊叫,把个卜尹大夫吓了一跳,把蛐蛐儿也惊跑了。

县丞继续喊叫:"卜尹大夫,我为您送来几坛兰陵美酒!"卜尹大夫生气,叫他放下,快找蛐蛐儿。县丞只得压下心中的气,什么话也不能说,先帮卜尹大夫在房中满地爬着找蛐蛐儿。

蛐蛐儿找了一时找不见,县丞不耐烦了,叫喊别找了。"这只蛐蛐儿凶得很,是常胜将军!"卜尹大夫一个心思全在蛐蛐儿上。县丞着急:"你的蛐蛐儿是常胜将军,我成了常败将军!"

卜尹大夫问怎么回事,县丞告诉卜尹大夫,荀况到了兰陵,下车伊始就废了大王的法令，将农田改变为十一之税，免除了其他所有的税费，还放跑了抗税的农夫。他气愤地问卜尹大夫："你说，究竟是王法大还是他荀况大？像他这样狂妄的人，大王和令尹还让他回来做什么？"

卜尹听了并不生气，摇头叹息，没有办法。大王一切都听令尹的，令尹亲自到赵国去把荀况请回来，而且有言在先，兰陵是楚国推行新政的榜样，一切听荀况的。他何尝愿意荀况回来？可荀况已经回来了，有什么办法？他管不了，也无心再听县丞说话，又在墙角，在几案下，爬着找他的蛐蛐儿。

县丞望见这位过去深受大王和令尹信任的卜尹大夫如此无奈，也大失所望，一时无话可说。只好和卜尹大夫一起满地爬着找蛐蛐儿。直到费尽九牛二虎之力找着了蛐蛐儿，卜尹大夫把蛐蛐儿小心翼翼地放入笼子里，那卜尹大夫才有心和县丞说话。

县丞是卜尹多年培植的亲信，不愿意让县丞对他失望，便说道："唉！也是你时运不好呀！假如荀况不回来，我便可以请大王将你升任为县公。他这一回来，你也只好依旧做个副职，以后再等机会吧！"

县丞也在动着心思，有荀况在，莫说提升县公不可能，恐怕连个县丞也难保得住。他和荀况，不是你死，就是我活。如今，他的靠山只有卜尹大夫，他的希望也只有卜尹大夫。他眼珠子滴溜溜转着琢磨点子，忽然看见卜尹的儿子从窗外走过，便有了主意。他意在言外地说："卜尹大夫，荀况重新做了兰陵县公，日后恐怕对你的儿子也大为不利吧！"

荀子到兰陵重任县公，卜尹最担心的也是这个。县丞的话戳到了卜尹大夫的疼处，但面对县丞，他依然大模大样地说："哼！他能把我儿子怎么样？"

卜尹的儿子听见父亲说话，走进屋里来说："我不是兰陵百姓，他敢来都城抓我吗？"

"这……谁知道呢？"县丞不好作答。

卜尹明白，有荀况在兰陵做县公，儿子的事情便有不小的危险。他别有用心地探问县丞，荀子到兰陵还做了些什么。县丞那扁平的木瓜脸微微抽动，贼黑的双眸转了又转，凑近卜尹大夫，低声说道："那荀况还放跑了私闯关卡的齐国奸细，放跑了持刀杀人的凶犯！"

卜尹大夫对荀子恨之入骨，他告病家中，仅出无奈，只要寻到了机会，他会像饿狼一般猛跳出来，张牙舞爪，咬上荀子几口。一听说荀况放走了私闯关卡的奸细，不禁喜出望外地拍手叫好。

县丞不解卜尹的意思，忙问："你……你怎么还为他叫好呀？"

卜尹阴毒地说："你有所不知。大王与令尹最赏识的是荀况的学问和名声，可他们心中最害怕的就是这个当代大儒在兰陵会不会另有图谋。虽然说令尹又把他请回来，可是这种担心依然藏在心里。荀况刚刚回来，就放走齐国的奸细，还放跑了杀人凶犯，这就是他想图谋不轨的证据。"

卜尹忽然又谨慎地问县丞："荀况放跑私闯关卡的齐国奸细，你，你有确实的凭证吗？"

卜尹的问话让县丞心虚，可是话已出口，也只能横下一条心。他坚定地说："有，有案卷作证！"

听到县丞的回答，卜尹大夫的精神来了。他嘱咐县丞，那荀况是个极精细的人，一定要把案卷存放好，若能再为他增添些证据，便更可使大王和令尹深信不疑。你我这一次要让那个荀况哑口无言，无理可辩，即便是令尹不拿他治罪，也让他滚蛋，永远不敢再到楚国来。

县丞坚定地保证，他回去一定把证据做得万无一失。二人又继续讨论了整治荀子的计划，县丞心满意足地返回兰陵。

县丞走后，卜尹大夫乘车到春申君府去，把县丞讲的事情郑重地说给春申君。春申君将信将疑，卜尹大夫却信誓旦旦。用他楚国世袭贵族的身份保证他对楚国忠心无二；对大王和令尹的厚恩牢记在心，决不敢谎言骗君。那荀况这次重又回来，下车伊始就狂妄地改变大王法令，将农田改为十一之税，其用意是笼络百姓，收买民心。他暗中勾结齐国，放跑私闯关卡的齐国奸细，这就是他图谋不规的铁证。

卜尹大夫情真意切地对春申君分析说："您不远千里亲自去赵国请荀况回来，要他在您和大王身边做上卿，这是多么好的事情，可他不愿意，一心还要到兰陵去做县公，这很不正常，正常人不会这样做。他究竟想干什么？我看他是恩将仇报，依然企图在兰陵重建鲁国。令尹，我真的很担心呀！我担心有朝一日，兰陵这块宝地即使建不了鲁国，也不再是楚国的土地，怕要归齐国所有。令尹，等到兰陵归属于齐国的时候，您兴师平灭鲁国的大功劳就要被荀况毁于一旦了！"

听到卜尹这样动情的话，春申君良久不语。他想，若说卜尹的话是子虚乌有，此类事情在列国纷争之中，确实屡见不鲜。若说他讲的或许是真，可荀老夫子果能做出这种事情来吗？

卜尹大夫观春申君不动声色，又进一步严肃地说："令尹！请您仔细的想一想，荀况是赵国人，在齐国稷下学宫做过三次祭酒。他与赵国，与齐国，感情深厚，而与我们楚国无牵无挂，他怎么会忠于楚国呢？人不可不信，也不可不防呀！兰陵北邻齐国、南邻魏国，西行不远便是赵国。倘若有那么一天，突然兰陵不再是楚国的了，悔之晚矣！令尹也不好向大王交代呀！"

春申君思忖着问："荀老夫子初回兰陵，若果如所言，他会不会另有所思呢？"

卜尹回答说："卑职也许是杞人忧天。不过，卑职是一心为楚国的安危着想，如何定夺，请令尹考虑。"

春申君望着卜尹大夫，想起了荀子反复告诫他的话："人想全面地认识一件事情是很难的。楚国的未来系于令尹一身。希望令尹近贤良，远小人，明是非，辨忠奸。"

春申君拿定了主意，对卜尹说："荀老夫子是我亲自请回楚国来的，此事务须谨慎处之。我要到兰陵去看一看。"

三、以政裕民

荀子在县衙的书房里向李斯和陈嚣谈他回到兰陵的打算。荀子说："我次此回到兰陵，只想做一件事。这件事情，就叫以政裕民。"

陈嚣问："老师，什么叫以政裕民？"

荀子解释说："兰陵是个穷困的地方，加之大旱三年，期盼衣食温饱，这是兰陵百姓的最大愿望。而我等既在兰陵掌管政务，就应当让兰陵的百姓不仅仅有温饱，还要成为楚国最富有之地。"

李斯听了兴奋地说："是吗？"

陈嚣说："老师从来不说大话，您今天的话可有点让人不敢相信。像兰陵这样一个穷地方，怎么能说富就让它富起来呢？楚国最富有的地方在云梦泽，在淮水两岸，那里是鱼米之乡。兰陵能比吗？要我说，让兰陵百姓能够温饱，也不是那么容易。"

荀子问李斯："你以为如何？"

李斯说："使兰陵富足的确不易。让兰陵温饱的办法，还是有的。"

荀子说："用什么办法，你说说看。"

李斯说："老子主张减少人的欲求，就能治理好国家。墨子的办法是，尽可能节俭。宋子也讲过一个办法，是'寡欲'。"

陈嚣不满地说："啊，减省一点，少吃一点，就这些办法呀？那让老师下一道令，兰陵的百姓必须实行节俭。标准是，每天只许吃一顿饭，还不许吃干粮，只许喝稀汤。一家人只许穿一件衣服，住一间房子。娶媳妇不许举办婚礼，只要把媳妇领到家里就行。办丧事，只要把人埋进土里就行……"

荀子打断陈嚣的话："你让李斯继续说。"

"我说的都是前辈先生的办法。还是听老师的吧！"李斯不好意思再说下去。

陈嚣也说："老师！还是您说吧！"

荀子说："李斯刚才讲的那些都有一定的道理。墨子惶惶然忧虑天下的财物不足。所以，墨子倡导'节俭'，老子和宋子倡导'寡欲'。但是，我在稷下学宫的时候说过，只靠节俭，人人都穿短衣、束桑麻、吃粗粮、喝白开水，能让人富足起来吗？能生长出更多的粟米来吗？只靠寡欲能生出更多的桑麻来吗？没有粟米，缺少桑麻，莫要说富足，温饱也难以为继。要让墨子来治理国家，那只能是让百姓每日愁眉苦脸地穿着粗布衣服，吃着粗劣的粟米。"

陈嚣问："老师！那该怎么做呢？"

荀子说："人生来就有欲望，饥了要吃饭，冷了要穿衣，累了要休息，喜好得利而厌恶损失，喜好荣耀而厌恶耻辱。这种生来的欲望，无论是君王还是百姓都是一样的。"

陈嚣与李斯点头称是。

荀子继续说："人不仅仅有这种生存的欲望，还有追求享受的欲望。吃饭希望有肉食，穿衣希望着丝绣，行路希望有车马，还希望家里有财富积蓄，等等，人的这种欲望，穷年累世永远也不知道满足。当政的人，应该如何对待这种欲望呢？不是要想办法制止，而是要善于利用人的这种欲望。要撞响大钟，敲响大鼓，吹响竽笙，弹起琴瑟，以满足人对音乐的欲望；要雕金琢玉，精刻木器，绣制五彩华美的衣服，以满足人对服饰的欲望；要用精肉细粮、五味芬芳的食品，来满足人对饮食的欲望。要鼓励百姓，为满足自己的欲望而勤劳争利。"

陈嚣问："老师！假如这样，人恶的本性岂不是更加膨胀了吗？"

荀子说："所以，在鼓励人为满足欲望而争利的同时，还要用赏罚来惩戒人心，节制人的欲望；倡导礼义，把墨子的'去欲'改为'导欲'，把宋子的'寡欲'改为'节欲'。要让人们有节制、讲礼义地争利。"

李斯说："老师，孔子说，君子喻于义，小人喻于利。孟子把追求利益的人说成似乎盗贼。君子应当只讲义，不讲利。"

荀子说："这话不对。义和利是人的两种需求，所以，我主张，义利相兼，二者应当兼而有之。不过应当把义和利的位置摆正。先义而后利者荣，先利而后义者辱。一个国家，义胜利者为治世，利克义者为乱世。国家掌权的人所要做的，不是扼杀个人利益，而是要倡导社会正义，君王重视了义，那么义就能够胜过利；君王重视利，那么利就要胜过义。"

陈嚣说："老师，人都说为富不仁。人一富裕了就没有了良心。"

荀子说："不对。不富不能养民心，衣食足而知荣辱。没有吃的，每天饿着肚子；没有穿的，赤裸肉体，还能顾及荣辱二字吗？"

李斯与陈嚣都感觉老师讲得好，比孔子、孟子、墨子、宋子的办法都实际可行。

陈嚣感叹地问："老师，您怎么想出了这么多好道理来呢？"

荀子说："我的道理是兰陵的百姓告诉我的。开源节用，这是富国富民的根本之路。墨子讲节俭，还是对的。各级官府，要节省百姓用血汗换来的钱财。而如今的世道却不是这样，他们加重搜刮以夺取百姓的财物，加重田地的赋税以夺取百姓的粟米，加重集市的税收以阻挡货物的流通。不仅这样，还故意挑剔，伺机欺诈，玩弄权术，颠倒是非，败坏社会，百姓们已是深恶痛绝。"

陈嚣说："是呀！如果不是我们来得及时，那两个遭受冤枉的农夫和商人就被县丞杀了。"

荀子告诉弟子，今而后，他要在兰陵这块富饶而又荒芜的土地上实行新政。他说："兰陵是我的希望，是我的未来，是我要用行为书写的一部大书，我要以我全部的精力，把它书写得精妙、美好！"

李斯和陈嚣一同向荀子表示："老师！您写吧，弟子跟随您！"

荀子说他已经写好了一些条款，这些条款就是兰陵要实行的新政。让李斯和陈嚣把它们抄写在木简上，公布出去。并且要逐条逐款地讲给百姓听。

陈嚣问荀子："老师，这些新政我们知道就行了，还用给百姓讲吗？"

荀子肯定地说："要讲，一定要讲。"

陈嚣心中仍然疑惑，喃喃地问："老师，孔子坚决反对晋国赵鞅铸刑鼎，将法律条文刻在鼎上让百姓知道，还说民可使由之不可使知之……"①

荀子解释说："过河要标明河水的深度。标不明，过河的人就要陷

---

① 《左传》"昭公二十九年"记载，孔子知道了晋国铸刑鼎，说："晋其亡乎！失其度矣。夫晋国守唐叔之所受法度，以经纬其民，卿大夫以序守之，民是以能尊其贵，贵是以能守其业。贵贱不愆，所谓度也。文公是以作执秩之官，为被庐之法，以为盟主。今弃是度也，而为刑鼎，民在鼎矣，何以尊贵？贵何业之守？贵贱无序，何以为国？且夫宣子之刑，夷之蒐也，晋国之乱制也，若之何以为法？"《论语·泰伯》曰："民可使由之不可使知之。"

257

进深水之中。治民必须要讲明法令，讲不明，百姓当中就会出现混乱。令行禁止，王者之事毕矣。①为政者行令，就要首先让百姓明白什么事情应当做，什么事情不应当做。所以，不仅要讲，还要反反复复，不厌其烦，让人人明明白白，记在心中。"

李斯与陈嚣按照荀子的要求，把荀子写的《告示》写在木简上，悬挂在大街的墙壁上，一字一句地讲给百姓听。

县衙的事情安排妥当之后，荀子带领李斯和陈嚣乘着敞篷马车缓缓行进在泇水河边，寻找他们前次已经看到的水源。行进间，荀子看见一道清水潺潺流出，立即命令："停车！"与李斯、陈嚣一同沿清水向上步行走过沙滩，攀登山崖，曲曲弯弯，在山洼处望见一片长湖。荀子很有兴致地说："这里就是前次我们发现的泇水源头，百姓们叫抱犊崮。兰陵的地势北高南低，若沿着山势开一条水渠，向西南方向引出去，就可以灌溉千亩良田。"

荀子要李斯回去立即请水工到此勘察。待今秋农事过后，征调徭役，破土动工。明春就会水到渠成，不愁播种时天旱无雨。

忽然，远处传来"咚咚"的声响。荀子问："这是什么声音？"

陈嚣说："像是伐木的声音。"

"看看去。"荀子带弟子循声而去，只见一片密林中，两个人正在挥舞刀斧伐木。伐木者正是那个被荀子从刑场上救下来的青年农夫阿仲和他的兄弟阿季。他们望见荀子，丢下刀斧，慌忙跪下，呼喊："荀老爷！……"

荀子严肃地问："你们没有看见本县出的告示吗？"

"小人看到了。"

"上面写的什么？"

"小人不识字。"

荀子心头一震，又问："你知道在草木生长的季节，刀斧不准入山林吗？"

①《荀子·王制》。

阿仲诚实回答："小人听人说过。"

荀子责问："为何明知故犯？"

阿仲解释说："老爷，我兄弟阿季就要娶媳妇了。穷人家娶亲不容易，要给新娘盖房子。梁檩到哪里去买？就是有卖的也出不起钱呀！所以，就到这山林里来……"

荀子说："法律是治国的利剑。不教育就诛杀，是官员的过错。教育了而不实行，是百姓的罪过。你明白吗？"

阿仲急忙伏地磕头："荀老爷！念小民家有老母，急切盼望阿季完成婚事，请老爷开恩。"

阿季也伏地连连磕头："请老爷开恩！"

荀子说："法行天下，不偏不倚，不因你有老母而不治罪，本官要依法惩处。"

阿仲与阿季不知道荀子要如何惩罚他们，再次磕头呼叫："荀老爷开恩！……"

荀子说："我罚你兄弟二人守看这片林木至秋末，不许再有人砍伐树木。你兄弟二人有何说辞？"

阿仲、阿季磕头感谢，甘愿受罚。

一个衙役骑马赶来，见到荀子，急忙跳下马来禀报："荀老爷，令尹自都城来到兰陵！"

春申君突然来到兰陵，让荀子感到意外，急忙带弟子李斯和陈嚣回去。

四、诬陷反坐

春申君突然来到兰陵，让县丞大为吃惊。他本想将诬陷荀子的案卷报送都城，请春申君阅后给荀子定个罪名，将荀子赶出楚国，便可一切完事大吉。不想，春申君竟然亲自来了。县丞转而又想，春申君来了，就表明卜尹大夫在都城告状，他至少相信了一半。来到兰陵，也无非是当面问上一问，看一看案卷。他有来言，我有去语，案卷整理得天衣无缝，春申君再怎么精明也不会看出破绽，想到此，便将心神安定下来。

春申君稍事歇息，不等荀子到来就盘问起县丞。问县丞卜尹大夫所说的事情，是不是你讲给他的？县丞唯唯诺诺承认，说是他讲的。

县丞有恃无恐，立即抱出数卷简册，说："现有案卷在此，请令尹过目。卑职所言假如有半点差错，甘愿反坐。"县丞从简册里拿出一卷送给春申君。

春申君打开简册，一面翻看一面说着："县丞，荀老夫子是我费尽千辛万苦将他请到楚国来的。荀老夫子偌大年纪，不愿在都城做上卿享福，甘愿以他的学识治理一方土地，为楚国推行新政做楷模。你不能以一己之私，曲解荀老夫子呀！"

县丞努力掩盖内心的惶恐："令尹，卑职绝非为一己之私，全是为的楚国着想。"

春申君从案卷中发现了一卷地图："这是哪里来的都城地图？"

县丞回说："此乃齐国奸细伪装贩马人潜入都城所绘。卑职正是从这里发现了齐国奸细。"

衙役进来禀报荀县公到。春申君放下案卷，站起身来，走出厅堂迎接。荀子、李斯、陈嚣恰好从大门外来到庭院中。春申君热情地上前招呼："荀老夫子！"

荀子与春申君一面谈话，一面进入厅堂，二人相对入座。荀子开诚布公地说："令尹，荀况此次回到兰陵，又犯下了欺君大罪呀！"

县丞不知道荀子的话是什么意思，不敢接话。荀子大度地说："县丞，令尹在此，你尽管依实言讲。"荀子催促，县丞越发难以张口。

荀子说："你不讲？那好，我来讲。人之性生而好利。鸟穷困就啄，兽穷困就抓，人穷困就诈。自古至今，没有使百姓穷困而能够不遭受危险的。所以，当权者如果想取信于民，决不可肆意搜刮民财。一味搜刮民财，那是亡国之道。即如国库里的篓篓罐罐都塞满，当官的人富得流油，可是百姓贫穷，则外敌入侵不能守，出征讨伐不能战，亡国之日也就为之不远了。如果以政裕民，想办法让百姓富足，下富则上富，民富则国强。因此，荀况未禀明大王和令尹，就断然革除以往横征暴敛之法，改征农夫收获十分之一的税。此乃大胆妄为，请令尹惩处。"

"荀老夫子！"春申君说："您不是有罪，乃是有功。我完全赞同老夫子以政裕民的主张。黄歇此次兰陵之行，耳闻目睹百姓欢欣愉快务农的状况。回去之后，我要面见大王，请大王接受荀老夫子的谏言，以兰陵为榜样，在楚国颁布新法，革除横征暴敛，仅收农夫十一之税。"

衙役进来禀报齐国贩马人求见。贩马人来了，这是荀子又一项新政的见证人。荀子对春申君说："令尹，你今天来得巧，我要问一桩官司，咱们一同听听如何？"

春申君看过齐国贩马人的案卷，便说："好。我正想见一见此人。"

荀子让衙役传齐国贩马人来见。贩马人很快来到厅前，跪拜荀子。荀子让他跪拜令尹。

听到楚国的令尹在此，齐国贩马人喜出望外："啊？楚国的令尹，在我们齐国就是丞相呀！小民能够见到丞相，真是天赐的福气。小民给令尹爷叩头！"

荀子说："贩马人，闻听我的学生李斯言讲，你要见我，有什么事就讲吧！"

贩马人说："小民贩马多年，从齐国长城之外买马，卖到楚国的两淮吴越之地。兰陵县丞多次勒索钱财，小民都忍气吞声，双手奉上。前次县丞又要我为他从齐国买下两名美女给他做妾，小人没有从命，他便将我连人带马困在关卡之外三月有余，马饿瘦了，还死了十匹。小民万般无奈，才星夜偷越关卡。不幸被县丞发觉，抓至公堂，绑赴刑场，要将我斩首示众。也是我不该死，恰巧遇上荀老爷来到了兰陵，才将我赦免。小民我去到吴越，卖了马匹，亏了本钱，得了活命，思前想后，气愤难忍。因此，特地又返回兰陵，我要状告县丞，请令尹和荀大人为小民做主。"

县丞在一旁坐不住了，气极败坏地说："你……你不要胡言乱语，诬陷本官！"

贩马人发誓："令尹爷！荀老爷！小民若有半句谎言，甘愿让你们绑到刑场，将我腰断三截。"

荀子问："状告县丞，你可有凭证吗？"

贩马人说："有，这是他要我为他买齐国美女的亲笔书信。"说完，他掏出竹简，交给荀子。荀子看了竹简，转交给春申君。

春申君怒道："县丞，这个贩马人就是你说的齐国奸细吗？"县丞吞吞吐吐不敢说是，也不敢说不是。

春申君命衙役取过方才他阅的贩马人案卷来。衙役送上案卷。春申君从中抽出一张地图问："贩马人，你见过这一张楚国都城的地图吗？"

贩马人惊诧："地图？什么地图？"

春申君吩咐衙役给贩马人看。贩马人接过地图说："回禀令尹大老爷，小人没有见过这种东西。"

春申君说："有人说这是你以贩马为名，做齐国奸细的罪证。"

贩马人连忙叩头："令尹老爷！这是血口喷人！小人只会贩马，不识地图，更不会绘制地图。请令尹老爷明察。"

春申君严肃地说："所言属实吗？若有半句谎言，立即斩首！"

贩马人说："小人不敢欺骗令尹！"

春申君要他把自己的名字写下。贩马人哀求："令尹老爷，小人从小家中贫穷，没有读过书，不认识一个字……我不会写呀！"

春申君又从案卷中取出"密信"，问荀子："老夫子，您给齐王的密信是何时写的？"

荀子不知所云："令尹，荀况何时给齐王写过密信？"

春申君说："有人说，这是您与齐国暗中勾结的证据。"

荀子愤怒道："无稽之谈！"

春申君又问贩马人："贩马人，荀县公是否交你一封书信，让你带给齐国大王？"

贩马人再次叩头："令尹老爷！冤枉呀！我一个贩马的草民，怎么能够走进王宫见到齐国大王呢？这是陷害小人，也是陷害荀县公！"

春申君怒视县丞："县丞，你还有何说辞？"县丞张口结舌，答不上话来。春申君对荀子说："荀县公，黄歇不便越俎代庖，请您继续审案吧！"

荀子问贩马人："你状告县丞，依仗权势，勒索钱财，证据确凿，依你想来，此案该当如何处置？"

贩马人说："荀大人！小民不敢奢求，只要县丞以后不再卡我，我也就心满意足了。"

"此言差矣！"荀子叹道，"你不想索赔饿死的十匹马吗？你不想索赔被卡了三个月的损失吗？"

贩马人说："荀老爷，小民实在不敢奢求！"

荀子从贩马人的身上看到了百姓的淳朴和善良，也更看到执法者的重要。他严正地说："法不徇情，执法者犯法，更应严惩。你且去吧！"

贩马人再次拜谢，退出厅堂。

春申君早已是怒不可遏，他手指县丞斥责道："一个小小县丞，竟敢勒索百姓，诬陷荀老夫子。你说，荀老夫子放走的齐国奸细在哪里？"

县丞张口结舌，无言以对。

春申君又问："荀老夫子放走的杀人凶犯又在哪里？你说，你讲！"

县丞急忙跪地连连叩头："令尹息怒，卑职有罪，卑职有罪！"

春申君怒气冲冲地说："我已经向你讲过，诬陷者要反坐。你诬陷荀老夫子勾结齐国奸细，放走杀人凶犯，我今日就问你一个勾结齐国奸细，放走杀人凶犯之罪！"

县丞失声痛哭："令尹！卑职做县丞多年，没有功劳也有苦劳。看在我多年为国效劳的份上，饶卑职一次吧！"

春申君回身问荀子："老夫子，您看怎样处置？"

荀子略顿片刻，说："为臣者，口能言之，身能行之，国宝也。口不能言，身能行之，国器也。口能言之，身不能行，国用也。口言善，身行恶，国妖也。治国者必敬其宝，爱其器，任其用，除其妖。"

春申君果决地说："好！今日，本令尹就要为国除妖。"春申君命令将县丞拉出去，腰斩于市，暴尸三日。

尽管县丞连连叩头，再三乞求饶命，为时已晚。县丞被钉在木笼囚车内，押赴刑场。阿仲、阿季、贩马人、老族长等百姓围观追逐，愤怒唾骂。

五、劝学

兰陵北行二十里，有一座文峰山。荀子带领李斯、陈嚣，乘车向文峰山走去。

荀子怀着一股崇敬之情诉说历史。这里原叫神峰山。二百多年前，鲁国出了一个不起的人物叫季文子，鲁国百姓为了纪念他，将神峰山改为文峰山。

陈嚣问："老师，季文子为什么这样了不起呢？"

荀子说："季文子在鲁国执掌国政三十三年（前 601 至前 568），经历了鲁宣公、鲁成公、鲁襄公三代君主，他掌管着鲁国的朝政和财富，可以说是大权在握。然而他自己却毫无积蓄。他的妻妾不穿丝绸，只穿布衣；他的马不用粮食做饲料，只吃青草。他克勤克俭，忠贞守节，数十年如一日。像这样的人，百姓怎么能不想念他呢？"[①]

荀子感叹道："不富无以养护民情，不教无以调理百姓。家有五亩宅院，百亩田地，使之务其业而不夺其时，可以使其富；立大学，设幼学，修六礼，明七教，可使民走入正道。诗曰：'饮之食之，教之诲之。'这样王者的政事就完备了。"

陈嚣想了想说："当年孔夫子在曲阜办学，后人叫它杏坛。老师是当今的至贤名师，老师办的学，也应当称杏坛，可以叫文峰杏坛。"

荀子说："名字可以叫文峰杏坛，但不是与孔夫子比肩，而是效法孔夫子。"

秋季农事过后，荀子征调徭役在文峰山上修建了一所学校，这是一所教授青年学子的大学，后人称其为"文峰书院"。同时，在兰陵城内，

---

① 见《左传》。

靠近县衙景色宜人的水塘边，修起了一所庠序（乡学）教授少年，后人把它的遗址称为"学子汪"。①

学校建好之后荀子贴出告示，要百姓送弟子到大学或庠序读书。令人想不到的是，很长时间却少有百姓送子弟来。

荀子走进崭新的校舍，看到这空无一人的讲坛，感到一阵悲凉。

为什么百姓不送子弟来读书呢？是害怕老师教不好吗？他答应过亲自授课。是害怕子弟来到这里受委屈吗？在告示里写得清楚，学校有严格的纪律。是担心要花钱吗？学校不收学费。

荀子带李斯和陈嚣步行走到山林边，望见看护山林的阿仲，问："阿仲，你为什么不送孩子上学去呢？"

阿仲说："上学没有用，白耽误工夫，不如在家里干活。"

荀子明白了，原来百姓不送子弟到学校是因为不知道读书的好处。荀子问阿仲："你知道为什么处罚你看护山林吗？"

"读书的用处大得很。"荀子耐心地说，"君子无爵而贵，无禄而富，不言而信，不怒而威，穷处而荣，独居而乐，君子那些最崇高、最富足、最庄重、最威严的品格，是从哪里来的？都是由读书中积累起来的。"

阿仲很快便理解了荀子的意思，立即说："荀县公！我明白了，读书这么好，明天我就送孩子去读书。"

荀子知道了百姓不送孩子上学去的原因，让李斯、陈嚣都到百姓家里去讲读书的好处。兰陵百姓高高兴兴地送孩子走进乡学。

远处的青年学子闻听荀子在文峰山修起了一所大学，不顾路途遥远，纷纷从四面八方慕名投奔而来。

青年学子毛亨英俊潇洒，登上文峰山，走进荀子的书房，望见荀子，跪地叩头："弟子毛亨，拜见荀老师！"

荀子双手搀起毛亨，问他是哪里人，毛亨说他是赵国鸡泽人。② 荀

---

① 见《苍山县志》。
② 明嘉靖、清乾隆和民国《鸡泽县志》均记载毛遂、毛亨、毛苌为鸡泽人。

子好不欣喜："啊，你我家乡仅仅相距百里，你是我的故乡人呀！"

毛亨也很高兴，说他闻听荀老师开办文峰杏坛，特来投奔，愿跟随老师探求学问。

经过荀子和弟子们的努力，兰陵县城内的乡学开学了。阿仲、老族长等许多百姓带着孩子到乡学来。孩子们席地坐下，济济一堂，静听陈嚣讲课。

古老银杏树下的文峰杏坛，来自列国的青年学子席地而坐，静听荀子授课。

荀子在讲坛上面对学子席地而坐，他说："你们不远千里从赵国、齐国、魏国、韩国、楚国的江淮等不同地方来到兰陵文峰山，有一个共同的目的，这就是探求学问。作为你们的老师，我想告诉你们的第一句话是：学不可以已。"

荀子把话停下来，看了看讲坛下面毛亨和年轻的弟子们，继续讲道："青，取之于蓝而青于蓝；冰，水为之而寒于水。木直中绳，鞣以为轮，其曲中规。虽有槁暴，不复挺者，鞣使之然也。故木受绳则直，金就砺则利，君子博学而日参省乎己，则知明而行无过矣。

"故不登高山，不知天之高也；不临深溪，不知地之厚也；不闻先王之遗言，不知学问之大也。干、越、夷、貊之子，生而同声，长而异俗，教使之然也。诗曰：'嗟尔君子，无恒安息。靖共尔位，好是正直。神之听之，介尔景福。'神莫大于化道，福莫长于无祸。"

荀子站起身来，仰天深沉而思，似自言自语："吾尝终日而思矣，不如须臾之所学也；吾尝跂而望矣，不如登高之博见也。登高而招，臂非加长也，而见者远；顺风而乎，声非加疾也，而闻者彰。假舆马者，非利足也，而致千里；假舟楫者，非能水也，而绝江河。君子性非异也，善假于物也。"

年轻的学子们神情专注地静心听着荀子讲的一字一句。荀子的话如山上的甘泉，滴注在他们久已干渴的心。这些字字如玑的话语，闻所未闻，意味深长，太神妙了！

荀子伸展双臂，有声有色地提高声音讲道："积土成山，风雨兴焉；

积水成渊，蛟龙生焉；积善成德，而神明自得，圣心备焉。故不积跬步，无以至千里；不积小流，无以成江海。骐骥一跃，不能十步；驽马十驾，功在不舍。锲而舍之，朽木不折；锲而不舍，金石可镂。蚓无爪牙之利，筋骨之强，上食埃土，下饮黄泉，用心一也。蟹六跪而二螯，非蛇鳝之穴无可寄托者，用心躁也。"

荀子看着毛亨问："学恶乎始？恶乎终？"

毛亨看着老师，静待荀子回答。

荀子说："其数则始乎诵经，终乎读礼；其义则始乎为士，终乎为圣人，真积力久则入，学至乎没而后止也。故学数有终，若其义则不可须臾舍也。为之，人也；舍之，禽兽也。"

荀子在学子们身边绕行一周，重新回到他的座位，强调说："故学者，固学为圣人也，非特学为无方之民也。"

荀子坐下，继续讲道："人之性恶。然而可以化，可以改恶从善。所谓圣人者，乃是普通人长期积累的结果。普通百姓，积累品德达到完备的程度就叫作圣人。

"圣人以仁义为本，明断是非，言行一致，丝毫不差，没有其他奥妙，就在于把学到的知识付之于行。人非生而知之。良弓，不经过矫正不能自己端正。快马，没有马辔的约束和好的骑手不能日行千里。"

荀子眼睛盯住毛亨，又环视众人："人，虽然天资聪慧，也要择师而学，择友而处。得贤师听到的是仁义之道，得良友看到的是忠信谦让之行，自身日进于仁义之中，不自知而从义；若与坏人相处，听到的是欺骗奸诈的坏话，看到的是污秽、淫邪、贪利之行，自身将要加于刑罚杀戮而不自知也。"

毛亨认真地点头，学子们感触颇深地相互交流。

荀子感叹："国将兴，必尊师，尊师则礼法行；国将衰，必轻师，轻师则人的性情放纵。人的性情放纵，则礼法破坏，国生祸乱，后患无穷。"

荀子把他在兰陵对学子们的讲授，整理成文章，名曰《劝学》。无论从内容还是从文采看，《劝学》都是无可挑剔的文章精品。所以，汉代刘向整理荀子的文章，编辑《孙卿新书》，把《劝学》列为首篇，流传数千载，至今还是我们中学课本里的精品教材。《劝学》集中反应出荀子的教育思想。荀子的教育思想是他礼法治国方略不可分割的一部分。他以人之性恶为基础，提出"学不可以已"，人应该终生学习。他否认有"生而知之"的"天才"。孔子说，"生而知之者上也，学而知之者次也。"① 而荀子则认为，礼义道德和系统的知识只有靠后天学习才能获得。并且提出了顺应自然规律"善假于物"的学习方法，揭示了学习的内部规律，指出只要锲而不舍，专心致志地学习，就能成为一个通达明礼的圣人。

《劝学》篇的意义就在于它开启了人类迈出性恶的初始状态走向智慧和善良的大门，为人类脱离兽性、建树善良、走向文明，指出了一条必由之路。

毛亨是一个勤奋好学的学生，每次荀子授课完了，他总愿意找到荀子，再询问一些不甚明了的问题，请荀子解答。荀子十分喜欢他。

一天毛亨来到文峰山荀子的书房里。荀子问他："我讲的你听得懂吗？"

毛亨说："听得懂。老师讲的不仅仅是文字，句句都是做人的道理。"

荀子说："老师的责任不仅是授业，最为重要的是育人。"

荀子从堆满竹简的书架上取出一束简册对毛亨说："毛亨，你是邯郸鸡泽人，我们是同乡。孔夫子以六艺教弟子，他说，《礼》以节人，《乐》以发和，《书》以道事，《诗》以达意，《易》以神化，《春秋》以道义。我这里有一部经孔老夫子删编过的《诗》，保存了多年，今日送与你，望你好好研读。"

"谢谢老师！"毛亨双手接过，恭恭敬敬地向荀子叩首。

荀子赠《诗经》给毛亨出于对弟子之爱。不承想，数十年后，秦始皇焚书坑儒，毛亨冒着生命危险将这部《诗经》保存下来。毛亨史称大

---

① 《论语·季氏》。

毛公，今天我们所看到的《诗经》，就是荀子传给毛亨的这一部。[①]

六、撼山治水育人

之前春申君命李斯作为县丞辅佑荀子治理兰陵。李斯与陈嚣一同实施荀子以政裕民的思想，落实荀子确定的修渠治水蓝图。他们动员百姓到山下挖土，来了许多的百姓。有的拿着铁锹、铁镐，有的空着两只手，有的站立，有的坐在地上，谁也不动手，谁也不说话。

李斯向百姓们高声喊话："诸位！荀县公为了让兰陵百姓种好庄稼，生活富裕，他亲自去寻找水源，又亲自与水工一起测量水渠和河堤的位置。我们兰陵，只要把水渠修好，河堤打成，就可以旱能浇水，涝能排水，不再怕天不下雨。这是造福兰陵百姓的大好事呀！大家既然都来了，就赶快动手吧！"

尽管李斯喊破喉咙，却无一人应声。陈嚣接着喊大家快动手干，仍然没有人动一动。

李斯让陈嚣赶快去请老师。陈嚣跑回县衙向荀子禀报。荀子问陈嚣可知道为什么？陈嚣告诉荀子，百姓们说修堤用的那座山有神灵，谁动了山上的土，全家人都要遭受惩罚。

荀子感到不是大家不愿意修渠，是旧有的对天地的敬畏在阻碍。他留下陈嚣照看县衙，立即乘车到现场去。

李斯站在山下继续向百姓高声号召："诸位！修渠筑堤这是千秋万代造福兰陵百姓的大好事情。你们不要再犹豫了，赶快动手吧！都动手吧！快动手呀！"任凭李斯喊破喉咙，也没有一个人理睬。

有百姓忽然看见荀子的马车，说："荀县公来了！"

马车在山脚停下，荀子走下车来，百姓主动为荀子让开一条路。

---

① 郭志坤《荀学论稿》第五章"荀子与《诗经》"中说："陆玑《毛诗草木鸟兽虫鱼疏》说：子夏五传授荀子，再传鲁国河间人毛亨，亨作《训故传》传赵国毛苌。"

荀子走上山坡，向百姓大声讲话："诸位父老，你们来得早呀！足可见修水渠，打堤防，解除旱涝灾害，是大家的共同心愿。可是为什么不动手呢？"

阿仲说："山神。家中有灾，求告它，山神能给免灾；有了病人，吃上山神一点药，病就能好。假如哪个得罪了它，就会有灭门大祸。"

"好，我来说。"老族长走到荀子的面前，"荀县公，您是个为民的好县公，我们兰陵人几辈子也没有见过的好县公。你让打堤修渠，也是一件好事情。只是，这座山不能动。你要问为什么？我今年七十岁，我爷爷的爷爷说，这座山就是祖辈供奉的神山，灵验得很。山上的每一块土，每一棵草，都有神灵，都不能动。所以，多少年多少代，在这座山上，没有人敢来砍柴、割草、种庄稼，更不敢来这里动土。逢年过节都要给它送来供品，大家敬奉着它，供养着它，希望它给我们远近数百里的百姓降福免灾。"

老族长手指山峦说："您看！整个这座山，从山上到山下，全是黄土。唯有它，是一块石头。你说，有谁能把这样大的一块巨石摆放在山顶上？你再看，这巨石，表面水平如镜，朝向正南，中间有一处洼陷。是不是像肚脐？人的肚脐是母亲留下的。这座山的肚脐是哪个留下的？肯定是天神。这座山，是天神的儿子。这个山穴就是天神留在儿子身上的肚脐。谁如果动了山穴，山神即刻就会发怒。触动山神的人就会在七日之内，七窍出血，脑浆进裂，全家生病，断子绝孙。"

荀子要李斯随老族长下山去，他要在这山穴上点一把火，燃烧七天七夜，让百姓们看看山神究竟有多大的威力。李斯不下山，他要和老师一同在山穴上点火。荀子问他："你不害怕触动山神吗？"

李斯坚定地回答："不怕！"

老族长生气地批评李斯："你是县丞，是荀县公的弟子，应该劝阻荀县公，怎么能跟他一起触犯山神呢？"

李斯说："老族长，我知道你的心意，你也要明白荀县公的心意。"

老族长说："我明白，我什么都明白。可我不愿意让你们这些好人做冒犯山神、伤害自己的事情！"

见荀子和李斯执意要拔巨石边的荒草，老族长说："你们不听良人相劝，决不会有好结果！"

荀子说："那我们就约定，假如七日之后我果然死了，你就告诉村民们，荀况之死，罪有应得。七日之后，假如我不死，你就告诉村民们，这座山不是神山，叫他们赶快动手开山。我们一言为定！"

"好！一言为定！"老族长拄着铁锹愤愤然走下山去。

山下的阿仲、阿季等百姓为荀子担心，不住地向山上观望。阿季首先看见山上起火了。急忙喊叫："哥！看，山上起火了！"

老族长看见火起怒气更大。阿仲问老族长："荀县公果真在山穴上放火了，山神怪罪下来，荀县公岂不就没有性命了吗？"

老族长的气不打一处来："那是他自己找死！"

李斯与陈嚣二人抱回柴来，添加在火堆上。荀子望着熊熊燃烧的冲天大火，再看看两个弟子被火光照耀的单纯而又执着的容颜，激动地流下了热泪。

老族长坐在一个小山包上，严肃地一眼不眨地注目着山头的火光。那山上的火光在夜空中像通天的火柱，熊熊燃烧，直冲云霄。

夜已深了，阿仲等百姓一个也不肯离去，他们不停地面对荒山跪地祈祷，祝愿上天保佑荀县公平安。

在楚国都城里，春申君听到侍者禀报，兰陵传来消息，荀县公不听长者忠告，独自登上神山，触犯了山神，很快就会受到山神的惩罚。春申君百思不得其解。荀老夫子，当年你不祭天求雨，触犯了天神。如今你竟然又触犯山神。你年过六旬，还是这样的执拗倔强，这是何苦呢？！

侍者说兰陵的百姓如今都跪在山下，为荀县公祈祷，向天神求情。

春申君也为之感叹："是呀！百姓有这样一个为民谋利、舍生忘死的父母官，也实在是世代难求呀！"

侍者小心地说："令尹爷，小人说一句不该我说的话，楚国有这样一个好县公，也是世代难求！"

春申君要他立即备车，他要去往兰陵。

贩马人听说荀子登上神山，骑快马赶到兰陵，他匆匆走上山去。众人一齐看着贩马人向山上攀登。贩马人不顾一切地穿荆棘，登峭壁，越攀越高。他抬头看山顶，云雾茫茫，继续勇敢向前。忽见远远的葱绿之中似乎有人影，试探地呼喊："荀县公？……"

那人影正是荀子与李斯、陈嚣，三人健步走下山来。

荀子走近了，贩马人看清楚了，兴奋地高声喊叫："荀县公！——"他激动得立即转回身来，向山下跑去，边跑边喊："荀县公没有死，荀县公没有死！下山来了！荀县公下山来了！"

荀子看见春申君："啊！令尹，你怎么来了？"

春申君说："听说你触犯山神，我在都城坐不住呀！"

荀子笑道："山神没有动荀况一根毫毛。你看我，这不是好好的吗？"

春申君仔细地上下打量荀子："嗯！好，好！老夫子！你像一匹永不驯服的骏马，穿山跳涧，奔腾不息，谁也阻挡不住。今天，你又一次冒天下之大不韪。虽然黄歇我不敢苟同，可也让我不能不敬佩呀！"

老族长激动地跑过来，跪地向荀子叩头："荀县公！……"

"啊！老族长请起！请起！"荀子双手把老族长搀扶起来。

老族长泪流满面，难以言表："荀县公，你是神人！你是一位比山神的威力还要大的神！你在山穴放火，触动山神命脉，山神竟然不敢动你一根毫毛。"

春申君对荀子说："你不是神。不过，老族长的话也对，你比山神的威力还要大。"

荀子爽朗地说："那好！荀况今天就借令尹的吉言。不过，我要说，不是我荀况比山神的威力大。是你们！"荀子手指站立在山下的百姓，高声说道，"是你们！"

众人不明白荀子说的话是什么意思。

荀子继续说："在前年祭天求雨的祭坛上我讲过，我们不要被天命所吓倒，应该制天命而用之。利用天的规律，改天换地。如今，我们兰陵百姓果真要改天换地了。大家一起动起来吧！为了兰陵不怕旱涝灾害，为了兰陵百姓生活富足，为了兰陵的后代子孙，开山动土，修渠筑堤！"

荀子拿过来阿仲手中的铁镐，双手挥动，向山上猛挥一镐，一块山土轰然落下，卷起滚滚烟尘。

"啊！……"众百姓眼望神山的黄土滚下山去，兴奋欢呼。阿仲、阿季等百姓呼喊着一同挥动铁镐，劈山掘土，向威严不可触犯的神山宣战，一时间似山崩地裂。

荀子、春申君与李斯、陈嚣观看着这令人鼓舞的场面，欣慰地微笑。

春申君无限感慨："荀老夫子，你不仅是一位最有学问的老师，还是一位开山辟地的英雄！"

七、民富而邦兴

水渠修好了。围绕水闸站满了人群，百姓们等待着荀县公主持放水的仪式，兴奋地期盼着开闸放水的难忘一刻。

有人远远看见荀子的马车，喊了一声"荀县公来了！"众人一片欢腾。

荀子谦逊地向众人招手，走到了水闸旁边，手扶水闸高兴地向百姓们说："诸位！今天是个喜庆的日子！我们的水渠修好了。那年祭天求雨的时候，我说过，人世间的贫穷与富贵，国家的安定与混乱不是天意，而是人为。如今，我们用自己的双手把水渠开挖好了。以后，我们兰陵的土地，旱可以浇水，涝可以排水。从此，兰陵就不怕旱涝天灾。诸位，你们是人与天较量的勇士，是人与天争斗的英雄！你们为兰陵百姓立下了大功劳，我替兰陵的百姓谢谢你们了！"

闸门提起，水从闸门下滚滚流出，翻着浪花，顺着新开的渠道流向远方，众人欢呼雀跃。阿季跑到水闸旁边，接了一碗清水，恭敬地送给荀子："荀县公，请您饮下新渠的第一碗水！"

荀子满心欢喜地接过碗，向众人说："诸位，这一碗水，应该大家同饮！"

阿仲等百姓说："应该荀县公先喝！"

"好！"荀子喝了一口，送给身边的一个百姓，这个人喝完，又往下传。远处的人急不可捺，跑到水闸边，用双手捧起水品尝，高兴地喊叫："啊，好甜呀！"

回县衙的路上，陈嚣说："老师，您刚才在阿仲家里说，要他们拿自己家酿的酒去发财取利，开始他们不赞成，而后全家人都高兴坏了。"

荀子说："义和利都是人所向往的。即便是尧舜也不能除掉百姓取利的愿望。"

"我知道老师这是在推行您的新政。我看老师的新政比起孔子与孟子只谈义，耻于谈利，让老百姓欢迎多了。"陈嚣谈得兴致勃勃。

"义和利，并不是如水火之不可相容，而是可以兼顾。"荀子进一步对陈嚣解释，"民富而邦兴。百姓之大利，国家之大利，其中就含有天下之大义。"①

荀子的文章《富国》是一篇非常精辟的经典著作。可以看作是荀子将儒学推向社会实践的总结。它从分析认识人的本性欲望为起点，论述了国家的富足之道，提出了一系列组织社会、发展经济、使人民富裕、社会和谐的政治原则和方针策略。

荀子把富民提高到富国的高度来看。他认为"下富则上富"②，民富与国富相辅相成，让老百姓发财致富的过程，也就是富国兴邦的过程。

荀子说，实行王道的君主能够使全国人都富足；实行霸道的君主能够让知识分子以上的阶层富足；仅仅能够保存自身的君主只能使当官的富足；亡国的君主则是把自己的筐筐篓篓都装得满满的，把自己的仓库都塞得足足的，而老百姓却被搜刮一空。这样的结果是，老百姓怨声载道，外敌来了不能自卫，出外征伐不能战斗，那灭亡的日子就不远了。

所以，荀子说，昏聩的君主因为搜刮民财而灭亡，敌人得到这些物资而富强。肆意搜刮民财的人，所走的是招引盗贼、养肥敌人、灭亡本

① 《荀子·富国》。
② 《荀子·富国》。

国、危及自身的道路。贤明的君主是不走这条路的。"忠信、调和、均辨（公平）"①是统治国家的君主成就功业的最好办法。

荀子详细研究百家学说，提出了他的富国的基本原则："节其流，开其源"。也就是我们经常说的"开源节流"。

开源和节流是一个问题的两个方面。开辟财源是富裕的基础。但是，源头再多，假如让水无节制地流淌，也会使一条水量充足的河水变成干涸。

国家富裕的源泉在哪里？荀子认为，源泉在人民之中。所以后人说，荀子经济思想的基本立足点，就是富民，鼓励人民创造财富。

荀子说，田野和农村是国家的财源之本，官府的货仓和粮仓是国家的财源之末。百姓把土地种好了，田地丰收了，老百姓富足了，官府的粮仓才会丰满。所以，国家不要只把眼睛盯着自己的仓库，要把力量放在富民上，鼓励人民创造财富。

如何富民？荀子提出了许多具体的政策方针。第一，以农为本。农业是中华民族的生存基础。第二，以工商为贵。充分估计工商业对社会的作用。传统儒家的经济思想是重农抑商，而荀子从富民和利民的思想出发，主张给工商业者许多优惠待遇。比如开放关卡，让商品自由流通。在关卡和市场上，只检查不收税，给商人更大的利润。并且还要改善交通，设立宾馆，让工商业者行路和住宿方便。

因为荀子对工商业者的如此态度，所以，后人评价荀子不像传统儒家那样主张重农抑商，荀子的主张是"重农贵商"。

荀子在阐述他经济思想的同时，对那些危害经济发展的现象给予了尖锐的抨击。

他说，现在有些在上位的人加重对金钱的搜刮来掠夺百姓，加重对田地的税收来抢夺百姓的粮食，加重对关卡和集市的收税来为难贸易活动。而且并不至此罢休，他们还伺机欺诈、玩弄权术、阴谋倾轧陷害，用这种手段来摧残百姓。百姓明明知道这种人污秽肮脏残暴淫乱而将导

---

① 《荀子·富国》。

致极大的危难与灭亡。因此就有了臣子杀死君主，下级杀死上司，出卖城池、违反节操而不为君主卖命。

为何产生这样的事情？没有其他缘故，这是君主自作自受。是"伐其本，竭其源，而并之其末，然而主相不知恶也"[1]。把树砍了，让源泉枯竭了，把老百姓的钱财搜刮完了，而君主和丞相还不知道会产生严重的恶果。

总之，荀子的经济思想在批判吸收百家学说的基础上，代表了一个时代的最高峰。荀子不愧是一个当过多年县令的思想家。仅仅坐在书斋里，没有深入的社会实践，决不会写出这等既有理论又有具体实用政策措施的好文章。荀子的真知灼见，对于我们今天的经济建设仍然有积极的借鉴价值。

八、李斯入秦

公元前二四七年，李斯辞别老师荀子西行入秦。李斯从成皋之路走进秦国的函谷关，口干舌燥，下马向路边卖水的老妪要碗水。正在茶棚里喝茶的稷下学宫学者淳于越闻声抬头，见是李斯，异常惊喜。李斯望见淳于越也十分高兴，二人亲热攀谈。

原来淳于越也是闻知吕不韦出榜招贤到秦国应聘的，二人便结伴一路同行，进入咸阳城，找到吕不韦的相邦府邸，由侍者引导，小心翼翼地走进吕不韦相府厅堂。

吕不韦听说荀子的弟子和稷下学宫的学士前来应聘，自是高兴，亲自接见他们。见到二人，吕不韦开口便问："你们哪位是荀老夫子的高徒？"

李斯答话，并呈上荀子的亲笔书信。

吕不韦接过来看，笑道："荀老夫子向我举荐你呀！当年在邯郸，

---

[1] 《荀子·富国》。

我曾经拜访过荀老夫子。那时我在邯郸经商，已经很有些资财了。但是，经商赚取的钱财再多，也仅仅富有一时，而从政则可以富有一国，荫及子孙。所以，我便请教荀老夫子，想学些帝王之术。不韦今日走到秦国相邦之位，也应当感激荀老夫子呀！"

吕不韦转身问淳于越："他是荀老夫子的学生，你便是齐国稷下学宫的学士淳于越先生了？齐国的稷下学宫，为接应天下学子每年要花费不少钱财。如今怎么样啊？"

淳于越回答说："自从荀老夫子离开稷下之后，学宫便似群龙无首。齐国原为君王后掌权。前年，君王后去世，齐王胸无大志，少有政见，稷下学宫也就渐渐地人去楼空了。"

"那就到我这里来吧！"吕不韦大度地说，"荀老夫子在昭王的时候曾经来到秦国。他提出秦国只重视武力，不重视儒士，期望秦国能接纳天下儒士入秦。可惜当年昭王没有听从荀老夫子的指教。如今秦国大不同了，要广招天下学士。自不韦贴出招贤榜之后，已有上千名各个学派的学士投奔到我吕氏府门。今日二位先生到来，不韦倍加欢心。李斯先生是荀老夫子的高徒，淳于越先生是稷下学宫的名士，以后不韦当多多讨教呀！"

李斯、淳于越二人一同拱手谦让不敢当。

吕不韦告诉他们，秦王年幼，需要细心施教。他是秦王的仲父，理当尽仲父之责。如今他正在编写一部《吕氏春秋》，是专供秦王阅读的。他要将秦王培养成博通天下学问的君王。请他们二人助自己一臂之力。李斯、淳于越当然高兴，表示愿为吕相邦效力。

时过不久，吕不韦把李斯召来，说他看了李斯为《吕氏春秋》写的文章《察今》，写得很好。李斯在这篇文章中写了一个故事，说楚国人想去袭击宋国，便派人先在澭水的河道上插了标记，准备到夜间顺着标记过河。不想夜间澭水暴涨，楚国人还按照原来插的标记过河，结果一千多人都淹死在暴涨的河水之中。由此，引申出一个道理，君王如果总按照先王的旧章法去做事，就和那些楚国人过河一样。外面的形势已经改变了，还要用先王的旧法去治理国家，岂不可悲吗？

吕不韦夸赞李斯有见地，他说："治理国家，墨守陈规，不知道在形势已经变化的时候改变自己，就如同医生看病，病情变化了，而药方不变，长寿的人也会被治成短命。你的文章前面有比喻，后面讲道理，题目叫'察今'。有理有据，发人深省，不可多得，不可多得呀！"

李斯说他所讲的乃是老师荀卿的主张。老师一向倡导，君王治国不必效法先王。

吕不韦要李斯以后替他把《吕氏春秋》这部书统筹起来。李斯知道《吕氏春秋》的重要，让他统筹，自是相邦的格外器重。他受宠若惊，立即感谢相邦栽培，表示一定尽心竭力。

然而秦王政对《吕氏春秋》并不感兴趣。他喜欢自由自在，不受约束，经常要宫人赵高陪他到渭水河边钓鱼。吕不韦为此焦心。

李斯抱着许多简册走进吕不韦书房，说是近日学士们写下的文章，请相邦过目。吕不韦问李斯是否看过，哪一篇最好。李斯回说以淳于越先生写的一篇最好。

吕不韦让李斯将简册放下，告诉李斯，以后《吕氏春秋》这部书你就不要再管了，他想请淳于越先生统筹。

李斯心头一震，感觉相邦不用他了，心中有些醋意，口中却说："这样好，淳于越先生比我更博学。"

吕不韦听出了李斯的言外之意，向他解释，说并不是淳于越先生比你博学，而是对你另有重用。李斯紧张的心这才有所缓解，却又不知相邦会让他做什么。

吕不韦告诉他，你的老师荀老夫子讲过，有贤才良士来到身边而后就能够看得清楚事理。事理看得清楚，而后就知道是非之所在。我想让你进宫到大王的身边去。

一听说派他到大王的身边，李斯心中自是高兴，这是他久久的期盼。便问："相邦！大王尚未登基理政，李斯能做些什么呢？"

吕不韦告诉他，大王一年一年长大了，不能尽是玩耍，身边很需要有贤才良士陪侍。要李斯做大王身边的侍郎。李斯不知道侍郎具体做什么。

吕不韦告诉李斯："我乃大王仲父，大王假如品德有差，不仅是他一人之事，也是国家之大事呀！你进宫去，要随时留心大王行止，如实禀报。"

李斯明白了吕不韦的意图，真诚地回复遵命。

从此李斯进入秦王政的祈年宫，天天在宫门外的小房里小心守候。

他见秦王政走出宫门，来到院中。李斯从门房中出来，远远站立，想让秦王政看见他。可秦王政的眼睛并不看他。李斯想上前搭话，却又畏惧王威，不敢近前。

不想，秦王政突然调转身，直接向李斯走过来，与想向他靠近的李斯走了一个碰面。李斯急忙双膝跪地叩头，说："侍奉君上！"

秦王政正色问："你是相邦新近派来的吗？"

"是，卑职李斯。"李斯抬头呼唤，"君上！……"

秦王政并不理睬，径自向前走去。赵高与侍女跟随在秦王政的身后扬长出宫。

李斯看着秦王政的身影远去，忙起身跑回门房，在竹简上记下："大王未时走出宫门。"

李斯将近日记录的大王行止送相邦过目。吕不韦接过来认真观看，由此检验出李斯对他的忠诚，便又给李斯新的任务。说李斯曾经帮他编选《吕氏春秋》，其中有些文章又是李斯所写。他的这部书是专为大王而写的。大王年幼，要李斯以后将书中的文章讲给大王听。李斯俯首听命。

李斯按照吕不韦的吩咐拿了一篇文章送给秦王政。秦王政正在观看一卷杂书，头也不抬。

李斯敬畏地说："君上，卑职奉相邦之命为您讲解。"

秦王政立即怒道："你是寡人的侍郎，相邦的话你听，寡人的话你就不听吗？"

李斯向吕不韦如实禀报，吕不韦听到十分生气。赵高问秦王政，相邦送给您的文章，您怎么不看也不听呢？

秦王政怒道："那是些什么文章？全是些混账话。什么'君道无知无为，而贤于有知有为'？难道'无知无为'比'有知有为'还要好吗？他是要我当傻子、蠢货！什么'天下非一人之天下也，天下人之天下也'。大秦国的天下，不是我嬴氏一家的，难道还是别人的吗？现在我年纪小，不让我亲政。将来我不亲政做一个真正的大王，还能让他吕不韦登基当大王吗？一派胡言。尽把我当小孩子！"

赵高劝解秦王政，说："吕相邦是您的仲父，近年来他主持朝政，调兵遣将，开拓疆土，让关东六国心中胆寒……"

秦王政并不买账，冷冷笑道："那不是为我大秦国立功，是树立他自己的权威！"

九、良药苦口

荀子在兰陵实行的富民新政虽然没有被春申君推向整个楚国，却也对楚国产生了不小的影响，使得楚国逐渐富裕强胜起来。①

然而秦国由吕不韦做相邦，对外扩张的力度更大。楚考烈王二十二年（前241）各国诸侯担忧秦国的攻战征伐无止无休，危及自身命运，相互盟约联合起来讨伐秦国，共推楚国国君楚考烈王担任六国盟约之长，春申君当权主事。②

函谷关以东的六国，除齐国之外，赵、魏、韩、燕四国的使臣聚会楚国都城歃血定盟。在定盟的仪式上，楚国武士杀鸡、杀狗，又杀马，而后把鸡、狗、马血倒进铜壶中。侍者把铜壶中的血，分别倒入一个一个的碗里，再把盛满鸡、狗、马血的碗——送到楚王、春申君、临武君与四国使臣的几案前。

楚考烈王手捧血酒庄严地站起身来，春申君、临武君与四国使臣也站起身来。楚王郑重说道："众位使臣！秦国年复一年，倍加疯狂。几

---

① 《史记·春申君列传》记载，春申君"以荀卿为兰陵令。当是时，楚复强。"
② 《史记·春申君列传》。

年来它接连攻战韩国的上党，赵国的晋阳，魏国的二十座城池，在这些地方建立郡县，变成它秦国的国土。其灭亡我关东六国之野心昭然若揭，是可忍孰不可忍！今日，我楚、赵、魏、韩、燕五国歃血为盟。承蒙列国君王信任，推举寡人做盟主。我楚国在列国之中疆域最大，兵将最多，武器最锋利，物产最丰富，理应担此重任。诸位！请你们相信，楚国一定不负众望，将以倾国之兵，联合列国将士，共同与秦国决一雌雄！来！大家一同歃血！"

楚考烈王首先用手把碗中的血抹在嘴上。春申君此时已经六十多岁，须发斑白，然而精神抖擞，他与临武君也将碗中的血抹在嘴上。四国使臣也同样将血抹在嘴上。

卜尹大夫与楚国官员们站在殿下，注目着这个庄严仪式的每一个细节。

楚考烈王高声呼唤："来！大家同饮！"众人一同把血酒饮下。

歃血过后，楚考烈王特意看了看春申君，说："此次五国联盟的成功，多亏了我的令尹春申君。五国联军能不能取胜秦军，也还是要靠他运筹帷幄。令尹！假如这次五国之军取得胜利，寡人要重重奖赏你。你现在的封地是淮北十二个县。打了胜仗，寡人再给你十二个县！"

"谢君上！"春申君信心十足地向众使臣说，"列位使臣！秦国的狼子野心我关东六国已经看得明明白白。为了我们自己的国家，为了我们共同的利益，大家联合起来，与秦军决一死战。兵贵神速。请诸位回国之后，按照我们议定的方略，立即派遣兵马到达指定地点集结，一切听从临武君指挥。黄歇可以预言，只要大家同心协力，一定能够大败秦军，让他二十年不敢出函谷关！"

众使臣一齐应声："好！我等相信令尹！听命于令尹！"

四国使臣走后，春申君特意请卜尹大夫到官邸来，要他为五国伐秦的胜负占卜。

卜尹大夫遵命，小心翼翼地演绎占卜的程序，最后得到卜辞。春申君急切地问："吉凶如何？"

卜尹大夫高声宣称："大吉！"春申君非常兴奋，他料定此战必胜。

卜尹大夫问此事可与荀老夫子商议吗？春申君迟疑有顷，说他远在兰陵，有些不便。卜尹大夫明白春申君的心意："不和他商议好。数年前你要联合列国伐秦，他就反对。免得再被他搅乱你的伟业。"

旷野。赵国、魏国、韩国、燕国的军队高举旌旗，迎风猎猎，从四面八方分头向会合之地集结。

春申君从漆匣中取出调兵的虎符，郑重地交给临武君，说道："这调兵的虎符，它是数十万楚国将士的生命，是楚国生死存亡的寄托。今日交付于你，是大王与黄歇对你的信赖，也是楚国百姓对你的期望。"①

"谢令尹！"临武君向春申君跪拜，而后严肃又敬畏地双手接过虎符。

春申君又谆谆嘱告："这次关东六国合纵抗秦，除齐国贪图自身安逸不肯出兵之外，其他五国都派出了精锐之兵。我楚国大王义不容辞，担当盟主，黄歇我将亲操军需做后盾。五国雄壮之师能否给秦军一致命痛击，重任全系于将军一身呀！"

"末将定然不负令尹所望！"临武君充满信心。

临武君雄心勃勃，壮志满怀。授命之后，他第一个想要做的事情是到兰陵去。

临武君向荀子解释，说赵国大王虽然对他十分信任，可实在是懦弱无能。末将希图在有生之年做些大事，不愿碌碌无为。因此就步荀子的后尘，从赵国来到了楚国，在令尹春申君的门下供职。说完哈哈大笑："老夫子，您是他登门请来的，末将是不请自来。你我如今是同僚，哈哈……"

"好。"荀子称赞说，"楚国又增添了一员带兵的虎将！"

寒暄过后，荀子问："将军，您从都城来到兰陵，想必不仅仅是来看我这个老头子，怕是有什么教诲吧！"

---

① 《战国策·楚策四》"天下合纵，赵使魏加见春申君曰：'君有将乎？'曰：'有矣，仆欲将临武君。'"由此可知，春申君主事合纵抗秦使用临武君为将。

"五国就要联合伐秦，您难道不知？"临武君感到奇怪。

"啊，您远在兰陵，定是消息传递不便。"临武君便兴致勃勃地把秦国欲吞并关东六国，关东六国共同推荐楚国大王为纵约长，除了齐国只图自保没有出兵之外，其他赵、魏、韩、燕四国都派出兵马，要与秦军进行一次决战的情势向荀子说明。

临武君进一步解释说："如今的楚王英明，令尹贤能，又有您在兰陵实行新政，使得楚国兵强马壮。楚国担当列国抗秦盟主的重任，理所当然。这次合纵抗秦一定能大获全胜，攻取咸阳城，捉拿小秦王！"临武君越谈越激动，最后他谦逊地说，"末将不才，大王和令尹要我充当联军的主帅。重任在肩，不敢懈怠，为此，专程来到兰陵，向您求教用兵的良策。"

荀子思虑有顷，方才开口："临武君！你我是老朋友，如果要我讲，我一定会让你失望的。"

临武君知道荀子是一个真诚的人，他相信荀子一定会帮他，便说："老夫子，您的话句句是至理名言，掷地有声，我一定言听计从。"

"那好，我讲。"荀子一字一句地认真说道，"以老夫之见，这个五国联军应当立即解散。"[①]

"什么？……"临武君吃惊地问，"老夫子……您在齐国的时候，不是主张联合抗秦的吗？"

"那是让齐国君王借解救赵国危难取信于列国。"荀子说，"所谓合纵连横，都是那些游说之士的无稽之谈。我问你，五国的军队联合在一起去攻打秦国，五国能够一心吗？"

临武君坚定回答："五国对秦国同仇敌忾，恨之入骨，一定会齐心协力，定而无疑。"

"不对！五国共同的义愤是有的，但是，齐心协力却很难。"荀子进一步讲述，"当今华夏的最大祸患，并不是一个秦国，而是礼义废弃，

---

① 荀子反对纵横家的主张。《荀子·臣道》中评价纵横家说："内不足使一民，外不足使距难，百姓不亲，诸侯不信，然而巧敏侵说，善取宠乎上，是态臣者也。……用态臣者亡；……齐之苏秦，楚之州侯，秦之张仪，是为态臣者也。"

道德沦丧，缺少一个崇尚礼义、善得民心、能够一统天下的圣王……"

临武君心中急切，他打断荀子的话："老夫子！恕我不恭，打断您的话。如今楚王已经与其他四国歃血定盟，军队正在集结，五国联合抗秦之事已是箭在弦上。春申君已经将调兵的虎符交付与我，命我做五国联军的统帅。所以，末将才特地急急忙忙跑到兰陵，远道登门，求您指教用兵良策。请您看在你我多年相处的情分，一定要不吝赐教呀！"

"临武君！荀况一向主张以仁义得天下。五国联军乃是乌合之众，以我看，此战必败。"荀子的话讲得很沉重。

荀子继续说："请你回禀令尹，楚国这几年虽然以政裕民，让百姓富足了一些，但是，距离和秦国抗衡尚差甚远，应当戒骄戒躁，养精蓄锐，积累力量，切不可劳民伤财、轻举妄动。"

荀子意犹未尽，继续着他的话："临武君，我在邯郸的议兵馆就讲过，一个将军宁死也不要打注定要失败的仗，不能让士兵无辜送死。所以，对于五国联合抗秦的行动，荀况不能赞同。"

临武君对荀子感到失望，他心中急切，再次恳请荀子："老夫子！难道您果真不愿帮我一把吗？"

荀子回答："劝你罢兵，这就是我帮你策划的最好办法。"

听到这里，临武君突然站起身来，正色道："老夫子！末将风尘仆仆而来，难道您就这样让我空手而回，失望而归吗？"

荀子也严肃地说："临武君！荀况的话，既为了将军，也为了楚国，也为了五国士兵，不愿让将军打这种徒劳无功、枉然流血、劳民伤财、必败无疑之仗。"

但临武君最终没听荀子告诫。望着远去的临武君，荀子无奈叹息。

十、生命的忏悔

旷野中，秦军高举大旗和各种兵器，气势凶猛，浩浩荡荡，呐喊着冲向五国联军。五国联军仓皇溃退。临武君站在战车上高声呐喊："不要跑！不要跑！"可是溃军如潮，兵士们仍然争先恐后地四散奔逃。

赵高兴高采烈地跑进宫来，向秦王政禀报："我军胜利了！那些五国的兵马丢盔卸甲逃跑了！您看，这是吕相邦送来的军情简报。"

秦王政接过简报仔细观看。

赵高夸赞说："君上！五国的兵马来势汹汹，可是说完一下子就完了。吕相邦真有两下子呀！"

秦王政把简册用力摔在几案上，瞪了赵高一眼。赵高胆怯地后退。

溃败的五国联军兵士卷旗息鼓，似潮水般向函谷关外逃奔。临武君的战车驻立在函谷关关口，声嘶力竭地呐喊："不许跑！"

他看见韩国的将军乘坐兵车跑过来，立即驱车截住道路，拱手正色道："你是韩国带兵的将军，怎么能临阵脱逃？"

韩将说："哪个临阵脱逃？你难道让我们韩国的兵马都白白死在秦军的手里吗？"

临武君怒道："我告诉你，在战场当逃兵，这是犯罪！"

韩将辩解："你作为五国的三军主帅，指挥有误，应当首先领罪！"说完就走。

临武君叫喊："你敢逃跑，我杀死你！"

"你敢！"韩将命令车夫夺路飞奔而去。

临武君大声喊叫："站住！站住！"

韩将继续带兵逃跑。临武君气愤地拉开长弓，向韩将射出一箭。韩将中箭而亡。

临武君向其他逃跑的士兵喊叫："不许逃跑！哪个敢逃跑，与其同罪！"

韩国的兵将被镇住了，但是其他三国的兵马依然急速溃退。

突然，一箭飞来，射中临武君。临武君疼痛地难以站立，接着又飞来数箭刺中临武君。他坚强地忍痛在兵车上站立，继续向狼狈逃跑的兵士大声喊叫："不要跑！不要逃！掉回头去，抵抗秦兵！掉回头去，抵抗秦兵！……"

兵士依然像潮水一样从他的车前涌过。临武君望着眼前的情势，丧气哀叹："咳！兵败如山倒，完了！完了！……"

失败的厄运让临武君无可奈何，他回到楚国，手拄拐杖一步一拐地进入令尹府，在春申君面前痛心地伏地哭泣。

"将军！……"春申君急忙搀扶起临武君。

临武君诚恳地表示，五国联军兵败，愿意接受大王和令尹的惩处。

春申君安慰他，问他伤势如何，要请御医为他诊治。临武君不接受，他告诉春申君，如今他的心痛胜过伤痛。

春申君鼓励他，联军虽然失败，可是你带兵杀进函谷关，逼近咸阳只有百里，你是有大功的。

临武君摇头："不！大王和您对五国联合之兵寄予莫大希望，而我作为联军主帅，辜负了您和君上。请令尹治罪！"他重又跪倒在春申君面前。

春申君为之动容，双手搀起临武君："将军！联合五国之兵攻伐秦国，乃是黄歇之主张。假如治罪，应当接受惩处的不是你，而是黄歇我呀！"

听到春申君的话，临武君感动："令尹！……咳！没有想到，万万没有想到呀……"

春申君劝慰他，胜败乃是兵家常事。将军不要过于伤心，你已经尽了你的职责。可临武君依然懊悔，怎么能这样呢？怎么会是这样呢？春申君告诉他，如今什么也不要想了，你身上箭伤沉重，养伤最为要紧。

临武君依然感慨不已："令尹！也是我心血来潮，只想到率领五国之兵去狠狠地惩罚虎狼般的秦国，竟然听不进荀老夫子逆耳的肺腑之言。想不到，想不到会败得这样惨。咳，悔不该呀！悔不该不听荀老夫子之良言。"

春申君也甚是愧悔："是呀！你我这把年纪，本不应该像年轻之人，冲动难以抑制。咳！假如我们能听荀老夫子的逆耳之言，还会有今天吗？"

"我要到兰陵去！"临武君说完便拄着拐杖，急步走出春申君府邸。春申君追出门来，呼唤他，说你的箭伤未愈，不要去了。临武君立即把拐杖甩掉，挺起身子："令尹，你看我这不是很好吗？"

春申君劝他将养些时日，待箭伤痊愈，再去见荀老夫子不迟。临武君却说他与荀老夫子有言在先，末将不能食言。说着便上了轩车，径自而去。

陈嚣向荀子禀报五国联军失败的消息。荀子心情沉重。陈嚣说："老师！果然不出您的所料！"

荀子叹道："咳！我并不愿意言中啊！有大技巧的人，在于不去做那种不能做的事情；有大智慧的人，在于不去想那种不能想的事情。只凭借自己的愿望，不顾及事情本身的既有之规，怎么能够不失败呢？"

临武君乘车向兰陵急行。轩车颠簸得临武君一阵阵伤痛难忍，他不得不平躺在车上，以减轻疼痛。

来到兰陵县衙门外。临武君强忍伤痛，坚强地站起身子，走下车来。车夫要去搀扶，临武君把车夫甩开。

荀子迎出衙门，临武君见到荀子便惭愧地跪地叩头，因箭伤疼痛，几乎跌倒。荀子急忙搀扶。临武君坚强地站立，说没有什么。荀子请他进衙内叙谈。

"老夫子！我不明白，浩浩荡荡的五国联军，怎么能说垮就垮得那么惨呢？"临武君对于失败依然耿耿于怀，"从前几次合纵，哪一次也没有能够过了秦国的函谷关。而我们，不仅过了函谷关，还到了离咸阳不足百里的蕞地，眼看就要打进咸阳城，活捉小秦王嬴政。可是，秦军一出动，五国之军就像惊弓之鸟，一哄而散。真真气煞人也！气煞人也！"他突然"哎哟"一声，用手捂住了腰部。

荀子为他分解，要临武君不要伤心。说五国联军的失败，乃是必然。你做统帅失败了，别人做统帅一样也要失败。因为五国之军，本不一心。你想要打胜仗，可能吗？那些纵横家到处喊什么合纵呀、连横呀，全是为了骗取个人功名利禄的欺人之谈。

临武君对荀子的话依然不解。荀子继续说："君王治理国家，只有用大道正理才能使国家大安定、大繁荣。大道正理是什么？是义立而王，信立而霸。掌管国家政权的人，实行义，就能统一天下；坚持信，就能称霸诸侯；玩弄权术就要灭亡。孔老夫子没有立锥之地，可是他用义立身，就能够名显天下，垂于后世。假如君王只追求一时的功利，不伸张礼义，不讲信用，对内欺骗百姓，对外欺骗盟国，今天勾结这个打那个，明天勾结那个打这个，天天玩弄权术搞阴谋。如此，盟国就怀疑他，敌国就轻视他，这样的国家能持久吗？"

荀子把话收住，他说："只有仁义之师才能打胜仗，得天下。一群尔诈我虞、各怀心思的军队联合在一起，绝不能打胜仗。所以，你的这一仗，失败了，那是在所必然；胜利了，那才不合乎常理。"

临武君这才明白了他失败的原因，明白了荀子讲的大道正理，因而更加激动，更加悔恨。他猛地站起身来，说："老夫子！高论，高论！你我相识多年，可我，对您是相认不相识。这些话您在赵国就说过，我未能明白您的大道正理，没头没脑地白活了几十年，白白打了许多糊涂仗，白白流了那么多的血，白白死了那么多的人！我，我，我糊涂！我只能算作一个不通事理的武夫！啊！……"

他坚强地忍住剧烈的疼痛，挺身站立，继续说下去："老夫子！……末将此来，不为别的，只为上次拜访，我对您说过，假如失败了，一定再次登门来向您赔罪。末将言而有信，我再次登门来了。我要向您说，我……我，我佩服您！因为没有听从您的至理名言，遭到如此的惨败，我向您谢罪！"他郑重地俯身跪地向荀子叩头。

荀子急忙搀扶。临武君站起身来说他要告辞了。荀子要他休息一时再走。陈嚣也劝他不要走，休息休息。可是临武君坚持要赶回都城去。他努力挺直身子走出县衙，荀子与陈嚣只好送临武君出门。

荀子望着这位血性刚烈的将军，流下了两行热泪。

轩车的驷马昂首长嘶，像是为主人送行而悲歌。

十一、不做物的奴隶

公元前二四一年，楚考烈王二十二年，荀子第二次到兰陵职任县公已有十一年。

公务做完之后，陈嚣一人默默思想，时光倏然，转眼间老师今年七十岁了。老师的身体虽然很好，但是挡不住白发日渐增多，脸上的皱纹逐年加深。

老师在兰陵实行他的新政十一年，十一年后的兰陵和之前大不相同。兰陵的土地，旱有水浇，涝能排水。兰陵的百姓，家中有粮食，手中有钱币，孩子有学上，老人有福享。百姓们都说如今兰陵的日子是几辈子不曾有过的好时光，老师是兰陵百姓的福星。老师的七十岁生日快要到了，他们若知道老师今年是七十大寿，一准都会跑来庆贺。

陈嚣想，老师六十岁生日的时候，刚从赵国回到兰陵不久，老师说公务太忙，不让操办。如今七十岁了，人生七十古来稀，老师的七十大寿，按照常理应当好好操办一下。但是，他知道老师的脾性，如果把操办七十大寿的事情告诉他，一准不许。

一天陈嚣试着问荀子，说老师的七十大寿快到了。荀子立即说，七十怎么了，和六十不一样吗？荀子敏感地想到陈嚣的言外之意，严肃地告诉他："我在兰陵是一县之主，若操办生日，高兴来的来了，不高兴来的也不得不来，岂不是扰民吗？那种借办生日，搜刮民财、败坏民风的事，是那些贪官污吏做的，岂是我荀况所为？"

荀子叮咛陈嚣："人生在世，什么最要紧？名节。我生日的事情绝不许向外人讲。"

陈嚣微笑着说："老师，谁没有个生日？过生日很平常，小事一桩。"

"这不是小事，是大事。"荀子正色道，"尽小者大，慎微者著。人应当没有一天不站在正确的位置上。我要做的是以政裕民的县公，不是那种以私刮民的县公。照我的话做，不要告诉任何人，不许兴师动众！"

陈嚣表示遵从老师教诲。

头一天晚上，陈嚣吩咐明日荀子生日的布置，在厅堂正中竖一个"寿"字木牌，两边立两柱红烛，几案上摆放水果、菜肴，不请宾客，不置办酒席，中午合家男女与在县衙办事的荀子弟子，一同给老师拜寿，吃寿面。

荀子生日的这天一早，陈嚣和平日一样跟随荀子到县衙去理事。这天县衙的事情特多，时过中午事情还办不完。陈嚣几次催促，荀子才离开县衙，回到家中。

荀子走进家门，忽然看见院子里站满了人，有阿仲、阿季、贩马人、老族长、乡老、里正等乡绅和民众，他们抬着金匾，上写"以政裕民"四个大字，捧着用红布覆盖的寿礼，看见荀子回来了，立即吹起笙竽，敲起鼓乐，把整个院子搞得热火朝天。

荀子严肃地问："众位，你们这是做什么？"

阿仲急忙上前解释："荀老爷，陈县丞并没有叫我们来送礼。是我们感谢荀老爷的恩德，自己来的。"

阿仲的母亲也上前说："荀老爷，你在兰陵做县公十多年了。这十多年，你爱民如子，修渠、修路、为民除害、办事公道。兰陵百姓，旱涝都收，户户富足，岁岁平安。牛羊六畜兴旺，新房盖起来无数。这些都是托你荀老爷的福啊！你看看我们送的是什么。"

阿仲的母亲掀开阿季双手捧着的用红布盖着的寿礼，红布下面盖着的是一顶羊皮帽子："荀老爷！老婆子我用自家的羊皮，给你缝了一顶帽子。老婆子我怕荀老爷年纪大了，出外巡察头冷，缝一顶帽子给你戴上，不受风寒。荀老爷，难道这点情你也不领吗？"

阿仲捧过一坛酒来："荀老爷！你教我们把兰陵自家酿的美酒远销四方。阿仲我酿酒的作坊已经有了四五十人。今天送荀老爷一坛酒，荀老爷应该懂得我们的心呀！"

贩马人分开众人走上前去，说："荀老爷！我大难不死，多亏了荀老爷到兰陵来惩治贪官、实行新政。如今我贩马走遍大江南北。我每卖一匹马，便留下一根鬃毛，我用积攒下的一千匹马的鬃毛，制成了一个蒲团，这东西隔潮气，送给荀老爷。愿荀老爷坐在上面写文章，长命百岁，愿荀老爷的富民新政能够流传千年！"

众人一齐跪地叩头："愿荀老爷长命百岁！"

荀子被感动了，他望着跪地的父老，热泪盈眶："诸位父老乡亲！荀况担待不起，荀况谢谢你们啦！"说完面对众人双膝跪地。

鼓乐声响彻云霄，老族长、阿仲等将"以政裕民"的金匾高高挂在门头。

陈嚣将包好的三个红包分送阿仲、阿仲母亲和贩马人。阿仲、阿仲的母亲、贩马人三人打开红包，见是一锭闪闪发光的金子，都不要。

"荀老爷说，来而无往非礼也。收下你们的礼物，理当回送。"陈嚣代荀子解释。

阿仲的母亲说："陈县丞！我那顶帽子，哪值一锭金子呀？"她把金子塞给陈嚣。

陈嚣好言解释："老妈妈！荀老爷说了，你若是不收他的礼物，他也不收你的礼物，那只能把你做的羊皮帽子奉还了！"

阿仲母亲无可奈何："哎呀，荀老爷可真是个清官呀！"

阿仲、阿季、贩马人、老族长、乡老、里正等乡绅和民众，带着发自内心的赞叹离去。

众人走后，合家男女和在县衙办事的荀子弟子，给荀子拜寿。请荀子坐在正位，陈嚣带领大家一同向荀子叩头。

拜寿完毕，陈嚣愧悔地说："弟子陈嚣，今日违背了老师意愿，向老师赔罪！"他再次伏地叩头。

荀子语重心长地说："陈嚣！非是老师今日责备你，此事不大，可它关乎做人的情操呀！你要记住，君子务必要修饰他的内心，而收敛他的外表；务必要积德于自身，而行为遵循于正道。尽管功劳很大了，也不可有自夸之色；尽管赞扬之声已经很高了，也不可被财货的欲望所倾倒。权力在手也不能改变心志，众说纷纭也不能改变德行。这样的人，才算得有好的情操。"

荀子继续说："季康子问政于孔子。孔子对曰，'政者，正也，子帅以正，孰敢不正？'[1] 他还说，'其身正，不令而行，其身不正，虽令不从。'[2] 我在兰陵之所以有令能行，那是多年自身端正换来的。岂能因贪图小利，而失掉大体？"

---

[1] 《论语·颜渊》。
[2] 《论语·子路》。

过了几天，衙役向荀子禀报，说老族长和乡老、里正求见。荀子吩咐请他们进来。即刻放下手中的笔，走出书斋，到院中去迎接。

老族长、乡老、里正带着一辆崭新的马车进入县衙，请荀县公看这辆马车如何？荀子看了看这辆装饰豪华的马车，问是哪个的？

老族长说："这是送给您的。"

"送给我？"荀子吃惊。

"是呀！"乡老上前对荀子说明，"荀县公来到兰陵已经十年有余。以政裕民，有口皆碑。七十大寿也不收礼，真可谓高风亮节。您乘坐的车子还是十年前从都城带来的，太破旧了。我们大家商议，要给您换一辆新的。这不是送礼，是您作为县公应该享有的。"

不等荀子说话，老族长和里正又展开一卷锦帛画图给荀子看，上面画的是一座院落。老族长指着画图解释："您看，这是前厅，这是书房，这是居住的宅院，这是后花园……"

荀子问："你们是想修一座乡学吗？乡学何必这样豪华？"

老族长看看乡老。乡老对荀子将话说明："荀县公！我们是想修盖一座新县衙。"

荀子问："如今的县衙不是很好吗？"

里正插话说："荀县公，这座旧县衙太狭小，已经破旧得不成样子，朝廷的官员和附近郡县的官员不断到兰陵来看望您，这座破旧狭小的县衙与您的地位、您的名望和您在兰陵的功绩太不相称了。"

一个青年弟子说："老师，如今的这座旧县衙太破了，现在兰陵富了，莫说您是一县之长，就是寻常百姓家也早拆了！你为兰陵做了那么多好事，都七十岁了，也该享受享受了。"

听到弟子的话，荀子更生气："你呀，你呀！你就知道享受。这是在害我，害我！知道吗？"

荀子将怒火平息下来，和蔼又严肃地说："我知道你们是好意。可是好意也会做出坏事情。你是里正，管着几十户人家。你是乡老，主管着全县的教化。你是老族长，在百姓之中有很高的威望。你们想抬举我，奉承我，叫我有好一点的生活。可是，你们知不知道，这是在加害我？"

老族长说："荀县公，我们敬佩您，怎么会加害您呢？"

荀子说："有一个隐蔽而难以觉察的道理，你们不明白。在如今的人世上，心无大志又不追求享受的人是没有的；追求享受而内心又没有忧患和恐惧的人也是没有的。一个人内心忧恐，即便是口中衔着肉也不知道滋味，耳朵听见钟鼓响亮也不知其声音，眼睛观看华丽的衣服也不知其美丽，身体躺在轻暖的被褥上面也不知道温暖。享受了万物的美妙仍然不感到愉快，即使暂时感到愉快，忧虑恐惧之心却还是挥之不去。你们说，像这样的人，他追求物质欲望的满足，究竟是为了保养生命呢？还是在出卖寿命呢？他本来想满足自己的欲望，却放纵了自己的情感；本来想保养自己的生命，却危害了自己的身体；本来想使自己精神愉快，却伤害了自己的心性；本来想提高自己的名望，却败坏了自己的品行。这样的人，虽然封侯称君，也和盗贼没有什么两样；虽然乘轩车戴高冠也与罪犯没有什么不同。这叫什么？这就叫，做了物的奴隶。"

"物的奴隶？"里正不明白荀子的话。

"对，物的奴隶。"荀子点头，而后继续说，"人只要心情平静愉快，即便是颜色不如一般的好看也可以满足眼欲，听到的声音不如一般的好听也可以满足耳欲，粗茶淡饭也可以满足口欲，粗布衣、粗布鞋也可以满足保养身体，狭小的屋子、芦苇的帘子、稻草的褥子、破旧的桌子也可以满足生活的必需。所以，他虽然没有得到美好的东西，却仍然心情愉快；没有权势地位，却仍然可以获得美好的名声。这叫什么？这就叫重视自己而役使万物。你们说，你们是想让我做物的奴隶呢，还是让我来役使万物呢？"

老族长听懂了荀子的话，激动地走上前去，说："荀县公！我明白您的意思了。您是只想一心为民造福，不为自己谋取私利。您说的和做的一样，不像有些人，言行不一。当众讲廉洁，暗地肥自己。苍天有眼呀！给了兰陵这样一位好县公，这是兰陵人的大福气！"说毕，他仰面对天，高声呼唤，"苍天！老朽感谢您呀！"迅即跪地向苍天叩拜。

乡老、里正也激动地跪地，向苍天叩拜，呼唤："苍天保佑，让荀县公长命百岁，万寿无疆！"

下卷　圣人心

第七章

赋

冬伏而夏游，食桑而吐丝，前乱而后治，夏生而恶暑，喜湿而恶雨。蛹以为母，蛾以为父。三俯三起，事乃大已。夫是为之蚕理。

——荀子《赋》

一、窃国的阴谋

卜尹大夫为儿子的死对春申君一直怀恨在心，因春申君多日不上朝理事，他面呈楚王，质问令尹为何多日不上朝堂。

楚王也很生气。他对卜尹大夫的回答是："你问寡人，寡人问谁？"

卜尹大夫义正词严地抨击春申君，说六国联军失败，黄歇有用人不当之过，本该罢黜。如今又贪图享乐，不理朝政，把吴地的新官邸修造得比大王的宫殿还要精美，君上不可再姑息养奸！

这些话他已经说过多次，楚王不愿意再听，叫他闭嘴。卜尹大夫看着楚王不耐烦的样子，也只好愤然退出朝堂。

楚王站起身来，焦躁地踱步，他为合纵抗秦的失败对春申君已经心存芥蒂，如今又经常不上朝堂，心中更感觉黄歇作为令尹越来越不像话。

忽听宫人禀报说令尹来了。楚王没有好气，叫他立即晋见。

春申君恭敬地进宫施礼拜见。楚王冷冷地问他："你生病了吗？"

春申君回答："没有。"

楚王再问："你远行巡视去了吗？"

春申君回答："无有。"

楚王斥道："你是令尹，为何多日不上朝堂呢？"

春申君无话可答。

楚王愤怒了，他斥责春申君："假如你因年迈，无心再为寡人管理朝政，寡人可另选他人！"

楚王的话让春申君心惊胆战，慌忙跪地："君上！微臣身为令尹二十余年，忠心耿耿，殚精竭虑，对君上绝无二意。近日，黄歇为君上无有太子，忧虑万端，昼夜难眠。几经周折又从赵国选了一位非常漂亮的女子，希望她能给君上生下一位儿子。"

"啊？……"听到令尹对自己如此忠心，又找来一个漂亮的妃子，楚王立即将愤怒抛掷到九霄云外，非常高兴地问："她在哪里？"

春申君说："只要君上喜欢，微臣很快就送进宫来。"

"好呀！"楚王催促春申君快些送来。①

朱英得知消息，感觉此事非同小可，千思万想，不知该如何处置，便迅疾骑上快马，星夜赶到兰陵县衙，紧急叩响了荀子的房门。

荀子将要入睡，忽听朱英从都城赶来，心中一惊，急忙穿衣走出卧室。朱英已经在客厅等待，望见荀子，伏身跪拜，说："朱英夜闯宅院，与礼不合，请老夫子见谅。"

荀子搀起朱英，说："朱先生星夜叩门，必有大事，请坐下叙谈。"

二人相对而坐，朱英看侍者在旁，未有开口。荀子挥手，侍者会意退去。

---

① 见《史记·春申君列传》与《战国策·楚策四》"楚考烈王无子"。

朱英机密地说："荀老夫子，都城出了大事！"

荀子警惕地问："何事？"

朱英说："令尹新近娶了府中舍人李园的妹妹。此女长得十分美貌，二人在吴地令尹的新府邸秘密居住，只是瞒着夫人和外人。在都城早已议论纷纷。可是，数日前令尹又将李园的妹妹秘密送出府外，在都城安置住下。不久就要将她呈献给大王。老夫子，此事您不认为蹊跷吗？"

荀子思虑片刻："嗯，此事莫非与楚王无子有关么？"

朱英说："我也以为如此。令尹曾选了十数名美女送给大王，竟没有一个能生出儿子来。那李园乃是一个面目柔顺、内心险恶的人。他的妹妹先嫁春申君，而后又送给大王，想来此事定是李园心怀叵测，暗中斡旋。"

荀子思虑着："倘若那李园的妹妹仍然生出一个女儿则作罢。倘若生出一个儿子，该当如何？"

"是呀，朱英正为此事赶来请教。"

"那女子何时入宫？"

"我想，为时不会太久。"

荀子叹了一口气："咳！诡计，诡计！此诡计不仅在李园，还在于春申君。"

朱英问荀子："老夫子！我不明白，春申君已经处在一人之下，万人之上，朝中的大小事情都由他来掌管，他的封地一眼望不到边。他还想什么呢？难道他还想做君王吗？"

荀子说："欲望这东西，穷年累月都不知足。人之一生，一个欲望满足了，新的欲望又产生了，永远没有完结。欲望的满足是一种幸福，可欲望也是洪水猛兽。如果利欲熏心，不知道满足，那就会欲罢不能，被洪水吞没。"

朱英激动地说："老夫子，近十数年来秦国连年攻打韩国、攻打魏国、掠城取地，咄咄逼人，为什么唯独不敢来攻打楚国？因为楚国有你。虽然五国联军伐秦失败了，但楚国只要按照你在兰陵的办法，以政裕民，国势依然会日渐强盛。只要楚国自己不出差错，就会国库充足，兵强马壮，就可以与秦国抗衡，一统天下。楚国之未来是大有希望的呀！可是，假如李圆的妹妹入宫，做了大王的妃子，万一再生出个儿子来，将会生出许多难以想象的是是非非，铸成大错。"

"是呀是呀！"荀子甚为感慨，"朱英先生，我佩服你的远见。人生和下棋一样，一子下错，满盘皆输。春申君，他这一枚棋子下错了。他想用这种不正当的卑劣手段窃取最高权力，事情的最后结果，必然为权力所害。危险，危险呀！即如他的计谋得逞，那个未来的国舅李园岂肯与他甘休吗？楚国的贵族、臣僚会与他甘休吗？楚国的百姓会臣服吗？常言，道存则国存，道亡则国亡呀！"

朱英急切地问："老夫子！你以为该如何制止这场灾难呢？"

荀子想了想，说："你我与春申君皆为多年至交。这件事关乎春申君的命运，也关乎楚国的兴衰成败，我们不能坐视不管。请你立即返回都城，传我忠告，劝告春申君悬崖勒马，千万不可自鸣得意，玩火自焚。"

"好！有你老夫子的话，我将连夜返回都城。"朱英问，"老夫子，你愿写上一封书信吗？"

"我写！"荀子取出帛卷与笔，匆匆写好书信交朱英，"请将此帛书亲交令尹，叮嘱他万万不可因一念之差为楚国、为自己招来大祸！"

朱英答应他一定将书信亲交到令尹手中，随即连夜骑马返回都城。

在朱英飞奔兰陵的时候，李园也骑马急切地夜行，护送李环从吴地到都城。春申君夜晚潜入李环在都城寿春的临时住所。李环亲昵地迎接春申君。春申君关心地问："一路坐车累吗？"

"不累。"李环手拉春申君至卧榻前坐下，"令尹爷，我什么时候入宫呀？"

春申君说："大王早已急不可耐，要今天就将你送进宫去。我推说要选择吉日，想再与你多欢乐几天。可大王说明天就是吉日，让你明天就进宫去。"

李环说："那我们今天还可以欢聚一晚。"

"环儿，明日你就不属于我了！"春申君有些伤感。

李环甜言蜜语："令尹爷，我永远是属于你的！我已经怀孕两个多月了。如果我有幸生个儿子，将来儿子做了大王，你就是太上皇。到那个时候，不只我是你的，整个楚国都是你的了！"

"盼望有此一天吧！"春申君动情又茫然。他激动地抱住李环，浑身颤抖，"环儿！黄歇的后半生尽都寄托在你的身上了！"

"令尹爷！你放心，我们会如愿的。"这一个夜晚，春申君与李环难舍难分，但是只有苟合并不尽兴。

同一个夜晚，朱英马不停蹄地在大道上向寿春都城急奔。

日出东方，金鸡报晓。

李环对镜梳妆，如同新娘。数名宫中婢女为她穿衣，佩戴珠宝玉饰。

朝阳下，春申君带领仪仗来到门外。众多的宫人簇拥李环出门，打开车上的锦帘，将李环扶进车中。豪华的锦车在旌旗仪仗的簇拥下缓缓向前移动。

春申君的心中既怀希望又怀酸楚地目送锦车渐渐远去。

朱英奔驰的骏马，迎面遇见送李环进宫的锦车仪仗，吃惊地伫立一旁。待仪仗过后，又望见远远站立着的春申君，他从怀中慢慢掏出荀子写给春申君的帛书，失望、悲怆一齐涌上心头，自语道："荀老夫子，朱英我来迟了！"

二、楚王宫惊变

也许是因为有了漂亮的妃子和太子兴奋过度吧，楚考烈王生病了。春申君关切地到卧榻前问询，还特意让人选来上党翠微山最好的人参，请大王服用。楚考烈王夸奖春申君想得周全。说他体壮如牛，没有什么病。仅仅受了一点风寒，过几日就好。

春申君不断关照御医，为楚王诊脉、处方。李环守在身边殷勤侍奉，亲自给楚王喂饭吃药。李园更是经常来问询大王的病情，关照有加。可是，一连多日，楚王的病并不见好转，而且日渐沉重。

李园问妹妹大王究竟是什么病，李环告诉哥哥，太医说大王的病自风寒而起。不知为何与日沉重，太医也说不清楚。只是嘱咐大王静心调养，多多休息。李园问朝政的事情大王有何交代。李环说大王要春申君全权处置。

李园点头，另有所思。他嘱告妹妹，以后大王有什么事情，一定要迅速告他知道。

一日，朱英来见春申君。他问春申君，近日有没有听到街头的议论？春申君问议论何事？朱英说议论您送李环进宫生子的事。

春申君坦然说："我为大王选取妃子非为一人，只有李环生下了太子，这是国家的一大幸事，有什么可议论的？"

朱英认真地说："令尹！家父临终将朱英托付与您，您就像我的父亲。这件事情关乎到您和楚国的未来，朱英不能不对令尹直谏忠言。"

春申君心里清楚，朱英和他的父亲一样是可以信赖的十分忠实于他的仆人和朋友，他要朱英有话直说无妨。

朱英说："人世上常常有意想不到的福，也有意想不到的祸。如今您处在意想不到的人世，侍奉意想不到的国君，怎可没有意想不到的人呢？"

春申君不解其意，问他："你说，何谓意想不到的福？"

朱英回答："您做令尹二十余年，名义上是令尹，实际上是楚王。如今楚王病情严重，要不多久就会去世，而太子年幼。您将辅佐幼主，代掌国家大权。待幼主长大成人，您或是把大权还给他，或是南面称孤，自己做国君，楚国就归您所有。这就是意想不到的福！"

春申君问："何谓意想不到的祸呢？"

朱英回答："李园虽为国舅，现在没有在朝廷中担负官职，但他却早已暗中豢养了一帮亡命之徒。待楚王去世之后，他必然抢先进宫，利用国舅的身份，假传王命，杀您以灭口。这就是意想不到的祸！"

春申君惊疑地再问："何谓意想不到的人呢？"

朱英回答："您先行一步，任命我为王宫禁卫。待楚王去世，李园抢先进宫，我就替您执剑将他杀死，这就是意想不到的人！"

春申君思虑良久，而后说："朱英先生，罢了。你知道，李园原来是我府内的舍人，他是一个生性懦弱、没什么大志的人。自从他的妹妹进宫做了王妃，晋升王后，他的地位虽然改变了，可对我依然十分尊重，我也对他特别关照，我们相处得很好。他怎么会做出那种违背常理、大逆不道的事情来呢？"

朱英分辩说："令尹！依荀老夫子之见，您送李环入宫，已经铸成大错。今日假如再不纳良言，恐怕日后将悔之莫及。"

春申君吃惊："荀老夫子有过书信吗？"

"那已经是往事了。"朱英说，"令尹，人心叵测呀！何况时世在变，境况在变，人心也在变。沉默的羔羊可以变成猛虎，丑陋的小鸭可以变成凶狠的鸷鸟。你必须以时世变换的目光洞察人的心灵，防备猛虎以羔羊的善良，鸷鸟以小鸭的稚嫩，隐藏他的面孔，迷惑你的眼睛。"

春申君感觉朱英的话虽然出于忠心，但是有些思虑过度，危言耸听。他不想伤害朱英，却又不想按照朱英的话去做。所以他说："谢谢朱英先生的直言忠谏。不过黄歇我一向以宽厚待人，不随意怀疑别人的真诚。如果那样做，谁还会在我的门下做客？恐怕连你也要与我分道扬镳了。"

作为局外人，朱英看透了李园，害怕春申君受到伤害，所以他心中急迫，又一次强调说："令尹！宽厚不能姑息养奸。如今，您的生命，楚国的兴亡，就在转瞬之间。朱英敬告您，万万不可有一丝一毫的疏忽呀！"

春申君淡淡一笑："黄歇乃坦荡之人。我不相信事情会如此严重，也不相信事情会走到那步田地。"

"令尹！……"朱英还要深入劝谏。

春申君把他止住："朱英先生，不必多虑。人世间的事情，常常是无事生非，庸人自扰。黄歇以诚心待人，我相信人也会以诚心待我。谢谢你的好意，你请回吧！"

朱英无可奈何了，只得站起身来："好吧，朱英我忠言已进，告辞了！"说完匆匆走出门去。

楚王病危，李园急步进宫，轻声问李环："大王的病况怎样？"李环说已是等待时日。李园问他闭目之后，你想如何处置？李环说我让人赶快告诉令尹，即刻准备丧事。

李园言辞强硬地说："不能告诉那位春申君。他是我们的对头。有他，就没有你我！"

李环吃惊："可我的儿子，是他的……"

李园急忙要李环住嘴，机密地说："正因如此，才不仅不能告诉他，还要杀了他！"

李园严厉地说："听我的话，待那楚王闭目之后，你要严密封锁消息，只可告我一人知道。"

朱英向春申君进言未被采纳，心中郁闷，听说楚王病重，感觉情势严重，楚国很快就会有大事发生，他策马疾驰，直奔兰陵县衙，与荀子紧急密谈。

荀子听了朱英的述说十分生气："哎呀！许多人都看得出来，那李园心存诡诈。令尹他，他为何不纳良言呢？"

朱英说："他晦盲不察，过于相信自己的权势和眼睛。"

荀子感慨："咳，一个人只有以近知远，以一知万，以微知明，日省乎己，才可以行无过呀！"

"是呀！"朱英也感慨说，"可是他，虽然明白这些道理，却不能厉行这些道理。老夫子！以我看，王宫不久就会发生祸乱，春申君定然凶多吉少。"

荀子点头："擂鼓在侧耳不闻，黑白在前目不见。咳！春申君呀！你恃权自大，不纳良言，必然会祸患及身。"

"老夫子！这件事，不仅关乎春申君一人，还会累及楚国和楚国的许多人。"朱英想得更远。

"是的。光明就要结束，黑暗即将降临。楚国将会成为暗无天日的地方。"荀子同意朱英的看法，"朱英先生，你有何打算？"

朱英说："我父子两代跟随春申君。春申君祸及家门，楚国我难以存留。"

荀子对朱英甚是同情，但又无可奈何："好吧！你尚且年轻，前程远大，走吧，离开这个灾祸之国吧！"

朱英说："王宫生变，也将危及您荀老夫子。老夫子，您也该另做打算呀！"

荀子想了一想，摇头道："不……"

朱英急切劝道："老夫子，您是春申君用尽心思两度请来的大儒。楚国多年来因为有您在兰陵以政裕民的新政才蒸蒸日上，使楚国的臣民百姓欢欣鼓舞，对未来充满信心。可是，这一切很快都要结束了。他们会不择手段铲除春申君的党羽，会罢黜您的县公，甚至会加害您的性命。"

荀子安然地说："我乃一介儒士。儒者，在朝能完善朝政，在野能完美风俗。得志能统一天下，不得志则独立名节。即使穷困潦倒，饥寒交迫，也不会用歪邪之道贪取钱财。没有立锥之地，也能够深明国家大义。天不能死，地不能埋，暴君之世不能污。"

朱英不愿意一个人走，可是荀子执意要他一人离去，朱英只得向荀子跪拜，惋惜告辞，起身走出门外。

"慢着！"荀子追出门来，手拿一包黄金要他带上。说是朱英孤身一人，奔走他乡，不知何处是归宿，以备不时之需。

朱英激动地双手接过黄金，感谢荀子。荀子送朱英至县衙大门以外，看着他上马。朱英嘱告荀老夫子保重，打马挥手远去。

朱英向春申君谏言的十七天后，一场预料中的灾难发生了。

傍晚，日落西山，黑暗降临大地，李环惊慌失措地跑出大王寝宫，与进宫的李园相遇。她惊恐地悄声告诉李园："他死啦！"

"好！"李园没有去看瞑目的楚王一眼，旋即转身回府，传令豢养的暴徒，立即进宫，深夜里将他们部署在要害岗位。

春申君接到大王驾崩的禀报已是第二天的早晨，他顾不得吃上一口早餐就急忙乘车进宫。在宫门以外下车，只身一人匆匆进入宫门。不想，数名武士突然从宫门后面跃出，将春申君拦住。

春申君喝问："你们要做什么？"

武士说："要你的命！"

春申君厉声申斥："大胆，我是令尹！……"

武士严正地说："太后传旨，黄歇密谋反叛朝廷，立即斩除！"

武士的话如同五雷轰顶，春申君陡然火起，高声呵斥："这是矫诏，是阴谋！大王留有遗言，朝中一切由我掌管，你们都与我退下！……"

武士们被春申君的威严震慑，怯懦地后退。春申君迈步要向内宫走，李园突然站在春申君的面前。

李园不阴不阳地说："你想问，为什么我先到了这里是吗？我是国舅。大王病重，自然要在王宫里精心照料。你呢？你来这里做什么？"

春申君理直气壮地说："我乃令尹，主持楚国朝政，大王驾崩，我要为大王操办后事……"

李园冷冷一笑："你这个令尹当的时间不短了，该换一换了。"

春申君气愤地质问："你……你想要做什么？"

"我想遵照太后的诏旨，斩除楚国的叛臣。"

春申君愤怒了，他指着李园训教："李园！你可是我府中的舍人……"

李园摆出一副无赖的样子："不错，我曾经是你府中的舍人。可如今，我不是了，我是国舅，还是新君任命的令尹！"

听到李园的话，春申君知道朱英的话很对，是他把李园看错了。可是一切都为时已晚。他结结巴巴地说："你，你说过要永远尊重我……"

李园大笑："哈哈……你的记性还真好。不过那已经是过去的事情了！如今你是叛臣贼首，犯下了剿灭九族之罪。"

春申君愤怒："这是诽谤，是污蔑！"

"你道我冤枉了你是吗？你错用统帅，导致五国联合伐秦失败，不该免职负罪吗？你那封地的官邸盖得比大王的宫殿还要好，不该杀头吗？你……"李园还要说下去。

春申君不可抑制地打断他："你，你，你是个小人！……"

李园再次大笑："哈哈哈哈……！小人！小人！你是君子吗？君子

就不该做肮脏的事。你说，你做的肮脏的事情还少吗？你是楚王的忠贞臣子，为楚国立下汗马功劳，可眼前楚国的一切，都是你做下的光彩事情留下的光彩结果！"他回头向武士命令，"杀！"

春申君愤怒至极："李园！你……你这个出尔反尔的小人！阳奉阴违的奸人！……"

武士们不由分说，一齐涌上去，将春申君乱刀砍死。李园乜斜一眼春申君的尸体："哼！你还是令尹吗？"命令将春申君的头颅割下，扔出宫门，灭其九族！①

卜尹大夫自然成为剿杀春申君一家的马前卒。他带领武士闯进春申君官邸，将男女老少一概斩杀，往日威严辉煌的令尹府邸，今日尸横遍地，血流成河。

三、罢黜荀子

公元前二三八年，楚考烈王在位二十五年死了，儿子幽王即位，王舅李园做了令尹，杀死春申君。卜尹大夫奉命将春申君府邸剿杀完毕，跑到李园面前邀功。李园称赞他干得漂亮，问他还有哪个是黄歇的私党，卜尹大夫第一个想到的就是在兰陵做县公的荀子。李园命令他速将荀况革职查办。②

卜尹大夫等待的就是这一天，他趾高气扬地坐上轩车，带领裨将和士兵向兰陵急速进发。到了兰陵，他耀武扬威地走进县衙大堂，高声喝问："荀况何在？"衙役回禀荀县公到乡里巡察民情。卜尹大夫命令传他速来见我。

荀子闻听都城来了官员要见他，只得停止民情巡视，返回县城，将车停在衙门以外。衙役向荀子悄声禀报，说都城来的官员口气很大，还

①　见《史记·春申君列传》与《战国策·楚策四》"楚考烈王无子"。
②　见《史记·孟子荀卿列传》。

带着兵，好像有什么大事。荀子身正不怕影子歪，泰然走向县衙大堂。衙役们给荀子助威，高声呼喊："荀县公到！"

荀子走进大堂，看见来者不是别人，是卜尹大夫，知道他来者不善，但还是礼貌地拱手："我以为何人，原来是卜尹大夫！"

卜尹大夫不可一世地大声质问："荀况！你可知罪吗？"

荀子胸有成竹地回答："兰草的幽香，在苍蝇的眼中，不如粪土；依法惩治恶棍的人，在恶棍的眼中，是更为可恶的恶棍。"

卜尹大夫傲慢地说："少废话。本人今日奉新君之命，来到兰陵。你且听我宣读诏书吧！"他把诏书打开，高声宣读，"荀况职任兰陵县公，旷日持久，民怨甚多，且与叛臣黄歇结党营私，欲独霸一方，自立一国。今黄歇已经伏法，敕命将荀况革职查办。"

荀子早有所料，坦然面对："卜尹大夫，你终如心愿了！"

卜尹大夫微微一笑，不无讥讽地问："荀老夫子，你可知也有今天吗？"

荀子冷冷地说："我知道，痈疽迟早会化脓的！"

荀子的话让卜尹生气："你这个人无情无义，心狠手辣，滥杀无辜，害死了我的儿子。如今是善有善报，恶有恶报！"

"哈哈哈哈！"荀子闻言大笑，"你也来论善恶吗？看来，人恶之本性，是多么难以改变呀！"

卜尹反言相对："哼！人世间孰善，孰恶，哪个说得清楚？你说得清楚吗？"

荀子立即回敬："一个连是非善恶都分辨不清的人也来执法。可见今日之楚国无人了！"

卜尹大夫不甘示弱，高调反驳："你不要自作聪明。人世间，谁没有撒过谎？谁没有嫉妒过人？谁没有做过亏心的事？朝廷中的官员谁不是勾心斗角？可惜我明白得太晚了。假如早一天学会这些，早不是如今了！"

荀子不由感叹："可怕！多么可怕呀！人之性恶并不可怕，可怕的是，知道恶，仍不以为耻，反以为荣。没有丝毫的忏悔与负疚，还把作恶当作谋取利益的手段和目的。卜尹大夫,你我相识多年,作为老朋友,我送上你一句话吧。"

"你说不出什么好话!"

"我送你的话,是众人都常说的一句老话:希望你早日醒悟,改恶从善!"

"嘿嘿……"卜尹大夫讥笑道,"俗气,俗气!到如今还念你那老掉牙的俗经。连胜者王侯败者贼的道理都不懂,还称得什么当今大儒?你不是想论说孰善孰恶吗?我告诉你,如今,我就是善,你荀况就是恶!"

"啊!可悲,多么可悲呀!"卜尹大夫的话引起荀子更多感叹,"如今的楚国,竟然混乱到善恶颠倒、是非不分的地步。不!不能,绝对不能!楚国绝不会永远生活在是非颠倒之中。否极泰来,终有一天,罪恶的积累会使得那些作恶的人如同丧家之犬,吃不下饭,睡不好觉。人间的正气和阳光,无须别人,将使罪恶之人自己惩罚自己,毁灭自己!"

卜尹大夫愤怒反击:"废话!完全是废话。楚国曾经有一个屈原,他正气,他光明,他磊落,结果如何?不仍然是自投汨罗江而死吗?我不会像他,把虚无飘渺、不切实际的东西当作自己人生的天职。我的一生,只信奉一条,讲求实际,一切为己。"

荀子严肃地告诫:"卜尹大夫!你所讲求的实际,是以恶的目光观看繁杂的世俗行径,是要在恶的道路上继续为自己寻找作恶的理由,是要在恶的深渊中将自己埋葬得更不可自拔。危险呀!止步吧!止步吧!不要做执迷不悟的人。"

卜尹大夫武断地制止荀子:"住嘴吧!你个书呆子,死到临头还哇啦哇啦教训别人!"

荀子继续讲他的话·"理想与现实是有区别的,甚至是相互背离的。因此,改恶从善才是艰难的、痛苦的。可是,人,一定要改恶从善!人不在改恶从善中新生,就在罪恶的终点灭亡。"

"胡说!胡说!"卜尹大夫气急败坏地命令,"将荀况押下去!"

神将指示武士将荀子戴上木枷,带出了兰陵县衙大堂。

早春的天气,依然寒冷。荀子单薄的衣衫在寒风中飘动。

陈嚣闻讯跑过来，望见身戴木枷的荀子，吃惊呼喊："老师！——"

荀子停下脚步，陈嚣向荀子奔来，武士拦住陈嚣，吼叫着赶他走开。荀子回首去望陈嚣，卜尹大夫命令武士强行将荀子拉走。

陈嚣在后面追赶，呼喊着："老师！——"

荀子被带出县衙大门，门外早已聚集了人群。百姓看见荀子戴枷走出门来，跪地齐声呼喊着："荀县公！——"

荀子望着跪在面前的男男女女，不由得一阵心酸。

阿仲母亲痛哭流涕地上前拉住荀子的衣衫："荀老爷，你是个好人呀！"阿仲大声喊着："荀老爷，你冤枉呀！"卜尹大夫号令武士把他们都赶走。武士们执鞭驱赶百姓。百姓们在皮鞭下依然喊叫着："荀老爷！你冤枉……"

武士押解荀子在百姓的呼唤中戴枷离去。

毛亨等学子从文峰山和学子汪赶来，看见戴枷离去的荀子，一同呼叫："荀老师！……"

荀子已被押向远方。

四、坚信天道，无怨无悔

神将虽然没有杀了荀子，但荀子感到卜尹大夫不会就此罢休。他感叹自己的生命到此就要结束了；感叹一生夙愿未果，天下依然战乱不断，不能一统，不能太平。

他低头凝思今日祸患的源头，不由得感叹春申君，一生修养品德，谨言慎行，年老了却怎么就放纵自己呢？一生礼贤下士，虚心听取谏言，年老了却怎么就听不进逆耳忠言呢？一生深明大义，勇敢睿智，年老了却怎么就优柔寡断，被小人暗算了呢？你纳娶小妾，听信枕边之语，误入歧途，果然是聪明一世，糊涂一时呀！想得到快乐，得到的却是忧患；想得到安逸，得到的却是危险；想得到幸福，得到的却是死亡。可悲呀！多么可悲呀！一人之过，一念之差，不仅导致一人身败名裂，而且导致国家的危难。如此之教训，往日天下有过多少？然而，不知还有多少后来者，依然会重蹈覆辙。这些一再重复的可悲故事何以屡屡而生呢？答案只有一个，人之性恶！

荀子由此生发出无限感慨："世人呀！谨慎自己吧！严格地约束自己吧！一个人从懂事的第一天起，就应当是改变恶之本性的开始。学不可以已，一直到老、到死，都不能有半点的松懈、疏忽，这样才会拥有一个完美的人生。

"世人呀！虚心听取逆耳忠言吧！一个人的智慧是有限的，拒绝忠告，独断专行，那是错误和失败甚至于毁灭的开始。

"世人呀！荀况这些话是一个即将离开你们的老人的临别奉告，希望你们永远记在心中。"

突然，荀子听到一声呼唤："荀况，你的喜讯到了！"

荀子回过头来，只见裨将带领宫人走进牢房。荀子感到今日就是他的死期，不想，宫人郑重宣读大王诏旨，赦免他不死。

原来裨将没有杀了荀子，卜尹大夫指着鼻子骂他无能。李园愤怒地谴责卜尹大夫无用。但李园静下心来细想一想，众怒不可犯，如果杀了荀况一人，惹出民众骚乱来，将更不好收拾。他初掌朝政，要紧的是朝野太平。因此就改了主意，以新君的名义下了一道诏旨，赦免荀况不死，敕命卜尹大夫做兰陵县公，以监督荀子的言行。

陈嚣与阿仲、阿季、毛亨等人闻知，急忙奔向牢房，一同把荀子接出。荀子感谢众人，说："为了我让你们大家都受累了。"阿仲和陈嚣则说："只要老师平安无事，大家都高兴！"

他们把荀子扶上牛车，由阿仲驾车出了兰陵城门，到他家门外将车停住。阿仲、毛亨等把荀子换进房中，阿季的娘子赶忙为荀子送来热水，阿仲的母亲热心地问长问短。

这天夜晚，阿仲家的人入睡，荀子和陈嚣师徒二人坐在一起，思考劫难之后的未来生活。二人沉默许久，荀子首先开口，他说："陈嚣，多年来，我的弟子一个一个都学成走了。只有你跟随我最久。如今，我落魄到如此地步，你也该走了。"

陈嚣至诚地表示他不走。荀子劝他年纪尚轻，应该出去闯一闯。

陈嚣思考着说："老师！您如今落到这一步，都怪那个春申君。您对他尽心尽意，他反而胡作非为。假如您不回楚国，留在赵国做上卿，也许不会有今天。"

"陈嚣，我到兰陵来做县公不后悔。"荀子说，"我说过，我来兰陵不为做官，只为实行我的主张。在兰陵这些年，让我明白了我在稷下学宫思考的治国主张哪些是对的，哪些是不对的，还有些什么事情应该做。所以，我要感谢兰陵百姓，感谢能在兰陵做多年的县公。我相信，春申君可以死，荀况也可以死，但是，天下正道不会死，人心不会死。切莫看李园一时得势猖狂，邪恶终究要受到惩罚的。"

陈嚣想不通，说："一个春申君府内的舍人，怎么就会这样的残酷无情呢？"

荀子说："权力让人鬼迷心窍，权力使人忘乎所以。一旦有了权力的人，就被权力改变得和常人不再相同。原来廉洁的人可以变得贪婪，原来温顺的人可以变得横眉冷目，原来连蚂蚁也不敢踩踏的人可以变得杀人如狂。"

陈嚣不解地问："老师！既然权力这样坏，天下不要权力不行吗？"

荀子回答："不行呀！天下需要有人种田，有人做工，有人经商，有人管理。就像是耳朵、眼睛、鼻子、嘴一样，不能互相替代。不过，做君王、做卿相的应当明白，他们的位置是世人的需要，是百姓给的职责。他做的事和种田的人、做工的人、经商的人一样，不过是天下应该有的一种分工。"

陈嚣依然不解："李园为什么会那么坏呢？"

荀子慨然说："人之性恶呀，恶的本性加上权力就会倍加疯狂，就会把坏事做尽，恶事做绝。一个人一旦做了君王，做了卿相，如果不改变恶的本性，就会把权力看成是自己的。他们要百姓守法，自己却不守法；要百姓遵循礼义，自己却不遵循礼义。他们随意发号施令，不管百姓死活，不问是非曲直；他们骄奢淫逸，挥霍国家钱财；他们不管国家的前途和命运，只求自己寻欢作乐。"

陈嚣认真地倾听，默默点头。

荀子继续说："陈嚣，这些天我一个人在监牢中回想以往，数十年的往事似乎都出现在眼前。我在列国之中往来奔波，见到秦王专横跋扈，他只相信武功；齐国的君王后鼠目寸光，她见死不救；赵王懦弱，见利忘义；楚王迷信鬼神，春申君晚年丧节。这些君王和当权者一个个滥用权力，不行正道。我苦心劝告他们，他们不听。我原以为是他们不理解我讲的道理，我和他们需要沟通的是治国的方法。然而不是，不是呀！"

陈嚣问："那是什么呢？"

荀子说："是呀，我也在想，究竟是些什么呢？过去我心里还不太明晰。陈嚣，我要感谢李园呀！是李园提醒了我，他让我明白了过去的几十年，究竟是什么原因让我和那些当权者谈不到一起，屡屡被拒之门外。"

陈嚣吃惊："是么？！……"

荀子说："现在我明白了，那些君王和当权者之所以和我谈不到一起，并不单单是因为治国的方法不同。我和他们的分歧，不在表面上，不是方法，我和他们不能沟通的是心！是心呀！不要看那些当权者说得冠冕堂皇，他们分辨是非优劣的真正标准不是国，也不是民，而是己；不是公，而是私。我的话往往触及到他们隐藏在心灵深处的恶。我让他们把那些见不得人的恶，全然暴露在光天化日之下，让他们难看，让他们心痛难忍、恨之入骨。这样，他们还怎么能够把我看作是可信赖的老师和朋友呢？只会把我看作是他们的敌人。"

"啊……"陈嚣似乎也明白了一点。

荀子说："李园让我明白，一个人为了追求权力可以抛弃一切。什么礼义、什么法律、什么圣贤、什么祖宗、什么亲情、什么友谊和恩德，全部都可以抛弃到九霄云外。李园这个人，他拿自己的亲妹妹做鱼饵，想尽一切办法骗取春申君的信任。获得权力之后，他把支持和信任他的朋友、恩人当作敌人。这是为什么，不就是为的攫取权力吗？我和他无怨无仇，他置我于死地，为什么？因为我容不得恶，所以恶也容不得我。这就是李园要杀我的原因，也是所有当权者难容我的原因。"

说道这里，荀子感慨无比："我要感谢李园呀！他是我的老师，是他教育了我，让我解开了心中的疑惑。在这个人世上，我是所有为善者的朋友，做恶者的敌人。过去，我苦心给那些君王和卿相说过许多话，讲过许多道理，可他们不相信，因为他们只相信权力。他们把权力看得至高无上。其实，权力是最脆弱的。古时候有上万个国家，如今只有十几个了。那些亡国之君，在他们一个个凌驾于百姓之上的时候，是何等的不可一世，盛气凌人？一旦被百姓抛弃了，又是何等的悲戚痛苦，鸡狗不如。他们不知道，天之生民非为君也，天之立君以为民也。百姓是水，君王是舟。水可载舟，也可覆舟。他们违背民心，终有一天会翻船的！"

荀子坚定地说："并不是荀况我危言耸听，这是天道！天道呀！一个人即便是攫取了权力，做了君王，不为百姓谋利，还想让百姓拥戴，那是办不到的。百姓不亲近，不拥戴，还想让百姓去为你牺牲，那是办不到的。敌人来了，想让国家不受到危害，不灭亡，那也是办不到的。国家危机灭亡的条件已经聚集在一起了还在那里寻欢作乐，全是些无知妄为的人，全是些身在悬崖而不自知的人。荀况虽然身居穷乡僻壤，一无所有，可我心中泰然。我相信天道不灭，正义将永存于天地之间！"

听了荀子的一番话，陈嚣更加崇敬他长久敬爱的老师。

在这黑暗的伸手不见五指的小屋里，荀子心明眼亮，他非常明确地告诉陈嚣："事实证明，我的主张无比正确。我死了，但我为世人留下了真正的学问。改恶从善，损有余以补不足，这是天道。人之性恶，无论是普通百姓、君子、圣人、君王，都必须遵守礼法，遵从师长，严以律己，而且要坚持终生。天下只有化性起伪，改变人恶的本性，才可以走向和谐与光明。否则，就会永远处在黑暗之中！春申君放纵自己，虽有善始，没有善终；李园放纵自己，他既没有善始，也不会有善终。"

五、兰陵定居

面对眼前的困境，陈嚣思考着不可知的未来。他问荀子："老师！如今春申君被杀了，您的官也罢了，我们该怎么办呢？要不还回赵国？"

荀子未回答。

陈嚣又问："要不重回齐国稷下学宫？"

"自知者不怨人，知命者不怨天；怨人者穷，怨天者无志。"荀子以一个大儒的心胸对自己的未来做出决断，"我与家乡邯郸分别已久，战乱中儿女不知去向，至今杳无音信。我在兰陵做县公前后一十七年，与百姓风雨同舟，亲如一家。日后不为官了，我还要居住在兰陵，哪里也不去。"

这就回到了本书开篇的楔子"独有异香中国兰"。荀子要阿仲帮他在村外搭建了一座半阴半阳的茅屋。茅屋很快搭建好，陈嚣把书籍、用具和荀子喜欢的那盆兰花搬进茅屋，师徒二人暂时有了一个安身之处。

这天村子里来了许多的人，欢迎荀子在这里安家落户，把个茅屋挤得满满的。

荀子请白发苍苍的老族长上座。老族长不坐，他说："按照礼规，尊敬长者，我的年岁大，今年八十三，应该坐在上位。可今日是我们大家欢迎你荀老爷在我们村子定居。你是外来的客人，你应该坐在上位。"

荀子笑道："老人家，我已经不是客人了。我在这里落了户，就和大家一样，是村民，还是年长的人来坐上位。"

老族长说："要说是这个理儿。你如今不是县公老爷了，和我等一样是老百姓。我们欢迎你在我们这个偏僻的小村落户。你放心，我们大家会像过去一样尊敬你、信赖你。以后不称你县公老爷了，该称你什么呢？就称你荀卿子吧！"

阿仲等村民七嘴八舌地说："对，就叫荀卿子！"①

老族长接着说："荀卿子！依你说，在这里我年岁最长，辈数最高，你应当听我的对不对？"

荀子点头："对。"

老族长说："那好，我请你坐上位。"

阿仲接过老族长的话："荀卿子，恭敬不如从命。"

"好，好，我从命。"荀子只得谦逊地从命，坐在上位。

阿仲在几案上摆下自家酿的兰陵酒，老族长高高举起酒杯，说："兰陵的美酒，上敬过天地神灵，下敬过君王宾客。今日我代表兰陵百姓敬荀卿子一杯。那些昏王奸臣不喜欢你，我们老百姓喜欢你！"

众人齐声说："对！我们喜欢你！"

荀子恭敬地接过酒杯，热泪盈眶，他激动地说："谢谢老人家，谢谢众位乡亲！荀况我今生今世饮过不少君王显贵的酒，哪儿的酒，也没有我们兰陵的酒醇美！哪里的人，也没有我们兰陵的人心热！"荀子举杯，一饮而尽。

阿仲端起酒坛说："陈嚣先生，以后你也是我们兰陵人啦！你也应该喝上一杯兰陵美酒。"他为陈嚣斟酒，并看着他喝下。

荀子站起身来郑重地说："我对学生说过，真正的儒士，被任用治国，他有王公的才干，能使政事完美。不被任用，把户籍编入百姓之中，人们没有不尊重他的，他能使民众的风俗完美。岁不寒无以知松柏，事不难无以知君子。荀况日后无官了，我就定居在兰陵，兴教化，收弟子，专心著述，以励后人。"

众人欢喜雀跃："好！兰陵有了荀卿子做老师，我们的后代就有出息了！"

阿仲、阿季、老族长等男女，手拍皮鼓唱起民歌《成相》来。

---

① 1993年12月笔者在兰陵农村调查，兰陵人把荀子称作"荀子卿"。有学者认为"荀子卿"讲不通，因此改为荀卿子。

拍起鼓，

唱起曲，

美酒一杯敬给你。

你为百姓，

百姓心里，

不忘记。

拍起鼓，

唱起曲，

美酒一杯敬给你。

风风雨雨，

同甘共苦，

深情谊。

拍起鼓，

唱起曲，

美酒一杯敬给你。

五彩凤凰，

落在梧桐，

请安居。

忽然，齐国贩马人匆匆走进茅屋，激动地在荀子面前双膝跪地："荀老爷！"荀子急忙将他搀起。贩马人继续说，"荀老爷！我混呀！只知道南来北往马不停蹄跑着经商赚钱，竟不知道荀老爷遭此大难。荀老爷，我来晚了！"

荀子感动地说："谢谢你，我已经平安无事了。"

贩马人说："荀老爷！经你取消了边关的关卡，我自齐国经商过兰陵，到楚国，一路畅通无阻，这些年赚大钱了。我知道你为官清正，不贪钱财。那一年你过生日，说什么也不收礼。我送你一个马鬃编制的蒲团，你送给我一锭金子。至如今你不做官了，应该有个安身之处呀！假如要你自己盖房子，我不是瞧不起你，你没有钱，盖不起。"

荀子连连摇头："不不不，荀况我一生安贫乐道，有此一间避风的茅屋足矣！"

贩马人豪爽地说："荀老爷，到了这个时候，你也不用客气。你不是还要在兰陵办学，教授弟子吗？我不为你盖房子，我为乡亲们盖下一所乡学好不好？"

老族长立即接过话来："这个主意好！这位先生出钱，我们兰陵百姓出力。"阿仲、阿季等人都赞同。

贩马人出钱，百姓出力，很快就盖好了一所院子，既是乡学，又是荀子的新居。①

这是一座宽敞的宅院，坐北向南，中间有一座二层小楼，四周篱笆野花，绿树掩映，清新豁亮，充满生机。

老族长、阿仲、阿季兄弟和几个村民带领荀子和陈嚣来到这座新盖好的院落。老族长兴奋地说："荀卿子，这就是你的新居！"

老族长带领众人走到楼下，一面领荀子四处观看，一面说："这座楼，墙壁是用土夯起来的，楼内也没有什么装饰，和王宫里的楼台相比，简陋得不像个样子。不过，这是兰陵百姓的一点心意。"

荀子由衷地感谢："太叫你们费心了！有几间茅屋就可以，何必盖这么好呀！"

阿仲说："荀卿子！百姓们都说，荀卿子周游列国，有那么大的学问，为我们兰陵做过那么多好事，如今要在我们兰陵落户，这是兰陵人的福气。我们一定要给荀卿子盖上一座楼。过去，我们这一带的村子都没有楼，这是第一座。楼虽说盖得不好，它是俺们村子中最好的房子！"

"谢谢，谢谢诸位了！"荀子激动地说，"我荀况定然不负众望，一

---

① 1993年12月，笔者到兰陵考察，兰陵镇文化站站长黄明福是当地人。他向我介绍了许多有关荀子的传说。他说，在兰陵镇东南十二里有孙楼村，孙楼和东西横沟崖都姓孙，都是荀子的后代。还说孙楼是荀子罢官后安身教书的地方，又说兰陵东南三里有座横山，山西沿有十个小村庄，也是荀子罢官后的住地。

定把毕生所学留于兰陵！"

阿仲等百姓帮助荀子搬家，把书籍、行李、用具和荀子喜欢的兰花从茅屋搬进新楼来。阿仲指挥年轻人把琴和一捆一捆的竹简搬到楼上去。说楼上不潮湿，要荀卿子住楼上。

公元前二三七年仲夏，七十四岁的荀子被罢官之后在兰陵百姓的热情帮助下，有了自己的新居。

荀子抚摸着楼的木柱，激动地说："这座楼，是村民们给我盖的，它是村子里最好的房子，村子里唯一的一座楼房。我住过齐国稷下学宫的高堂大屋，我住过赵国富丽堂皇的深宅大院，还住过楚国华美的王宫和县衙，可是哪里也没有这座楼好呀！住进这座楼里，我感觉到从来没有过的温馨，从来没有过的舒畅，从来没有过的可心！我荀况奔走了大半生，到如今好像才找到了家。"荀子一边说着一边流下了动情的热泪，失声痛哭，这哭声发自肺腑，是那样震撼人心。

"陈嚣！"荀子镇静下来，心情沉重地说道，"以后，兰陵的孩子都要来这里读书，我心里担忧呀！"

陈嚣问："老师担忧什么？"

荀子说："我担忧教不好他们，对不起兰陵的百姓。"

"老师！齐襄王说过，您是最有学问的老师！"

荀子摇头："不，不能这样说。"

陈嚣说："在稷下学宫里，学子们不都是这样尊称您吗？列国的君王也这样敬仰您！"

荀子不赞成陈嚣的话，他说："那是他们抬举我。人呀，不能把别人抬举自己的话当真，那会毁了自己。智者自知，仁者自爱。傲慢是人之祸害。罢官之后，我多年积累的书籍失去了许多。我以后所要做的是，踏踏实实、一卷一卷地重新搜集古代经书，细心研读，一字一句地讲给孩子们。古书深奥，我应当让孩子们读得懂，听得明，记得清。只有学生长了学问，成了人才，我才配称得起是一个称职的老师呀！"

荀子办学的消息很快传遍四面八方，许多村民带着孩子来到乡学报名上学。孩子们围在陈嚣身边吵嚷着争先恐后："该我啦！""该我啦！"

陈嚣耐心地劝他们不要争,一个一个来,都能报上名。陈嚣坐在几案边,一一记下孩子的名字。

毛亨引着两个外地的青年学子走进门来,带他们登上楼去,三人恭敬地施礼跪地拜见老师。

荀子望着两个陌生的青年问:"毛亨,这二位从何而来?"

一个青年说:"老师,我叫浮邱伯,齐国临淄人。"

另一个青年说:"老师,我叫张苍,魏国阳武人。"

毛亨介绍,说他们二人一个在北,一个在南,都是远自千里之外,慕名来向老师求学的。

荀子忙离开几案,搀起二人。问浮邱伯:"你是临淄人?"

浮邱伯回答说:"是。老师在齐国稷下学宫三任祭酒,深受敬爱,至今稷下的学子还念念不忘老师的教诲。我是晚辈,闻知老师在兰陵办学,特地从临淄赶来聆听教导。"

张苍说:"老师虽然未到过我们魏国,然魏国人对老师十分敬仰。张苍家境贫寒,唯爱读书,特来求教老师。"

荀子高兴地说:"好!好!你们既有志于学,就要锲而不舍,切莫浅尝辄止,一曝十寒。学问者如切如磋,如琢如磨,非有锲而不舍之精神,是得不到的。"

陈嚣又带两个学子上楼来拜见荀子。荀子高兴地问:"啊!你们叫什么名字?"二人回复一个叫伏生,一个叫缪和。

一轮红日从东方升起,照亮了兰陵广阔的原野。

荀子主持的乡学开学了,这座楼被称作荀楼。儿童们迎着阳光向荀楼奔跑,边跑边喊:"上学啰!"

一群少年兴高采烈地涌入荀楼的院中。

百姓们也来观看孩子开学,他们站在荀楼院子内外,兴致勃勃地注视着孩子们的一举一动。少年们在陈嚣的号令下端正地坐在院中草地上,规规矩矩地听陈嚣讲课。

青年学子在荀楼内席地而坐,专心地听荀子讲课。荀子讲《书》(《尚书》),他把一部上古时代语言、词汇古老难懂的虞、夏、商、周各代的典、谟、训、诰、誓、命等文献讲得生动有趣，让年轻的弟子十分爱听。

陈嚣在院子里带领儿童诵读《诗经·关雎》，孩子们用清纯的童声跟随陈嚣高声朗读："关关雎鸠，在河之洲，窈窕淑女，君子好逑……"

百姓们在一旁观看着孩子们摇头晃脑诵读诗篇的样子，开心地微笑。他们感激荀子，让孩子们有书读，将来一定比大人有出息。

放学之后，陈嚣到集市上去买东西，背回来一大捆书简，有《诗经》，有《尚书》，还有《春秋》。荀子如获至宝，连声说好。

陈嚣则埋怨，说老师过去在兰陵县衙精心整理的经书，让那个卜尹大大糟蹋得不成样子，丢失的丢失，残破的残破。他从集市上带回来的这些也都是残缺不全，有的只有开头，有的只有些乱简。

荀子却说残缺不要紧，我会把它们再整理出来。夜晚，荀子在烛光下埋头整理书简。陈嚣要帮忙，荀子不放心，说这件事情，只能他亲手来做。

毛亨与浮邱伯背着两捆书简上楼来。说他们听说老师搜集经书，浮邱伯回家乡临淄的时候在稷下学宫找了一些，毛亨也在邯郸老家找到一些。

见到两个学生拿来的书简，荀子高兴坏了，说这些书简比陈嚣在集市上搜寻来的更好。有了这些，他能把经书整理得更完备。

阿仲扛了一大捆长长的竹竿与老族长一同走进荀楼的院子。陈嚣闻声从楼内出来，赶忙接过来放在地上。说老师正发愁写文章、整理经书没有竹简用呢。老族长说："把这些竹子制成竹简，够荀卿子用一阵子了吧？"阿仲说："我家有竹林，用完了再砍。"

阿仲问陈嚣怎么把竹子制成竹简，他要帮助做。说着就和陈嚣一齐动手，把长长的竹子劈开。只见陈嚣点起火，把劈开的竹片在火上烤。阿仲问："陈先生！你烤它做甚？"陈嚣说："把竹子烤出汗来，写字才好用。"老族长说："阿仲，这也是学问。"他与阿仲一同拿了一些竹劈子，也在火上烤。火苗熊熊燃烧，太阳落山，火光如同晚霞照在他们的脸上，通红明亮。

六、蚕赋

阳光把荀楼照得里外明亮，张苍、浮邱伯、伏生、缪和等学子端坐着静听荀子讲课。

荀子向弟子们讲人的本性为什么是恶的，如何才能改变。他告诉弟子们，读书学习，增长知识，就可以改变恶的性情。圣人有好品德，有大学问，并非高不可攀，涂之人可以为禹，每一个普通的人都可以成为圣人。

荀子的讲课，引起村民的兴趣，许多男女村民也来到荀楼或站着，或坐着，聚精会神地听。

荀子说："许多人问我，人怎么样成为君子，又怎么样就成了小人呢？我告诉你们，人初生下来充满了小人的欲求，只知道唯利是图。接受了老师和法度的教化，积累下知识，行为符合礼义了，就成为君子；而那些不接受老师和法度的教化，放纵性情、胡作非为、违背礼义的，就是小人。"

这天，陈嚣在荀楼院中带领孩子兴奋地高声朗诵《诗经·邶风·式微》。

（原文）	（译文）
式微式微	天晚了，要黑了，
胡不归	为何不回家？
微君之故	不是主子的活苦，
胡为乎中露	哪会夜行戴露？
式微式微	天晚了，要黑了，
胡不归	为何不回家？
微君之躬	不为主子贵体，

胡为乎泥中　　哪会行走泥泞？

荀子在楼内教学生抚琴。张苍、浮邱伯等学生认真地练习，沉浸在优雅的旋律中。

突然，衙役们冲进门来，手执棍棒凶神似的驱赶正在院中听课的少年，打倒了和他们说理争辩的陈嚣，众少年惊恐地哭着叫着四散奔逃。陈嚣愤怒地指着衙役怒吼："你们这是干什么？你们是强盗！强盗！……"

衙役们冲上楼去，为首者向正在授课的荀子拱手说："荀老先生，你的荀楼被查封了！"

衙役们手执棍棒蛮横地乱砸乱捣，将几案打翻，将书架推倒。

毛亨、张苍、浮邱伯、伏生、缪和等弟子面对衙役愤怒叫喊："你们不能动老师的书籍！""这些经书都是老师费尽心血重新整理出来的！""你们是强盗！""强盗！"

荀子笔直地站着，眼含愤怒与轻蔑，像窗台上的那盆兰花挺然傲立，须髯被风吹得微微颤动，散乱的竹简从眼前一片片飞出窗外。陶器被打碎的声音，竹简被踩踏的声音，衙役们号叫的声音，一声声传入荀子的耳际。他挺直的身体一丝未动，心在流血。

与衙役奋力抗争的学子，看见老师的镇静态度，不禁肃然起敬。他们停止了抗争，学着荀子的样子肃立于一旁，轻蔑地看着衙役们的任意疯狂。

衙役们踩踏着满地的书简，大声吼叫："都下楼去！"

荀子看见地上几片《诗经》竹简，心疼地低头去捡。毛亨急忙帮助荀子拾起来。伏生从地下捡起写有《尚书》的竹简。衙役将毛亨和伏生手中的竹简夺过去，狠狠地扔向窗外，向他们吼叫："快滚！"

弟子们无奈地看看荀子，缓步下楼。

陈嚣跑上楼来，看见老师悲怆的面容，急忙搀扶。荀子回头望着被打翻的几案，满地的竹简，破碎的陶器，和被赶下楼去的学子，眼泪簌簌落下。荀子一下子衰老了许多，颤巍巍地难以走动。陈嚣搀着老师一步一步慢慢地走下楼去。

衙役在荀楼外面的墙壁上挂了一块用木板制作的告示，高声念道："犯官荀况，立私学，乱民心，勒令查禁，违者拘捕充劳役。"

荀子站在衙役面前，用颤抖的声音一字一句地说："有师长，是人世间最大的宝物；无师长，是人世间最大的灾殃。荀况我不问政事，仅仅在乡间为百姓教育子孙，何罪之有？何罪之有？"

他得到的回答是衙役的蛮横训斥："你是叛党，没有资格做师长！你的学问不如蒿草，只能教百姓反叛！"

另一个衙役把荀楼的门用木板封闭，那木板上写着一个巨大的"封"字。

衙役们做完了他们的事情，气势汹汹地走出荀楼的院子，扬长而去。

荀楼被封了，可往哪里去？荀子浑身乏力，茫无目的地走到大门口，一阵秋风吹来，尘土和落叶飘飞。回首再望这被洗劫的院落，一阵心酸，几近疯癫地哀叹："我的乡学！我的学生！……我的乡学！我的学生！……"

陈嚣搀扶着荀子，一步一回首地向大门外走去。荀子的口中依然呼唤着一句话："我的乡学！我的学生！……"

阿仲等百姓闻讯赶来。见到他们一齐动手建起来的乡学，给荀卿子盖的荀楼，被官家死死地封闭了，无可奈何，只能哀叹一声把荀子接回村子里去。

此时，楚王宫苑里，李园正在佞臣和歌伎的包围下，饶有兴致地观看斗鸡。佞臣鼓吹李令尹的花鸡一定胜利。歌伎娇滴滴地送来美酒，要为令尹爷庆贺。

宫人有要事来秉，看到令尹的脸色，停下来站在那里不敢说话。李园看见宫人，向他发火："有事说话！"

李园打开简册来看，轻蔑地笑了："哎呀，就这么点事儿呀？"

原来这是一封来自兰陵学子的控告书简。李园表面镇定，心中却是忐忑不安，感到事情严重。这些学子来自列国，假如把荀子在兰陵的乡学解散，将列国学子统统赶走，一定会遭来列国诸侯的反对。如今楚国国内的怨愤已让他头疼，睡不着觉，假如再加上列国诸侯的怨愤，他李园还想活吗？为此，他立即派人到兰陵去，将卜尹大夫召回。

新任兰陵县公在武士的陪同下，来到兰陵县衙，高声宣读大王谕旨，言说列国学子上告兰陵县公，滥用职权，挟嫌报复，解散乡学，乱礼乱法，敕令罢黜兰陵县公之职，回都城听审。旋即把个耀武扬威不可一世的卜尹大夫戴上木枷，打入木笼押回都城。在这里插上一句，这样做是给学子们看的。李园怎肯处置他的心腹，是要他回到都城，另有重用，这是后话。

学子们听说卜尹被押解回都城了，个个兴高采烈，欢呼雀跃，纷纷跑进荀楼院中，毛亨首先摘下查封告示。张苍与缪和把封门的木板拆掉。浮邱伯用树枝点着火，毛亨将木制的告示摔碎，放在火上点着。张苍把封门的木板扔进火中，高声呼喊："瘟神走了！"

荀子激动地重新走上荀楼，心疼地捡起被打得散乱的竹简。陈嚣和几个学生随荀子走上楼来，与荀子一同捡拾竹简。

荀子缓缓走到众人的面前，深施一礼，沉默有顷，用颤抖的声音说："啊，我讲什么呢？"他脱口而出，激动地诵出了一首《礼赋》：

（原文）	（译文）
爰有大物，	有一种庞然大物，
非丝非帛，	既不是丝又不是帛，
文理成章。	却条理分明，斐然成章。
非日非月，	既不是太阳，也不是月亮，
为天下明。	却让天下明昌。
生者以寿，	生者因它乐享天年，
死者以葬，	死者因它泰然安葬，
城郭以固，	城郭因它而牢固，
三军以强。	三军因它而坚强。
粹而王，	完全遵从它而王天下，

驳而伯，	部分遵从它而霸一方，
无一焉而亡。	完全抛弃它便会灭亡。
臣愚不识，	我因愚昧不能识，
敢请之王。	便请教于圣王。
王曰：	圣王回答：
此夫文而不采者与？	此物有条理而无华彩是吧？
简然易知而致有理者与？	简明易懂而道理很深是吧？
君子所敬而小人所不者与？	君子敬重而小人所不为是吧？
性不得则若禽兽，	人性里没有它便如禽兽，
性得之则甚雅似者与？	人性里有了它便文雅是吧？
匹夫隆之则为圣人，	普通人尊崇它就成圣人，
诸侯隆之则一四海者与！	诸侯尊崇它就统一四海是吧？
致明而约，	它极其明白又简要，
甚顺而体，	十分顺畅又得体，
请归之礼。它是什么？	请把它归结为礼吧！

荀子激情朗诵，众人听得仔细。荀子诵毕，学生齐声为之喝彩。
荀子环视四周，意犹未尽，又诵出一首《蚕赋》来：

（原文）	（译文）
有物于此，	有这样一种东西，
兮其状，	形状像赤裸着的身体，
屡化如神，	屡次变化，微妙如神，
功被天下，	功德遍天下，
为万世文。	为万世留下文采和温馨。
礼乐以成，	礼乐因它而完成，
贵贱以分。	贵贱因它而有区分。
养老长幼，	养活老人，抚育幼小，
待之而后存。	用它而后存。

名号不美，	它的名字不美，
与暴为邻。	与暴字为邻。
功立而身废，	功立而身废，
事成而家败，	业成而家败。
弃其耆老，	老了被抛弃，
收其后世。	后代被收存。
人属所利，	它为人所利用，
飞鸟所害。	被飞鸟所伤害。
臣愚而不识，	我因愚蠢而不识。
请占之五泰。	于是向五泰求问。
五泰占之曰：	五泰占卜之后回答说：
此夫身女好而头马首者与？	它之身如女子美好而头像马是吧？
屡化而不寿者与？	它一生屡次变化却不长寿是吧？
善壮而拙老者与？	少年时健壮老了却拙笨是吧？
有父母而无牝牡者与？	有父有母却不分雌雄是吧？
冬伏而夏游，	冬天隐伏而夏天生长，
食桑而吐丝。	吃桑叶而吐丝。
前乱而后治，	开始混乱而后有序，
夏生而恶暑，	夏季生长而怕酷暑，
喜湿而恶雨。	喜欢湿润而怕雨水。
蛹以为母，	蛹是其母，
蛾以为父。	蛾为其父。
三俯三起，	三次休眠三次苏醒，
事乃大已。	事业终获巨大成功。
夫是之谓蚕理。	它是什么呢？是蚕启示的道理。[①]

　　荀子朗诵的这两篇"赋"，是他发自肺腑的声音。假如说"礼篇"

---
① 见《荀子·赋》。

是对他精心设计的"礼"的赞美，那么"赋篇"述说的蚕的故事，则是他人生的自我写照。

赋是荀子创造的新文体。在荀子之前没有赋，只有诗、辞和古典散文。诗是有曲谱，能够唱的。赋却只供朗诵，不需要曲谱，当然也就不受音乐的限制，尽可以自由地"铺采摛文，体物写志"。① 赋没有固定的格式，有并不严格的韵脚，借物言志，韵散结合，时而排比，时而铺陈，绘声绘色，不受任何约束，一步步将文理引入佳境，将感情意蕴引向深入。

在中国文学史上荀子第一次以赋名之的作品有《礼》《智》《云》《蚕》《箴》五篇，另有《诡诗》和《小歌》两篇也被后人列为赋。

荀子以后，仿照荀子写赋的人很多，竟然成为一种被文人喜爱的新文体，而且蓬勃发展，出现了不少因写赋而闻名的大家，如被后世誉为汉赋四大家的司马相如、扬雄、班固、张衡。到汉代，赋的创作达到顶点，竟然成为汉代最具代表性、最能彰显其时代精神的文学样式。

赋作为一种文体，是荀子对中国文化的一大贡献。

且说荀楼再次开学之后，每日白天书声朗朗，夜晚寂静无声，烛光明亮，映照着荀子专心写作的身影。

文峰山巅的铮铮话语，是他的心中誓言，"而今之天下，诸侯纷争，暴政猖獗，仁义与学问不如蒿草。孔子亲手审定的古籍经典，被践踏、毁坏，如今已经没有一部完整的存在！然而，世道混乱，不能没有圣人之书代代相传；暴政猖獗，不能没有大道正理长留人间。荀况我要在有生之年，把我所悟知的对于人生、对于人世、对于国家治乱兴亡的大道正理记述下来。我要将儒家、墨家、道家等百家之学，一一评说。为这个缺少阳光的人世拨开云雾；为万世立法，让有志于创建太平、有序、和谐之天下的君王有所遵循，让后世的人明白，何以称其为人。"

清晨，温柔的阳光洒向一束束书简，一只蜜蜂飞来，落在书简上面，缓缓爬动，身后留下许多经过荀子整理的中华经典《诗经》《尚书》

---

① 《文心雕龙·诠赋》。

《易经》《左传》《春秋》，^① 以及他在稷下学宫和兰陵写下之后又反复修改的《性恶》《非十二子》《儒效》《解蔽》《礼论》《王制》《王霸》《天论》《富国》《劝学》《修身》《荣辱》《正名》等等荀子在逆境之中以旷世哲人的深邃思考，继承儒学，改造儒学，提升儒学，批判吸收诸子百家之长，为后世留下的博大精深的宝贵篇章。

———————

① 郭志坤著《荀学论稿》称："据学者们考证，后世流传的《诗》《书》《易》《春秋》诸经，都是经他（荀子）传下来的。"

第八章

成相

治之经，礼与刑，君子以修百姓宁。明德慎罚，国家既治四海平。

——荀子《成相》

一、韩非使秦

陈嚣背着竹筐从大街上回到荀楼来。在兰陵城内听到李斯当了秦国廷尉的消息。他知道廷尉是秦国的九卿之一，掌管刑法，是秦王的重要助手。感叹李斯多少年来做着"仓中鼠"的梦，今天终于如愿了。他把这个消息报告给荀子，还带回了几篇韩非写的文章，也送到荀子手中。

荀子对李斯做了廷尉并没有什么反应，对韩非的文章却特别感兴趣。见到有《孤愤》《五蠹》《亡征》等篇目，他问陈嚣这些文章是从哪里得来的？陈嚣说是一个年轻的书生从韩国抄来的，他一看是师兄韩非写的，就出钱买下。

荀子手捧韩非的文章专心阅读，越读越有兴致，越读越激起内心的冲动。一边看，一边称好，还一边评论："韩非的文章，言语犀利，一言中的，就像他站在我面前讲话一般。他说，'世异则事异'。世道变了，所想所做岂有不变之理么？"

陈嚣也感觉"世异则事异"这话的确很精辟。

荀子说韩非的《孤愤》，虽然有些言辞过激，他不尽赞同，但在字里行间皆可看出韩非异常孤独之心。可以看出他对那些迎合君王、损国利己、祸国殃民反而能得到君王信任之重臣的愤怒。

晚上，在昏暗的油灯下面，荀子拿出韩非临别时送给他的一块玉佩，欣赏良久，感叹人如玉，玉如人。这块玉佩，洁白，柔润，坚硬，岂不宛如韩非吗？他要陈嚣把手中的文章暂且放下，先把韩非的文章抄写几遍。

陈嚣说："老师的这些文章也急待整理呀！"

"此事不忙。"荀子要他首先把韩非的文章抄出来，然后拿到城里去散发，不要收钱，只要喜欢的，就送给他。让韩非的这些文章，下传于百姓，上达于君王，帮助韩非这块被埋藏的宝玉尽快闪亮、发光。

陈嚣不大赞同，他说韩非的文章与老师的教导大相径庭，有的简直是背道而驰，是对老师的背叛。

荀子却叹息说："是呀！如今许多做老师的都把学生看作是自己的门徒，稍有不同见解，就认为是学生反对老师，背叛了自己。我和他们不同。我喜欢学生标新立异，有自己的独立见解。否则，学生岂不就成了老师的奴隶，学问也就到此而止吗？"

陈嚣依然不解。

荀子向他解释："我知道，韩非只讲法术，不讲礼义，还有许多我不能同意的地方。可是他也讲了许多我没有讲到的地方。譬如他讲的'事在四方，要在中央。圣人执要，四方来效'。还有治国要以道为常，以法为本。特别要警惕君王身边受重用的人任意为非作歹，破坏法治以谋取私利，耗损和侵吞国家资财以肥自身。这些话讲得都很好呀！"

陈嚣明白了，老师的用意并不是赞同韩非的主张，而是要帮助韩非，让他在韩国不再被欺侮，能够有机会被君王任用。陈嚣便叫了几个学生和他一起抄写韩非的文章，而后到兰陵街市上散发。

大约在公元前二三三年，韩非的文章传到秦国，赵高把它送给秦王政。秦王政接过来看："啊，《五蠹》《孤愤》，你这是从哪里找来的？"

赵高说："君上不是喜欢看文章嘛，我昨天有事到街上去，见不少人都争着看，就买来了。"

秦王政在烛光下一口气读完了《五蠹》，兴奋不已，连声称"好！"接着又读其他文章，直到夜深。

东方发白，赵高来侍奉，见蜡烛燃着，秦王竟然在几案上抱着文章睡着了。他轻手轻脚地把蜡烛吹灭，又为秦王政盖上了一件披风。

秦王政醒来，见到赵高，第一句话就说："哎呀，这些文章写得太好了，让寡人爱不释卷！赵高，你知道写文章的是什么人吗？"赵高说不知道。

秦王政要赵高把李廷尉请来。他满怀兴致地对李斯说："寡人看到两篇文章，写得实在是太好了！哎呀！如寡人能见到此人，与他交个朋友，可以说死而无憾呀！你看看，这两篇文章是谁写的？"

李斯接过秦王政递过来的《五蠹》与《孤愤》，立即说："君上！这是韩非写的。"

秦王政问："韩非是什么人？"

"韩非乃微臣的师兄。"

秦王政急迫地说："韩非既然是你的师兄，你能够想办法让他来秦国见一见寡人吗？"

李斯想了想说："君上，韩非是韩国的贵公子。他是一个非常爱其国家的人，可他在韩国并不受重用，只好闭门著书……"

秦王政突然哈哈大笑："这样的人才韩国不用，不亡国何来？李廷尉，快些派使臣给韩国送去一信，让韩王把韩非送来，他不用，寡人用。"

李斯立即派人送信给韩王，要他快将韩非送到秦国来。

此时的韩国已非往日，年老的韩桓惠王于公元前二三九年下世，二十多岁的韩王安继位。① 韩王安知道韩非是荀子的高徒，很有学问，多年来不被任用。他想改变这种状况，只因初继王位，许多麻烦的事情缠身，还没有来得及与韩非会面。秦王送来信札，威逼他把韩非送往秦国，韩王安只得即刻诏韩非到王宫来。

韩王安首先开口，说："先生！寡人即位不久，先生的大名寡人早有所闻，今日特请先生来会面一谈。"

韩非问："不……不知……大……大王有何教导？"

"非寡人要教导您，是寡人想请您教导。"韩王安说，"先生的学识渊博，可惜多年未得重用，实在是韩国的一大损失呀！"

"君上！韩……韩非在家中闭……闭门读书作文，已经习惯了。"韩非不愿在比他年轻近二十岁的新君面前发牢骚。

韩王安叹了一口气："咳！过去的事情已成过往。这些年来，我韩国国势日渐衰微。千头万绪，让寡人无从下手。寡人想请先生做寡人的老师，经常给寡人以指教，您看可以吗？"

韩非曾经热情满怀地向君王写过无数次谏言，得到的是嘲笑和讥讽，从没有受到过这等尊重。他感动地说："君上！研……研讨治国之术，报……报效国家，乃是韩非平生夙愿。唯久久难以如愿以偿。君上圣明，给韩非一为国效力之机，韩非愿……愿为韩国肝脑涂地。"

"啊！好呀！"韩王安稍停片刻，试探着问，"先生，假如秦国或者其他国家要请您去呢？"

"韩非乃是韩国人，只愿为韩国效力。"韩非回答得明确又坚定。

韩王安听了非常满意："好！如此，寡人就放心了。"

韩非不解韩王安话中的意思。只听韩王安向身边的宫人吩咐："回复秦国使臣，韩非乃韩国瑰宝，不能到任何国家。"

秦王政听到韩王的回复，怒恼非常。他想，往日韩非在韩国不如薅草。寡人今日索取，却成了你韩国的瑰宝。韩非必须到秦国来，韩非寡人必用之。

① 据施觉怀著《韩非评传》和沈起炜编著《中国历史大事年表》。

秦王政要李斯出主意如何得到韩非。李斯说若想得到韩非并不难。韩国是我秦国的心腹之患，只要我们派遣大军攻打韩国，韩国一灭，韩非岂不就到手了吗？

李斯的主意完全符合秦王政的心思，他命令李斯带兵立即攻打韩国，还特意告诉他："寡人等待韩非来见寡人！"

公元前二三三年，韩王安六年，李斯带兵向韩国大举进攻，气势汹汹直取韩国都城。韩王安接到军情禀报，大为震惊，焦急徘徊，敕命宫人速请韩非先生。

韩非应诏快步走进宫来。韩王安将眼前的困境告诉韩非。他说："先生！秦国的兵马直奔我韩国都城而来，您看如何才好呢？"

韩非问："君上！秦……秦国此次进兵，可有何托词？"

韩王安实言相告："秦王前次索要先生到秦国去。寡人回复秦王，先生乃韩国之瑰宝，不能奉送。因此他便派来大军，要把我韩国的都城踏平。"

"请君上派……派遣韩非，出……出使秦国。"

"不，绝对不能！"韩王安审慎地说，"先生，秦王迫切要您去秦国做什么？他是要使用您，还是要加害您？您是寡人的老师，把老师送人，难道寡人就无能到如此地步吗？"

韩非耐心解释："陛……君上，韩……韩非我既无官职，又无钱财，不过一介书生而已。我与秦王素……素不相识，怕……怕他何来？大王不……不必为……为我担心。"

韩王安思索着说："先生与秦国无冤无仇，那秦王为何一定要先生去呢？"

"君上，无论秦王因何要韩非赴秦，他既然不惜派遣大军索取，韩非就不能回避退缩，而让韩国的百姓无辜遭受兵燹之灾。为解君王之忧，为免百姓之灾，韩非为国赴难，义不容辞。君上！您就让韩非赴秦去吧！"韩非的话讲得非常恳切。

韩王安思虑再三，仍然犹豫不决。

宫人慌忙跑来禀报，说秦国廷尉李斯发来檄文，假如三日内不放韩非赴秦，秦军将血洗韩国都城。

这檄文让韩王安极度不安，秦国逼人太甚，可韩国如今的国力怎能和秦国比肩呢？他没有办法，只能愤慨地哀叹："欺人太甚！简直欺人太甚！……"

李斯咄咄逼人的檄文，韩王安无可奈何的哀叹，让韩非赴秦的决心更加坚定，他说："君上，率领秦军的李斯，乃是韩非同窗。我去见他，看他能奈我何？请君上允准韩非赴秦！"

大军压境，让韩非赴秦是解决眼前危机的唯一办法，韩王安愧疚地说："先生，韩国国势衰弱，难以与秦国一争高低。如今，也只好委屈先生了。只可惜，先生乃一颗久被埋没的明珠，尚未展现光彩，却让您孤身一人到虎狼般的秦国赴难，寡人于心不忍，于心不忍呀！"

韩非无所畏惧，他说："君上，韩非的报国之心，尽写在文章之中呈送与先王。如今，那些竹简也许还在，也许已被先王抛弃而不知去向。如果君上有兴趣，请看一看韩非积年所呕之血，韩非将令家人将家中所藏悉数呈与君上。"

韩王安异常尊敬地说："先生，您的品德可敬可佩，您的文章字字珠玑，寡人将仔细研读。寡人将把您的治国主张宣之于朝堂，行之于国中。"

听到君王说出这样的话，韩非感慨万分，他说："若……若果能如君上所言，韩……韩非死……死而无憾！"

韩王安也异常激动，说："先生，您孤身一行，为我韩国解除一场大灾大难。寡人要隆重设宴，让朝廷所有的官员一同为先生饯行。"

"不用！秦国大军压境，韩非一日不去，秦军就多留一日，我韩国百姓就多一日遭受蹂躏践踏之苦。君上的盛情，韩非已领。请君卜待韩非凯旋归来，你我君臣再一同开怀畅饮！"韩非坚定地拒绝韩王安的饯行国宴。

"这样岂不有愧于先生吗？"韩王安内心愧疚。

韩非平静泰然，他告诉韩王安："请君上放心，韩非一定不辱使命！"

韩王安受到韩非的感染，也泰然说道："好吧，寡人等你凯旋归来！

到那时，我将在朝堂上为您庆功，郑重拜您为寡人的老师，请先生施展您弱秦强国之宏愿！"

韩非郑重地向韩王安跪拜告辞，而后迈着坚定的步伐走出宫门。

二、秦王政爱才

荀子虽然居于乡野，依然十分关注外界的变化。陈嚣每次从城里回来都要首先把外面听到的新消息告诉荀子。他听说秦国派兵攻打韩国，韩国抵挡不住，派韩非出使秦国去讲和。知道老师非常关心师兄，便很快将韩非出使秦国的消息报告荀子。

"凡事要看大局。天下的大安定，胜于一国的小安定。"荀子继续着他的思路，"假如秦王能拥有李斯、韩非两人辅佐，就如同虎添双翼，天下一统当指日可待了！"

果如荀子所料，韩非使秦所遇到的正是这样的情势。

韩非身着使臣礼服，仪容端庄，健步走入祈年宫。秦王政破例下位迎接。韩非不卑不亢地行使臣礼仪，跪拜秦王政。

秦王政搀起韩非，仔细端详，赞道："嗯，好！寡人久慕韩非先生大名，今日终于见得尊容！"

韩非礼貌地说："陛……君上！韩……韩非奉我韩……韩国大王之命，特来拜见，并带……带来国之珍宝，请君上笑纳。"

"有韩非先生来到，那些珍宝便全无光彩了！"秦王政听到韩非有些口吃，并不在意。

韩非急切地说："陛……君上！韩非奉命来到贵国，作为使臣，希……希望大王能罢兵休战……"

秦王政打断韩非的话："先生，不忙说那些让人不愉快的事。您是初次到咸阳来吗？"

韩非答："是。"

秦王政大度地说："寡人的咸阳都城是个很好的地方。这里有渭水东渐，终南秀色，寡人请你乘兴畅游。我们的秦川，美味珍宝可谓世上罕见，寡人送给你——品味。"

秦王政不遵循接待使臣的常理，摆下丰盛的筵席招待韩非。秦王政坐主位，让韩非在主宾位置坐下。李斯坐在秦王政的一侧。

秦王政举起酒杯，满怀喜悦地说："今日我秦国来了一位尊贵的韩非先生，他是寡人着意请来的贵客。寡人特意设下酒宴，为韩非先生接风。韩非先生，请！"

秦王政郑重地说："韩非先生写的文章，寡人拜读了。寡人非常欣赏，非常钦佩。他虽然说话口吃，可是，他的文章言语流畅，学识渊博，发人深省。让寡人读后兴奋不已，彻夜难眠。你们讥笑他口吃，而寡人要恭敬地请韩非先生做老师，向他请教！"

李斯感觉自己被冷落在一旁，此时插话："君上尊重贤才，乃是我等的榜样。"

秦王政说："韩非先生！在这里，寡人请问您一句，您与李廷尉同是荀老夫子的学生，您的老师主张依法治国，您也主张依法治国，您与您老师所讲，可相同吗？"

韩非说："老……老师主张，法者治之端也，君子者治之原也；而韩……韩非主张，只要君王把法、术、势三者相互结合，运用得当，国家就太平无事。老……老师主张，以法律和礼义道德相互结合治理国家；而韩……韩非认为，在当今战乱频繁、人心不稳之世，礼义道德无济于事，治理国家只能靠严……严刑峻法。"

秦王政问："您所说的'术'是什么呢？"

韩非说："所……所谓术，是君王用来控制臣下的方法和手段。君王以……以人的能力而授官，以……以官位的职责不同而求其效，要稳操生杀大权。'术'只能为君王一人所独有，其机密决不可为人所知。"

秦王政又问："那您讲的'势'又如何解释呢？"

韩非回答说："势……势就是权柄。虎豹之所以能胜人又能擒住各种野兽，是因其有爪和牙。假……假如虎豹失去了爪牙，人就会把它制服。权柄就是君王的爪牙。君王如果失却了权柄，就和失去爪牙的虎豹相同。"

秦王政异常兴奋地赞许:"啊!好,好,好!绝妙之论。韩非先生果然是独有创见的贤达英才。以后寡人将不断请教先生!"

韩非谦逊地说:"不……不敢当。君上!韩……韩非因有口吃之疾,言语不畅。韩非作为韩国使臣,把要讲的话写成了文章,呈……呈送君上。"

韩非郑重地站起身来,向秦王政呈送帛书。

秦王政接过韩非呈送的帛书,含笑说:"先生写的文章,《五蠹》篇、《孤愤》篇、《显学》篇,寡人一一读过,每一篇都让寡人爱不释手呀!今日韩非先生特为寡人写下文章,寡人一定仔细拜读。"

李斯与姚贾一直关注着韩非与秦王政的谈话。

秦王政吩咐李斯:"韩非先生初次来到咸阳,你是主人,又是他的同窗,要代寡人多多关照贵客。"

李斯俯首遵命。

下朝之后秦王政专心阅读韩非的上书。

韩非在向秦王政的上书中写道:"秦王君上!韩国侍奉秦国已有三十余年,年年纳贡,与秦国的郡县无甚两样。臣窃闻贵国将举兵攻打韩国。而赵国正在聚集士卒,联络党徒,他们知道秦国不灭,则六国之宗庙必然要毁于秦国的手中。他们想西向攻秦,已非一日之计。如今大王舍弃赵国这样一个大患,而攻伐如同内臣一样的韩国,这样,天下将明白赵国灭秦的计划是对的……"

秦王政思虑着韩非的意见,这个意见虽说与李斯不同,但有他的道理。

秦王政让赵高把李斯传来,把韩非的上书交李斯拿去观看,还要李斯带韩非在咸阳到处玩玩,告诉韩非,寡人希望你们二位同窗携手,一同辅佐寡人。又叮嘱李斯:"你一定要想办法把韩非留在寡人的身边。"

李斯遵照秦王政敕命,陪韩非乘船沿渭水游玩。舟船顺水而行,船尾有女乐工弹奏优美的乐曲,李斯与韩非对坐船头,面前摆下果品、美酒。二人缓缓对饮,闲谈。

李斯望着滔滔河水说:"韩非师兄!你瞧这渭水两岸,景色宜人,如诗如画。我是楚国人,在楚国从来未曾见过这样好的美景呀!"

韩非说:"我是韩国人,走到哪里,都觉得不如我的家乡好。"

李斯问:"韩国有这样美丽的河流吗?"

"韩国有黄河,水域之宽广渭水绝不可与之相比。"韩非说,"以我来看,不要说黄河,就是韩国的一条小溪,也比这渭水可爱可亲!"

"啊!我曾说过,贤士无国度。咱们弟兄分别二十多年了,没想到你仍然是一颗稚子之心呀!"李斯说完哈哈大笑,以掩盖内心的尴尬。

韩非不以为然地微笑,有所思地问:"你给老师写过信吗?"

"写过,只是不见回音。"李斯问韩非,"你给老师写过信吗?"

韩非愧疚地沉默良久:"我……我至今一事无成,一……一事无成……"

李斯感叹地说:"师兄,男儿无须许多儿女情长。你我都是荀老师的学生,政见相同,主张以法为本,一统天下。如今,在华夏的土地上,秦国一统天下的大势已成定局。秦王喜欢你,他希望你留在秦国。"

韩非问:"这就是秦王大动干戈,要索我来秦国的原因吗?"

李斯直言回答:"是的。秦王有志于天下,特别看中贤才。你的文章在他手中已经看得绳索破断,口口声声夸赞你是当世圣贤。我看你的文章也是圣人之论。"

韩非不愿听,说:"你无须奉承我。"

李斯说:"非是奉承你,是师弟对师兄的真心话语。既然秦王这样看中你,你就留在秦国,和我一同辅佐秦王,咱们共同成就天下一统的大业,你看好吗?"

韩非淡淡一笑:"我如今是韩国派来的使臣。"

"这无关紧要。"李斯说,"秦王让我带兵攻打韩国,无非就是为了让你到秦国来。"

韩非坚持:"既然是韩国的使臣,我就应当完成韩国交付的使命。"

李斯说:"不要去管它什么使命吧,应当首先想一想自己的前程。"

"做使臣,不完成使臣的使命,那不成了卖国的奸贼吗?"韩非正色问。

李斯放低声音，关切地说："师兄！人之一生难得有几次好机遇。你在韩国多年不被韩王所用。如今秦王这样器重你，你不觉得这是一个很好的机遇吗？"

韩非不赞成李斯的话，他说："我所看中的，首先不是个人的机遇，而是自己的职责。"

李斯摇头叹道："你呀！文章写得那样好，人怎么依然这样不通达？"他感觉韩非虽说年逾四十，却依旧是一身书呆子气。

迎面行来一条花船，上面坐着姚贾和几个陪伴的美女。姚贾望见李斯，在船头拱手道："李廷尉，我这边有礼了！"

李斯也起身拱手道："姚千户，你为秦国立下了大功劳呀！"

"彼此彼此！"姚贾哈哈大笑。

待姚贾船行过后，韩非问："此人是谁？"

李斯介绍说："他叫姚贾，魏国人，在秦国做宾客。出使楚、齐、赵、燕四国三年，刚刚回来。他用珍珠重宝，拆散了四国合纵攻秦的计划。秦王君上十分高兴，封他为千户侯，拜为上卿。"

"啊！他就是姚贾姚侯……"韩非若有所思。

三、耄耋的追求

因李斯妒贤嫉能，伙同姚贾诋毁韩非，韩非被逼自杀。过了一段时间，荀子方知这一不幸消息。

昏暗的烛光下，韩非送给荀子的玉佩被帛锦簇拥着摆放在几案上，散发着柔美的光芒，玉佩的前面摆放着一些供品。陈嚣悲痛地哭泣："师兄！你怎么能这样走了呀！……"

荀子强忍热泪，沉痛而愤懑："一块世间珍奇的宝玉被打碎了！"

一幕幕难忘的往事闪现在荀子心头。他想起当年在韩国的虎牢关，韩非抛弃贵公子的地位，真诚拜他为师。在稷下学宫里，韩非为他整理人之性恶的讲稿。离开齐国时，韩非向他陈述回国改革朝政、劈荆斩棘的决心。那年他回赵国，特意改道韩国去看韩非，陈嚣见韩非不被韩王所用，要他一同去赵国，不要守在这儿受窝囊气。可是韩非说他不忍心看着韩国受凌辱。他相信，总有一天，他对韩国会有用处。如今韩非出使秦国，对韩国有用处了，却被秦国人杀害了。

想起这些令人感慨的往事，更激起荀子无限的悲伤。他告诉弟子们："韩非明明知道说人之难，可他还是要去做。在韩国，他无数次上书，劝说韩王变法改革；到秦国，他又上书秦王，极力维护韩国，以尽使臣的职责。君王像龙一样，他的喉咙倒长着鳞片，如果哪个触动了他的鳞片，他是要杀人的。韩非完全不顾自身的安危，可见他是何等的勇敢！他的品德就像这块宝玉，是何等的高贵！"

陈嚣感叹："现今之世像韩非师兄这样的人，太少了！"

荀子愤慨地追寻韩非的死因，他设问："难道秦王派大军到韩国讨要韩非，就是想杀死他吗？"

陈嚣等弟子眼望着老师，谁也不说话。

荀子继续质问："是谁打碎了这块宝玉？是谁夺去了他的光芒？是谁不留给他一点点生存的空间？是谁，是谁呀！？……"

陈嚣喃喃地说："人们都说，是李斯嫉妒师兄的才华。"

年轻的张苍不相信："李斯已经是秦国的九卿，他怎么会呢？"

而毛亨等大一点的学生却相信，这样的传言是真的。

"万物之生，必有缘由。荣誉和耻辱的到来，必与品德相关。"荀子对天长叹，"天呀！李斯与韩非皆是我的门生，我为什么教出了这样两个大相径庭的弟子呢？"

"老师！李斯师兄和韩非师兄两个人本来很好的，既无怨，又无仇，李师兄怎么会这样呢？"陈嚣无法理解李斯。

"咳，人心叵测，人情不美，人情不美呀！"荀子分析人间情势，颇有感触，"对于一个有出众才华和高尚品德的人，才华和品德可能不是他的财富，而是他的罪过。在他有了成就的时候有人高看他，敬仰他；有人嫉妒他，甚至想办法加害他。而在他遇到灾难的时候，则会像躲避瘟疫一样离开他、嘲笑他、鄙视他，甚至落井下石。即使和他最亲近的人，又怎么样呢？或许最敢于无情地向他伸出匕首。"

张苍问荀子："老师，您相信李斯会杀害韩非？"

荀子说："我很器重李斯的机敏和才华。在他打算应诏到秦国去的时候，我本不同意。可是考虑到他的前程，还是同意了。而且还赠给他我亲手绘制的麒麟图，鼓励他上进。到了秦国，他果然用自己的努力，取得了丞相吕不韦和秦王政的信任，晋升到九卿高位。可也正是这个九卿高位，让我不愿意相信，可又不能不相信，韩非的死，和他密切相关。"

张苍问："他为什么要那样对待韩非呢？"

荀子说："因为在他的心中藏着一个做仓中鼠的梦，他不允许任何人影响和破坏他的美梦。"

张苍又问："李斯跟随老师多年，难道就没有一点改变？"

荀子说："人性之恶。人之所以有善良，那是努力学习、改变恶的本性的结果。李斯虽然跟随我多年，可他始终没有改变做仓中鼠的梦。为了自己的私利，为了稳固他的地位，他会抛弃道义，不择手段，置韩非于死地。"

张苍说："老师，无论如何，李斯是您的学生，他……"

荀子怒气冲冲地打断张苍："他不是我的学生！以后不要再提他是我的学生！荀况我没有这个弟子！"

陈嚣劝慰荀子："老师！既然他这样无情无义，您也不值得为他生气。您年纪大了，保重身体要紧！"

学生伏生跑进门来，说有人从秦国给老师送来一封书信。陈嚣问是谁写来的？伏生说是韩非。陈嚣急忙把书信接过来送给荀子。荀子颤抖着双手打开书信，悲怆地说："这是韩非的绝笔呀！"

荀子看着文字，似乎听到韩非的声音："老师！弟子韩非常思念老师教诲，人之性恶，需要须臾不停地学习，才能到达善人、圣人之境界。韩非难以抛却拯救韩国之心，未能跟随老师继续听从师训。回到韩国却又一事无成。往事不堪回首，多年来韩非既背弃了老师，又无功于故国。韩非今日出使秦国，也许会对故国有所裨益。请老师相信，韩非不惧强权，一定会和那些卑鄙的奸人、政客势不两立。"

韩非的绝笔字字激动着荀子的心，荀子无限感怀："韩非！李斯不容你，更显出你与他有天壤之别！……"

狂风阵阵，落叶飘飘，战火纷飞，烟云滚滚，华夏大地尸陈遍野，经历着一场血与火的洗礼。

韩非死后三年（前230），秦国灭亡韩国，年轻的韩王安做了俘虏。韩国改为秦国的颍川郡。又两年之后（前228），秦国攻入邯郸，平灭了赵国。

三十二岁的秦王政乘坐轩车，戒备森严，气势汹汹来到了邯郸。他在断垣残壁前下车，阴森着脸，查看着一片败亡景象的邯郸，颇有感慨："邯郸！嬴政我在这里出生，在这里度过我黑暗的童年，受尽了人间的羞辱。如今，寡人作为大秦的君王回来了！"继而他抽出宝剑，杀气腾腾地望空挥舞，不可一世地发出誓言，"寡人要平灭六国，一统天下，让诸侯向寡人称臣降服，让华夏江河尽在寡人的手中！"

秦军所向披靡，灭掉赵国之后不足三年又灭魏国。公元前二二三年，秦国军队似秋风扫落叶一般大败楚军，攻破楚国的都城寿春，俘虏了楚王负刍。

秦王政由李斯陪同，在武士严密戒备之下步入楚王宫。仰望巍峨高大、瑰丽壮观的宫殿，看着殿内的精美雕刻、绘画，兴致勃勃地自语："啊！久慕楚王宫殿奢华精美，今日一见，果然不差。如今，它归之于寡人了！哈哈哈哈！"

秦王政问李斯："寡人听说中原诸国以鼎为宝器，楚国人爱钟，以编钟为宝器，是吗？"

李斯恭敬回答："是！"

秦王政说："寡人还听说，春秋时吴国打败楚国，进入楚国的都城，放火烧了楚国的粮仓，砸碎了楚国的九龙之钟。今日寡人来到楚国的都城，寡人不烧楚国的粮仓，也不砸它的编钟。寡人要把楚国的编钟全部运到秦国去！"

李斯称赞："君上圣明！"

秦王政忽然想起地："李廷尉，你的老师荀况老先生，不是曾经在楚国做官，他还健在吗？"

李斯回答："据微臣所知，老师尚健在。"

秦王政问："现在哪里？"

李斯说："老师早年曾任兰陵县公，春申君被杀之后，罢黜为民。如今以兰陵为家，专心教授学生，著书立说。"

秦王政陡生兴致，他认为荀老夫子比楚国的编钟更为宝贵。问李斯能否请他到秦国去，让寡人当面求教？李斯即刻答应，亲自速去找寻。

公元前二二三年，荀子八十八岁，虽然已是耄耋之年，但身体健朗，思路敏捷，学犹不止。他白天教授弟子，夜晚依然不知疲倦，静心抚琴。只听那旋律舒畅悠扬，犹如动听的有节奏的述说。

荀子弹的是兰陵民歌《成相》的曲子。他饶有兴趣地一边双手弹着，一边口中哼着、唱着。

陈嚣在一旁整理竹简。他说："老师！这几年秦国平灭了韩国、魏国、赵国，最近又攻破了楚国都城，眼看秦国就要一统天下了。"

"是呀，天下就要一统了！……"荀子不无感慨，继续不停地弹着、哼着《成相》的曲子。

"假如韩国能听从韩非师兄的主张，齐国、赵国、楚国能听从老师的主张，天下也许不会是这个样子，统一天下的也许不是秦国。"陈嚣一边整理竹简，一边思虑着说。

"咳，如今说这些有什么用？"和陈嚣一同整理竹简的毛亨不赞成他的话。

"对！"荀子同意毛亨的见解。他告诉弟子们，不要总想过去，应当想以后，想未来。

荀子将琴放下，俯身于几案，口中依旧哼着《成相》的旋律，很快写出一段又一段歌词来。而后把陈嚣和毛亨叫到身边，告诉他们："我按照《成相》的曲子填了几段新歌词，你们听一听。"

陈嚣问："老师，你写这些做什么？"

荀子说:"我这是给未来的一统国家写的。"

"写给未来的国家?"陈嚣越发不解。

荀子解释说:"华夏很快就要一统了,未来大一统的国家应当如何治理?我把多年思考的治国方略写成歌词,给百姓们传唱。唱到家喻户晓,让百姓明白,当权者知晓。"他饶有兴致地一边抚琴一边带领弟子们将新词唱起来。

荀子的《成相》篇,共五十六章,是荀子社会理想的浓缩,因文字太长,下面有选择的意译几章。

拍起鼓,

唱成相,

治国之道非寻常。

国家兴亡,

世道盛衰,

有文章。

唱成相,

道圣王,

唐尧虞舜敬贤良。

广施仁政,

勤政爱民,

人敬仰。

唱成相,

道灾殃,

君王无道国难昌。

国无贤臣,

如同盲人,

迷茫茫!

水置平，
端不倾，
天之立君为百姓。
权力在手，
公平行事，
人称颂。

治之经，
礼与刑，
做官为民按律行。
明德慎罚，
贵贱同等，
四海平。

平之本，
兼听明，
愚昧专断事不成。
广开言路，
明察秋毫，
民心诚。

有多少，
亡国君，
国亡之后才知昏。
后悔已晚，
哪里再有，
往日春。

《成相》是荀子创造的又一种新文体。它不是诗，也不是赋，更不是散文，是一种叙事的可以歌唱的韵文。以三三七加四七的句式，加上韵脚，有论有述，既讲述深刻的治国道理，又叙述曲折的历史故事。它赞美了夏商周三代的王道治世理念，道明了当今朝政的混乱根源，指出了拨乱反正的方针。这是荀子晚年对其治国理想的一个纲要式总结。配上简短的曲调，以民间的艺术形式演唱出去，让男女老少，人人明白。其实，它就是一篇说唱文学的脚本。所以后人评价说，荀子是中国说唱文学的开创者。

陈嚣、毛亨、张苍、伏生等学生在荀子的指导下手击节拍一段段反复歌唱。

荀子教会了弟子，又在街头，在院落，在麦场，教阿仲、阿季等百姓的儿孙们。

阿仲看见荀子在自家院子里特别认真地教他自己孙子唱《成相》，不明白荀子要做什么。荀子告诉他，歌中的话都是治国的道理。

阿仲一脸不屑："哎呀，你已经老了，还操这份心干什么？"

荀子说："正因为老了，才要往下面传授，叫后世的人明白。"

阿仲问："你老了还想后世，有用吗？"

荀子解释说："荀况一生研讨治世之道，追求天下一统。多年来，我的治世方略尽是给君王和大臣们讲，那些君王和臣子一心打仗，争夺天下，我的道理他们不愿意听，即便听了也不愿意去实行。如今，天下大势已定，一统天下的时日不远了。这个未来的一统国家如何治理？怎么样才能长治久安？哪一个能说得清楚？我的治世方略能够回答。不过，我老了，不能再去讲给君王听了。我把它写成歌词，借用兰陵民间的曲子唱出去，一传十，十传百，让千千万万的百姓人人会唱，个个明白，这样，也许对即将到来的一统天下有些用处。"

"哈哈！荀卿子！怪不得人都说你是圣人，你果真是个圣人。不仅为今世操心，还要为后世操心呀！"

荀子的《成相》新词，将他的治国理论讲得通俗易懂，明白易行。曲子是兰陵百姓唱了多少代的，大人小孩儿都会唱。所以不仅阿仲的孙子学会了，很快在孩子们中间传唱起来。阿仲一家人愿意唱，许多百姓也喜欢唱。他们在闲暇时唱，在劳作中唱，在家中舂米，脚踏着节奏口中也哼着唱。

《成相》的歌声荡漾于山村、旷野，传递着荀子垂暮之年的希望。

四、最后的师徒会

荀子不辞劳苦每日在书房伏案著述。陈嚣和毛亨也每日在荀子身旁整理书简。陈嚣看老师白发苍苍，汗流浃背，每日如此辛劳，感动不已，双手捧过水来，说："老师，歇息一下吧！"

荀子停下手中的笔，接过陈嚣捧来的水杯，呷了一口，淡淡地，却又是发自肺腑地说："陈嚣，我在世上的日子不会太久了。我之一生，远离邯郸家乡，三任稷下学宫祭酒，在列国讲学论道，呼唤天下一统，门徒众多，却是一无所有，留给你们的就只有这些书简了！"

毛亨正抱着几捆竹简上楼来，听到老师这样的话语，立即说："老师，看您都说了些什么呀！"

陈嚣满怀感情地说："老师！您留下的一卷卷书简，比留下一座座金山还珍贵。我们一定将它保存好，让它流传后世。不过，老师的体魄健壮，定然会长命百岁的。"

荀子淡然依旧，他说："我一向主张不可顺天从命，与其等待天的恩赐，不如掌握天的轨迹为人所用。然而，天生万物，皆有始有终。生，是人生的开始。死，是人生的终结。始与终皆能完善，人生之道路便完善了。所以，君子严肃地对待人生的开始，也谨慎地对待人生的终结。我要尽力给自己一个完好的终结。"

夜深了，毛亨和陈嚣下楼来，回到自己房中。毛亨说："老师今天的话，说得我心里很难受。"

陈嚣说："老师是一个豁达的人，他将人生看得很透。人的确像老师讲的，天生万物，皆有始有终。生是人生的开始，死是人生的终结。"

毛亨说:"我是邯郸人,与老师是同乡。一听老师说到死,我就心酸,就害怕。"

陈嚣说:"我跟随老师几十年,见到许多和老师不同的所谓学者,有的比老师年长,有的比老师年少。那些像老师在《非十二子》里面批评过的它嚣、魏牟、陈仲、史鳅、墨翟、宋钘、子思、孟轲之流,他们有人用论说粉饰邪恶,有人用言论美化奸诈,还有人用强横乱天下,用诡诈、夸大、怪异、委琐的言论欺骗众人,使天下人混混沌沌,莫名其妙,不知道是非和治乱的根源。老师和他们决然不同,他探讨的是治世的真学问。人呀!金子就是金子,泥沙就是泥沙。泥沙众多,随波逐流,无论何时都是混浊一片。金子稀少,无论何时都闪闪发光。"

毛亨感叹:"咳,老师的一生也难呀!他四处寻求圣王,想辅佐圣王平息战乱,使天下一统。可遇到的尽是些庸碌无为、昏聩无能的君王,使他很伤心。"

陈嚣说:"老师的品格正在这艰难困苦之中闪出光辉!儒学在今世已经衰微,老师坚守孔子开创的儒学,抛弃了子思孟子的儒学,独辟新径,百折不回,将空泛不实的儒学引入治国治世之道。老师的儒学是一门非常珍贵的大学问。所以老师的著述非常可贵,然而,老师的人品更为可贵。如今,老师已经八十有八,还为后世写《成相》之歌,传扬治世的真知灼见,这是何等的心态?老师已经八十有八,还念念不忘研讨学问,还念念不忘后世的和谐太平,岂是俗人可比的吗?非圣人不能如此!"

"对!非圣人不能如此!"毛亨很赞同陈嚣的见解。

陈嚣继续说:"生为天下,死为天下,这样的人就是圣人。老师想的做的都是为天下。老师的学问虽说现在无人推崇,以后总有一天,老师会成为超过孔子的圣人!"

李斯乘坐豪华的轩车由武士护卫着进入兰陵县城,百姓看见秦国的大兵来了,惊慌地喊叫着奔逃躲藏。李斯走下车来,望着阔别已久的兰陵城,不无胜利者的喜悦与感慨,慨然叹道:"兰陵,李斯离开你二十四年了!"可是举目四望,眼下见不到一个人。他想打听老师的消息，可从哪里去寻？

李斯正在为难，忽有两个武士将阿仲抓来带到李斯面前。李斯和善地问："喂，你可知荀老夫子住在何处吗？"阿仲对秦兵心存怒气，回答不知道。李斯说，他是你们的县公呀！阿仲依然没有好气，说荀县公罢官已经十五年了。

忽然，李斯从眼前的这个中年汉子身上发现了什么。他想起与荀子第二次到兰陵，在刑场上见的那个农夫，他问："你可是农夫阿仲？"

阿仲闻声两眼直瞪瞪地望着李斯。他想起自己在丛林里砍树，见荀子和李斯来了，撒腿就跑。疑惑地问："你是李县丞？"

问起荀县公，阿仲有话说。他告诉李斯，荀县公当县公的时候为民做主；不当县公了，又教授学生又写书。兰陵的百姓没有不夸赞他的。

李斯要看望老师，请阿仲指路。阿仲立即带领李斯去荀楼，距离很远就用手指着说："荀卿子就住在前面那座小楼里。"

望见前方的小楼，一股钦敬之情油然而生。李斯命令轩车停下，他步行至门前。侍卫欲上前叩门，李斯急忙止住："你们都与我后退。"李斯独自上前叩门。

荀子有些惊异，他让正在伏案写简的毛亨去看。毛亨起身出了屋门，走过院子，将大门打开，望见门外身穿官服美髯飘逸的李斯，一时也难以辨认。

李斯却一眼认出毛亨，兴奋地叫道："毛亨！……"

毛亨也认出了李斯，但立即想到韩非之死。便冷冷地叫了一声："李大人……"转身回去。

李斯默默走进院中，感慨地看着这座井然有序、生气勃勃的小院。

毛亨上楼向荀子禀告，说门外来的是李斯。荀子顿感吃惊。

李斯在楼下等了一时，不见有人出来迎接，只好一人小心翼翼轻步上楼去。望见坐在几案边白发苍苍、二目炯炯、精神矍铄的荀子，恭敬地双膝跪地，说："学生李斯拜见老师！"

荀子看着这个多年没有见到的做了大官的学生，许久无语，而后轻轻挥手，示意让他站起来。

李斯起身，环视这简陋的房屋，除了书籍架上整齐摆放的一束束竹简和荀子写书用的几案，空旷得再无别物。回头再望毛亨，毛亨转过脸去，不看他。第一个给他打开院门的年轻学子浮邱伯默默地站在一旁。小楼上空气清冷，无言静谧，让李斯感到心中压抑窒息和一丝寒意。他站在老师面前，不敢有半句怨言，倒有一种歉疚之情涌上心头。李斯轻声开口，他向荀子说："老师，学生在秦国二十余载，未能参拜老师。学生向老师赔罪了！"李斯重又跪下向荀子叩头。

"行了，起来吧！"荀子冷冷地说了一句，吩咐斟水。浮邱伯为李斯端上一杯水来。

荀子半含讥讽地说："李斯呀，你在秦国做大官了？"

李斯忙放下水杯，谦卑地说："不敢，只不过做了秦国的廷尉。"

荀子说："廷尉已经不小啦！九卿之一，掌管刑狱，官员和百姓的生死大权都操在你的手里。"

李斯说："没有老师的教诲，学生难有今日。"

"不不，我讲的那些全然无用！"荀子断然否认。

李斯却再次肯定，他说："李斯在秦国朝堂上所讲的道理，所行的国策，全然是老师的教诲。"

"不对！你所实行的，仅仅在表面上和我讲的有点相同之处，实际上并不是我的教诲。我所主张的是以礼义为本；而你所实行的，是以强霸为本。两者截然不同。"荀子不想让李斯太难堪，他转过话来说，"不过，你对秦王的功劳不小呀！用武力灭了韩国、赵国、魏国，近日又灭了楚国。一个一个亡国的暴君，不行正道，也该当灭亡。"

李斯接过话来说："天下一统，乃是老师数十年之期盼，不久即可变作现实。"

荀子问："你是随秦军到楚国来的吗？"

李斯回答："是王翦将军率军攻克楚国都城寿春，俘虏了楚王。而后我伴随秦王一同到了寿春。"

荀子问："你来找我这个老头子做什么呢？"

李斯说："一者学生与老师阔别日久，理当前来拜见；二者看望师弟们，三者嘛……"说到这里，李斯把话止住。

荀子问："怎么样？"

李斯说："秦王久慕老师大名，如果老师身体尚可，想请您老人家去会一会他。"

荀子没有说话。

少年赵政的身影出现荀子眼前。赵政那冷峻狠毒的眼神让他难忘，韩非那温和的面容又让他心伤。想到这里，荀子冷冷地说："不用了吧。我老了，没有用了，有你一个人辅佐秦王足矣！"

"老师！……"李斯想做解释。

荀子打断他的话，问李斯："你还有别的事情吗？"

李斯看了看小楼上的人，只有毛亨还算熟悉，便转身说："毛亨，你劝一劝老师吧。老师乃当今华夏最负盛名的大儒，怎能屈居在这穷乡僻壤里？老师的身体尚好，应当带领你们到秦国咸阳都城去！"

毛亨与李斯曾经有过一段师生情谊，但他也是荀子的弟子，更亲近荀子。他没有按照李斯的意思去做，而是瞪着眼睛问李斯："我们去秦国做什么？让老师再像你对待韩非师兄那样，把他老人家杀死吗？"

李斯大吃一惊，他没有想到，韩非之死会使老师和老师的弟子都这样看待他。他急忙解释："韩非之死，并非我的过错……"

毛亨气愤地说："哼！不是你妒贤嫉能，韩非是韩国的使臣，他会死在秦国吗？你是廷尉，掌管刑律，不是你给韩非定的死罪，是谁？是他自己给自己定罪死的吗？"

面对老师和当年自己的学生，还有他没有见过面的师弟，李斯感到委屈，难以明心。他痛苦地为自己辩白："老师！……毛亨！……我敢起誓，对于韩非师兄，我决无妒贤嫉能之心。是他拒绝了秦王，不愿为秦国效力；是他为保存韩国，而阻挡秦国的一统大业；是他屡屡上书，诋毁秦国征伐诸侯的计划。韩非师兄之罪，以秦律该当车裂，是我顾念同窗之情，亲送毒药给他，保全了他的尸体完整。李斯对于韩非师兄，我，我是问心无愧的呀！"

对于李斯的辩解，毛亨全然不信，他讥讽说："好呀！依你说，你倒为韩非师兄做了好事。韩非不但不应该忌恨你，还应该感谢你！"

荀子开口了："李斯呀！我以前告诉过你，做人要诚信，你大概没有记在心上。今天，你既然还承认我是你的老师，我要再一次提醒你，人无诚，则事无成；人无信，则行无友。你如今身居秦国九卿之位，国家的栋梁重臣，更要以诚待人，以信取民。否则，你以后会跌大跟头的！"

李斯虔诚地说："老师，学生听从您的教导，一向以诚待人……"

毛亨打断李斯的话："你呀！老师的话，过去你不听，到如今你依然不听，还与老师狡辩。你说，你是怎么以诚待人的？口是心非，是以诚待人吗？嫉贤妒能，是以诚待人吗？落井下石，是以诚待人吗？……"

李斯还要为自己辩解。毛亨再次打断他，愤恨地说："老师看重你，辛辛苦苦实心实意地对待你，临别还赠给你亲手绘制的麒麟图。可你这个老师看重的好学生却一走二十多年，连封信也没有见过你来，你的诚信在哪儿？你的良心在哪儿？"

李斯难堪地望着毛亨，说他在咸阳给老师写过信。毛亨质问他："你什么时候写的信？老师怎么没有见？"

李斯激动地手拍前胸，说他的确写过信，他敢于对天盟誓。

陈嚣扛了一捆柴草从外面归来，听见楼上高一声低一声的争辩感到吃惊。他加快步子走上楼来，一眼就望见要对天发誓的李斯。

李斯一见陈嚣如获救星，急忙叫道："陈嚣！……"陈嚣也叫："李师兄！……"

毛亨不等陈嚣说话，就上前拉过陈嚣，对李斯说："你问问陈师兄，他见过你给老师写的信吗？"

陈嚣明白了适才在楼下听到的争吵原因。他如实告诉李斯，这么多年老师的确没有见过你的信。

李斯不再说什么。他感到这里所有的人都不能原谅他，更不理解他。他的心凉了，也冷静了，走到陈嚣面前，说："陈嚣师弟，老师老了，这些年你受累了，也吃了苦了。"

陈嚣平淡地说："李师兄，我为老师吃苦是应该的。"

李斯走到荀子面前说："老师已经年迈，既然不愿去会秦王，也就作罢。学生向您拜别了！"他双膝跪地向荀子郑重地三叩首，起身对陈嚣等人说，"陈嚣师弟，毛亨，浮邱伯，我走了！"

李斯欲下楼去。

"等等！"荀子叫住李斯。

李斯回转身来，恭敬地说："弟子敬听老师教诲。"

荀子问："秦国平灭燕国和齐国还要多久？"

李斯回答："多不过二年。"

荀子又问："秦国平灭了燕国、齐国，六国就灭尽了，天下便真正要统一了。你身为秦国的栋梁之臣，可作何想呢？"

"这……"李斯答不上来，礼貌地拱手施礼，"学生请老师赐教。"

荀子说："过去，秦国一向被称之为虎狼之邦。只注重武力，轻视儒士，不讲仁义。吕不韦做相邦之后，出榜招贤，编著《吕氏春秋》，想予以改变。可是秦王亲政，反其道而行之，仍然是强暴杀戮。如此统一天下，乃是以强权暴力取之，非为以王者之师统一天下。"

"我知道你会说，统一天下，不能没有武力。"荀子继续说，"使用武力，也有分别。我主张的是仁义之师，你主张的是强霸之师。你年轻的时候就是这样。记得那年在赵王面前议兵，你就讲，用兵打仗最主要的不是讲仁义，而是怎么有利就怎么做。"

李斯又欲辩解。

荀子以手势制止："过去的不说了。我想讲的是日后应当如何。你是秦王的重臣，不能不想呀！"

"是！"李斯顺从地想听荀子一统天下之后的谋略。

荀子说："天下一统之后，要做的事情很多。最为重要的，只有一条，就是爱护百姓。马车惊了，君子就不能安然坐在车上。老百姓要反抗朝廷了，君王就不能安在其位。要想使统一的国家长治久安，任何办法也不如爱护百姓。这一点你要牢牢记下。"

李斯连连点头："是！弟子记下了。"

荀子继续说："你身处九卿高位，国事繁杂，更不能忘记自身品德之修养。我给你们讲过，为国家和百姓寻求功利，那是忠臣君子；假借国家和百姓而谋求自己的功利，那是卑鄙的小人；以个人之功利损害国家和百姓，那是万世辱骂的奸人。身为一统天下的栋梁之臣，个人之品德会影响国家的兴亡，你要慎之又慎呀！"

李斯钦敬地回答："谢谢老师的赠言，弟子一定铭记在心。"

荀子告诉李斯，他仿照兰陵的民歌写了一篇《成相》，包含了他多年思考的治国方略。本来是写给百姓传唱的，如今李斯来了，送他一部，也许对一统之后的国家有些用处。

陈嚣将一束《成相》简册交给李斯，李斯双手郑重接过："谢老师赠书，弟子一定反复研读。"

李斯携书卷下楼。荀子、陈嚣、毛亨、浮邱伯送李斯出门。轩车已在大门外等候，李斯没有上车，让轩车在前面走，李斯跟在车的后面步行，不断回头挥手向众人告别。

轩车渐渐远去。毛亨问荀子："老师，您把《成相》给他做什么？"

荀子说："或许他会呈给秦王，也可算为我对未来一统天下的治国谏言吧！"

五、始皇帝加冕

公元前二二一年，秦军在灭亡了其他五国之后，最后杀进了齐国的都城临淄。

齐国多年来一直为君王后掌握大权，奉行恭谨侍奉秦国的国策，加之齐国地处东边海滨，秦国日夜进兵三晋、燕国和楚国，无暇东顾，齐王建即位四十多年没有受到兵祸。

公元前二四九年，君王后病重。生性懦弱的齐王建一时没了主意，和后胜一同来到君王后床前，殷勤地问候病情，希望母后长寿。但是君王后告诉儿子，她不行了，少气无力地向儿子交代后事。嘱咐儿子说："建儿，母后有两件事情嘱告你。一件，我死之后，你要继续与秦国友好相处，不要管别国的事情，我们只管坐山观虎斗，这样，齐国就会安宁。"

齐王建答应，说："孩儿记下了。"

"第二件，朝臣之中可信用的人，有，有，有……"君王后下面的话已听不清楚。

齐王建急问："母后，有哪个？""有……"君王后喃喃地说不清楚。

齐王建说："母后，请您将他们的名字写下来好吗？"君王后点头。后胜急忙拿木简和笔来，送到君王后手中。君王后接过笔来要写，又把笔停住，说："我，我忘记了……"倒头死去，终年约五十一岁。[①]

二十多年过去，齐国继续遵照君王后遗训与秦国友好，任凭秦国灭亡三晋、燕、楚五国，可是最后还是免不了秦国大军开到齐国的都城之下。

年已七十有余的丞相后胜，惊慌失措地跑进王宫，劝说齐王建："君上！秦兵已经进了临淄城，没有别的办法了，投降吧！"

六十四岁的齐王建一点办法也没有，只能摇头叹息："唉！我齐国与秦国多年友好，寡人与秦王结拜为异姓兄弟，情同手足，他……他怎么能这样背信弃义呢？……"平日不修攻战之备，至此也只有投降。

"齐王投降！"秦兵毫不客气地执戈提剑闯入齐王宫。后胜满脸堆笑："降，降！我们投降！"齐王建愤然对秦兵高声呼喊："寡人与你们的秦王是结拜弟兄，寡人要面见秦王！"

秦兵哪里管这些，只把齐王建与后胜当作俘虏，押进咸阳城，送往祈年宫。

秦王政大模大样地接见二人，问他们："你们的齐国呢？"后胜俯首叩头："齐国已经全部交与君上，我们投降了！"秦王政笑道："后胜丞相，寡人要感谢你呀！你身为齐国的丞相，多年力主与我秦国友好，不去帮助那些该当灭亡的国家，使我秦国顺利平灭了五国，你有大功劳呀！"后胜再次叩头："这是微臣应当做的。"

---

① 见《战国策·齐策六》"齐闵王之遇杀"。

秦王政突然变脸，正色道："多年来你收下我秦国多少金钱珠宝，你还记得吗？"后胜大惊失色，张口结舌。"如今你该领罪啦！"秦王政命令，把这个卖国求荣的东西拉下去，枭首示众！

后胜拼命地喊叫："大王饶命！大王饶命！"武士像抓小鸡一样把后胜拉出王宫，斩杀。

秦王政转身问齐王建："田建兄！你与你的母后不是一向喜爱独善其身、自保平安吗？"

齐王建惧怕得战战兢兢，他结结巴巴地说："秦王君上！你我是盟了誓愿拜了神明的弟兄……"

秦王政大度地说："好吧！念起你我多年的兄弟情义，寡人给你一块僻静地方，去享受安宁吧！"

齐王建被放逐到一个叫"共"的地方。有人说"共"在今天的河南辉县山区；有人说是甘肃泾川，反正是块荒凉的地方。在这块荒无人烟、风声鹤唳的山野里，乌云笼罩着天空，暴雨和狂风吹打着黑色的松林。齐王建迎风沐雨，泪眼仰望长天，独自站立在松林中，绝望地呼唤："天啊！报应，报应啊！我数十年听信佞臣言语，只顾自身安逸，一味讨好虎狼似的秦国，把齐国生存之希望寄托在他人的身上，不整饬自己国家的军备，落得个身陷囹圄，献土投降。田建我有何脸面再见齐国父老？有何脸面去见齐国先王的在天之灵？"

齐王建将一条白绫挂在树枝上，打算自尽，可又没有自杀的勇气，最后饿死在这个荒凉的山林里。在齐国的民间流传着一首歌："松邪！柏邪！住建共者，客耶！"翻译为白话就是："松树啊！柏树啊！让齐王建住在共地的人，就是那些游说之客啊！"①

至此，秦王政用武力统一了韩、赵、魏、楚、燕、齐关东六国，结束了华夏大地上诸侯割据的局面。

天下一统，这是华夏大地历经五百年战乱之后的一个全新时代。大一统国家的君王应当有一个与过往所有君王不同的新名号。秦王政要大

① 见《史记·田敬仲完世家》《战国策·齐策六》。

臣和通古博今的博士们共同讨论。因为不更改君王的名号就无法彰显他的丰功伟业。

丞相王绾、御史大夫冯劫、廷尉李斯等朝臣都绞尽脑汁给大一统的秦王设计新名号。他们认为从前五帝管辖的土地不过千里，外面的诸侯有的朝见，有的不朝见，天子也不能控制。现在秦王平定了天下，华夏归于一统，亘古未有，五帝也比不上。他们和博士们商议，古代有天皇、地皇、泰皇，泰皇最尊贵。一致建议大一统的秦王称"泰皇"。

秦王政听了并不满足，他认为"泰皇"的名号还不足以表达他的意志。他把"泰"字去掉，保留"皇"字，采用上古五帝的"帝"字，名号称"皇帝"。还说上古有号而没有谥；中古有号，死后根据生前品行事迹给个谥号。这样做是儿子议论父亲，臣子议论君主，很不应该。从今以后，废除谥法。他叫始皇帝，从他这儿开始，以下称二世、三世直到万世，代代相传，无穷无尽。

秦王政的主张高众人一筹，让所有的臣子、博士佩服。始皇帝的名号便从此诞生。

始皇帝喜欢黄老学派，相信道家、阴阳家的"五德终始说"。他认为秦是水德，周是火德。春秋战国天下大乱，是火德衰败的表现。水能克火，因此秦国代周而兴。水为黑色，所以秦王朝以黑色为贵。衣服、旌旗、节旗都是黑色。五百年前秦文公出猎的时候曾经猎获了一条黑龙，秦始皇就把黑龙作为秦帝国的祥瑞。水在五行学说中与"六"相对应，所以，秦国又以六为纪，所有的计数都以六为基础。旌旗、队列、车马、县郡、行文的字数等等，都是六或六的倍数。

公元前二二一年，三十九岁的秦王政，在祈年宫举行盛大的加冕庆典，威严地登上了前无古人的始皇帝宝座。

这一天，东方初露曙光，荀子像往常一样走下楼来，迎着晨曦练剑。

陈嚣兴致勃勃地走过来。说："老师！今天是您的九十大寿，阿仲他们说要为您祝寿！"

"不用！"荀子没有停步，继续练剑。

"老师！人活七十就不易，您活到九十，身体还这样健朗，应当庆贺。"陈嚣极力相劝。荀子收住宝剑说："陈嚣，我一生碌碌，无所作为，快告诉阿仲他们不要费心了。"

"老师，不能这样说。莫说您游学列国，三次做过稷下学宫的祭酒，又做过齐国、赵国、楚国的上卿。就是在兰陵所做的事情，大家也都永远记着您！"陈嚣继续陈述着理由。

"不自己意识到不足的人，才言过其实，夸夸其谈。去吧，我要歇息一会儿。"荀子径自上楼去。

荀子安然地独自躺在卧榻上闭目养神。不一会儿，毛亨跑上楼来。荀子以为又是要他过生日，没有理睬。忽听毛亨说今天是个大吉日，咸阳城举行始皇帝加冕大典，举国上下一同欢庆，兰陵城里也要举行欢庆。荀子猛然坐起身来。此时陈嚣也跑上楼来，说全村的人都走出家门，到街头唱呀，跳呀，欢庆一统，热闹得很，催促荀子快出去看看。

这个消息太让荀子激动了，比为他过九十大寿让他兴奋得多。他要陈嚣拿出来新衣裳，穿上新鞋子，仔细梳理了须发，急忙下楼去参加始皇帝的加冕欢庆。

村子里的阿仲、阿季和他们的儿女等许多百姓，荀子的学生张苍、浮邱伯等青年，一同欣喜若狂，欢歌跳舞。阿季带了一组民间乐队，吹竽笙，抚琴瑟。荀子、陈嚣，毛亨一同加入了欢乐的人群。

狂欢的人们一直到夜晚并不歇息。他们把荀楼内外街门屋门挂上彩旗，插上鲜花，院子里，屋门外，处处点燃蜡烛。

阿仲、阿季和他们的子女，毛亨、张苍、浮邱伯等荀子的学生，还有村子里的老少男女，每人手执一支蜡烛或火把涌进荀楼。

"荀卿子！——"阿仲跑到楼上去喊，"荀卿子，快下楼吧！大伙白天庆贺始皇帝加冕大典，现在该给你老人家庆贺九十大寿了。全村的男女老少和你的学生都给你拜寿来啦！"

阿仲与陈嚣一同搀扶荀子走下楼来。刚走下楼梯，阿仲就喊："老寿星来了！"

众人拥挤着给荀子让开一条路。阿仲和陈嚣搀扶荀子走出楼门，在院中的几案边坐下。

黑色的夜空，数百支烛光、火把，将院中照耀得如同白昼。

阿仲大声说："诸位乡亲！今天，始皇帝在咸阳举行加冕大典，恰好是荀卿子九十岁大寿。我们大家一同给荀老师拜寿了！"

数百男女一同跪地叩头："祝荀老师寿比南山！"

荀子心情激动，站立起来，激动地说："谢谢诸位！谢谢诸位！荀况我生于赵国都城邯郸，十五岁到齐国稷下学宫求学，大半生在乱世中奔波，往来于诸侯之间，期望能够辅佐圣王，一统天下。可惜一生碌碌，未能如愿。荀况在兰陵做县公，虽然兢兢业业，千方百计让百姓富足，但还有许多应当做的事情没有做。被罢官之后，我以兰陵为家，得到兰陵乡邻的厚爱，荀况我感恩不尽，无以报答，我心中有愧呀！"

众人齐声说："荀卿子！是你对我们有恩，我们应该感谢你！"

荀子说："数十年来，老夫日日期盼天下一统。年至九十，终于见到了天下一统的这一天。这是老夫的终生心愿，也是我华夏子民的共同心愿。大家心中高兴，共同欢庆。老夫的心里也高兴，这的确是一件大喜事，一件亘古未有的大好事！好得很呀！华夏五百年战乱结束了，百姓能够平安度日了。"

众人齐声欢呼："对！"

荀子继续说："自从周王室衰落，数百年战火连绵不断，民不聊生。今天，始皇帝统一了天下，数百年来百姓期盼的华夏一统终于降临，始皇帝功不可没！"

众人再次齐声欢呼："对！"

荀子又说："我在这里要正告那些失去旧有权力和暗藏分裂野心的人，从此之后，哪一个胆敢分裂华夏，割据一方，他就是华夏的罪人！"

阿仲说："说得好！"

荀子提高声音，说："我等共贺华夏一统，天下太平！永久太平！"

众人举起蜡烛高喊："华夏一统，天下太平！""天下太平！永久太平！"

数百支烛光在夜空中闪烁、挥舞，宏大的共贺天下一统的声音震撼九霄。

六、痛彻的忧心

天下统一了。

统一后的国家疆土宏大，有原来秦国的国土，还要加上关东六国的国土，地域辽阔，人口众多，应当用什么办法管理呢？始皇帝在祈年殿召开群臣会议，让大家一同讨论。

丞相王绾首先提出意见，他说如今诸侯国都并入大秦版图，疆域太大，尤其是边远的地方，不好管理。应该像周代那样，封始皇帝的儿子为王，去管理各个地方。许多臣子也都认为，周代立国八百年，实行这个办法，行之有效。所以，"分封制"是管理一统国家的最好办法。

唯有李斯提出了反对意见。他认为，周文王、周武王分封子弟到各地管理，后来他们互相仇视，常常发生战争，周天子也禁止不了，这是一个深刻的教训。现在天下一统，不能再实行"分封制"，应当实行郡县制度，由皇帝直接管理郡县，这样天下才可以长久安宁。

李斯的这个意见是反传统的，夏商周三代没有先例。引起了许多人的怀疑，不解，甚至激烈反对。新的大一统的国家，究竟是实行传统的"分封制"，还是实行李斯提出的"郡县制"，在朝堂上，群臣和博士们争论得面红耳赤。

始皇帝认真地倾听这场争论，思考各种意见的利弊，最后，他表示赞成李斯的意见。他说，以前天下之所以苦于连年战争，无止无休，就是因为有那些诸侯王。过去三代实行的分封制不是成功，而是失败。大秦帝国，不是要像周代一样立国八百年，而是要永远立于不败之地。

始皇帝一锤定音，新的大一统国家，按照李斯的意见，把全国分为三十六郡，郡以下设县，建成一个全国各地直属中央的新体制。

秦始皇开辟了一个新时代。郡县制度，铲除了诸侯王国分裂割据的祸根。这种国家管理体制在中国一直延续了数千年。

李斯是九卿之一，大秦帝国的核心成员，他为保证新的大一统国家实现真正的统一，以后又提出了一系列的主张。

诸侯割据的华夏，"言语异声，文字异形"。原本是一个字，却齐秦有异，燕赵不同。李斯建议统一文字，将用大篆书写的文字，删繁就简，整理出一套笔画简单、形体整齐的小篆。秦始皇很满意，于是就把小篆定为大秦国的标准字体，通令全国使用。后人称之为秦篆。李斯为了大家学习方便，亲自书写了《仓颉篇》七章，作为样本。不久，李斯又采用了一个叫程邈的小官吏创造的比小篆写起来更方便的新书体——隶书，作为官方的正式书体。中国书法的四大书体"真、草、隶、篆"，其中隶、篆两种书体都有李斯的功绩。

各诸侯国的度量衡标准不一，对大一统国家的经济发展是一个很大的障碍。李斯建议统一度量衡，亲自指挥统一全国的计量单位。"度制"以寸、尺、丈为单位，采用十进制计数；"量制"以合、升、斗、桶为单位，也采用十进制计算；"衡制"以铢、两、斤、钧、石为单位，二十四铢为一两，十六两为一斤，三十斤为一钧，四钧为一石。全国统一制式、划一器具，从制度和法律上保证新度量衡标准的实施。

分裂割据的诸侯国之间，道路不通，车轨的宽窄不同，走起路来非常不便，喜爱巡游的始皇帝对此深感忧虑。统一了的华夏大地幅员辽阔，若想政令畅通，物资交流便利，必须有便利的交通。李斯建议在全国范围内修筑驰道，统一车轨。始皇帝立即允准。李斯规定，车辆两轮之间的宽度统一为六尺，这样乘车行走在同样宽窄的车辙中，方便得多。李斯以京都咸阳为中心，修建两条驰道。一条向东通到燕、齐（今河北、山东一带）；一条向南，直达吴楚旧地（今湖北、湖南、江苏、浙江等地）。两条驰道，统一宽五十步，道旁每隔三丈种青松一株。以后又修筑"直道"，由九原郡直达咸阳，全长一千八百余里。又在今云南、贵州地区修筑"五尺道"，以便利中原和西南地区的交通。在湖南、江西一带，修筑攀越五岭的"新道"，形成了一个以咸阳为中心的四通八达的交通网，把全国各地联系在一起，既方便了始皇帝的巡游出行，保证了始皇帝政令畅通，也促进了南北东西的经济交流和发展。

秦统一中国后，各诸侯国原来不同样式的货币在市面上依旧流通，有布币、刀币、贝钱和圆钱等许多形式，交换起来很不方便。统一货币成为当务之急。公元前二一〇年，即秦始皇三十七年，秦始皇批准了李斯在全国统一货币的奏折。规定秦国以黄金为上币。严令珠玉、龟、贝、银、锡之类当作货币流通。黄金以镒为单位，每镒重二十四两。以铜半两钱为下币，一万铜钱折合一镒黄金。同时规定，货币的铸造权归国家所有，私人不得铸币。李斯主持铸造的圆形方孔半两钱（俗称秦半两），因其造型设计合理、使用携带方便，一直使用到清朝末年。

秦始皇三十四年（前213），始皇帝从分封制和郡县制的大辩论中，和李斯提出的一系列治理办法上看到了李斯的治国才能，正式敕命李斯取代王绾做了丞相。

丞相是始皇帝的膀臂。走上丞相高位的李斯，全身心贯注于国事。他面对现实，启动智慧，为新的大一统的秦帝国实现一统，解决了许多障碍国家发展的大问题，在中国几千年的历史中，像李斯这样具有如此旷世功业的丞相是为数不多的。

但是，李斯做丞相的消息传到兰陵，传到荀子的耳中，荀子却吃不下饭，睡不好觉。

荀子的弟子张苍、浮邱伯和兰陵的百姓阿仲、阿季等高兴地纷纷来向荀子道贺。阿仲说："荀卿子！诸国一统，也有你的功劳呀！"

荀子放下手中的笔，痛心说道："陈嚣、毛亨、张苍，我没有病痛，也不为你们生气。我是为国忧心呀！华夏历经数百年战乱，今日方得天下一统，百姓安宁。这安宁来之不易呀！我在列国中奔走呼吁数十年，期盼的正是华夏一统这一天。不容易呀！可是，始皇帝用李斯做丞相，错了，错了！想起这件事，我心里就不安，就吃不下饭，睡不着觉。"

荀子继续说："做丞相的人，必须是公而无私，其品德声望足以叹服百姓的人，其智谋足以应对万变的人。而李斯，攻伐之谋尚可，也有治国之才，可他的心术不正，私心太重。他年轻的时候就厌弃厕所中的老鼠，一心要做官仓中的老鼠。如今他的愿望实现了。可他不就是一只官仓鼠吗？他会在官仓之中为所欲为。只要他自己能够享受富贵荣华，他就可以背弃大道正理，抛却道义。像这样的一个人，怎么能够做丞相呢？他将会给新的一统国家带来不测之祸呀！"

陈嚣、毛亨和张苍吃惊地望着荀子。

荀子对弟子们说："秦国一向只注重武功，轻视仁义。李斯虽然是我的学生，但他不会按照我的治世主张去做。他会仰始皇帝的鼻息，把我极力反对的也拿去实行。他会不顾及仁义之本，滥施君王权威，横行霸道，严刑峻法，不顾及百姓之生死，践踏我的治世主张，给我带来无可挽回的罪名！"

荀子忧虑且无奈，又继续说："他始终不明白我为什么要讲'人之性恶'。他从来就不把自己放在恶的起点上去检点自己。总以为自己最聪明，最机敏。人呀！不能只看他的表面，要看他的行为，看他的心！"

荀子越说越激动，他站起身来悲怆地大声疾呼："始皇帝！你使用一个心术不正的人掌握权柄，你使用一个不善于自律的人治理天下，天下不会有太平呀！

"始皇帝呀！玩弄权术的人在你的身边，他会利用可乘之机，兴风作浪，使得刚刚一统的天下再生祸端，重又天下大乱呀！"[①]

荀子的担忧是有远见的，以后的历史证明，由于李斯私心过重，大节不坚，在始皇帝统一中国十二年后暴病身亡的关键时候，李斯在宦官赵高的威胁利诱之下，与之串通一气，篡改始皇帝遗诏，害死了始皇帝的长子扶苏，扶少子胡亥登上二世皇帝之位。他自己也被赵高用计害死，统一的大秦王朝仅仅存在了十四年，便短命夭亡。这是后话，也不是本书要讲说的故事。

七、哲人的遗言

李斯做了丞相，大权在手，显赫荣耀。他请始皇帝把他的长子李由

---

① 《盐铁论·毁学》篇云："李斯之相秦也，始皇任之，人臣无二，然而荀卿为之不食；睹其罹不测之祸也。"

任命为三川郡的郡守。儿子们都同秦国的公主结了婚，女儿嫁给了秦国皇族的子弟。

秦始皇三十四年（前213）恰值始皇帝四十七岁寿诞，在咸阳宫大摆酒宴庆贺。七十位博士上前献酒祝寿。仆射周青臣颂扬说："从前秦国的土地不过千里，仰仗陛下的英明，平定天下，把诸侯国设置为郡县，凡是日月照耀到的地方没有不臣服的。人人安居乐业，不必再担心战争，陛下的功业可以传之万代。您的威德，自古至今无人可比。"

始皇帝听了十分高兴。

博士淳于越则很不满意。待周青臣的话刚一说完，他便上前去说："殷朝、周朝统治天下长达一千多年，都是分封子弟和功臣辅佐。如今陛下拥有天下，而您的子弟却是平民百姓。一旦出现像齐国的田常、晋国的六卿之类谋杀君主的臣子，靠谁来救援呢？凡事不师法古人而能够长久的，还没有听说过。刚才周青臣的话是阿谀奉承，只能加重陛下的过失，说这样的话不是忠臣。"

始皇帝感到淳于越提出了一个非常重大的问题，便把他的意见交给李斯主持廷议，让群臣讨论。

李斯明白始皇帝的意图，他比周青臣更会阿谀奉承。淳于越和他本是老朋友，二人一同在稷下学宫求学，一同响应吕不韦的招贤榜来到秦国，如今又同是始皇帝的重臣。但是，在这场大讨论中，他对淳于越严词批驳，还借题发挥，向始皇帝提出了一个令人不寒而栗的建议。

他说，淳于越的观点非常荒谬。古时候因为天下分散，诸侯并起，才称道古代以否定当代。诸子百家都说自己一派的学问最好，否定诸侯的政策法令。现在不同了，陛下统一了天下，海内共尊皇帝一人。然而诸子百家各派一听说朝廷下令，依然立刻用自己学派的观点去议论，在街头散布不满，制造诽谤流言，以批评皇帝博得名声，以和朝廷不一样显示自己的本领。这样下去，如不加以制止，上面君王的权威就要下降，下面私人的帮派就要形成。

他建议，把不是秦朝的史书都烧掉，除了国家选定的藏书，除了医药、卜筮、种树一类的书籍，其他诸子百家的书籍一概烧掉。命令下达三十天之后，若还有人不服从，判处黥刑，并罚做筑城苦役。

李斯的建议正中始皇帝独裁天下的意愿，很快批准。一场巨大的焚烧书籍的狂风，席卷大一统国家的大地。

咸阳街头，火光冉冉，一堆一堆书简被焚烧，从白天烧到夜晚。

淳于越披头散发，气急败坏地跑来，拉住往火中扔书简的年轻武士喊叫："不能烧书简！不能烧书简！这是罪孽呀！"

青年武士威严地呵斥："哪里来的疯子，滚开！"

淳于越依旧愤怒地呼喊："我不是疯子！我是始皇帝身边的博士！"

青年武士哈哈大笑："什么博士？李丞相说了，就是因为你们这些人，动不动就说古道今，始皇帝才要下令烧书。"

淳于越毫无顾忌地嗤之以鼻："李斯！他是一个助纣为虐的小人，奸人！老夫所言才是真正为始皇帝行先王之道，国运亨通！"

青年武士反击说："什么先王之道？如今是始皇帝的天下，一切要听从始皇帝的号令。李丞相说啦，如今要废除私学，不许你们这些儒士再去讲那些三皇五帝。天下要以始皇帝为老师，地方要以各级官吏为老师。让你们这些老古董滚远远地去吧！让这些陈词滥调的书简都一火焚烧吧！"

淳于越望着那堆满竹简的熊熊火苗，顿足呐喊："这是罪孽！罪孽！"

"老头儿！你瞪大眼珠子看看，这儿有始皇帝的焚书令。"青年武士手指着悬挂在墙上的告示牌说，"有敢结伙谈论《诗》《书》者，杀！有敢以古非今者，灭九族！令下三十日，仍不烧书者受黥刑，发配边疆修长城！"

淳于越毫不畏惧，继续高声喊叫："我不怕死，我不怕死！"说着又去火中抢取那些还没有被烧掉的竹简，被青年武士一把拉回，甩到一旁，骂他："滚！"

"不！你们不能胡作非为！"淳于越倔强地回来，再次去抢那火中的竹简。

青年武士命令："把他捆起来！"武士们立即把淳于越捆绑起来。淳于越却依然挣扎着喊叫："我没有罪！是你们有罪！"

焚烧诗书的火焰很快烧到边远的兰陵。荀子眼望着荀楼上的满屋书简，悲恸不已："罪孽，罪孽呀！一统的天下怎么能有如此大祸呢？罪孽，罪孽呀！"

陈嚣一旁解劝："老师，始皇帝下令，谁也阻挡不了。您年纪大了，不要伤了身子！"

荀子说："他们焚烧诗书，灭绝祖宗，怎么能不叫我痛心呢？李斯是丞相，这些都是李斯的罪孽！"

夜晚，陈嚣带浮邱伯、张苍、伏生、缪和悄悄地走上楼来，轻声说："老师，您唤的人都来了。"

荀子颤巍巍地从身边取出一包竹简说："如今，始皇帝焚烧诗书。我们不能眼看着让先哲的心血化为灰烬。老师我恳请你们为华夏的后代子孙做件好事。张苍，这是一部《左传》你收下，带回你的阳武老家去。"

荀子又拿了一包竹简，说："浮邱伯，这是一部《诗经》，带回你的临淄老家去。"

浮邱伯也郑重接过竹简。

荀子又拿了一包竹简，说："缪和，这是一部《易经》，你拿着。"

缪和双手接过来。

荀子又拿了一包《尚书》，向伏生说："这一部《尚书》你拿着。"

伏生也双手接过。

几部经书分赠完毕，荀子殷切地望着几个弟子，痛心说道："儒家经典，由孔子亲手审定。数百年世道混乱，儒道败落，经典几近灭绝。这些《诗》《书》《传》《经》，都是我一字一句斟酌，辨别真伪，认真整理，而且重新抄写过的。它们是我们华夏先人留下的珍贵宝物，是我们祖先认知天地、洞悉人世和聪明智慧的精粹。可如今，都成了始皇帝下令焚烧的禁物。谁留下它，便有杀头之罪。"

荀子把话停下，擦一擦双眼的泪水，继续说："这些宝贵经典，巍巍华夏不能没有它们！我们的后代子孙，不能没有它们！老夫年迈，将不久于人世，将这些禁物托付与你们，请你们舍下身家性命，也要把它们收藏好，留给后代子孙！"

浮邱伯等人体味到荀子话语的分量，严肃地答道："老师！请放心，我们一定藏好。"

荀子感觉祸事很快就会到来，他向弟子们说："事不宜迟。你们去吧，快去吧！路上小心。"

浮邱伯、伏生、张苍、缪和等弟子也知道事情紧急，都不再多说什么，各自抱着书简，一齐郑重地向荀子施礼跪拜："老师，我们走了！"

浮邱伯等人起身轻步下楼。荀子送学生到楼梯口，依依不舍地挥手。已经看不见学生们了，荀子还在楼梯口站立。

学生们走后，陈嚣看看屋中摆着的许多竹简问荀子："老师！您写的这些文章怎么办？"

荀子心疼无奈，低头哀叹。

陈嚣忽然想起一计来："老师，把它们泥在墙上！"

荀子点头，二人说做就做。陈嚣把蜡烛点亮，手持铁锨和好泥巴，将荀子递过来的一卷卷竹简，往墙壁上泥贴。

第二天的早晨，一队武士快步穿过田野，直奔荀楼而来。阿仲正在地里锄草，一个武官模样的过来气势汹汹地问："老头儿，有一个叫荀况的你知道吗？"

阿仲说："啊，知道。"

武官又问："他家里藏了许多书籍是吗？"

阿仲警觉起来："啊，这，这个我不清楚。"

武官又问："荀况可住在前面村中？"

"啊，不，他，他在那边村子里。"阿仲机智地向另一个方向随便指了指。

武官抬头看看，有些怀疑："那边不是孙楼吗？荀况是住在荀楼的。"阿仲谎说荀子刚刚搬了家。武士们便向阿仲指的方向急急走去。阿仲扛起锄头慌忙回村。

浮邱伯背着荀子赠的书简正要回临淄老家走，年过七旬的阿仲望见他，忙迎上去，气喘吁吁地说："不好啦！官兵知道荀卿子藏有书籍，要来抓他。快，你快回去告诉他，让他躲一躲。"

浮邱伯闻讯，掉转身来急忙跑回荀楼去。陈嚣还在把荀子的书简往墙上泥。只听浮邱伯奔上楼来说："老师！不好啦！官兵知道老师藏着许多书籍，要来抓，老师快躲一躲吧！"

陈嚣急忙甩下手上的泥巴，催促荀子赶快下楼到村子里去躲一躲。

虽然已是预料中的事情，可荀子闻言，依然吃惊。他手捧书卷，悲愤交加，泪水滚滚流下，口中坚定说道："我不躲，我哪里也不去！"他催促浮邱伯快走，说他手中的《诗经》是无价之宝，一定要保存好。浮邱伯不放心老师，催荀子快走。荀子生气，大声呵斥："我叫你快走！"

一阵雷声轰然在窗外鸣响，振聋发聩，大雨就要到来。

陈嚣也催促浮邱伯快走，嘱咐他把《诗经》藏好了，说这里有我们。浮邱伯这才再次叮嘱老师保重，急步走下楼去。怀抱着《诗经》逃回山东老家去。后来浮邱伯成为《鲁诗》^①的传人。

搜查书籍的武士气势汹汹进入荀楼院中。他们一边走一边骂刚才那个老家伙欺骗他们，让他们走了冤枉路。

陈嚣在楼上看见，慌忙告诉荀子："老师，他们来啦！"

荀子心中默默念道："晴朗的天空突然密布乌云，遮蔽了太阳。震耳的雷鸣，一声声捶打着我的胸膛。平静的河水突然掀起波澜，冲天的巨浪冲毁了土地、禾苗与人们借以生存的食粮。天哪！这是为什么？为什么？"

官兵跑上荀楼，大声呵斥："荀况！快把你私藏的书籍交出来！"不等回答，他们就在屋子里胡乱翻腾起来。一个士兵见到卧榻后面堆有书简，立即喊叫："这里有书简！"另一士兵发现泥在墙上的书简，一下子扯下来："看，墙壁上也有！"

武官命令："都是禁物，统统拿走烧掉！"

官兵分别抱着一捆捆书简欲下楼走。荀子情急呼喊："你们不能把我的书籍拿走……"

---

① 《诗经》的一个派别。

陈嚣上前拦挡："这是老师一生的心血，你们不能拿走！"

武官一脚将陈嚣踹倒在地，喝道："按照始皇帝的命令，就该杀了你们！"说罢带士兵扬长而去。

荀子望着走下楼去的官兵，口中骂道："强盗！强盗……"急步追赶。陈嚣忙搀扶荀子匆匆下楼。

院中大雨瓢泼，雷声山响，官兵们已不见踪影。

白发苍苍骨瘦嶙峋年近百岁的荀子在院中跌跌撞撞，不顾大雨倾盆，面对苍天悲怆呐喊："天哪！苍天！为什么人间的道路，漫长而又遥远？为什么天地的变化，有序而又无际无边？为什么我毕生期盼天下一统，而一统之后，却与我的期盼相反？

"书，乃是人间至宝呀，怎么能不要书呢？老师，乃是礼义教化的先导呀，怎么能不要老师呢？人之性恶！人之性恶！这一统的天下，应该是遵礼义，兴道德，明法度，引导人改恶从善。可为什么反而更加恶劣呢？

"始皇帝呀！作为至高无上的君王，绝不能乱施权威。依靠暴察之威治理天下，是不会长久的呀！

"李斯呀！你身为一国丞相，为什么处在当权者的地位，不做当权者的事情，任此灭绝祖宗的劣迹横行？难道这种灭绝祖宗的事情是你之所为吗？你不是我的弟子，你这个缺少道德的小人做了丞相，一统的天下迟早要毁在你的手中！"

一声电闪雷鸣，咔嚓嚓响彻天空，像要把荀楼崩塌。

荀子转而思之："啊！李斯是我的学生，莫非是我将学生教导错了吗？是我多年研讨的治国之策错了吗？难道我也应当承担罪过吗？……不！焚烧诗书，灭绝祖宗，这不是我的心愿，这不是我的心愿呀！"

暴雨疯狂，如倾如注。年纪高迈的荀子在雷雨中昏沉沉欲倒，陈嚣急忙紧紧地将荀子搀扶，师徒二人在大雨中相拥而泣。

在李斯的丞相府邸里，欢乐的音乐如同雷动，宾客们熙熙攘攘，门庭若市，拥挤着来为李斯拜寿。

舍人在热闹声中提高嗓门呼喊："姚大人到！——"

　　姚贾快步走进厅堂，向李斯施礼："喜逢李相国寿诞之日，姚贾没什么奉献，仅献上黄金五千两，请丞相笑纳！"随即吩咐舍人把礼盒抬进去。

　　李斯府的舍人又一次呼喊："赵公公到！——"

　　赵高大模大样来到厅堂，李斯忙拱手迎接："啊，赵公公！怎敢劳动您的大驾光临呀？"

　　赵高说："始皇帝有旨，让我将礼物亲送相府，为李丞相拜寿，我敢不来吗？"

　　李斯谦卑地说："哎呀！始皇帝的礼物，李斯怎敢收呢？……"

　　赵高吩咐身后太监："把始皇帝的礼物抬进去！"

　　太监把始皇帝送的金樽抬进府去。宾客们看见，纷纷惊诧："呀！李丞相！您的鸿福齐天呀！"李斯甚为得意地说："啊……李斯乃托陛下洪福，托陛下洪福。哈哈……"

　　荀子数日来吃不下饭，又加之被暴雨侵凌，少气无力地躺在卧榻上。陈嚣双手端了碗水来，说："老师！喝口水吧！"

　　荀子摇头。

　　陈嚣心中焦急："老师！您不吃饭也不喝水，这怎么能行呢？"

　　荀子口中念念不停："李斯……他，他不能做丞相……他，他如今焚烧诗书，以后会毁掉一统的国家……"

　　"老师！不要再想这些了，喝口水吧！您这么大年纪了，那些事情您又管不了，何必自己摧残自己呢？"陈嚣焦急地安慰荀子，"李斯师兄年纪也大了，地位也高了，他会检点自己的。"

　　荀子摇头："不，不！我和那些君王和当权的人交往数十年，他们让我知道，人不会因为地位高了，年纪大了，就自动改变恶的本性。一个人赤条条地来到世上，究竟应该做什么？有的人活到老才明白，有的人活到老也不明白。"

　　荀子要起来，陈嚣把荀子从卧榻上扶起，站稳身子，荀子一字一句地说："数十年来，我到处宣讲人之性恶。我的话，有很多人不赞同。首先是那些当权的人不赞同。因为他们总是把自己打扮成道德的榜样，做人的楷模。而我却把他们的画皮剥光了，露出赤裸裸的与常人一样的原形。把人性中最肮脏、最黑暗的部分，全都摆在了光天化日之下。所以，我就到处碰壁，被那些当权的人反对、诋毁。可是，天下若想太平，无论什么人，首先要做的，就是在漫长的人生路途上，改恶从善。"

陈嚣听着不住地点头。

"可是人真正要做到改恶从善，不容易，不容易呀！那需要在任何情形之下都遵礼义，守道德，明法度。需要一辈子修养身心，一辈子谨言慎行。"荀子继续对陈嚣认真地说，"陈嚣！老师老了，可我不糊涂。世间万物，只有各得其所、和谐相处才可以生生不息、繁荣昌盛。人间要和谐，要繁荣，就首先需要改变恶的本性。我说过，无论任何人，哪怕是普通百姓，只要努力完善品德，都可以成为圣人。我希望天下所有的人都成为圣人。可叹的是，人世间真正终生为之努力的人太少太少，太少太少呀！"

说到这里，荀子情感激动，颤颤巍巍地走到窗口，仰视长天，用尽全身的力气大声疾呼："世人呀！不要相信有什么天生的善良吧！人之所以有善良，那是法度约束和老师教诲的结果。为什么要龟缩在虚伪的人性善之中呢？为什么不敢于承认人之性恶呢？普通的人不约束恶的本性，将使得他周围的人遭受伤害。当权的人不约束恶的本性，将使得他所管辖的地域和国家贤良悲伤，百姓遭殃。

"世人呀！勇敢地承认本性之恶吧！改恶从善，损有余，益不足，达到仁爱，敬慕文明，这是天道，是人间正道。当国法可以约束君王和百姓，当天下所有的人都能够尊敬师长、严格自律的时候，人世间才会和谐、太平！"

李斯府中杯盘交错，醉语声高，赞美之辞应有尽有。歌舞欢宴，灯红酒绿，直到深夜依然不息。

祝寿的宾客尽兴欢乐之后走了，大厅中只剩下李斯一人，他望着堆积如山的礼品，抚摸着始皇帝送的金樽，一种心满意足的成就感涌上心头。他回忆起当年离开兰陵时荀子对他说过的话语。荀子说："你跟随我多年，你的长处和短处，老师都看在眼里。你日后去到秦国，倘有所成，要记住两点：一者，不要忘记兰陵有你的亲人；二者，假如有一天你的抱负实现，且不要忘记我讲过的鲁国季文子的故事，要严以律己，克勤克俭，切记不可奢侈招摇。物禁太盛呀，盛极必衰。富贵如过眼云烟，只有名声和事业才是永存的。"

李斯感慨而又自得，他自言自语地说："李斯我不过是上蔡的一个普通百姓而已。始皇帝不知我才智平庸，竟然擢封至丞相高位。啊！如今，朝臣中无一人在我之上，可算得富贵至极了！"

连续几日为寿诞忙碌，天天醉意蒙眬，把个李斯累坏了。事情完毕，他躺在卧榻上舒舒服服一觉睡到大天明，醉意依然未醒。

忽听得侍者禀报，说他的老师下世了。李斯闻言大吃一惊，不由得失声痛哭。一代大儒荀子离世，享年九十八岁。巨星陨落，似山崩，似海啸，泣之于天，呼之于地，追思教诲，痛不欲生。

李斯在他的丞相府邸设下灵堂，堂中的几案上供放着荀子的灵牌，上写"先师荀公况之灵位"。两旁烛光明亮，灵位下摆满了牛、羊、猪头和酒具。

李斯与儿子李由身穿重孝，长跪守灵。

始皇帝来到灵堂前，李斯慌忙起身迎接。始皇帝向荀子的灵位恭敬拜谒。

姚贾、赵高等秦国大臣也随之跪地叩拜。

兰陵的郊野，老牛拉着荀子的灵车缓缓地走在田野上。

陈嚣身穿重孝，走在灵车的前面，一路哭泣。毛亨、张苍、浮邱伯、伏生、缪和等弟子，跟在荀子灵车后面，阿仲、阿季、贩马人等兰陵男女百姓排成了一眼望不到头的送葬队伍。

荀子的品德可敬可佩，荀子的著述精湛雄奇。荀子的学说，高瞻远瞩，既切合实际，有功于时政，又开启人类认知世界的视野，启迪后世。他将孔子的儒学引入现实，为秦始皇统一天下做好了理论准备。秦始皇以荀子的学生韩非、李斯的主张，缔造了一个崭新的封建大一统帝国。

荀子对保存儒家经典有功。他的学生毛亨，在秦始皇焚书坑儒时，秘密保存荀子传给他的《诗经》，后来成为传授诗经的大师，人称大毛公。我们今天见到的《诗经》，就是毛亨传授的《毛诗》。

荀子的学生伏生，曾任秦国博士。一说伏生在秦始皇焚书的时候将《尚书》藏在夹壁墙里，到汉王朝建立之后，教授《尚书》于齐鲁之间。一说他并没有《尚书》的文本，只凭记忆口授。汉文帝时在全国寻找能够读《尚书》的人，寻访到伏生。此时伏生已经九十余岁，不能应诏进京，于是汉文帝派遣太常掌故晁错去学习。伏生说话声音太小，听不清楚，由女儿传话，晁错记录。这就是现今的《尚书》文本。

荀子的学生张苍，珍藏荀子传授的《春秋左氏传》，他在秦朝时为御史，西汉任丞相十余年，曾经校正《九章算术》，制定历法，是我国历史上主张废除肉刑的一位古代科学家。

荀子的学生浮邱伯，人称包邱子，是汉代著名儒士，在长安教授学生，影响颇广。他把荀子传授的《诗经》传给弟子申培公，成为"鲁诗学"的创始人。

一位老师，教授出如此众多的对中华历史文化做出突出贡献的弟子，仅此一项就令人可钦可敬。

兰陵人把荀子埋葬在兰陵城东南二里的山丘上。这里视野宽阔，一眼望去，兰陵大地尽在脚下。西望黄河，东观大海，头枕文峰山，足踏大平原，墓丘既高且大，直径七十米，芳草萋萋，绿树成荫。墓前立下石碑，上写"楚兰陵令荀卿之墓"。弟子陈嚣把荀子喜爱的兰花栽到陵墓上，让她繁衍生息，春来秋去，永放馨香。

荀子在中华民族的史册上是一位独领风骚的圣人。荀子对人生对社会的独到思考，像涓涓流水，世世代代滋润着中华沃土。他那明于天人之分的第一声呐喊；他那人性本恶、应当终生学习以完善人格的强烈呼唤；他那勇于担当、追求真知、锲而不舍、百折不回的精神，已经永远地注入到了中华民族的灵魂中。

第九章

荀子后传

荀子在哲学、政治、经济、军事、教育、文化等方面所做出的历史贡献，给中华民族留下了难以用数字计算的巨大财富。

我在《品说荀子》一书中把荀子的历史贡献概括为八项：荀子是中国系统确立朴素唯物主义天道观的第一人，荀子是创建中国辩证唯物主义认识论的第一人，荀子是创建世界社会学的第一人，荀子是代表先秦经济思想成就的第一人，荀子是为中国统一的封建帝国奠定理论基础的第一人，荀子是把儒家思想应用到军事理论的第一人，荀子是拯救儒学并使儒学产生质的飞跃的第一人，荀子是开创议论体散文、赋体、说唱体文学样式的第一人。

因此，荀子作为中国古代杰出的思想家、教育家，是当之无愧的。但是，荀子身后两千多年所遭遇的波折，比其生前更曲折。人常说盖棺定论，荀子至今却还没有一个定论。

一、圣人荀子

先秦时代，荀子在世，在汇集天下著名学者的齐国稷下学宫，荀子被称"最为老师"，可以理解为与孔子并肩的圣人。

荀子去世之后，对荀子的评价依然很高。"为说者曰：'孙卿不及孔子。'是不然。……今之学者，得孙卿之遗言余教，足以为天下法式表仪。所存者神，所过者化。观其善行，孔子弗过。世不详察，云非圣人，奈何！天下不治，孙卿不遇时也。德若尧禹，世少知之；方术不用，为人所疑；其知至明，循道正行，足以为纪纲。呜呼！贤哉！宜为帝王。"① 评论者认为观察荀子的言行，即使孔子也不能超过。他的贤明可以做帝王，推崇荀子为当代的圣人。

秦国统一天下之后，荀子的学生李斯将荀子的学说在国家制度中付诸实践，荀子自然也要被摆在圣人的位置。

到汉代，汉武帝采用今文经学大师董仲舒的意见，罢黜百家，独尊儒术。董仲舒既推崇孔孟，也赞扬荀子。司马迁编写第一部中华历史的鸿篇巨著《史记》，将孟子和荀子并列，合写在一篇传记里，足以证明荀子在汉代的地位。

文学家、经学家刘向把流传在世间的荀子三百多篇著作，整理编选出三十二篇，起名叫《孙卿新书》。并且在他写的《孙卿新书叙录》里称赞荀子，"如人君能用孙卿，庶几乎王！"君王如果用了荀子的思想，就可以称王天下。荀子与孔子等同，都是圣人。

到唐代，虽然佛教盛行，儒学稍处边缘，但对荀子的评价仍然很高。唐代中叶的经学家杨倞，把汉代刘向编定的《孙卿新书》改名为《荀子》，在社会上刊印流传。他在书的前面写了一篇序，评价荀子是"真名士之士，王者之师"。能够做帝王老师的人，一定是很了不起的人。

与杨倞同时代的文学家、哲学家柳宗元、刘禹锡也都很敬佩荀子。在他们的文章里有许多观点都继承了荀子的思想。

唐代大儒韩愈曾经写过一篇文章《读荀》。谈他读《荀子》一书之后的感想。韩愈对荀子的评价也很高。但是，他在将荀子和孟子相比较

---

① 《荀子·尧问》。

的时候，认为荀子对孔子的儒家思想是"大醇而小疵"，不如孟子"醇乎醇"。这个评价本来不是贬义，说的是真实情况。孟子对孔子的儒家学说是全面继承，当然是"醇乎醇"。而荀子是在儒学的基础上，吸取百家之长，针对社会实践的需要对孔子的思想有扬有弃，站在维护孔子思想的角度看，当然是"大醇而小疵"。可是韩愈的这句话，到后来竟然成为荀子的罪名。这是后话，以后再说。

汉代和唐代为什么如此推崇荀子？

原因有二。一是汉代的政治需要。汉代继承秦国的制度。支撑这种制度的思想基础，不是别的，是荀子的理论。荀子的思想不仅存在于荀子的书本里，还存在于汉代的政治制度中。司马迁总结汉代的礼乐制度，在《史记》中所写的《礼书》和《乐书》，几乎全部抄的是荀子的《礼论》和《乐论》。这说明，荀子的思想在汉代已经融入国家制度。

第二个原因，是荀子的弟子和再传弟子在汉代的社会生活当中具有很大的影响力。他们有的是掌权的官员，有的是著名的经学家。荀子的亲授弟子张苍，秦朝时为御史，到汉代，先后担任过汉王朝的代相、计相、主计。汉文帝时又任丞相。为汉王朝理政数十年，他也将荀子的治国理论付诸社会实践。荀子的学生浮邱伯，是汉代著名儒士，在长安教授学生，影响也很广。

国家的政治制度吸收了荀子的思想，当权者是荀子的学生，荀子的思想在汉代被推崇，便是很自然的事情。

总之，汉唐一千一百年间，对荀子的评价很高。但是也暗藏着贬责的危机。汉文帝在太学设立专职讲授《孟子》的博士，却没有设立专职讲授《荀子》的博士。这是为什么？其原因恐怕是另有隐情。

二、叛逆荀子

汉朝时佛教从印度传入中国，至唐代发展到鼎盛，高僧辈出，人才济济，信徒遍及全国。上至皇帝皇后，下至庶民百姓，到处都是佛教的信徒。佛寺、佛庙遍及都市山川和穷乡僻壤。外来的佛教与本土的道教相结合，威力更加强大。这时候的儒学，不仅退出了汉代时的独尊地位，甚至有灭绝的危险。

为了拯救儒学的危机，理学家们在吸收佛教、道教思想的基础上，突出孔子、孟子的思想，促成儒、释、道三教合一。从唐代中叶开始，连续到宋代，掀起了一场声势浩大的复兴儒学运动，这场运动让儒学重新走上了正统的地位。

这场复兴儒学的运动影响深远，从宋代一直延续到明代、清代。从中华国土影响到东亚、南亚诸国。

宋代的理学家程颐、苏轼、朱熹等人认为，荀子是儒学的异端，不仅把《荀子》这本书排除在外，还把荀子的思想当作批判的对象。他们从韩愈评价荀子的"大醇而小疵"开始说起，为荀子罗列下许多罪名，口诛笔伐，气氛浓烈，一直到了"今世遂不复知有荀氏"的地步。[①]

他们认为，荀子"悖于圣人"[②]，"喜为异说"[③]，"只一句性恶，大本已失"[④]。还把李斯建议秦始皇焚书坑儒的罪过，也归罪于荀子，要荀子负责。

宋代以后，荀子的思想被看成是歪理邪说。宋明理学统治了中国学术思想八百多年。在这八百多年当中，荀子一直背着一个背叛孔子的罪名。

唐太宗贞观四年（630），诏令各州县建立孔庙。后来，因为佛教兴起，孔庙也就少人过问。到了宋明时期，尊孔之风席卷全国，孔庙的烟火重新又旺盛起来。

曲阜是孔子的家乡，曲阜的孔庙规模最大，焰火最旺。最早的孔庙建立于公元前四七八年，也就是孔子死后的第二年，鲁哀公下令祭祀孔子，曲阜人就把孔子住过的三间旧房改作庙堂。到了明代，皇帝为了尊孔，在孔庙旧址的旁边重新修建起一座全国最大的孔庙。

---

① 归有光《震川先生集》卷一。
② 《河南程氏遗书》卷十二。
③ 苏轼《荀卿论》。
④ 《河南程氏遗书》卷十九。

在这座全国最大孔庙的大成殿里面，正中间塑着供人祭祀的孔子像。孔子塑像的两旁有四配和十二哲人的塑像。四配的塑像是复圣颜回，宗圣曾参，述圣孔伋，亚圣孟轲。十二哲人的塑像是子贡、子路、子张、子夏、子游、宰予、有若、仲弓、冉有、冉耕、闵子骞、朱熹。四配和十二哲，加在一起总共十六人，却唯独没有荀子。

唐代中期的学者杨倞说，在战国末期，"孔氏之道，几乎息矣，有志之士所为痛心疾首者也。故孟轲阐其前，荀卿振其后。"荀子是"真名世之士，王者之师"①。这是一个公允的评价。但是，对儒学的传承最有贡献的思想家荀子，竟然被排除在儒家的庙堂之外。

后世在孔子的头上加了许多崇高的光环，随着时间的延续，孔子头上的光环 环比 一环高。汉平帝刘衎追封孔子为"褒成宣尼公"；北魏孝文帝尊孔子为"文圣尼父"；唐太宗李世民尊孔子为"先圣"；唐玄宗李隆基封孔子为"文宣王"；明朝嘉靖九年（1530），世宗朱厚熜尊孔子为"至圣先师"；清顺治二年（1645），世祖福临加尊孔子为"大成至圣文宣先师"。

荀子呢？这位继承并且发展儒学的一代巨人，他的头上，不仅没有光环，还被打入另册，身上背的是"叛逆"的罪名。

儒学在唐朝以前，主要推崇的是五经，包括《尚书》《礼记》《诗经》《易经》《春秋》。到宋代，理学家们推崇四书，包括《论语》《孟子》《大学》《中庸》。理学家们让学生们读四书五经，不给读《荀子》。用这样的方法，让人们远离荀子，不知道在中国的历史上还有荀子这个人。

明朝诗人李晔曾到兰陵拜谒荀子墓，他看到的是一座荒凉的古冢。目睹此情，不禁顿生感慨和惆怅，遂赋诗一首："古冢萧萧鞠狐兔，路人指点荀卿墓。当时文采凌星虹，此日荒凉卧烟雾。卧烟雾，秋黄昏，苍苍荆棘如云屯。野花发尽无人到，惟有蛛丝罗墓门。"

如果把荀子墓的苍凉和孔子庙的繁华做比较，两位影响中国数千年的圣人，所受到的待遇真乃天壤之别，不能不让人感慨非常！

---

① 《荀子》序。

三、罪人荀子

到了清代，修撰《四库全书》的学者们继承汉代儒家的学风，认真阅读经文，考证历史，对荀子进行了重新评价。

他们认为，宋代和明代的理学家们没有读明白荀子的书就枉加评论，是不对的。比如，在清朝的《四库全书总目儒家类》中，评价《荀子》这本书的时候，清代的学者就指出，荀子讲的"人之性恶，其善者伪也"这句话的"伪"字，不能当作真伪的伪来讲，而是人为的意思。荀子说的人的本性，是不可学、不可事的先天的本性。凡不是人天生的，在后天学习来的性情，都叫作"伪"，也就是人为。宋代和明代的理学家们，抓住荀子的这个"伪"字，大做文章，进行攻击，是不对的。

他们说，"平心而论，卿之学原出孔门，在诸子之中最为近正。"① 这个评价应该说是比较公正的。

至此，历史上对荀子的不公平评价是不是就有了一个正确的结论呢？

不然，《四库全书》的学者对荀子的评价还不算是结论。

到清代末年，以康有为、梁启超、谭嗣同为主将的维新派，对荀子的评价不但没有沿着《四库全书》学者的公正评价继续下去，反而又把荀子作为口诛笔伐的主要目标。

谭嗣同在他的《仁学》中这样评价荀子："二千年来之学，荀学也，皆乡愿也。"

乡愿是什么？乡愿是言行不符，伪善欺世的伪君子。孔子把乡愿叫作"德之贼也"②。

为什么康有为、梁启超、谭嗣同为主将的维新派，要把荀子作为批

① 《四库全书总目儒家类·荀子》。
② 《论语·阳货》。

判的主要目标呢？

十九世纪末，民族危机严重，变法图存成为时代的迫切要求。维新派想学习日本，反对封建制度，推行民主制度。但是，他们以光绪皇帝为后台来倡导反对封建专制。封建制度本是维护皇权的，背靠着皇帝反对封建，改良政治，这种改良能行得通吗？

所以，他们不敢公开同封建正统思想对立，彻底反封建，想出来一个办法，叫作"托古改制"。他们把孔子打扮成主张变革的先师，目的是借孔子的权威减少变法的阻力。

改良政治，反对封建，拿谁来做批判对象呢？他们就拿一向不被官方尊崇的荀子做靶子，用批判荀子来批判封建君主专制制度和封建专制思想。这样，在维新派的眼中荀子就成为阻碍中华民族发展的最可恨的罪人。

谭嗣同把批判的矛头集中在"三纲五常"上面大做文章。

所谓的"三纲五常"，"三纲"是君为臣纲，父为子纲，夫为妻纲。"五常"是仁、义、礼、智、信。

他们说，孔子讲的"太平世"，就是大同民主的世界。荀子篡改了孔子的思想，主张尊君统。孔子和孟子的学说到战国以后被荀子断绝了。由于战国末期荀学的产生，才有了两千年的封建专制制度，才有了维护封建专制的宋明理学。理学倡导的"三纲五常"最束缚中国人的思想，窒息人的灵魂，使中华民族的精神受到禁锢，长久不能解脱，使民生遭受到极大的苦难。这个苦难的源头就是荀子。

维新派反对封建束缚，宣传民主思想，应该说是正确的、积极的。但是，他们把以宋儒为代表的儒学弊端和两千年的封建纲常制度全部算在荀子的头上，就很不公平。

"三纲"和"五常"是荀子提出来的吗？不是。是由汉代大儒董仲舒提出来的，但董仲舒并没有把这两个概念联系在一起。从南宋的思想家朱熹开始，将董仲舒提出来的"三纲"和"五常"两个概念联在一起应用，把它作为人的行为纲领。在荀子的著作中是找不到这个词语的。

宋代的理学家程颐、苏轼、朱熹等人一向把荀子的学说视为儒学的异端，极力排斥和贬低荀子。清代维新派主将谭嗣同却把被宋明理学家排斥和批判的荀子拿出来当作宋明理学的根子来批判，岂不是天大的冤枉吗？

这绝不是一个误会，而是维新派领袖们的政治需要，行为策略。

四、评价分歧的原因

为什么在荀子死后的两千多年，对荀子有这样不同的评价呢？原因很复杂，也很简单。

首先是因为儒学传统中的保守缺陷。

从孔子创办儒学开始，主张"述而不作"。老师只学习、传授、解释儒家经典，自己不创造新观点，不写新文章。孔子把六经当作经典，孔子、孟子的学生把孔子、孟子的话当作经典，一代一代往下传。

并不是说儒学的经典不好，而是说，这样传授儒学的方法带来一个很大的弊端。只按照经典宣讲，不能够创新，不允许创新，长久下去，就把儒学引进一条死胡同。在荀子之前，儒学几乎灭亡的命运就是证明。

荀子开辟道路，把儒学引出了这条死胡同，让儒学走到社会实践中去，儒学才有了新生。可是，后来保守思想再度占领了儒学的统治地位，他们捍卫儒学照本宣科的保守传统，把曾经挽救儒学生命的荀子当作异端。

反对荀子的学者给荀子的最大罪名是"悖于圣人"。就是说，荀子的思想是自己的独创，和孔子、孟子不一样。孔子孟子，是他们判断荀子是非的最高标准。

孔子生活在春秋时代。周王朝的时候"礼乐征伐自天子出"，以后诸侯国的力量逐渐强大，"礼乐征伐从天子出"的规矩被破坏，变成了礼乐征伐从诸侯出，与周王朝分庭抗礼，天下大乱。孔子感到社会很不安定，创立儒学，周游列国，到处宣讲应当恢复周王朝的礼乐制度，以维护安定的社会秩序。可是，诸侯出于自身的利益，对孔子的话不愿意听从。孔子死后，他创建的儒学因为不合时宜，也就渐渐地衰落。弟子们把孔子的话记录下来，称之为《论语》。

一百多年之后，孟子继承孔子的事业，继续弘扬儒学。这个时候已经进入战国时期。在华夏大地上出现了百家争鸣的气象。倡导为我主义的杨朱学派，与倡导平等博爱的墨子学派，他们的主张比较接近现实，所以很受人欢迎。孟子站在儒家的立场上，对杨朱学派和墨子学派进行激烈的抨击。孟子强调孔子学说中的"仁"字。他周游列国，游说他的仁政学说。但诸侯认为孟子讲的主张距离现实太远，无人采纳。孟子去世之后，弟子们把他的话记录下来称之为《孟子》。

孟子的地位在宋代以前并不高。自从韩愈将孟子列为先秦儒家中唯一继承孔子"道统"的人物，出现了一个孟子的"升格运动"，孟子的地位才逐渐提升。南宋的朱熹把《孟子》一书与《论语》《大学》《中庸》合称为"四书"，在社会上推广。到元朝，孟子被加封为"亚圣公"，以后就称为"亚圣"，地位仅次于孔子。把孟子的思想与孔子的思想合称为"孔孟之道"。

荀子所处的时代和他们两个人不同，是战国末期，七雄并立。七国经过变法，成为封建专制主义的中央集权制国家。他们用郡县制度代替了按照亲疏远近分封权力的宗法制度。用以军功大小定爵位和等级的官僚制度，代替了儿子继承老子的世袭制度。孔子所向往的西周时代的制度，一去不复返，社会的总倾向是走向天下一统。

所谓的荀子"喜为异说"，是荀子根据时代的变化和要求，在孔子思想的基础上，做出的理论创新，为建立中华大一统的国家，创造性地制定出可以用于实践的"礼法并举""王霸并用"等一整套理论体系。

荀子所创建的荀学，是发展了的儒学，是与时俱进的儒学，是儒学生存所必需，是历史的必然。简单地用孔子和孟子的思想为标准去衡量荀子的思想，如同刻舟求剑，是极其错误的。

孔孟的儒学"述而不作"，反对独立思考，排斥独创性，这是儒学传统的弊端。荀子的被扼杀，正暴露出孔孟儒学的弱点。荀子是孔孟儒学保守性缺陷的牺牲品，最大的受害者。

第二，荀子在反对者的心中有难言的忌讳。

荀子有两个观点让君王和正人君子们都讨厌。一个是"明于天人之分"，一个是"人之性恶"。

古代的君王都标榜自己是天帝的儿子，他是代表天帝来治理百姓的，所谓"君权神授"，他们借此来蒙骗百姓，统治百姓。[①]

荀子写下《天论》，讲"明于天人之分""天行有常，不为尧存，不为桀亡"。呼唤人把天和人区分开来，人是人，天是天，不能混淆在一起。言外之意，什么天帝的儿子，什么"君权神授"，全是假话、骗人。

荀子的这个观点对于君王来说，是釜底抽薪，戳穿了他们的骗人把戏，直接威胁着他们的统治地位。对于这样一个学者，尽管学问很大，名声很高，历代的封建君王能喜欢吗？能抬举他吗？所以，无论荀子说的道理多么正确，无论荀子讲的治国办法多么可行，君王们只会在实际行为中运用他的办法，却不会推崇荀子这个人。

由此我们可以明白，为什么在汉代，朝廷内外正在热心推崇荀子学说的时候，汉文帝把孟子的书设立专职博士给学子传授；却不把荀子的书设立专职博士，传授学子，个中隐情是不言自明的。汉文帝害怕学子们读了荀子的书，中了荀子的毒，也和荀子一样，否定他"君权神授"的特殊地位。

而孔子和孟子是相信"君权神授"的。"子曰：唯天子受命于天，士受命于君。"[②] 孔子说只有天子是受命于天，士大夫们是受命于君王。这样的话，君王们看到了，听到了，能不高兴吗？能不抬举吗？

再一个，荀子的性恶论更让许多人讨厌。

君王既然认定自己是天帝的儿子，君王就是品德的楷模，天下的百姓们只能效法，谁也不能和他相比。

那些正人君子标榜自己是道德的传扬者，自然也高人一等。

---

① 《尚书·召诰》说："有夏服（受）天命。"这是君权神授最早的记载。周代的铜器"毛公鼎"铭文记载："丕显文武，皇天宏厌厥德，配我有周，膺受天命"，明确地宣传"君权神授"思想。

② 《礼记·表记》。

可是荀子说，人的本性是恶的，人出生下来都一样。无论是君王、君子、圣人、农夫，天下所有的人都一样，本性都是恶的。没有哪个人天生下来就品德善良，人的善良品德是长大以后经过学习才有的。而且"学不可以已"①，每一个人都必须终生学习，遵守法律，修养身心，不断改变恶的本性，才能完善地走完一生。

荀子人性恶的观点，太刺耳，太尖锐，太难让那些君王、君子接受了。

君王，还有那些正人君子，哪一个愿意承认自己的本性是恶的呢？君王和君子一看到荀子这个观点，都会把鼻子气歪了。

宋代理学家程颢就说，"荀子极偏驳，只一句性恶，大本已失。"②

有了的一句性恶，就失去了大本。程颢说的"大本"是什么？不就是孔孟之道吗？不就是孟子的人性善吗？

因为荀子提出人性恶的一个观点，就否定了他的一切，可见那些正人君子对荀子痛恨之强烈。

有人说，孟子是道德教化，荀子是道德批判，这话有道理。孟子讲人性善，谁都爱听。荀子讲人性恶，惹得人心烦。

一个"明于天人之分"，一个"人之性恶"，使得历代的君王和君子都要贬低荀子，排斥荀子。

可是，在老百姓看来，荀子讲的是真话。哪一个人从娘肚子里出来不是一样的？有什么高低之分？荀子这种人生之初的平等观，本来很明了，很正确，却成了荀子被责骂两千多年的一个内因。

第三，反对荀子者把荀子弟子韩非、李斯的账也算到荀子头上。

韩非和李斯虽然都是荀子的学生，但是他们两个人的思想归属都不是儒家，而属于法家。

韩非将他之前的法家思想，包括法、术、势三种理论综合起来，形成了一套为封建统治者服务的系统理论。他主张极端的独裁统治，严格

---

① 《荀子·劝学》。
② 《河南程氏遗书》卷十九。

禁止其他学派思想的存在。

韩非的统治术被历代封建统治者所接受，成为实行君主专制主义的理论基础。由于韩非的理论过于尖刻露骨，所以，历代封建统治者都表面上推崇孔孟之道，只在暗中使用韩非的独裁统治术。这就是所谓的"阳儒阴法"。

韩非之所以没有延续他老师荀子的儒家理论，而走向法家，是有其自身原因的。

韩非出身于韩国贵族。他在韩国的王宫里亲眼目睹和亲自经受了王公贵族之间尔虞我诈的各种伎俩，并且眼看着韩国在这种内斗之中，君权削弱，朝政混乱，使得韩国既贫穷又衰弱，屡屡遭受强国的欺凌。

在痛苦的经历当中，作为一个爱国者，韩非感到韩国要想强盛，就必须有一位有权威的君王。而要做一个有权威的让臣子俯首帖耳听命的君王，就必须有智慧、有手段、有能力。韩非用心研究君王的统治术，想给韩国君王提供解决这方面问题的办法。他终于在历代法家的学问当中找到了，这种手段和能力就是法治。韩非将历代法家的理论综合起来，要君王将法、术、势三种手段并用。

韩非认为，"上古竟于道德，中世逐于智谋，当今争于气力。"[1] 韩非说的"气力"，除了对外能够运用强大军事力量，对内具有大量的物质财富之外，重要的就是"法"的强制力，以及统治者的"权力"和"权术"。

韩非为了帮助韩国的君王树立权威，他无数次将他的研究成果当面呈献给韩国的君王，可是，韩王不愿意听从。

韩非是一个非常执着的人。他为了自己的国家能够强盛，不管韩王高兴不高兴，仍然坚持继续给韩王提建议，并且还把他的意见写成文章，连续不断地上书韩王。在韩非著的《韩非子》这本书里，许多篇就是韩非写给韩王的上书。

韩非是一个非常热爱自己的国家，又非常执着地倡导法治的人。他

---

[1] 《韩非子·五蠹》。

痛恨韩国朝廷中的腐朽庸俗之风。对那些不修明法治、不任用贤才、不奖励耕战、结党营私、买官卖官的行为，非常愤慨。所以，在他明白自己不能说服韩王的时候，他便写出了《孤愤》《五蠹》等文章。

韩非的这些文章，既是针对韩国的时弊，又是对历史经验教训的总结；既表现出了韩非自己心中的无穷愤懑，又涵盖了他思虑已久的治国理想；既具有丰富深厚的哲理，又具有绚丽多姿的文采。

韩非和荀子虽然是师徒关系，可是人生的经历不同，所处的地位不同，所选择的道路自然也就不同。

荀子想的是天下大一统；韩非想的是韩国强盛，不受欺凌。荀子想的是大一统之后的圣王应该如何治理国家；韩非想的是韩国的君王如何树立权威、采取措施治理好韩国，如何去应对那些整天玩弄伎俩的权臣、重臣。

韩非在急于强盛国家的思想指导下，选择了法家的治国理论，并且运用他的智慧，把在他以前所有的法家理论汇集起来，推向极致，成为一个法家思想的集大成者，成为两千多年来君王推行封建专制主义独裁统治的教师。

李斯也属于法家。他虽然杀了韩非，那是出于嫉妒。在治国思想上，他和韩非是一致的。李斯杀了韩非之后，仍然使用韩非的主张。韩非在他写的文章《和氏》里，赞扬商鞅倡导秦孝公张明法令，焚烧诗书。李斯实行焚书坑儒，实行的就是韩非的治国道路。所以，也不应该把李斯焚书坑儒的责任算在李斯的老师荀子的身上。

韩非既然是荀子的学生，在韩非的理论当中吸取了荀子的性恶论思想、唯物主义思想，这很正常。但是，荀子的理论和韩非的理论在本质上绝不能相提并论。

学生和老师分道扬镳，这是常有的事。正如亚里士多德是苏格拉底的学生，他与老师在重大问题上面有分歧。亚里士多德有一句名言："吾爱吾师，吾更爱真理。"师从敬仰的大师，分属不同学派，这是一种常态。把韩非和李斯的问题加在他们的老师荀子的身上，是不对的。

总之，荀子虽然是儒学大师，虽然对中国的历史文化有巨大的贡献，但因为其理论观点不合乎统治者的口味，千百年来一直遭受批判。在孔庙里面没有他的位置，他的著作也不让学生学习。所以，荀子在社会上的声誉和地位也就很难和孔子、孟子相比。

五、现代荀子

从清朝末年到五四运动，中国社会在文化上经历了一场大反思、大觉醒，对荀子的认识也有了一个大的转折，抛弃了历史对荀子的偏见和歧视。到新中国建立以后，尤其改革开放以后，出现了荀子学说的研究热潮，研究荀子的文章和专著层出不穷。对荀子做出了新的解读，对荀子的思想和历史地位给予重新评价，但是认识并不统一。

现代以来对荀子的认识比较突出的有以下几种观点。

1. 荀子是"后圣"——孔子之后的唯一圣人。

民主革命家、思想家章太炎说，"自仲尼而后，孰为后圣？曰：……惟荀卿足以称是。"① 在章太炎看来，自孔子之后，除了荀子，再也没有第二个人能够称得起圣人。

章太炎是同盟会和辛亥革命的重要领袖之一，国学大师。鲁迅是章太炎的学生，他说章太炎首先是一个革命者，其次才是一个大学问家。章太炎张扬国粹，却坚决而激烈地反抗权威和反抗一切束缚。他博大精深的学术功夫，不仅为他的学生所敬重，也为他同代同辈的人所敬佩，就是在政治、文化、学术观念上和他见解不同甚至截然对峙的人也不能不佩服。

章太炎最初曾经追随过维新派，后来因为思想不一致很快分道扬镳。章太炎坚决主张用革命的手段推翻清政府，建立民主共和制度的国家。他不赞成维新派的托古改制。维新派发起"排荀运动"，梁启超、谭嗣同等人将中国两千年封建专制的罪责完全归罪于"荀学"，这是对

① 章太炎《后圣》。

荀子的有意误读，让章太炎不能接受。章太炎为人正直，性情刚烈，他曾经为反抗清政府的统治被捕入狱，曾经在总统府门外大骂袁世凯。维新派的排荀运动，使得坚持真理和正义的章太炎忍无可忍，他运用深厚的国学功力，书写文章，首先写下《尊荀》，而后又写下《后圣》，以此来表明自己对荀子的观点。

他认为荀子和孔子的思想完全一致。他在《订孔》自注中说："荀卿学过孔子，尚称颂以为本师。"所以，他把孟子放在一边，把荀子作为孔子的唯一继承人看待，尊荀子为"后圣"，说荀子是唯一能够和孔子并肩称得起圣人的人。

2. 中国两千年政治学术皆出于荀子。

梁启超是近代著名的史学家和文学家。他早年追随老师康有为，极力推崇孔子、孟子，而贬低荀子。在戊戌变法的时候，他和谭嗣同等人同是"排荀运动"的主将。但是，到了晚年，梁启超对过去热情参与的"排荀运动"进行反思，对荀子的看法有了根本的改变。

一八九八年，在他和康有为、谭嗣同一起推动戊戌变法的时候，他写下一篇文章叫《论支那宗教改革》，文中说："自秦汉以后，政治学术，皆出于荀子。"认为秦汉以后的历代统治者所实行的都是荀子的思想，背叛了孔孟的教导。中国的衰败萎缩是由于"误六经之精意，失孔教之本旨"。因此，要想振兴中国，就必须进行思想革命，回归孔教真旨，推翻支配中国政治学术两千余年的荀子之学。

可是，到了一九二三年，他在清华大学任教的时候接受《清华周刊》记者的邀请，向青年学生推荐国学入门的《最低限度之必读书目》，他把《荀子》和《论语》《老子》《庄子》《诗经》等书目并列在一起，而且还写了指导青年如何阅读《荀子》的《读〈荀子〉法》。给青年指示研究荀子的门径。他说："读《孟子》之益处在发扬志气，读《荀子》之益处在锻炼心能。二者不可偏废。"举出《荀子》中重要的文章要青年精读，还说荀子"其学说之含有永久性者——即并非对于时代问题发言者，则无论何时皆可以咨其严刻之评骘也"。[①]

这说明晚年的梁启超已经不是一个排荀派，而是一个把荀子和孔子、孟子、老子同等看待的学者。

他过去所说的"自秦汉以后，政治学术，皆出于荀子"和谭嗣同在《仁学》中说的"二千年来之学，荀学也，皆乡愿也"，同有一个目的，为了批判的需要，他们有意把荀子推到铁鏊子上煎烤。

从秦汉到清朝的两千多年间，在政治体制上，所实行的并不尽是由荀子设计的封建中央集权下的政治制度；在学术上，所遵循的也并不尽是荀子开创的走入社会实践的儒学。梁启超的这句断语不符合两千年的真实状况，在总体上是不恰当的。

从秦汉到唐宋明清两千年间，封建统治者使用的是孔孟之道，是"人之初，性本善"，是"君权神授"。皇帝的圣旨上第一句话都是"奉天承运，皇帝诏曰"。因为在孔孟的学问里没有切实可行的具体的治国方略，那些御用学者们才盗用了一些荀子的"礼法治国""王霸并举"思想，封建统治者并没有真正实行荀子的治世的基本理论。

我们可以把荀子的治世理念概括为这样三个要点：第一，"性恶论"是荀子治世理论的哲学基础，君王与百姓都要不断改造恶的本性，人世间才会有善良，国家才会有仁政；第二，"立君为民"是荀子治世理论的根基，君王不为民，人民就可以将其推翻；第三，"隆礼重法"是荀子治世理论的施政方略，德主刑辅，缺一不可。此三者结成一体治理国家，就会使社会和谐，长治久安。

我们可以将荀子的治世理想简化为这样的模式：

性恶论＋立君为民＋隆礼重法──→（走向）社会和谐，长治久安。

两千年的封建专制社会推崇孔孟之道，实行的是"君权神授""阳儒阴法"。

我们可以将中国历代封建王朝的统治模式简化为：

性善论＋君权神授＋阳儒阴法──→（走向）朝代更迭，封建轮回。

---

① 梁启超《读〈荀子〉法》。

如今有学者写文章，论述荀子的思想与孔孟的理论是一样的，没有什么大的区别。是的，荀子与孔孟的思想有许多相同点，比如同样主张实行"仁政"，同样主张社会的理想是"大同"。正因如此，他们才同属儒家。但是，荀子的思想与孔孟有许多质的不同，孟子主张人性善，要人之一生守善。荀子主张人性恶，要人之一生"化性起伪"，改恶从善。目标同是一个"善"字，然而一个是"守"，一个是"化"；一个认为"善"是本性，一个认为"恶"是本性，岂能混为一谈？孔子主张的"礼"是恢复"周礼"，荀子主张的"礼"是创建礼义规范制度；一个是复旧，一个是创新，能一样吗？孔孟的理论如同挂在天上的月亮，看得见，够不着，不能实行，使得儒学陷入无人理睬的境地；而荀子的理论看得见，抓得住，可实行，为儒学开辟了一条指导社会实践的途径。

否定荀子与孔孟的区别，就是否定荀子对中国历史文化的伟大贡献，也是否定在封闭保守的儒学之外还有一个开放进取的儒学。

荀子的治世理论和孔孟是两种儒学，两种世界观，指导的是两种社会实践，形成的是两种治世模式。荀子与孔孟既有共同点，更有天壤之别。有句话叫差之毫厘谬之千里。荀子与孔孟同属儒学，但他们是两股道上跑的车，不能混之为一。

3. 荀子是诸子百家学说的集大成者，属于杂家。

一九一九年五四运动以后，不少历史文化学者用新的观点来研究与评价荀子。史学家、文学家郭沫若认为"荀子是先秦诸子的最后一位大师，他不仅集了儒家的大成，而且可以说集了百家的大成的，属'杂家'"。[①] 郭沫若的这个评价给了荀子一个新的定位。

不过这个定位并不准确，因为荀子的思想虽然综合了诸子百家的学问，但是荀子的思想并不是一个杂乱的拼盘，而是一个以性恶论为哲学基础的完整体系。

4. 荀子属于法家。

由于荀子的两个弟子李斯和韩非是著名的法家代表人物，因此不少

① 郭沫若《十批判书·荀子的批判》。

人把荀子归之为法家。南宋理学家朱熹早就说过："荀卿则全是申韩。"①把荀子归属于法家。

所谓"申"，就是战国时期法家重要代表人物、思想家申不害。申不害大约生活在公元前四二〇年到公元前三三七年，比荀子年长。以"术"著称，著有《申子》。韩国人。韩昭侯用他为丞相，主持韩国的改革，帮助韩昭侯推行"法"治、"术"治，使韩国君主专制得到加强，国内政局得到稳定，贵族特权受到限制，百姓生活渐趋富裕，十五年间便使韩国强盛起来。荀子批评申不害，同时也吸收了申不害的一些法家思想。

所谓"韩"，就是韩非。韩非是荀子的弟子。如果说荀子接受了申不害的一些思想，可以。如果荀子接受了韩非的思想，就不对了。

荀子以儒家学说为基点集诸子百家学说之大成，他在学说中吸收了法家的思想，却仍然属于儒家，不属于法家。"文革"中依然把荀子作为"法家理论的奠基人"推崇，说荀子"阐明了一条完整的法家政治路线"②，把荀子与儒家思想完全对立起来，这是对荀子思想的扭曲。

5. 荀子是后期儒家的代表。

新中国成立之后的六十多年，对荀子的研究空前繁荣，论述荀子的著作和文章层出不穷，力图用马克思主义的观点对荀子进行全面系统的评价。中国思想史学科的奠基人侯外庐说："荀子是后期儒家的伟大代表，他始终没有离开儒家的立场。"③荀子究竟是儒家，还是法家，还是杂家？众说不一。侯外庐在史学的权威著作上给予认定，荀子属于儒家。

6. 荀子建立了综合诸说并以"课名实相符"为特点的荀学。

郭志坤先生认为："荀子学于儒家而背儒，他综合百家之学，通过解诸子之蔽，取百家之长，建立了综合诸说并以'课名实相符'为特点

---

① 《朱子语录集略》卷之八。
② 长春第一汽车制造厂、吉林铁路局、吉林大学，《荀子》注释组《荀子选注》，1974 年吉林人民出版社出版。
③ 侯外庐主编《中国思想通史》。

的荀学。荀子的思想'足以为天下法式表仪'对后世产生巨大的影响。'观其善行，孔子弗过'，'德若尧禹'，可是'世少知之'。"① 荀子不同于其他儒家，是独立于儒学之外的"荀学"。② 郭志坤先生的这一看法，既标明荀子在思想理论上的独立性，也标明了荀子人格的独立性。

7. 荀子是封建地主阶级思想家。

有一些评论荀子的文章称荀子为地主阶级思想家。因为荀子给封建地主阶级建立政权设计了一整套体制，并且强调要按照贵贱、长幼、贫富把人分出等级，讲"尊君"。

荀子研究的对象是人类社会，要解决的问题是如何实现社会的和谐，不是专为封建统治阶级服务的。正如梁启超所说："其学说之含有永久性者——即并非对于时代问题发言者，则无论何时皆可以咨其严刻之评骘也。"③ 梁启超把荀子的学说分为两部分，一部分是"对于时代问题发言者"，一部分是"含有永久性者"。从荀子思想的整体观察，将人分出封建等级，还有那些为建立等级制度而设计的衣服、车马、俸禄、礼仪等等，都是根据当时社会的生产生活水平提出的一些具体意见，都属于"对于时代问题发言者"。让封建专制永恒于世，不是荀子的社会理想。荀子的社会理想是"大同"，是社会公平。当前的不公平，是走向社会公平必须经历的"维齐非齐"之路。因为荀子设计了封建专制制度，便给荀子加上"封建地主阶级思想家"的帽子，就委屈了荀子。

8. 荀子是世界社会学老祖。

英国社会人类学大师拉德克利夫·布朗把荀子称之为世界社会学的老祖。④

荀子从人的初始状态研究社会，揭示出"人之性恶"的缺陷，倡导"化性起伪"，用礼义和法制来约束人性，引导人性走向文明和崇高。

荀子又从人的初始状态分析，发现了社会组成的奥秘。提出"名分

---

① 《尧问》。
② 郭志坤《荀学论稿》。
③ 梁启超《读〈荀子〉法》。
④ 费孝通《对文化的历史性和社会性的思考》。

使群"，认为社会分出男女、老少、强弱、聪明和愚笨、健康和残疾的差异，分出贫富贵贱、士农工商、君子小人的差异，是人类组成社会的基本规律。"分均则不偏，势齐则不壹，众齐则不使。有天有地而上下有差。"① 依据人的社会分工、能力和贡献分出区别，这不是不平等，而是"斩而齐，枉而顺，不同而一。夫是之谓人伦"。②

荀子在世界文化史上第一个揭开了人类组成社会的奥秘，英国社会人类学大师拉德克利夫·布朗把荀子称之为世界社会学的老祖是十分正确的。

9. 荀子是唯物主义与争取社会进步传统的代表。

山东学者刘蔚华与苗润田合写了一部《稷下学史》。书中对稷下学宫的杰出学者，如淳于髡、孟子、宋鈃等的生平和学术思想分别做出了评价。荀子曾经在稷下学宫三次担任祭酒。他们用比评说孟子更大的篇幅来评述荀子的生平和学术思想。得出结论是，"荀子是先秦最博学的哲人"，是"先秦百科全书式的思想家"。孔子死后，儒学分成八个派别，最有影响的是思孟学派和荀子学派，因而也就形成了儒学发展史上的两个不同的传统。孟子是唯心主义与保守主义、改良主义传统的代表；荀子是唯物主义与争取社会进步传统的代表。但是荀子开创的传统在儒学发展史上始终没有取得正宗地位，被视如异端，这是儒学的不幸。

10. 荀子是与亚里士多德同等的文化巨人。

著名哲学家冯友兰在他主编的《中国哲学简史》里，认定荀子是儒家的现实主义派。在他主编的《中国哲学史新编》里又认为，荀子的主要贡献是建立了一个比较完整的唯物主义哲学体系，其中包括自然、社会、认识论和逻辑学各方面的唯物主义的理论。说荀子是先秦最伟大的唯物主义哲学家。

他还把荀子与世界上的思想家做比较，说："荀子在中国历史之地位如亚里士多德之在西洋历史，其气象之笃实似之。"亚里士多德出生

① 《荀子·王制》。
② 《荀子·荣辱》。

于公元前三八四年，死于公元前三二二年。他是古希腊人，是世界古代史上最伟大的哲学家、科学家和教育家之一。亚里士多德和荀子生活的时代大致相同。一个在西方，一个在东方。亚里士多德一生勤奋治学，推崇教育。从事学术研究，涉及到政治学、经济学、教育学、美学、物理学、心理学、逻辑学等方面，写下了大量著作。他的著作是古代的百科全书，对人类产生了深远的影响。荀子和亚里士多德的确很相似。所以，冯友兰把他们看作是同等的文化巨人。但是，荀子并没有获得与亚里士多德一样的历史地位。

11. 荀子是中国走向现代民主政治的民族文化之源。

中国的经济体制改革取得了全世界公认的伟大成就。改革还要深入发展，进行政治体制改革，政治体制改革的方向是民主政治。

青年学者储昭华山版了一本专著:《明分之道——从荀子看儒家与民主政道融合的可能性》。他认为，从孔孟之道里面，很难找到与现代民主政道的融合点，唯有从荀子的学说里，才可以找到与现代民主政道相互融通的路径。

为什么偏偏是"大本已失""喜为异说"的叛逆荀子，能够和现代民主政道相通呢?

有学者从几千年来人类社会制度的发展来分析，说信奉性善论的国度，其制度安排往往是逐渐走向性善的反面;而信奉性恶论的国度、民族、地区，不能说它避免专制，但走向民主、走向宪制、走向法治的概率要大。

在中国古代春秋战国璀璨如星的思想群落当中，最接近同时代古希腊、古罗马思想的中国政治思想家，不是别人，恰恰是荀子。荀子在当时敢于正面批驳孔子，尤其是对孟子的性善论，直截了当地指出其荒谬，这在当时是了不起的一个思想史事件。

荀子提出"人之性恶"，他解释人类文明的起源是"化性起伪"。就是说，人类的文明是一个人工努力的过程。这个解释在春秋战国思想家当中可以说是独辟蹊径。

如果中国按照这个思想发展下去的话，自然而然就会推导出英国哲学家霍布斯在他的著述《利维坦》中所说的"权力要对权力牵制"。正是因为掌握权力的人都是有性恶成分，才会推导出制度性的安排，而不是道德性的说教。

他认为，在荀子的思想成果当中，可以找到在二十一世纪的中国怎么落实法治，怎么走向民主政治的思想之源。

还有学者说，西方的观念基本上认为人性是恶的，所以用法治比较合理。荀子的观点就为我们当今实行以法治国，提供了一个理论根据。荀子所讲的恶，是说最后的结果不好，并不是说人一出生下来尽想干坏事。说人性恶，是说人的本性必须有制约。所谓没有制约的任何权力都会腐败，这正是荀子的思想。

以上这些观点综合起来就是，荀子的性恶论为我们建设法治国家，走向政治民主，提供了可能的解决方案，成为我们建设法治国家的中国民族文化的思想源泉。

12. 台湾地区对荀子的研究。

数十年来台湾地区对荀子的研究持续不断。

台湾东吴大学社会学系的蔡锦昌先生认为，台湾地区荀学之特色，除基本上延续民初新文化运动以来荀子被认为是旧传统中比较接近西方现代科学典范的重要思想家以外，研究荀子的另一种新意涵就是补孟子的内圣学之不足，亦即港台新儒家所谓"开出外王之学"。他把台湾地区的荀子研究分作以牟宗三为代表的"道学派"和以陈大齐为代表的"文学派"。"道学派"基本上延续了宋明理学的观念，对荀子贬多褒少；"文学派"则基本上延续了五四新文化运动的精神，对荀子贬少褒多。两派皆同意荀子思想偏重于礼义，可补孟学之不足。但是"道学派"认为荀子是负面补足，或者说是无本源的、技术上的补足；而"文学派"则认为荀子是正面补足，或者说是本源的、性质上的补足。他们争论的焦点集中在荀子的性恶论上。说荀子讲的性恶，是指本质上的恶，那就是"道学派"；说荀子讲的性恶，是指不经师法之化才恶，那就是"文学派"。①

---

① 蔡锦昌《五十年来台湾地区的荀学研究》,《中国思想史通讯》2006 年第一辑。

台湾大学佐藤将之认为，二十世纪初期，中国学界开始以西方学术的各种方法和术语来研究中国思想。其中对后世影响最深者，应系胡适（1891—1962）与冯友兰（1895—1990）。胡适的《中国哲学大纲·上卷》是中国学者直接引进西方哲学来分析中国思想史的先驱。其以"儒家人文主义与传统"为切入点，试图在"天"的概念上从人格神转换到自然规律之过程中，找到《荀子》哲学的意义。胡适将《荀子》"天人关系"的学说与培根的"戡天主义"相比。与此同时，胡适也在"天人关系论"的架构中，掌握了荀子"人人要努力"的主张。因此，他认为：《荀子》哲学的核心意义，是其明确提出人类力量之于自然环境的优势这一点。①

曾经在东京帝国大学攻读哲学和心理学的陈大齐（1886—1983）认为，《荀子》哲学的最终目的，是要达成社会秩序：即"治"。陈大齐说，荀子学说"范围颇为广泛。其中心思想或其究竟目的，则在于阐发国家如何始可以平治，个人如何始可以善良，亦即在于讲求致治致善的途径，而在荀子看来，治乱与善恶几乎是同一意义"。②

六、基督教与荀子

基督教的原罪是西方的一种性恶论。基督教认为，亚当与夏娃在伊甸园中违逆了上帝的命令，偷吃禁果，上帝把他们从伊甸园里赶出来。从此他们就与上帝的生命源头隔绝，致使罪恶与魔鬼缠身，病痛与死亡是他们必然的结局。世人都是他们二人的子孙，一生下来身上就带有原罪，所以最终也必然走上灭亡的道路。

耶稣在十字架上为大家赎罪，使那些愿意悔改并且相信他的人一切的罪恶都会得到赦免，并且得到能胜过魔鬼与死亡的永恒生命。世人如

---

① 台湾大学佐藤将之《二十世纪荀子研究综述》，《中国·邯郸荀子研究的回顾与新探索国际学术研讨会论文集》3页。

② 陈大齐《荀子学说》，台北中央文物供应社，1954年，7页。

果想重新进入天堂，就必须信奉耶稣基督，向上帝祈求救赎。

所以，基督教告诉人们，人一生下来就是有罪的，人生的整个过程就是赎罪的过程，向上帝祈求救赎的过程。

荀子的性恶论和基督教的原罪论，都主张人有生以来就具有恶的本性，所以，人的一生应该终生努力，改恶从善，所以，二者很相似。

但是，如果仔细地分析一下，就会发现，它们是截然不同的两种性恶论，两种人生观。

首先，两种性恶论的来源不同。虽然两种理论都说"恶"是人一生下来就有的。但是，原罪论的罪恶，来源于前世，赋予人罪恶的是天神，是一种超越自然的力量。而荀子讲的恶，来源于自然，是一种动物的本能，不带有任何神秘的色彩。

第二，两种性恶论，改变恶的本性所采用的途径和方法不同。基督教采用的方法是，人要想摆脱原罪，就必须祈求上帝的恩典。因为人的邪恶本性使他不可能依靠自身的力量而向善，只有上帝的恩典，才能使人重新获得善良意志，最终得到拯救。

荀子讲的改变人恶的本性的方法，是接受老师的教导，遵守礼义和法度的约束，努力学习，自觉修身。人在改恶从善方面具有很大的自主性。

基督教是教育人依靠上帝赐善弃恶，得到拯救；荀子则是教育人依靠自己的努力改恶从善。

第三，原罪论与性恶论追求的最终目标不同。基督教向往的是来世，死后升入天堂，脱离人世，逃避现实。而荀子倡导的是，改变恶的本性，学习圣人，修身、齐家、治国、平天下，为社会做贡献。

两种理论，一个追求的最终目标是死后进入冥冥中的天堂；一个追求的目标是建功立业，创造现实的美好生活。一个消极出世，一个积极入世。

所以，荀子的性恶论和基督教的原罪论，虽然表面相似，但本质上是不同的。

基督教的原罪论，主张把人生的未来寄托于上帝，寄托于耶稣。

荀子的性恶论，主张不要把人生的希望寄托于天，也不寄托于地；不寄托于神，也不寄托于鬼；完全寄托于自身。

基督教产生于公元一世纪，荀子的性恶论产生于公元前三世纪，比基督教早三百年。我们现在找不到两种性恶论之间的联系，只能说这是人类在不同地域，不同民族，产生的两种不同文化。

如今，基督教的信徒有二十一点四亿，是全世界信徒最多的宗教。基督教和西方的性恶论者，在国家制度的建立、促进社会进步和安定等方面，都做出了重要的贡献。

而荀子的性恶论，两千多年来，一直遭受排斥和批判。

千百年来批评荀子背叛了儒家，用现代的眼光看，这个背叛非常有价值。假如荀了的性恶论不受到那些儒学卫道士的批判，遭到扼杀，中国可能更早地脱离儒家性善论的思想轨道，也许会更早地进入法治社会。

从荀子的性恶论里我们可以引申出导致社会走向民主和法治的思想。

第一，从荀子的性恶论可以引申出平等思想。人生下来都是平等的。无论是圣人、君子、小人，当然也包括君主，初生下来本人人都需要经过"化性起伪"，努力学习，改变恶的本性，限制和约束自己无穷无尽的欲望，才会成为一个对社会有用的人。没有一个人可以逃脱这个改恶从善的过程。而人人都有认识仁义法度的素质，只要努力提高品德修养，人人都可以成为像大禹那样的圣人。

第二，从荀子的性恶论可以引申出法制观念。荀子认为，要想克服人恶的本性所造成的社会问题，"必将待师法然后正，得礼义然后治。"①。也就是说，必须接受老师的教育和法律的制约，人的品行才能端正；只有得到礼义的引导，社会秩序才能安定。这样，建立法治，是制约人的个人欲望无限膨胀的需要，是达到社会安定和谐的需要。

有人建议，要提高反腐倡廉制度的执行力，就必须提高制度的质量和执行的刚性。制度的设计必须坚持"无赖原则"。应该有这样一个假

---

① 《荀子·性恶》。

设，就是每个人都是"无赖"，只有以硬性的制度制约，才能让其规规矩矩地服从公共利益。英格兰著名思想家休谟提出，制度设计要从"最坏"情形出发，不能对人的"觉悟"心存侥幸。

这种"无赖原则"其实就是荀子讲的性恶论思想。用人性恶的理论来设计法律和制度，用人性恶的观点去执行法律和制度，自然就会提高法律和制度执行的刚性。

第三，从荀子的性恶论可以引申出社会民主。荀子说，"天之生民，非为君也。天之立君，以为民也。"[①] 社会的治理需要君主，但是，因为君主的本性也是恶的，所以，君主的权力不能是无限的。在君主权力的上边还有一个最高原则，这个原则就是"道"。所谓"道"，就是"礼"，就是公平和正义。

为了社会的安定，需要树立君主的权威，所以荀子倡导"尊君"；为了社会的正义，限制君主恶的本性，所以荀子又倡导"从道不从君"。荀子这两个不同的倡导，并不矛盾。原因是"道"高于君，君主应该在"道"的原则指导下行事。臣子尊君也是有条件的，那就是君主的言行应当符合"道"。

从这个角度来看，在荀子的性恶论里深藏着非常深刻的民主意识和社会实践价值。

如今，我们要建设现代化的法治国家，都说我们中国经历了两千多年的封建社会，缺少民主意识，缺少法治观念，难道我们建设法治社会就必须到西方去寻找文化资源吗？我们中国的传统文化里就有呀！

七、世界荀子

荀子的思想早就走出国门，漂洋过海，走向东方列国，走向西方世界。

---

① 《荀子·大略》。

1. 公元八世纪左右《荀子》传入日本。起初没有引起太多的注意，到十八世纪进入高潮。

"荀子启蒙了荻生徂徕，而荻生徂徕开启了日本近代化的大门。"这是日本学界的公论。一七三八年荻生徂徕刊行《读荀子》，掀起了一股释诂荀子热，涌现出《荀子》的注释本五十多种，在考据和注疏的水平上，很多甚至超过了我国清人的学术水平。

明治维新时代（1868—1889），日本在政治、经济和社会等方面实行大改革，促进日本的现代化和西方化。日本的荀子研究也从"考据注疏"转向"义理阐释"，而且一开始便具有强烈的西方哲学分析立场，并自觉地将荀子与西方思想人物进行比较。以"功利主义""社会进化论"等西方哲学范畴分析荀子的哲学特质。到了二十世纪六七十年代，日本的荀子研究则向纵深和多元化方向发展，成为日本荀子研究的黄金时代。

进入八十年代，日本的荀子研究受我国马王堆帛书、郭店楚简、上博简等先秦文献的出土、问世影响，引发了日本学者的考据兴趣。积极利用先秦出土文献对荀子进行学术思想的解读和建构，研究对象也从荀子思想特色转移到荀子思想来源问题上。①

日本对荀子的学习研究不仅停留在书面上，还表现在社会实践中。日本企业家堤义明，一九八八、一九八九年度，接连两次被《福布斯》杂志评为世界首富。他在回顾自己的成功之路时说："我一生只精读一本书——《荀子》。"还说荀子是他的"教父"，他是按照荀子的思想领导企业的。

2. 西方英语世界最早开始研究荀子始于十九世纪末期，迄今已有一个世纪的历史。据台湾地区学者王灵康统计，一八九三至二〇〇三年间荀子英文研究著作及论文达一百一十九部（篇）。②

最早的荀子研究中心在英国，后来转为美国。一八九三年荀子的

① 见江西师范大学政法学院哲学系胡可涛《国外荀子研究评述》。
② 王灵康《英语世界的荀子研究》，"国立政治大学"哲学报第十一期。

《性恶篇》被翻译成英文。一九二七年传教士出身的美国汉学家德效骞出版专著《荀子——古代儒家的塑造者》，在英语世界影响深远。在当时，甚至现今中国思想界似乎很少见到"荀子乃古代儒家的塑造者"这种历史定位。这本专著多次将荀子与亚里士多德相互比较，认为二人在理论上有许多相似之处。他在书中说："荀子对事物核心的掌握与人性的了解是如此深刻，因此他的哲学一方面具有真正的普遍性，另一方面还有真正的儒学特质。荀子哲学可谓独特的思维；荀子乃是世界最伟大的哲学家之一。"荀子的哲学正如亚里士多德之于西方思想史。《荀子》对以后中国思想史发展也带来了莫大的贡献。[①]

　　一九八八年诺布洛克出版三卷本《荀子》英译，由美国斯坦福大学出版社出版发行。在此之前的《荀子》均为节译本。这本英译除包括原典三十二篇外，并有极长篇幅的历史背景与考订说明，且附有详尽的西文、中文、日文参考资料目录。它推动了荀子哲学在英语世界的研究，九十年代以后研究荀子论文的数量，超过以往百年累积的两倍。

　　刘殿爵一九五三年就孟子与荀子的人性论发表一篇重要文章，至今具有影响力。他认为两种人性论并非相互冲突，且都不违背人之行动所表现出来的实际情况。所以，与其说两人的人性论不同，更应说是两人对道德的性质以及对道德教育之方式的看法不同。

　　刘荣捷一九六三年出版的《中国哲学文献选编》，说荀子似亚里士多德，孟子似柏拉图。说荀子揭示"人原本的恶性"，以及礼法约束的必要；孟子主张"人性中原本的善"与道德直觉乃是政治与社会发展的源头，因此荀子学说与孟子学说直接冲突。荀子对天的自然主义解释，接近道家。由于他大力提倡控制，促成权威主义，间接造成秦之独裁。书中的标题，"自然主义的儒家——荀子"，与"理想主义的儒家——孟子"两相对举。他说中国人偏好孟子的"软心肠"，荀子对中国人来说是否"心肠太硬"？他是否太不合乎儒家正统？他是否因秦政之独裁而

---

① 《中国邯郸荀子研究的回顾与新探索国际学术研讨会论文集》：台湾大学佐藤将之《二十世纪荀子研究综述》。

受谴责？尽管这些问题，荀子的自然主义，他的实在论，他强调逻辑，他相信进步、重视法律，他对其他学派的剀切批评，在在都引起中国人对荀子哲学的兴趣。

Donald Munro 一九六九年在他的名著《古代中国之"人"概念》中指出：就荀子而言，一切的伦理问题，都是起自物资供应与人欲需求之间的不平衡。要让所有人的欲求有所选择，才能达至物与欲的平衡；这是社会稳定的必要条件。

Henry Rosemont 一九七〇年发表一篇关于《荀子》国家与社会的文章，这是荀子政治社会哲学研究的代表作之一，至今仍具影响。Rosemont 推崇荀子以其思想的高度一致性，跻身社会与政治哲学的先驱之列，而他所探讨的议题至今仍然是有意义的哲学问题。

大约从七十年代起，以英美哲学见长的学者也开始投入荀子哲学研究的行列。著作最丰硕的当属华裔学者柯雄文，柯氏连续发表数十篇关于儒家哲学与荀子哲学的论文，并尝试以荀子学说为架构重建儒家哲学。

柯氏在一九七七年的文章指出，东西方各种对人性的不同看法，反映了不同的道德视野和道德理想。他尝试剖析荀子人性论使用的观念与判准是，一种主张要能够传授，能够实践，这是所有规范伦理学所必须具备的起码条件。所谓"性恶"之"恶"，指的是这些后果的性质。所以，荀子对性恶的论证，可说是后果论色彩的论证。"情"与"欲"本身在道德上是中性的，问题是在于情之表达和欲之满足的方式，因为若顺其自然发展，其结果往往是人不希望见到的。

如此，荀子的"人之性恶"，就不是从人在经验层面的属性来描述人。用现代哲学语言来说，荀子是用人之"基本动机结构"（情性）来了解人性。至于"善""恶"这组相对的词语，是一种"道德描述"。在荀子讲"礼"的道德中，善的也就是美的；恶的也就是丑的。而"礼"乃是藉由"善"这种道德理想来对人之基本动机结构进行调节与美化。从道德观点来看，放纵性情会带来人所不愿意见到的后果，那么，这种道德观点是什么？柯雄文认为，是荀子采用了儒家的"道"；"道"乃是

"仁""礼""义"这三个别名之上的共名。①

西方对荀子的研究不断扩展，一九六七年出版了《荀子》德文全译注。一九八七年巴黎出版了法文《荀子》全译本，将《荀子》推广到德文与法文世界。

3. 韩国的荀子研究起步较晚，发展却比较快。伴随着韩国迈步进入现代化国家的行列，荀子思想以其可以与西方思想会通的理论特质，引起了韩国学者的关注。从"天人之分"中发现人类的主体性与科学精神；从《礼论》中发现人文精神和社会秩序原理；从《正名》中挖掘逻辑思想；从荀子重视感觉、知性的认识论，去对应西方的经验论和理性主义。一直持续到八十年代前期，以西方思想诠释荀子成为荀子研究的主流。

伴随着韩国经济的迅猛发展，社会的成功转型，增强了韩国人民的民族自信力，再加上现代化所带来的一些社会弊病，使得人们对传统的关注日趋高涨。所以，荀子研究从"西方诠释"转向为"传统诠释"。同时，如何看待和协调荀子思想的现代意义与传统价值，逐渐成为荀子研究关注的焦点。②

① 以上见王灵康《英语世界的荀子研究》，"国立政治大学"哲学报第十一期。
② 胡可涛《国外荀子研究述评》。

第十章

荀子精神

荀子是一位文化巨人。在百家纷争的时代，荀子自觉担当起拯救儒学的责任，创建出一个崭新的切合实际的儒学体系。数十年后，汉代"独尊儒术"，将一个衰萎的儒学复兴成为中华民族的主流学派，这是荀子无可替代的历史贡献。

按照荀子的性恶论，荀子的本性也应当是恶的。荀子是如何改变恶的本性，走至超越常人之境呢？战国时代不乏超越常人的智者，为什么唯荀子成为诸子百家的集大成者呢？要回答这个问题不能不深入探讨荀子有别于同时代人的独有的人格精神。

一、荀子思想形成的基因

荀子之所以成为荀子，原因很多，寻其人格精神之形成，追根探源，在荀子身上至少有以下三个方面的基因。

1. 家族基因

《左转》记载，荀氏是晋国的名门望族。荀子所属的荀氏中行氏曾经五代做晋国的中行，也就是中军元帅。但是，经过一场赵氏、荀氏、范氏三个家族的多年混战，荀氏中行氏家族在邯郸一带败亡。昔日优越的贵族地位，广大的世袭领地，充足的富裕生活，全部丧失。流落在邯郸周围，饥寒交迫，无家可归，一代又一代，艰难地维持生计。

邯郸是赵姓家族的天地。荀氏不再是身份显赫的标志，而是一种罪恶。赵氏家族对待这个战败的荀氏家族即便不再视如战场仇敌，也会侧目而视，冷眼相观。荀氏家族只能忍气吞声，过着寄人篱下、忍辱负重、穷愁潦倒的生活。

显赫的贵族根基和寄人篱下血泪斑斑的现实生活，在荀氏家族子孙的心灵里播下的不仅仅是贵族传统的优越感和对赵氏家族的仇恨，更深层的是痛恨诸侯分裂的种子。如果不是诸侯分裂，如果不是相互争夺，怎么会背井离乡？如果不是战争，怎么会无家可归？所以，荀氏家族比任何人都期盼天下一统，结束分裂，生活太平。

家族的血泪流荡在荀子的血脉中，不但造就了荀子胸怀博大、自强不息、不屈不挠的个性气质，还将一个关乎华夏民族前途的命题——如何改变诸侯分裂、实现华夏一统、让整个中华民族获得安宁的社会问题注入心灵。

2. 时代基因

从公元前七七〇年开始，到公元前二二一年秦国统一华夏。在这五百多年里，社会产生了巨变。整个社会呈现出纷繁复杂的大动荡大改组的局面。

社会上出现了一个叫作"士"的阶层。他们的地位较低，但很有才能。在"士"的阶层中有政治、军事方面的杰出人才，有通晓天文、地理等方面的学者，更多的是鸡鸣狗盗之徒。

由于"士"的出身不同，立场不同，经历不同，因而在解决或回答现实问题的时候，提出的政治主张和要求也不同。因此就出现了百家争鸣，形成了儒家、道家、墨家、法家、阴阳家、名家、纵横家、杂家、农家等各种派别，在社会上争辩不休。

荀子也属于"士"这个阶层，但与其他"士"所不同的，是荀子怀着家族使命的寄托走进这个诸侯混战、思想混乱的汪洋大海。许多"士"在这个汪洋大海里或随波逐流，或游戏人生，或被浪涛淹没。荀子是个弄潮儿，他面对汹涌的波涛，不苟且，不退缩，不同流合污；将一重重汹涌波涛的力量化作他弄潮的动力；将活跃的社会思想、各抒己见的争鸣，化作他认知社会、认知真理的广阔天地；将所有的智慧融入己身，在这个亘古未有的博大的知识海洋里，搏击长空，独树一帜，建立起自己认知世界的思想体系。

百家争鸣，给荀子提供了一个空前绝后的社会大课堂，这个大课堂丰富了荀子，成就了荀子。让荀子能够像博采百花精髓的蜜蜂一样，为中华民族酿出最精良的蜂蜜。

3. 赵文化基因

但是，在战国时代，有不少大智慧、高见地的学者，他们和荀子共同生活在百家争鸣的时代里，和荀子一样具有自己的家族基因，为什么他们没有成为诸子百家学说的集大成者，唯荀子颖脱而出呢？所以，仅有以上两点还不能解释清楚荀子之所以成为荀子的原因。

再深一步探其根源，就不能不归结为荀子之所以与众不同，是他具有赵文化的基因。

荀子出生在赵国都城邯郸，十五岁走出邯郸，进入齐国的稷下学宫。这就是说，荀子在文化启蒙的少年时代，是生活在赵文化的核心。

荀子大约出生于公元前三一一年。公元前三〇七年，赵武灵王十九年，颁"胡服令"。敕命赵国的官员和百姓脱下汉人的宽袍大袖服饰，穿上胡人的窄袖短衣和合裆长裤，练习骑射。[①] 这年荀子才四岁，还幼稚得很。可是，赵武灵王的"胡服骑射"改革持续了十年之久。十年之后，聪明早慧的荀子已经十四五岁，进入了"十五而有志于学"的年龄。

"胡服骑射"不只是一场服饰变革，也不只是一场军事变革，还是一场移风易俗的社会变革。

赵武灵王力主"胡服骑射"的改革不是眉头一皱计上心来的权宜之计，而是一种雄才大略。

赵国处于"四战之地"，疆域四周遭到众多强国的压力，中山与林胡等胡人对赵国更是不断侵扰。严峻的现实让赵武灵王认识到，打破旧传统，学习胡人，组建骑射之兵，是强盛赵国的最好办法。但是，学习骑射就要脱下华夏服装，改穿胡人的服装。此举将会遭到族人、朝廷官员及百姓的强烈反对。赵武灵王十九年春正月，他在信宫大会群臣。召见丞相肥义，讨论天下形势，两个人整整谈了五天，话才谈完。他又带领臣子到中山国疆界和与北方胡人的疆界视察。而后登上黄华山，召见臣子直抒"胡服"心愿，然而许多臣子齐声反对。唯丞相肥义告诉他："疑事物功，疑行无名""愚者闇成事，智者睹未行"，支持他不要怀疑自己，勇敢前行。赵武灵王下定决心进行"胡服骑射"改革。他竟然冒天下之大不韪，身穿胡人的服装登上朝堂，命令叔父和所有的朝廷官员也穿上胡服。从此，赵国在战国七雄中开军事变革潮流之先，建立起华夏民族最早的一支骑兵。经过短短十几年，赵国便由一个连小小的中山国也敢于侵犯的弱邦崛起为战国后期唯一一个能够同秦国抗衡的强国。它灭中山，"攘地北至燕、代"。向西边林胡、楼烦用兵，到达云中（今内蒙古托克托县）、九原（今内蒙古包头市）。[②]

荀子亲眼目睹和经历了赵国的这场巨大的历史性变革。这场伟大的历史性变革，在少年荀子的心灵里打下深深的印记，播下了赵文化的种子，浸润下赵文化的精髓。

---

① 见《史记·赵世家》。

② 《史记·赵世家》。

少年时代的经历，对于人生的影响非常之大。孔子"十五而有志于学"，荀子接受了"胡服骑射"改革的熏陶，十五岁立志于学，不远千里走进齐国稷下学宫。尽管以后在稷下学宫接触了许多不同学派，受到墨家、法家、道家、阴阳家、兵家等多种学派的影响，但是，赵文化是他认知世界的根基。

在荀子面前摆着两个难以解决的社会问题。一个是儒学的危机如何拯救，第二是诸侯分裂的乱世如何拯救。两个亟待解决的社会问题谁来解决？荀子的回答是："我！"如何解决？荀子的回答是：赵文化精神给了他思考与解决问题的金钥匙。

赵武灵王面对赵国的危难，解决问题的方法是，打破思维定势，将对手——胡人的长项拿将过来，用以战胜对手。荀子也循此道，打破思维定势，把对手——墨、道、法、杨朱等学派的可取之处拿将过来，融进儒学，开辟出儒学进入社会实践的新思维，建立起新的社会的致治致善之道。

李学勤先生把赵文化的精神概括为"开放、进取、包容"六个字。[①] 翻开荀子的著述《荀子》，仔细品味，会发现篇篇都渗透着赵文化精神。

我们可以从以下几个方面来品味赵文化精神是如何影响着荀子的思想和行为的。

第一，赵文化的开放精神，让荀子将儒学封闭的门户打开，创建开放的儒学。

把荀子的儒学与孔孟儒学比较一下就可以明白，孔孟的儒学是封闭的保守的，而荀子的儒学则是开放的放眼世界的。

首先，荀子的儒学对内开放。孔子是儒学的缔造者、宗师。但荀子不像其他儒学弟子，学究式地对孔子的经典照本宣科，而是有继承有发展。他敢于突破孔孟旧有的理念，创建自己的新理念。

孔子教授学生的方法是"述而不作"，给学生只讲授《诗》《书》《礼》

---

① 赵聪慧主编《赵文化论丛·序》，河北人民出版社，第2页。

《乐》《周易》《春秋》等经典，自己不写一字。所以，孔子死后仅仅留下学生记录的《论语》，没有孔子自己的文章。荀子不但讲经典，还把自己对儒学对社会的新认知写成文章，让学生阅读，在社会上流传。孔子有门户之见，他的学生只能跟他学习，不能够背叛老师。而荀子没有门户之见，荀子是儒家，他的学生李斯和韩非都是法家。

孟子的儒学主张"人性善"，主张加强内心的修养，将自己原本就有的"仁心""善性"扩张、充实、完善，最后达到"内圣"的境界。而荀子则主张"人性恶"。荀子也讲修身，但是荀子讲的修身是"化性起伪"，用礼义和法度来约束自己，改恶从善，走向圣人。

其二，荀子的儒学向社会开放。荀子不把儒学关在书斋里，他让儒学走出书斋，走向社会。他研究现实，针对如何让分裂的中华走向一统，如何建构一个和谐的社会等现实问题，发表了很多真知灼见，提出一系列的治世方略，对人生的行为坐标也提出了他的可行标准。他写的《礼论》《王制》《富国》《王霸》《强国》《儒效》《君道》《臣道》等篇目，是他针对强国治世提出的政治主张。他写的《性恶》《劝学》《不苟》《修身》《荣辱》等篇目，是他对人性的改恶从善提出的治学修身主张。他写的《天论》《解蔽》《非相》等篇目，则是针对世人对物质世界和精神世界的迷茫与无知开启的智慧之光。

其三，荀子的儒学还向其他学派开放。荀子与其他学派之间既是对手，又是朋友。汉代刘向说荀子曾经求师于虞卿，[①] 虞卿是个游说之士。现代学者研究，荀子的老师还可能是齐国的淳于髡，[②] 淳于髡是个"学无所主"的人。有人说荀子的老师应该是宋钘，[③] 宋钘属于宋尹学派。这些人是不是荀子的老师，没有定论，但至少这些人对荀子的思想影响很深。从荀子的这些老师，或是对荀子思想有较深影响的人，可以看出荀子对各个学派思想的开放态度。荀子探求学问，不拘一格，兴趣广泛，博采众长。

---

① 刘向《别录》。

② 见蔡德贵著《试论荀子和淳于髡的师承关系》，《齐鲁学刊》1985 年第一期。

③ 郭志坤《荀学论稿》第三章第三节"荀子的师承关系"。

第二，赵文化的进取精神，使得荀子具有积极的认知社会和人生的态度，并且融进他的理论中。

在荀子的理论里，面对战国时代复杂难解的社会问题，没有丝毫的消极和遁世，有的是积极解决社会问题的方法和策略。在天与人的关系上，荀子不猥琐、不屈从，既讲"知天"又讲"用天"。主张"制天命而用之"，不做天的奴隶，发挥人的主观能动性，掌握和使用天的规律为人类服务，这是何等的气魄！后人把荀子的这一思想称作"人定胜天"。可是如今却有人批评"人定胜天"，认为这是缺乏科学精神的无知妄说，他们说人怎么能够胜天呢？然而，作为一种不屈从于自然的人文精神，"人定胜天"的思想在当今宇宙飞船已经上天的时代，依然代表了人类征服自然的意志，有其宝贵价值。

在对人的认识上，荀子既揭示了"人之性恶"，同时又提出"化性起伪"。他认为，虽然人的本性是恶的，但可以"化"。"化"是什么？"化"就是变化、提高、进取。荀子呼唤的是一个"化性"的进取世界，而不是一个"守善"的不思进取的世界。他希望人通过学习，通过老师的教诲，礼法的约束，能够逐步地改变恶的本性，完善品德，人人都成为像大禹那样的圣贤。究竟能不能成为圣贤，就看你用不用心去积极学习，努力进取。所以，他精心写下《劝学》，讲学习的重要，学习的方法，学习之终生性。

在对社会的认识上，荀子为了实现社会和谐，设计出"隆礼重法"的治世理论，这更是一种积极的进取国策。他希望通过"礼"的实施，建设差异和谐的社会结构，用"不平则平"的办法逐步走向理想的"大同"社会。

第三，赵文化的包容精神，使得荀子博采众长，海纳百川。

赵国都城邯郸地处中原，属于华夏文化；而其疆土北达云中、九原，属戎狄文化，游牧文化。赵武灵王以其宏大的胆略，摈弃妄自尊大的保守意识，将游牧文化与华夏文化的优势相互融合，完成了一次伟大的社会变革，突显了赵文化的包容精神。荀子将这种精神融化到他的学术思想里。在百家争鸣、各抒己见的复杂环境中，独立思考，尖锐地批判百家学说之短，同时又虚心地汲取百家学说之长，灵活地将法家、道家、墨家、兵家、农家、名家思想融进自己的学说。

儒家讲"天命"，墨家讲"天志"，老庄讲"自然"。荀子进行了批判、选择、综合、吸收，提出了"天行有常，不为尧存，不为桀亡"和"制天命而用之"的唯物主义天道观。

在治国理论上，荀子将原来儒家的礼义治国和法家的依法治国，相互融合，优势互补，形成了礼法互补、王霸并用的治国理论。

在经济思想上，荀子将墨家的"衣粗食恶"的单纯"节用"主张，和他的"以政裕民"思想结合起来，提出了"开源节流"的经济发展观。

总之，赵文化开放、进取、包容的文化精神养育了荀子。荀子是赵文化土壤中生长出来的一棵参天大树。荀子把赵文化的精神体现到他的学说中，融入到哲学、社会学、政治学、经济学、军事学、教育学、文化学的理论层面，形成一个集百家学说之大成的理论高峰，成为中国和世界思想库中的宝贵财富。可以说，没有赵文化就没有荀子的荀学。

时势造英雄。在荀氏家族的血泪史、百家争鸣的社会环境、赵文化精神的抚育之下，一代圣贤——荀子诞生了！亘古未有的文化巨人荀子，以独有异香的风姿挺立在中华历史文明的潮头。

二、荀子的人格精神

荀子是一位乱世哲人。他的思想和理论在乱世中产生，他的人格精神也在乱世中展现出耀眼的光辉。荀子的著述是中华历史文化的珍宝，荀子的人格精神也是中华历史文化的宝贵财富。他遵循儒家既重视社会责任，又注重自我完善的价值取向，追求人生的崇高境界。目标远大，勇于担当，追求真理，百折不回，构成了荀子人格精神的核心。

我们可以从以下几个方面来具体地认识荀子的人格精神。

1. 目标远大

"学者，故学为圣人也，非特学为无方之民也。"[1] 这话是荀子说给别人的，也是荀子的人生目标。

战国时代的游说之士比比皆是，他们的政治主张不同，人生追求也不同。

当了官的士人，有的卑鄙污秽，有的恣肆放荡，有的贪财图利，有的触犯刑律，有的不讲礼义只热衷于权势。

没有当官的士人，没有才能标榜自己有才能，没有知识却吹嘘自己有知识，贪欲无度却伪装不贪欲，阴险肮脏大言不惭地称自己很谨慎诚恳，自命不凡，趾高气扬。

那些俗儒、贱儒，道貌岸然，衣冠楚楚，没有廉耻而又贪图吃喝，还为自己辩解说："君子固不用力。"

荀子也奔走游说，但游说的目的与他们不同。荀子不为个人谋取官职和财富，更不为骗吃骗喝。荀子胸怀天下，一心推行他的治世主张，目的在于谋取华夏民族之和谐、统一。

荀子到过齐国、楚国、秦国、燕国，长平大战之后，在赵国最为困难的时候回到故乡。无论走到哪个国家，君王都非常尊重荀子，给他优厚待遇。但他不留恋丰厚的物质享受，他要寻找的是能够按照他的治世理论一统天下，让百姓安宁的圣主明君。

他对春申君听信谗言的回答是："琁玉瑶珠，不知佩也。杂布与锦，不知异也。""以盲为明，以聋为聪，以危为安，以吉为凶。呜呼上天，曷维其同！"可见荀子是一位非常看重人格尊严的儒家学者，荀子目标远大积极进取的人格精神是那些趋炎附势、奴颜媚骨、祈求寻到一官半职的庸俗儒者完全不可与之相比的。

---

[1] 《荀子·礼论》。

2. 勇于担当

荀子所处时代的特征是纷乱与迷茫。列国争雄，战火纷飞，苍茫的华夏大地无一块平安乐土；异说四起，百家纷争，各色的华美言语令人迷茫无所适从。

荀子自幼学习的儒学在百家争鸣之中日趋衰落。黑暗中何处是方向，哪里有光明？荀子在黑暗中寻觅，在迷茫中睿智、冷静地分析诸子百家学说，坚定地做出选择：儒学所追求的"大道之行也，天下为公"[①]是天下人的共同向往，唯儒学能使中华长治久安，是可以追寻的方向。眼前儒学虽有缺陷，不像其他学派受追捧，但是，在诸子百家学说中唯儒学能指导华夏一统，唯儒学能治理大一统之后的国家，唯儒学能给华夏带来光明。所以，对儒学要做的不是因其有缺陷而抛弃，而是完善和提升。

孔子去世近二百年，孟子也去世几十年，荀子勇敢地担当起完善和提升儒学的重任，如女娲之炼石补天，似大禹之导洪入海，与百家论战，最终将儒学引入社会实践，让儒学从衰败之境崛起腾飞，为建设中华大一统之国家奠定了理论基础，成为中华文明最广泛的信仰构成。

3. 追求真理

大凡称之为思想家的人，其首要特征是揭示真理。真理客观存在，时代正是由一个一个真理被揭示、被实践而前进。

荀子一生都在研讨学问，追求真理。他做学问从不人云亦云，更不看别人的脸色。他问天，问地，问人，问世，努力探寻人世间重大的未解之谜，在中国历史文化上开创了许多项第一。

荀子研究学问不拘泥于经典，他以现实为起点，又以实践检验论

[①] 《礼记·礼运第九》。

是非，"敢为异说"，不怕"离经叛道"。他点名批评墨翟、宋钘、慎到、田骈、子思、孟轲等比他年长又著名的学术权威。权威并不是随便什么人都可以撼动的。敢于批评权威者既需要自己的学问功底深厚，而且要有直面真理的勇气。

荀子最为大胆的是公然批评孟子的性善论，提出"人之性恶"，为人类开启了一扇洞悉人性之门。恩格斯在《费尔巴哈论》中，摘引过黑格尔的一段话："人们以为，当他们说人本性是善的这句话时，他们就说出了一种很伟大的思想；但是他们忘记了，当人们说人本性是恶的这句话时，是说出了一种更伟大得多的思想。"尽管荀子的性恶论后来被扼杀，但是其思想光辉却永不泯灭。

荀子之"敢为异说"不是哗众取宠，而是理论创新。在荀子之后的两千多年，正是因为缺少像荀子一样"敢为异说"的思想家，为儒学的封闭保守所困，没有理论突破，所以中华大地才陷入封建专制朝代更迭之循环，不能前进。

4. 百折不回

荀子之一生是个悲剧。荀子的学说几遭门人的激烈反对、君王的轻视冷漠、小人的谗言诽谤。他到处游说，到处碰壁，以至于晚年流落在兰陵民间，依靠教书维持生计。

然而悲怆的命运并没有让荀子气馁丧志。反而更加展现出其坚持真理、锲而不舍、百折不回的圣人品格。

荀子说："权利不能倾也，群众不能移也，天下不能荡也。生乎由是，死乎由是，夫是之谓德操。"[1] "不诱于誉，不恐于诽，率道而行，端然正己，不为物倾侧，夫是之谓诚君子。"[2]

荀子正是这样的一个人。无论当权者称赞也好，鄙视也好；其他什

---

[1] 《荀子·劝学》。
[2] 《荀子·非十二子》。

么人诽谤也好，污蔑也好，他一概不看在眼里，更不放在心上。他不会因为身外的物质利益而改变志向。他心中唯一舍不下的是天下百姓和大道正理。尽管穷愁潦倒，却依然一如故我。在耄耋之年呕心沥血写下《成相》，用民间曲调唱出他的治世理想，在民间流传。《成相》从理论上看，是荀子对其治世主张的纲领性总结；从心态上看，是荀子离开人世之前的最后呐喊。

一位九十多岁的老人，忧国忧民，他要把自己一生对社会的审慎思考传流后世，希望君王实行正确的国策，建立一个天下为一的太平盛世，不要重蹈历史败亡的覆辙，这是何等崇高的圣人心态！

目标远大，勇于担当，追求真理，百折不回，这就是荀子！

荀子离开我们两千多年了。回味历史，思考一下乱世中的荀子人格是那样的崇高。荀子虽然已经远离我们，却好似就在我们的眼前。荀子对于走进市场经济面临着许多诱惑的我们，是一面镜子，是一种警示，让我们汗颜，让我们生出许多的感慨，给我们许多无言的教诲与启迪。

有这样一个小故事。一个山里人的家门前躺着一块石头，那是一件面朝下躺着的石雕，山里人多年没有当回事儿。一个学者看见了，想把它买走。山里人很高兴，这么一块破石头，整天碍手碍脚，还有人要。很痛快地就让学者给一块银元拉走了。

过了一些天，山里人到城市里去，看见许多人拥挤在一座豪华建筑的门前。说里面有一件稀世珍宝，是世界上最精美、最奇妙的雕像，两块银元就可以看一次。山里人感觉稀奇，便花上两块银元买票进去。

他看见展览的雕像的确很漂亮，很精美。但仔细一看，惊奇地发现，这不是他家门前的那块破石头吗？

是的，这就是他门前的那块破石头。但是，学者去掉表面上的泥污，显露出来的却是一块稀世少有的精美雕塑艺术品。

荀子蒙冤八百年，被历史埋没八百年。因为一句"性恶"，对这位中华历史文化的巨人一次一次地进行着罪与罚的审判。这是荀子的悲哀，儒学的悲哀，也是中华文化的悲哀。

虽然近代和现代许多著名的史学家为荀子正名，研究荀子的著作也多起来，但是，历史的偏见依然像幽魂一样在空中游荡，荀子的地位依然被压抑着，荀子和荀子的思想依然不是儒学的正宗。研究荀子的学者和研究孔孟的学者比较，少得不成比例。真正懂得荀子思想现实价值的人少之又少。一讲儒学，往往只讲孔孟，而把荀子忘记。其实，没有荀子对孔孟思想内圣化倾向的扭转，没有荀子把儒家思想与社会实践结合起来，没有荀子对儒家经典的传授，就没有两千年的儒学传统，也就没有儒家思想的今天。

荀子是一座文化金矿，这座文化金矿至今还没有被充分开发利用。金子终归是金子。荀子的思想一定会被更多的有识之士关注，荀子的伟大人格精神也一定能够被更多的人认知。

一个文化复兴的热潮正在中华大地兴起。如今是荀子重新展现光辉的时候了。重新评价荀子，正确认知荀子，给荀子一个应有的公允地位吧！

我曾经为一个纪念荀子的活动写下一篇简短的赋，就以此作为这本传记的结束语。

巍巍中华，源远流长。三皇开天，五帝定邦。
春秋战国，百家争鸣。群贤竞辉，圣人天降。
旷世荀子，光芒独具。少年求学，立志家邦。
三为祭酒，最为老师。倡儒秦国，议兵赵王。
兰陵施政，心系苍生。上下求索，不循旧章。
探求真知，敢为异说。为人师表，青蓝流芳。
韩非李斯，弟子有众。一生勤奋，半世沧桑。
《荀子》一卷，博大精深，日读日新。
劝学修身，育人立本；解蔽正名，认知堂皇；
天论礼论乐论，扫尽谬误邪说；
王制强国富国，谱写治世新章。
人之性恶，一语震惊四海；
天行有常，一言理清上苍。

日升日落，时代易迁，历尽沧桑巨变；
读荀子掷地有声之言语，倍加铿锵。
呜呼！荀子如旗，夺目灿烂；
荀子如碑，曲折悲怆之人生，为天下榜样。
一代圣哲，唤醒愚昧于千年；
学不可以已，扬先贤之精粹，中华永昌！

2013 年 10 月 6 日初稿于三亚
2014 年 10 月 7 日二稿于邯郸滴水斋
2015 年 4 月 12 日删定

附录一

荀子的姓氏与故里之谜

写传记，大凡要首先用一句简明的话语道出传主姓甚名谁，何方人士。然而为荀子立传，却用一句简单的话语说不清楚。荀子的姓名和籍贯是千古之谜。因为要解释清楚这个问题是非常枯燥的，所以把它放在附录里，供有兴趣的读者阅读。

一、荀子的姓氏之谜

史学家司马迁在《史记·孟子荀卿列传》《老子韩非列传》《李斯列传》《春申君列传》里均称荀子为"荀卿"或"荀卿子"；而同时代的经学家刘向将荀子留下的三百余篇文章，舍弃重复，编定三十二篇，集印成书，书名却称《孙卿新书》；荀子的《儒效》《议兵》等文章里也记述为"孙卿"；荀子弟子韩非在文章《难三》里，《战国策·楚策》《汉书·艺文志》等典籍里也均称荀子为"孙卿"或"孙子"。可是七百年后，唐代杨倞重新编排《孙卿新书》，却又按照司马迁的说法，把《孙卿新书》更名为《荀子》，内文仍保留"孙卿"。至今我们看到的就是杨倞编排的《荀子》。

史籍中对荀子姓名记载之乱，留给后人，便成为千古之谜。荀子究竟姓"荀"还是姓"孙"呢？对此，历代方家有多种解析。

一说荀子本来姓荀，因汉宣帝名刘询，为避讳皇帝名字，荀子改姓为"孙"。这种说法流传甚广，目前不少著述都在沿用。

避讳，是封建专制时代的一种规矩。对帝王将相或者尊长，不但不能直呼其名，还需用一定的方法回避。至今如果直接叫父母或长辈的名字，依然为之不敬。所以，避讳说有一定的道理。

但是，在《史记》的《晋世家》里有荀息、荀栎，《赵世家》里有荀欣；汉代有名士荀淑、荀爽，为何这些人的荀姓不改孙姓，唯独荀子要改呢？

看来用避讳来解析荀子的两个姓，并不能解开这个谜。

第二种解析认为，古人有同音通假的习惯，"荀"与"孙"两字声音相近，所以便有"荀子"与"孙子"两种记载。

同音通假，古代文献中不少，如孟卯也称芒卯，司徒也称申徒等等。不过语言学家王力先生说："所谓假借或古音通假，说穿了就是古人写别字。"① 司马迁是一位非常严谨的史学家，将"孙子"与"荀子"的问题如此解析是否轻看史学家了？

第三种解析认为，孙姓来源很多，东汉学者王符的《潜夫论·志氏姓》篇中说："及孙氏者，或王孙之班也，或诸孙之班也，故有同祖而异姓，有同姓而异祖。"由此可见，"孙"姓大多是诸侯子孙，他们以孙为氏，以后就形成了来源不同的孙姓。

据南朝宋何承天所撰《姓苑》载，公元前十一世纪，周文王的第十七个儿子被封于古郇地，建立姬姓郇国，为伯爵，史称郇伯。其后代子孙遂以国名"郇"为姓，后去邑旁加草头为荀姓。荀姓出于郇国，郇伯的子孙，以孙为氏，也就形成了荀姓的孙氏。

在商周之前，"姓"是用来区分血统的，"氏"用来分别贵贱。出身

---

① 王力《谈谈学习古代汉语》。

尊贵的人有氏，出身贫贱的人没有氏。凡有氏的姓祖上都是贵族。到汉代，皇帝刘邦和他的许多开国将领大多出身贫贱。刘邦平民出身，没有贵族地位。淮南王英布出身地位更低，是一个受过黥刑的罪犯。刘邦、英布这些汉代的开国元勋，只有姓，没有氏。

秦朝末年的一场农民大革命，让原来身份低贱的人成为显贵，原来身份显贵的人成为阶下囚。这样，原来区分贵贱的"氏"，自然也就失去了作用。所以到汉代"姓"和"氏"也就混合在一起。有的人有了两个姓，一个是原来的姓，一个是原来的氏，二者可以通用。

司马迁在写《史记》之时，手中有多个孙姓的人需要立传。有齐国的军事家孙武、孙膑，后人尊称他们为孙子。赵国的思想家孙况，后人也尊其为孙子。几个人都称孙子了，立传何以区分？时代的变革给了司马迁一个办法。司马迁将思想家"孙子"改写为"荀子"，以表明他写的这个"孙子"是荀氏的孙姓；而在荀子的文章里，仍然保留其孙姓。

这种解析比较有道理，荀子的后代子孙可以作证。

《后汉书》记载，荀子的第十一世孙荀淑有"神君"之称。他有八个儿子，人称"八龙"。六子荀爽为东汉经学家。荀淑长子的儿子荀悦，即荀子的第十三世嫡孙，汉献帝时任黄门侍郎，用编年体改写《汉书》。荀悦的堂兄弟荀彧，是曹操的重要谋士。荀子的后代英才辈出，社会地位显赫。一代代沿用荀姓而不用孙姓，表明他们承认荀和孙为同宗，认可司马迁将"孙子"改写为"荀子"。

至此，传主荀子的姓名可以说清楚了：荀子出身于贵族世家，荀氏孙姓，名况，字卿。尊称孙子、孙卿、孙卿子，或荀子、荀卿、荀卿子。

二、荀子故里之谜

司马迁《史记》里对荀子的故里写下"赵人"二字。赵国的疆域辽阔，包括山西、河北大部和内蒙南部，荀子的故里究竟何在？

有人依据荀姓起源来认定荀子故里。荀姓产生于郇国，郇国在如今的临猗、绛县一代。这样，就出现了荀子故里临猗说、绛县说、安泽说等多种主张。这些说法至今在不少文章和著述里沿用。

然而战国时代的临猗、绛县属魏国，安泽属韩国，与司马迁《史记》记载的"赵人"相悖，所以，这些地方均不可能是荀子故里。

荀子故里何在呢？答案是：赵国都城邯郸。

荀姓源出山西，邯郸远在太行山东，邯郸有荀姓吗?《左传》记载，荀氏中行氏与赵氏曾经打了一场持续八年的战争。荀氏中行氏家族在邯郸周围败亡，留下了大量的荀姓家族。

晋定公十二年（前500），赵鞅（赵简子）率兵攻打卫国，卫国向赵鞅进贡五百户，赵鞅将这些战利品交同宗的邯郸赵午看管。晋定公十五年（前497）春，赵鞅把邯郸赵午召到晋阳，让赵午把卫贡五百户送到晋阳。赵午不愿，赵鞅一怒便将赵午杀了。

赵午的儿子赵稷兴兵叛乱，替父报仇。赵鞅为晋国执政，要求荀寅与范吉射和他一同围攻邯郸。邯郸赵午是荀寅的外甥，荀寅与范吉射是儿女亲家。他们与赵鞅早有积怨。二人不仅不去攻打邯郸，反而联合邯郸赵氏一起去攻打赵鞅所在的晋阳。赵鞅危机。韩氏、魏氏、知氏等晋国宗族奉晋定公之命解救赵鞅，在晋阳城外攻击荀氏、范氏。荀寅和范吉射受到两面夹击，向南退兵至朝歌（今河南省淇县）。

晋定公十八年（前494）赵鞅攻朝歌。晋定公二十年（前492）荀寅突围奔邯郸。次年九月，赵鞅又包围邯郸，冬十一月，邯郸投降。

荀寅不投降，带领他的家族从邯郸向东逃跑至柏人（今隆尧西南十公里亦村）。次年（前490）春天，赵鞅把柏人攻下。荀寅只身一人逃往齐国，沦为一个普通百姓。

战国时代皆为家族兵，荀氏中行氏为晋国六卿之一，家族庞大，有数万甚至十数万人。残酷的战争使得数以万计的荀氏和同宗的孙氏族人流落在邯郸周围，成为无家可归的游民。公元前四〇三年韩、赵、魏三家分晋，流落在邯郸的荀氏中行氏家族的后代便自然而然成为"赵人"。

荀子大约出生于公元前三一一年。流落邯郸周围的荀姓中行氏应该就是荀子的祖先。

邯郸周围如今有不少孙姓村庄，邯郸西部的孙姓村庄都是土生土长的邯郸人，不是外来移民。而今邯郸市西南四十公里许有一个八特村。该村历史悠久，至今尚有战国时代赵王避暑行宫遗址。村史记载，该村因有八个村落、八个姓、八座山、八条河流、八种石头、八种树木而得名。八姓中有一荀姓村落，传说荀子就出生于该村。① 此说虽无确凿证据，却也事出有因。

二〇〇五年，我将这个观点写成论文《荀子是赵国都城邯郸人》，在全国第二届赵文化研讨会上发表，得到与会专家的肯定，并成为会议的一大收获。② 二〇一一年，清华大学著名教授廖明春先生在邯郸荀子文化节上也肯定了荀子是邯郸人的观点。

二〇一二年，河北师范大学著名教授沈长云先生在"中国·邯郸首届荀子文化高峰论坛"演讲，他认为司马迁写作《史记》，对于所写人物的故里大致有两种写法：一种，具体地写出某国某地人，如"李斯，楚上蔡人也"③"王翦者，莱阳东乡人也"④"老子者，楚苦县厉乡曲仁里人也"⑤。另一种，笼统地写其为某国人，如"颜回者，鲁人也"⑥"范雎者，魏人也"⑦"张仪者，魏人也"⑧"吴起者，卫人也"⑨。前一种，具体地写清楚了所记人物的籍贯。但后一种，也不是司马迁没有写清楚，而是一种简称。比如，"颜回者，鲁人也"，"鲁人"便是鲁国都城曲阜人的简称。又如"范雎者，魏人也"，"魏人"，是魏国都城大梁（今开封）人的简称。"吴起者，卫人也"，"卫人"是卫国都城帝丘（今濮阳）人

---

① 马全祥、章宪云主编《峰峰民俗·巴特卷》。
② 见赵聪慧主编《赵文化论丛》，河北人民出版社，2006 年出版。
③ 《李斯列传》。
④ 《白起王翦列传》。
⑤ 《老子韩非列传》。
⑥ 《仲尼弟子列传》。
⑦ 《范雎蔡泽列传》。
⑧ 《张仪列传》。
⑨ 《孙子吴起列传》。

的简称。①

　　这种将都城的名字以国名相称的写法，在《史记》里还有不少，在先秦文献里也有许多。后人承袭这种方式，如成语典故"围魏救赵"的"魏"就是魏国都城大梁。"赵"，就是赵国都城邯郸。这些都是将国名作为都城名字的简称。荀子曰，"约定俗成，为之实。"②

　　前有我的论文，证明邯郸有荀姓家族；后有沈长云先生的论文，认为司马迁记载的"赵人"二字应当解释为邯郸人，这是战国时代"约定俗成"的习惯用语。至此，关于荀子为何方人士的问题可以说清楚了：荀子，赵国都城邯郸人。

---

① 见沈长云在 2012 年中国·邯郸首届荀子文化高峰论坛的发言《荀子故里考辨》,《荀子文化》总第四期。
② 《荀子·正名》。

附录二 荀子年谱

由于史料匮乏，且匮乏的史料又诸多抵触，所以，荀子的生卒年月、年谱排列，让历代史学家众说纷纭。

胡适在《中国古代哲学史》中写"荀子年五十游齐，约在公元前二六五年至公元前二六〇年，公元前二三〇年左右死于兰陵。"

梁启超在《荀卿之年代及行历》中指出，荀子生年假定公元前三〇七年，卒年为公元前二一三年，即时年约九十五岁。

游国恩在《古史辨·荀卿考》中说，荀子生于公元前三一四年，卒于公元前二一七年。享年九十七岁。

郭志坤先生在《荀学论稿》中认为，荀子出生于公元前三一五年，卒于公元前二一七年，享年九十八岁。

梁启雄在《荀子简释·荀子行历系年表》里，假定荀子公元前三一九年十五岁，卒于公元前二一三年，享年一百二十二岁。

许多学问大家对荀子生平史料各有高见，这里不复赘述。我想说明两点：

1.《韩非子·难三》曰："燕王哙贤子之而非孙卿，故身死为僇。"说荀子参与了反对燕王禅让的活动。《盐铁论·毁学》篇云："李斯之相秦也，始皇任之，人臣无二，然而荀卿为之不食；睹其罹不测之祸也。"说荀子活到了秦始皇统一中国之后，李斯任职秦国丞相。燕王哙禅让子之是在燕王哙五年（前316），李斯为秦相大约在公元前二一三年，二者相距一百〇三年。荀子在燕国反对禅让时至少须有二十余岁，这样，荀子将有一百二十余岁，不太合乎常理。两条史料都是孤证，其真伪难以辨析，排列荀子年谱将会有取有舍。

2.《史记·孟轲荀卿列传》和刘向《荀卿叙录》记载荀子"年五十始来游学于齐"。而东汉应劭《风俗通义·穷通》则说："孙卿有秀才，年十五，始来游学。"两条相矛盾的史料，排列荀子年谱也必将有取有舍。

如何取舍呢？

《史记·春申君列传》记载："春申君相楚八年，为楚北伐灭鲁，以荀卿为兰陵令。""春申君相楚八年"是公元前二二五年，这个时间是无争议的。排列荀子年谱可以以此为坐标，推断其他史料，决定取舍。

假如选择荀子年五十游齐，荀子在齐国有史料记载的的第一个作为是批评齐闵王。桓宽《盐铁论·论儒》云："及齐潜王奋二世之余烈，南举楚淮，北并巨宋。……矜功不休，……诸儒谏不从，各分散。慎到、接子亡去，田骈如薛，而孙卿适楚。"齐潜王灭宋，为潜王十五年（前286），荀子去齐之楚当在齐潜王十六年（前285）。此年距荀子到楚国做兰陵县令整三十年，加之荀子游齐已经五十岁，荀子首任兰陵县令当有八十余岁。到公元前二三八年被罢黜，荀子近百岁，而后又定居兰陵，"推儒、墨、道德之行事兴坏，序列著数万言而卒。"[1]《礼记·曲礼》中说"八十九十曰耄"。《左传·隐公四年》有言"老夫耄矣，无能为也"。如果荀子在八十多岁做县令，年近百岁再罢官，而后又写数万言而卒，这一系列的事情皆有违常理，怕是不大可能的。

假如荀子十五岁进入齐国稷下学宫，荀子批评齐闵王时将不是五十多岁，而是二十多岁。三十年之后荀子到楚国做兰陵县令，是五十多岁。荀子被罢黜时七十多岁，而后定居兰陵，收徒授业，"推儒、墨、道德之行事兴坏，序列著数万言"，当比较合情合理。到秦始皇任命李斯为丞相，荀子九十余岁，"荀卿为之不食"，而后卒，也合情合理。

我根据上述对史料的理解，给荀子排列了一个简略的年谱。

---

① 司马迁《史记·孟子荀卿列传》。

赵武灵王十五年（前 311） 一岁

荀子出生在赵国都城邯郸。

赵武灵王十九年（前 307） 五岁

赵武灵王颁发"胡服令"。

赵武灵王二十七年（前 299） 十三岁

赵武灵王称主父，传位给子惠文王何。

赵惠文王三年（前 296） 十六岁

主父灭中山。赵武灵王颁发"胡服令"之后的十年之中，赵国灭林
胡、楼烦，建云中、雁门二郡，充分显示出胡服骑射改革的威力。
荀子深受鼓舞，立志献身华夏一统大业，游学齐国稷下学官。
此前荀子在邯郸或听到、或见到名士慎到、虞卿、宋鈃，甚或
接受过教诲。

赵惠文王四年（前 295） 十七岁

主父饿死沙丘宫。

齐闵王八年（前293） 十九岁

苏秦为保护燕国消耗齐国的国力，劝齐闵王攻宋。

齐闵王十二年（前289） 二十三岁

齐闵王以苏秦为相。

齐闵王十四年（前287） 二十五岁

苏秦联合六国攻秦，至成皋无功而返。

齐闵王十五年（前286） 二十六岁

齐闵王灭宋。

齐闵王十六年（前285） 二十七岁

"及齐湣王奋二世之余烈，南举楚淮，北并巨宋。……矜功不休，……诸儒谏不从，各分散。慎到、接子亡去，田骈如薛，而孙卿适楚。"

齐闵王十七年（前284） 二十八岁

齐愍王发现苏秦为燕反间，车裂苏秦。燕乐毅帅五国之兵伐齐，齐闵王在乱军中被杀。

齐襄王元年（前283） 二十九岁

此时乐毅下齐国七十余城。齐仅有莒、即墨二城。荀子在楚。

齐襄王四年（前279） 三十三岁

白起攻楚，开长渠引水灌鄢，死者数十万人。齐将田单在即墨破燕军，收复失地，迎襄王于莒入临淄。

齐襄王五年（前278） 三十四岁

秦将白起攻楚，破楚都城郢，烧夷陵（今宜昌）。楚都东迁至陈（今河南淮阳）。

屈原投汨罗江。齐襄王复国后，重整稷下学宫，"修列大夫之缺"。荀子由楚回齐，参与稷下学宫的恢复重建。田骈等老一辈学者去世之后，荀子被推为学宫祭酒，称"最为老师"。

齐襄王在位十九年（前265） 四十六岁

齐襄王去世。

齐王建元年（前264） 四十七岁

秋冬，荀子应秦国相邦范雎之邀西行入秦，到秦国各地考察。

秦昭王四十四年（前263） 四十八岁

这年春天，荀子见秦相范雎和秦昭王，倡导儒学。秦昭王讥讽儒学无用。

齐王建三年（前262） 四十九岁

齐王建年轻继位，君王后辅政，担心朝廷不稳，邀请荀子重回稷下学宫。荀子第三次做了稷下学宫祭酒。为拯救儒学的危机，荀子"非十二子"，与诸子百家学者论战，讲"人之性恶"，引起一场学宫大辩论。

秦昭王派白起攻韩，取野王（今河南沁阳），截断韩国与上党的交通线，上党归附赵国。赵廉颇屯兵长平。

齐王建四年（前261） 五十岁

在稷下学宫先后写下《性恶》《非十二子》《解蔽》《礼论》《王制》《王霸》等文章，将儒学从理想主义的空谈引入社会实际。

齐王建五年（前260） 五十一岁

秦赵在长平会战，赵国求救于齐。齐国君王后不援赵，长平四十五万赵军因粮草断绝投降秦军，被活埋。荀子愤怒批评齐国"女主乱之宫，诈臣乱之朝，贪吏乱之官"，因而被谗。

齐王建八年（前257） 五十四岁

秦兵已围困邯郸三年，魏国信陵君与楚国春申君救赵，大败秦兵。

楚考烈王八年（前255） 五十六岁

春申君北伐灭鲁，请荀子到楚国，任原鲁国属地兰陵县令。

楚考烈王九年（前254） 五十七岁

为破除百姓对天的迷信讲《天论》。春申君听信谗言，荀子愤而离楚，去赵国。

赵孝成王十三年（前253） 五十八岁

赵国尊荀子为上卿，荀子与赵王议兵。楚考烈王十年，迁都巨阳（今安徽阜阳北）。

楚考烈王十一年（前252） 五十九岁

春申君接受谏言，请荀子回楚国，重做兰陵县令。荀子以政裕民，重农贵商，将其开创的新儒学付诸实践，并写下《富国》《非相》等文章。

（前247）六十四岁

秦庄襄王死，秦王政立，吕不韦为相国，称"仲父"，招揽天下贤士。弟子李斯辞别荀子入秦，做吕不韦舍人。

楚考烈王二十二年（前241）七十岁

楚国因有荀子而复强，楚、赵、魏、燕、韩五国以楚国为纵约长联合伐秦，至蕞（临潼东北）被击退。徙都寿春（今安徽寿县）仍称郢。

楚考烈王二十五年（前238）七十三岁

楚考烈王死，子幽王悍立。王舅李园杀春申君，荀子被罢黜，定居兰陵，著述授业。整理儒学经典，修改旧作，写下《劝学》等篇章。

秦王政九年，行冠礼，嫪毐叛乱，败死。

秦王政十年（前237）七十四岁

秦王政下逐客令，李斯写《谏逐客书》，秦王召回李斯，收回逐客令。复李斯官，卒用其计谋，官至廷尉。

秦王政十四年（前233）七十八岁

弟子韩非以韩国使臣身份入秦，劝秦存韩。李斯恐韩非被秦王政重用设计杀韩非。

秦王政二十四年（前223）八十八岁

秦灭楚。荀子将他的治世理论写入民歌《成相》，在百姓中传唱。

秦始皇帝二十六年（前221）九十岁

秦灭齐，秦始皇一统天下。

秦始皇帝三十四年（前213）九十八岁

李斯职任丞相，建议秦始皇禁私学，焚书。荀子为之不食，卒于兰陵，享年九十八岁。

附录三

主要参考书目

1.《荀子简释》梁启雄著。

2.《荀子集解》王先谦撰。

3.《荀子选注》吉林人民大学出版社。

4.《战国策》上海古籍出版社。

5.《史记全本新注》三秦出版社张大可注释。

6.《韩非子选》上海人民出版社。

7.《韩非子全译》贵州人民出版社。

8.《诗经选译》余冠英著。

9.《诗经全译》贵州人民出版社。

10.《论语》中华书局。

11.《孟子》上海古籍出版社。

12.《老子》上海古籍出版社。

13.《庄子》岳麓书社。

14.《左传》中华书局。

15.《吕氏春秋》杨坚点校。

16.《战国史》杨宽著。

17.《楚国史话》黄德馨编著。

18.《楚文化史》张正明著。

19.《中国通史简编》范文澜著。

20.《中国哲学史》冯友兰著。

21.《中国经济思想史》胡寄窗著。

22.《中国官制通史》张晋藩主编。

23.《荀学论稿》郭志坤著。

24.《秦始皇帝传》马非百编著。

25.《秦始皇大传》郭志坤著。

26.《荀子的智慧》廖名春著。

27.《荀子新论》方尔加著。

28.《中国历史大事年表》上海辞书出版社。

29.《稷下学史》刘蔚华、苗润田著。

30.《荀子与中国文化》惠吉星著。

31.《孔子》张秉楠著。

32.《荀子评传》孔繁著。

33.《韩非评传》施觉怀著。

34.《孟子传》曹尧德著。

35.《后圣荀子》刘庭尧主编。

36.《明分之道》储昭华著。

37.《兰陵春秋》孙天胜、李芳元著。

38.《谈谈学习古代汉语》王力著。

39.《峰峰民俗·巴特卷》马全祥、章宪云主编。

40.《苍山县志》苍山县志编纂委员会。

后记

一九九三年，时任邯郸市委宣传部副部长的友人郝在朝希望我研究一下荀子。我对荀子知之不多，但我答应了，而且一下子就搞了二十年。

一九九五年花山文艺出版社出版了我写的《荀子传》，这是全国第一部关于思想家荀子的传记小说。而后二〇〇八年又在邯郸电视台《丛台大讲堂》宣讲荀子二十讲，二〇一〇年出版《品说荀子》、电视小说《荀子》。整整二十年，我马不停蹄仅做了研究荀子这么一件事情。

为什么我这样执着？一是荀子的理论博大精深，他的话语至今读起来依然令人震撼，荀子的确伟大；二是历史对荀子不公，一个伟大思想家竟然被埋没千百年，我要为荀子呼吁。

所以，二〇一二年三月，一听到中国作家出版社为"中国百位文化名人传"征集作者的消息，我便积极报名，要把我对荀子的学习、认知和内心的感悟写出来，和大家分享，让更多的人了解荀子，让荀子的思想为今天的社会建设添上一把力。

二〇一二年六月接到"中国百位文化名人传记"丛书编委会同意我为荀子写传的通知。因有二十年对荀子的学习和积累，信心十足，但又忐忑不安，因为史籍中关于荀子的资料少得可怜。

司马迁在《史记》中对荀子生平仅有二百二十多字的记载。其他的史料，在《战国策》和刘向《孙卿新书序录》中有几段，字数也非常少。要求写纪实性的文学作品，可该怎么去写？

为了突破史料缺乏的困惑，只能从多方面拓展视野。一、以荀子的文章做基点，从中寻找荀子的思想脉络和行为足迹；二、以荀子为中心，从和荀子有关的同时期的历史人物及历史事件——比如荀子的学生韩非、李斯和齐国的君王后、楚国的春申君等的记载里，寻觅荀子的生存环境；三、从现存的文物古迹里寻找史未记载的资料；四、吸收千百年来学界对荀子的研究成果。

为寻觅荀子，一九九四年初冬，我曾经跑到山东省淄博市和苍山县兰陵镇去考察。

临淄是齐国的都城所在。荀子曾经长期学习和生活在这所都城的稷下学宫。齐国古城遗址博物馆的老馆长张龙海同志陪我登上桓公台，指点眼前的菜地、林木、道路，讲述当年临淄古城的宏伟和稷下学宫的地理位置。他一面讲，我一面想，当年成百上千来自各诸侯国的先生和学子是如何生活在这块土地上，那是一种何等繁华和令人赞美的情景！

荀子曾经做县令的兰陵县，当时是山东苍山县的一个镇（二○一三年十月经国务院批准恢复兰陵县）。苍山县一中的校长冷相鲁同志是该县荀子研究会的副会长，陪我到兰陵镇去观看荀子墓。荀子墓在兰陵东南二里许，年久失修，祠堂坍毁，墓冢的上下尚可寻见不少战汉时期的绳纹瓦片。

兰陵镇文化站站长黄明福是当地人，向我介绍了许多有关荀子的传说。他说在兰陵镇东南十二里有个孙楼村。还说孙楼是荀子罢官后安身教书的地方，又说兰陵东南三里有座横山，山西沿有十个小孙庄，也是荀子罢官后的住地。

我还到了兰陵镇中的兰陵美酒厂。兰陵美酒有三千多年的历史，早在商代甲骨文中就有"鬯其酒"的记载。古老的兰陵美酒上祭天地，下赏臣属，成为兰陵人的骄傲。

二○一三年苍山县重修荀子墓，建设了景色宜人的荀子文化园，园中新建了雄伟的"后圣殿"，和《荀子》原著碑廊。十月十二日我应邀参加重修荀子墓园揭碑仪式，和"荀子思想现代价值研讨会"。会后苍山县副县长宋学光和该县学者焦子栋先生陪我登上了文峰山和泇水的源头抱犊崮，看到了季文子亲手栽种的两棵银杏树。时隔三千年，两棵银杏树依然枝繁叶茂，树围五米，高二十米，奇伟之状令人赞叹。一路上二人畅谈兰陵丰厚的历史文化，让我受益匪浅。

两次造访兰陵，让我收集到不少史所未载的活材料。比如兰陵以盛产兰草而得名，兰陵人称荀子为荀子卿，荀子罢官后住在孙楼，等等。

由于荀子的史料太少，也就留下了一些千古谜团。比如荀子姓什么，籍贯在哪里，生卒年月如何，至今没有一个共识的荀子年谱。写人物传记这些问题是不能回避的。我只能参阅前人的研究成果，根据自己学习研究的认知，做出一个我认为比较合理的选择。

荀子是一位思想家。为思想家立传，应当写出思想家的思想深度、历史地位和人格精神。学术著作是严谨的，无论评介生平还是介绍理论，都要有确凿的史料根据。然而文学作品不能生硬地讲理论，但可以用形象思维的方法，把史学界公认的那些并不连贯的珍珠串成一条精美的艺术项链，展示荀子的思想和情愫，全方位地表现荀子的人生风采、不懈追求和不朽灵魂，让读者感受到荀子的伟大人格和伟大功绩。所谓纪实性文学传记，我理解就是史料与生活美的结合。既要历史真实，又要活的灵魂；既要思想深邃，又要举手投足，最终让一位历史文化名人活脱脱地站立在读者面前。

荀子的一生是个悲剧。但荀子的一生是伟大的人生，进取的人生。他继承儒家风范，勇于担当社会责任，追求真理，敢为异说，不谋高官，不逐名利，是真正的圣人人生。

可是，离世之后的荀子，不但没有得到应有的安宁，反而被横加了许多的罪名，岂不可悲吗？所以，我在传记之后又写了一章"荀子后传"，以记下荀子身后的荣辱和现代对荀子思想的评价。为了探讨荀子何以成之为荀子，伸发荀子之伟大人格，又写下一章"荀子精神"。

我要感谢中国作家协会，是他们有胆识、有气派组织出版"中国百位文化名人传"才让我有了这个写作机会。还要感谢好友马新民和郭连滢给我及时提供了信息。我更要感谢文学组专家李炳银先生和历史组专家党圣元先生先后两次审读拙稿，提出非常中肯、深刻、具体的意见，让我修改提高。还要感谢出版社的黄宾堂主任多次阐释提醒，感谢原文竹女士不厌其烦地联络沟通。

我虽然学习研究荀子二十年，但至今对荀子的认知仍然浅薄，还是一个小学生。书中吸取了古今历史文化专家的观点，有的署名了，还有许多没有署名，在这里一并表示感谢。

我的妻子刘如心是优秀的中学语文教师，写第一部长篇小说《荀子传》的时候她就帮我查资料、看稿子、提意见、改错误。这本新的《荀子传》她依旧伴我精心操作。我原想和第一部《荀子传》一样署上我们两个人的名字。但作家出版社只出版专著，不出版合作著作，只好尊重出版社的规矩。

尽管做了十二分的努力，由于水平所限，错误在所难免，敬请读者批评指正。

刘志轩

2015 年 4 月 12 日

	1	《逍遥游——庄子传》 王充闾 著
	2	《书圣之道——王羲之传》 王兆军 著
	3	《千秋词主——李煜传》 郭启宏 著
	4	《草泽英雄梦——施耐庵传》 浦玉生 著
第一辑已出版书目	5	《戏看人间——李渔传》 杜书瀛 著
	6	《心同山河——顾炎武传》 陈 益 著
	7	《孤独的绝唱——八大山人传》 陈世旭 著
	8	《泣血红楼——曹雪芹传》 周汝昌 著
	9	《旷代大儒——纪晓岚传》 何香久 著
	10	《烂漫饮冰子——梁启超传》 徐 刚 著
	11	《忠魂正气——颜真卿传》 权海帆 著
	12	《花红别样——杨万里传》 聂 冷 著
	13	《感天动地——关汉卿传》 乔忠延 著
	14	《西风瘦马——马致远传》 陈计中 著
第二辑已出版书目	15	《此心光明——王阳明传》 杨东标 著
	16	《梦回汉唐——李梦阳传》 泥马度 著
	17	《天崩地解——黄宗羲传》 李洁非 著
	18	《幻由人生——蒲松龄传》 马瑞芳 著
	19	《儒林怪杰——吴敬梓传》 刘兆林 著
	20	《史志巨擘——章学诚传》 王作光 著

图书在版编目（CIP）数据

天道：荀子传 / 刘志轩 著. -- 北京：作家出版社，
2015.8

（中国历史文化名人传丛书）

ISBN 978-7-5063-8242-7

Ⅰ.①天… Ⅱ.①刘… Ⅲ.①荀况（前313～前238）-
传记 Ⅳ.①B224.6

中国版本图书馆CIP数据核字（2015）第195397号

天道　　荀子传

作　　者：刘志轩

责任编辑：那　耘

书籍设计：刘晓翔＋韩湛宁

责任印制：李卫东　李大庆

出版发行：作家出版社

社　　址：北京农展馆南里10号　　　　　邮　　编：100125

电话传真：86-10-65930756（出版发行部）

　　　　　86-10-65004079（总编室）

　　　　　86-10-65015116（邮购部）

E-mail:zuojia@zuojia.net.cn

http://www.haozuojia.com（作家在线）

印　　刷：北京汇林印务有限公司

成品尺寸：152×230

字　　数：380千

印　　张：27.75

版　　次：2015年8月第1版

印　　次：2015年8月第1次印刷

ISBN 978-7-5063-8242-7

定　　价：43.00元